MISSION SCIENTIFIQUE EN PERSE

PAR J. DE MORGAN

—

TOME V

—

ÉTUDES LINGUISTIQUES

DIALECTES KURDES

LANGUES ET DIALECTES DU NORD DE LA PERSE

PARIS

IMPRIMERIE NATIONALE

—

ERNEST LEROUX, ÉDITEUR, RUE BONAPARTE, 28

—

MCMIV

MISSION SCIENTIFIQUE EN PERSE

PAR J. DE MORGAN

———

TOME V

———

ÉTUDES LINGUISTIQUES

DIALECTES KURDES

LANGUES ET DIALECTES DU NORD DE LA PERSE

MISSION SCIENTIFIQUE EN PERSE

PAR J. DE MORGAN

TOME V

ÉTUDES LINGUISTIQUES

DIALECTES KURDES

LANGUES ET DIALECTES DU NORD DE LA PERSE

PARIS

IMPRIMERIE NATIONALE

ERNEST LEROUX, ÉDITEUR, RUE BONAPARTE, 28

MCMIV

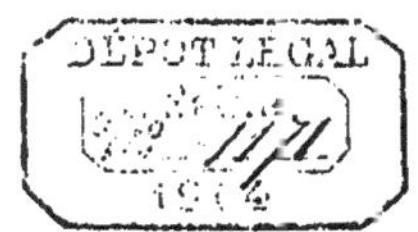

AVANT-PROPOS.

Depuis que le P. Maurice Garzoni, dominicain, missionnaire apostolique à Mossoul et à Amadia, publia à Rome, en 1787, son ouvrage intitulé *Grammatica e Vocabolario della lingua kurda*, fruit d'un séjour de dix-huit ans au milieu des indigènes, l'attention des philologues n'a cessé de se porter sur ce rameau sauvage des langues indo-européennes, qui s'était maintenu, depuis les temps anciens, dans les montagnes inaccessibles du Kurdistan persan et turc. Certaines formes archaïques conservées en kurde, disparues en persan moderne et qui se rattachaient directement au zeñd, étaient faites pour piquer la curiosité des linguistes, qui souhaitaient de plus abondantes lumières sur ce sujet obscur; mais la difficulté de se les procurer ne diminuait guère. Cependant, petit à petit, les voyageurs et les résidents européens mettaient au jour le résultat de leurs observations. A Londres, en 1837, la veuve de Cl. J. Rich publiait, après sa mort, son *Narrative of a residence in Koordistan,* en deux volumes dont le premier contient un vocabulaire du dialecte loure, du Bulbassi et du Kurdistan turc; plus tard, en 1857, Alexandre Chodzko donnait, dans le *Journal asiatique* (Vᵉ série, t. IX, p. 297-356), ses *Études philologiques sur la langue kurde,* où il traitait du dialecte de Soléimaniyèh. A la même époque, P. Lerch, chargé de cette mission par l'Académie impériale des sciences de Saint-Pétersbourg, allait recueillir à Roslawl, dans le gouvernement de

Smolensk, de la bouche des prisonniers de guerre kurdes qui y étaient internés, les récits en dialectes kurmandji et zaza qui forment la matière de ses *Forschungen über die Kurden und die iranischen Nordchaldäer*. Peu après, Alexandre Jaba donnait, également à Saint-Pétersbourg, son *Recueil de notices et récits kourdes* (1860) d'après un natif de Bayézid; c'est à l'instigation de Bernard Dorn qu'il s'était mis à recueillir ces textes; il était alors consul de Russie à Erzeroum. Sept ans plus tard, le même présentait à l'Académie russe son *Dictionnaire kurde-français* qui fut publié en 1879 par les soins de M. Ferdinand Justi. En 1884 et en 1888, M. Houtum-Schindler fit paraître, dans le Journal de la Société orientale allemande, ses *Beiträge zum kurdischen Wortschatze*, embrassant les dialectes des Amarlou dans le Khorasan, des Bakhtiyaris, des Gourân, des Kelhours, des Loures (Féili), des Moukris, le dialecte de Sô et celui de Zenganeh dans la province de Kirmanchah. Des récits et des chansons en dialectes de Ṭoûr-'Abdîn et du Bohtân, réunis par Albert Socin et M. Eugène Prym, accompagnés d'une traduction en allemand, parurent en 1887-1890 à Saint-Pétersbourg sous le titre de *Kurdische Sammlungen*. Un Arabe de Jérusalem au service ottoman, Yoûsouf Ẓiâ-uddin pacha el-Khâlidî, qui avait rempli des fonctions officielles dans le Kurdistan turc, donna à Constantinople, en l'an de l'hégire 1310, un dictionnaire kurde-arabe. Le *Journal asiatique* de 1895 renferme un poème didactique en dialecte kurmandji, que j'ai publié sous le titre de *La prière canonique musulmane.*

Concurremment avec les documents rapportés d'Orient par les explorateurs, les savants européens se livraient à des recherches destinées à constituer la grammaire de ce groupe de dialectes et à fixer la position de celui-ci au milieu des langues voisines. La liste en débute avec Pallas, qui inséra dans les *Linguarum totius orbis Vocabularia comparativa* (Petropoli, 1786-1789) les vocabulaires recueillis par Güldenstädt et autres, pour continuer avec Hammer (*Mines de l'Orient*, t. IV, p. 246, d'après le voyageur turc Evliya-Efendi), Klaproth (*id., op.*, t. IV, p. 312) qui avait recueilli, en 1808, à Tiflis, près de trois cents mots de la bouche d'un habitant de Mouch parlant le néo-syriaque, E. Rödiger et A. Pott (dans la *Zeitschrift für die Kunde des Morgenlandes*, de 1840 à 1850), Fr. Müller (dans les *Comptes rendus des séances de l'Académie de Vienne*, 1864), le révérend Samuel A. Rhea (dans le *Journal of the American Oriental Society*, t. X, 1872, p. 118), Ferdinand Justi (*Sur les aspirées*, Marbourg, 1873; Les noms d'animaux, *Revue de linguistique*, 1878, t. XI, p. 1; *Kurdische Grammatik*, Saint-Pétersbourg, 1880), pour se terminer par Albert Socin (*Die Sprache der Kurden*, résumé de nos connaissances actuelles, dans le *Grundriss der iranischen Philologie* de Geiger et Kuhn, t. I, 2e partie, p. 249 et suiv.).

C'est à cette collection de matériaux importants que vient s'ajouter aujourd'hui le présent volume, qui contient la grammaire et les vocabulaires dressés par M. J. de Morgan pendant ses voyages dans le Kurdistan persan, de 1889 à 1891. J'ai eu l'occasion, au congrès des Orientalistes qui s'est assemblé à Hambourg en septembre 1902, d'attirer l'attention des savants que réunissait la section iranienne sur la valeur des documents recueillis par notre explorateur [1]. En dehors du moukrî, parlé à Saoudj-Boulaq, qui figure parmi les dialectes étudiés par M. Houtum-Schindler, du gerroûsî, dont M. Amédée Querry a donné un vocabulaire (*Mémoires de la Société de linguistique*, t. IX, 1895), M. de Morgan nous apporte des renseignements très complets sur le *sihnéï*, parlé dans le district de Sihnè, à l'est de la région d'Hamadan, l'*awromâni*, usité dans un canton très sauvage des monts Zagros, le *kirmânchâhi*, compris dans la province de Kirmanchâhân, le *ridjâbi*, ainsi nommé d'après le canton de Ridjâb, d'un accès très difficile, dépendant de Zohâb, le *laki* du Louristan et du Poucht-é-koûh, le *djâfi*, parlé sur le cours inférieur de la Diyâla, et même le *khodjâwèndi*, conservé à Kélardach, dans le Mazandérân, par des Kurdes qui y furent déportés il y a un siècle et demi.

Avant de traverser les montagnes du Kurdistan, M. de Morgan avait étudié le nord de la Perse et y avait noté les divers dialectes rencontrés sur sa route, du nord au sud. Les principaux de ces dialectes sont ceux que M. W. Geiger a groupés sous le nom de dialectes de la Caspienne [2] et qui avaient déjà fait l'objet des travaux de Berésine, de Chodzko, de B. Dorn, de Fr. Müller, de Melgounof, de P. F. Riess, de MM. Houtum-Schindler et A. Querry; ce sont ceux du Gîlân, du Mazandérân et de Semnân, ainsi que le tâlyche; mais ici nous avons des notations de variations sous-dialectales : c'est ainsi que le *gîlèki* de Rècht et celui de Minarè-bazar, le *mazandérâni* de Rehnè, de Barfrouch, d'Amol,

---

[1] *Les résultats linguistiques de l'exploration de la Perse par M. J. de Morgan,* par Cl. Huart, dans les publications du Congrès des Orientalistes de Hambourg.

[2] *Grundriss der iranischen Philologie,* t. I, 2ᵉ partie, et tiré à part.

de Kélarsak, de Tunékâboun et de Koudjour, le *tâlyche* de Len-
korân et celui de Kergân-Roûd sont représentés par de vastes
vocabulaires. Il vient s'y ajouter des dialectes qui ne rentrent pas
dans ce groupe, bien qu'ils soient parlés sur le même territoire;
ce sont le *darî* usité par les Guèbres dans les quelques villages qu'ils
possèdent encore aux environs de Téhéran[1], le *bengéchî* qui est
la langue d'une peuplade afghane transportée à Astérâbâd, le
djougî pratiqué par de pauvres nomades qui vivent sous la tente
aux environs de la même ville, le *gooudarî* des Bohémiens de la
même localité, le dialecte turcoman de l'Atrèk, le patois des
Juifs de Sihnè.

Telle est la riche moisson que l'infatigable voyageur rapporte de
son exploration de la Perse dans les années 1889-1891. Retenu
à Suse par la continuation des fouilles, et ne pouvant s'occuper
par lui-même de la publication de la partie linguistique des matériaux recueillis, M. de Morgan a eu recours à mes faibles lumières en me demandant de veiller à l'impression du présent
volume. Les quelques travaux que j'ai eu précédemment l'occasion de publier sur plusieurs dialectes de la Perse me faisant
un devoir d'accepter cette mission, je me suis mis au travail avec
grand plaisir, et c'est ainsi que m'est échu l'honneur de présenter
au public savant le nouveau volume publié par la Délégation
scientifique en Perse du Ministère de l'Instruction publique et
des Beaux-Arts.

CL. HUART.

[1] J'ai établi, dans le *Journal asiatique*, VIIIe série, t. XI, p. 298 (1888), que
l'appellation de *darî*, donnée par les Parsis de Perse à leur patois, était abusive.

PRÉFACE.

Le travail que je livre aujourd'hui à l'impression est la dernière
partie de la série qui, sous le titre de *Mission scientifique en Perse*, renferme tous les documents recueillis au cours de mon premier voyage
dans l'Iran de 1889 à 1891.

Lorsque j'entrepris cette expédition, je me proposais de continuer
le plus loin possible vers l'Orient les travaux d'histoire, d'ethnographie et d'archéologie que j'avais commencés au Caucase, d'établir
ainsi une chaîne continue de renseignements entre l'Europe et les
Indes, région déjà fort étudiée mais dont l'ethnographie ne se rattache
encore à celle de nos pays que d'une manière très vague.

Ma première préoccupation devait être d'examiner l'état actuel des
peuples qui habitent aujourd'hui ces régions et d'essayer un classement
des diverses tribus afin d'établir un point de départ pour les études
historiques, et c'est à la linguistique que j'ai demandé les documents
qui m'étaient nécessaires. Mes récentes recherches sur les peuples du
Caucase m'avaient prouvé que si l'anthropologie peut rendre de grands
services, ses données sont trop générales et souvent aussi plus erro-
nées que celles fournies par l'étude des langues.

Bien que préparé à recueillir un grand nombre de dialectes, je n'ai
pas cru devoir fixer avant mon départ d'Europe les éléments de mes
vocabulaires de même que les signes conventionnels auxquels je
devais avoir recours pour figurer les divers sons. Ces deux travaux
furent faits en Perse dans le milieu même que j'avais à étudier. Il
était essentiel, en effet, de tenir d'abord compte des conditions natu-
relles du pays, des mœurs et des usages des peuples et aussi d'adapter
mes notations aux divers dialectes qui souvent fournissent des articu-
lations que nous ne possédons pas dans les alphabets généraux.

Mon vocabulaire complet se compose de 850 mots environ, tous choisis parmi les expressions les plus courantes. Il renferme les idées que l'homme le plus simple ne peut se dispenser de posséder. J'ai joint à ces vocabulaires quelques exemples de déclinaisons, de conjugaisons, et des phrases permettant autant que possible de reconnaître d'une manière générale quelle est la construction dans chacun des dialectes.

Mon voyage embrassa les pays voisins de la mer Caspienne, l'Azerbeidjân et tout le Kurdistan persan jusqu'au Golfe Persique. J'ai donc été à même de relever un grand nombre de dialectes mazandérânis, ghilèkis, tâlyches et kurdes, sans compter quelques langues de peuplades vivant en Perse à l'état sporadique, telles que les Afghans d'Astérâbâd, les Kurdes du Mazandérân, les juifs du Kurdistan, etc. J'ai négligé le persan littéraire et le turc azerbeidjâni, l'arménien et le chaldéen comme étant des langues bien connues appartenant à des peuples dont les origines peuvent être étudiées dans leur propre littérature. Je me suis plus spécialement attaché aux langues kurdes dont jusque-là quelques dialectes spéciaux seulement avaient été relevés, au tâlyche et à quelques langues sporadiques intéressantes par leurs formes très anciennes.

Dans chaque district, j'ai pris tout le temps nécessaire pour rédiger mes notes et pour les vérifier; toutefois je ne puis compter sur une homogénéité absolue dans l'exactitude de mes observations, certains dialectes m'ayant été fournis par des hommes très intelligents, tandis que j'en dois d'autres à de véritables sauvages qui ne comprenaient pas toujours mes questions; aussi ai-je la conviction que mes listes sont loin d'être sans erreurs.

Lors de mon retour en France (1er novembre 1891), je comptais mettre en ordre mes notes, analyser les divers documents que j'avais recueillis et les publier sous la forme habituelle de ces sortes de travaux, en adoptant autant que faire se pouvait les notations courantes dans tous les ouvrages de linguistique.

Ce travail terminé, je comptais repartir pour la Perse et poursuivre mes études sur le même plan dans les provinces du Sud et de l'Est. Mais ce projet ne put être mis à exécution; car dès le mois de février 1892 le Ministère de l'Instruction publique m'envoyait en Égypte prendre la Direction générale des Antiquités de ce pays.

Pendant cinq ans et demi, absorbé par mes découvertes, par mes publications sur la Perse et sur l'Égypte, et par les devoirs de mon administration, je n'ai pu consacrer que bien peu de temps à la linguistique iranienne. Aussi ce travail n'était-il encore qu'à l'état de notes et de fiches, quand en septembre 1897 je partis pour Suse comme délégué général du Ministère de l'Instruction publique en Perse. Là de nouveaux travaux m'attendaient, et je dus encore pendant plus d'un an négliger la linguistique.

C'est à Suse, dans l'hiver de 1898 à 1899, qu'il m'a été possible enfin, sinon de terminer mon travail, du moins de mettre mes notes sous une forme acceptable pour le lecteur; j'ai dû conserver dans la plupart des cas mon système de notations de voyage et renoncer à tirer moi-même les conclusions que j'entrevois. Je n'en espère pas moins que ma publication rendra service aux orientalistes; je préfère la donner ainsi plutôt que de la conserver par devers moi pendant un nombre d'années que je ne puis prévoir, dans le seul but de lui donner un aspect plus scientifique.

Suse, le 25 mars 1899.

J. DE MORGAN.

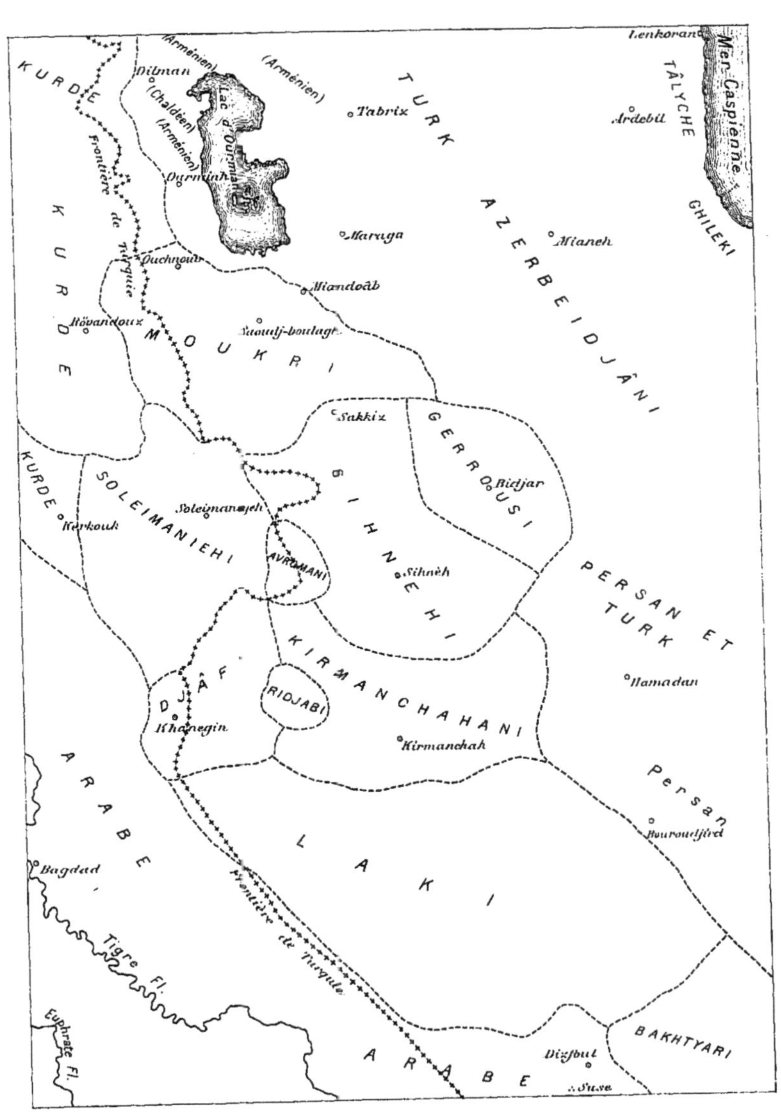

PRINCIPAUX DIALECTES DU KURDISTAN PERSAN.

ÉTUDES LINGUISTIQUES

PREMIÈRE PARTIE
DIALECTES KURDES

AVERTISSEMENT

Avant que de donner les résultats de mes observations sur les diverses formes sous lesquelles se présente en Perse la langue kurde, je crois devoir exposer en quelques mots quelle est la position géographique des districts où les dialectes divers sont en usage. J'ai déjà, il est vrai, traité de ce sujet dans le tome II de mes *Études géographiques sur la Perse*, mais je pense qu'il est utile d'y revenir sommairement ici, afin d'éviter au lecteur des recherches dans une autre partie de mon ouvrage. La position des tribus, leurs rapports avec les tribus voisines et avec les deux grands peuples qui les avoisinent, les Turcs et les Persans, sont d'une grande importance dans le vocabulaire et dans la grammaire des dialectes kurdes. Je ne saurais trop appuyer sur ce point en conseillant aux personnes qui font des langues iraniennes leurs études spéciales de tenir le plus grand compte de ces facteurs.

Dialecte moukri, **M.** Ce dialecte est parlé dans tout le district de Saoudj-boulaq, au sud du lac d'Ourmiah; ses limites sont : au nord, la vallée du Gàder-tchaï et les bords marécageux du grand lac d'Azerbeidjàn; à l'est, les montagnes qui bornent le bassin du Djagatou vers l'Orient; au sud les districts de Bahnèh et de Sakkiz, et à l'ouest la frontière turke, bien que certaines tribus placées sous l'autorité osmanlie, comme les Pichders, parlent le moukri.

Ce dialecte est de beaucoup le mieux conservé de tous ceux du Kurdistan persan, bien que vers le nord le moukri soit en contact perpétuel, tant du

IMPRIMERIE NATIONALE.

côté d'Ourmiah que de celui de Maraga, avec le turk azerbeidjâni. Ses trois autres frontières sont kurdes, et par suite, les influences extérieures n'ont eu que peu d'accès chez les Kurdes de Saoudj-boulaq.

Lors de mon dernier voyage à Moukri, j'ai eu l'heureuse fortune de recueillir tous les documents linguistiques de l'homme qui, dans tout le Kurdistan, était le mieux à même de comprendre ces sortes d'études, de Seif-eddin-Khàn Serdar, alors gouverneur de Saoudj-boulaq, ville principale du patrimoine de ses pères. Seif-eddin-Khân possédait à fond notre langue, parlait l'anglais et l'allemand et était très versé dans le persan, le turk, l'arabe, et comme de juste le kurde, sa langue maternelle. On comprendra aisément de quel prix sont les renseignements fournis par un homme aussi instruit.

Dans mon essai d'étude comparative des dialectes kurdes, j'ai toujours pris pour terme de mes comparaisons le dialecte moukri; d'une part, parce que, mieux que tout autre, il a conservé son vocabulaire et ses formes anciennes, et d'autre part, parce que je pouvais compter d'une manière absolue sur l'exactitude des renseignements qui m'avaient été fournis par Seif-eddin-Khân.

Dialecte gerrousi, G. Le district de Gerrous est limité au nord et à l'est par les provinces demi turkes, demi iraniennes de Khamsèh et de Karaghân. au sud par la province de Sihnèh et à l'ouest par le Moukri. Il est donc sur la moitié de son périmètre en contact avec les Persans et les Turks. Ce dialecte se ressent de cette proximité.

Je tiens mes renseignements de plusieurs chefs de villages, gens sans instruction.

Dialecte yézidi de Bayazet (en Turquie), Y. Ce dialecte est parlé au Sud de l'Ararat, par les Yézidis. Leurs villages ne forment pas un district spécial, mais sont répandus dans le district de Bayazet, au milieu des populations kurdes.

Je tiens mes renseignements d'un Yézidi alors en voyage en Perse et des personnes du même pays que lui qui l'accompagnaient.

Ce Yézidi me donna très volontiers tous les documents relatifs à sa langue, mais fut beaucoup plus discret au sujet de ceux ayant trait à sa religion.

Dialecte sihnèhi, Si. Le district de Sihnèh est borné au nord par le Moukri, au nord-est par le Gerrousi, à l'est par les pays iraniens de la province de Hamadan, au sud par la province kurdé de Kirmanchahan, à l'ouest par les districts kurdes de Turquie et d'Awroman.

Le *Sihnèhi* présente de grandes analogies avec le moukri et comme lui a conservé des formes très anciennes; cependant il semble moins pur, par suite probablement du voisinage de la province de Hamadan.

C'est à Sihnèh même que j'ai recueilli les renseignements que je publie; je les tiens d'habitants kurdes de la ville, relativement assez instruits.

Dialecte kirmanchahani, K. La province de Kirmanchahan s'étend au nord jusqu'à celle de Sihnèh, à l'est jusqu'à la limite de Hamadan et de Malaïr, pays persans, au sud jusqu'aux tribus lakis du Louristan, à l'ouest jusqu'au Zagros, où elle touche les territoires des Kurdes djâfis de Zohâb.

Kirmanchahan est sur la grand'route des caravanes entre Bagdad et Hamadan; aussi ne doit-on pas être surpris d'y trouver un dialecte très altéré.

Je tiens les documents que je donne de plusieurs Kurdes de Kirmanchahan et de chefs de villages.

Dialecte awromani, A. Le petit district d'Awroman est situé au milieu des montagnes du Zagros; il est de toutes parts entouré par des tribus kurdes. Ses habitants sont d'une extrême sauvagerie et leur dialecte est l'un des mieux conservés qu'il soit en Perse; malheureusement l'ignorance de ces gens est telle, et leur intelligence est si bornée, que j'ai eu la plus grande peine à recueillir les éléments de leur langage.

Dialecte djâfi, D. Les Djâfis habitent les territoires de Zohâb et du cours inférieur de la rivière Diyâla; ils sont limités au nord, à l'est et au sud-est par le Zagros et ses tribus kurdes, à l'ouest et au sud par les Arabes de la Mésopotamie.

Je tiens mes documents d'un des chefs djâfis, homme fort intelligent.

Dialecte ridjâbi, R. Ridjâb est un petit canton de Zohâb, situé au cœur des monts Zagros dans un pays d'un accès très difficile. Ridjâb est de tous côtés entouré par des tribus kurdes.

Je tiens mes renseignements du chef du village de Ridjâb, homme d'une intelligence remarquable pour ces sortes de choses et qui en fort peu de temps s'était mis assez au courant de mes études pour me signaler de lui-même les particularités les plus remarquables de son langage.

DIALECTE SOLEÏMANYÈÏ, So. La province turke de Soleimanyèh est entièrement habitée par des Kurdes; à l'ouest et au sud elle confine aux Arabes, de tous les autres côtés elle touche à des territoires kurdes. Son dialecte est fort altéré. Je l'ai recueilli à Zohâb de gens de ce pays alors en voyage, et à plusieurs reprises en ai vérifié les éléments.

DIALECTE LAKI, L. Ce dialecte est celui de tout le Louristan et du Poucht-é-kouh. Il admet quelques variantes suivant les cantons, mais présente une unité relativement à la très grande étendue de pays qu'il occupe.

J'ai relevé ce dialecte à plusieurs reprises et en divers points, au Poucht-é-kouh, dans le canton de Houleïlân et dans la vallée du Seïn-Mèrré.

DIALECTE KHODJAVEÑDI, X. Je ne cite ce dialecte que pour mémoire. A priori je l'ai exclu de mon travail sur les langues kurdes, bien que j'en cite parfois quelques mots.

Le khodjaveñdi est parlé au Mazanderan par une tribu kurde déportée. Je le donne dans la IIe partie de mes études sur les dialectes de la Perse.

L'ensemble de mes relevés porte donc sur neuf dialectes kurdes, non compris le khodjaveñdi. Ces neuf langages représentent à peu de chose près tous les dialectes kurdes de la Perse; car s'il existe un grand nombre de patois des dialectes, ces patois sont sans importance.

Quant aux dialectes parlés par les tribus déportées au Khoraçân et dans d'autres provinces, il n'y a pas lieu d'en tenir compte : ces Kurdes sont isolés au milieu des peuples de langue persane, leur parler s'altère peu à peu et est destiné à disparaître.

A ces neuf dialectes principaux il serait très utile de joindre le langage des Kurdes de Turquie; malheureusement il ne m'a pas été donné de le recueillir, et par suite du manque de la moitié dès documents sur les langues kurdes, je n'ai pu entreprendre une étude d'ensemble sur ces dialectes et sur leur origine. J'ai noté dans mon travail toutes les remarques qui me semblaient dignes d'intérèt, ne cherchant ni à épuiser la question, ni à tirer de mes études. des conclusions au sujet des origines du peuple kurde.

Tout ce que nous pouvons affirmer aujourd'hui, c'est que les Kurdes parlent une langue appartenant à la branche iranienne de la famille aryenne : que cette langue n'est pas un dialecte du persan, mais bien une langue spéciale, sœur du persan, et peut-être plus ancienne que lui. Certaines formes grammaticales nous permettent de le penser.

J'espérais, en commençant ces études, trouver dans les langues kurdes des renseignements nous mettant sur la trace des Mèdes de l'antiquité, peuple qui, nous le savons d'une manière précise, parlait une langue voisine du perse et non touranienne, comme l'a supposé M. J. Oppert dans ses travaux sur les textes de Bisoutoun. Malheureusement nous ne connaissons de la langue mède que fort peu de chose et ces données sont insuffisantes pour établir des comparaisons linguistiques.

A l'est et au sud-est de l'Arménie, depuis la Kourah (Cyrus) au nord, jusqu'à Ispahan au sud, s'étendait la Médie. Elle était, comme l'Arménie, divisée en deux provinces, la Grande Médie au sud et la Médie Atropatène au nord. La Médie Atropatène était située entre l'Arménie (frontière actuelle de la Turquie, au sud de l'Ararat), et la mer Caspienne ; elle renfermait le bassin du lac d'Ourmiah, les vallées du Sefîd-roud et de l'Araxe et les districts du Tâlyche et du Ghilân. La Grande Médie comprenait les pays situés au sud de l'Elbourz, la partie occidentale du plateau persan jusqu'à l'Assyrie à l'ouest, et la Perse proprement dite (Persépolis) au sud.

Or ces pays de Médie (Atropatène et Magna), qui dans l'antiquité ont joué un rôle si important avant l'époque de la suprématie perse, sont aujourd'hui presque entièrement peuplés de Kurdes et de Turks.

Les Turks, nous le savons, sont dans ce pays d'origine récente, et nous devons faire abstraction de leur existence si nous cherchons à retrouver les traces des peuples de l'antique Médie. Les Persans sont peu nombreux, aujourd'hui encore, sur le sol médique, et leur présence s'explique par leur longue suprématie politique sur tous les pays iraniens.

Nous restons donc en présence, d'une part, des Kurdes, qui forment la population principale du pays, et, de l'autre, d'un peuple entièrement disparu, le peuple mède jadis si puissant. N'est-il pas rationnel de supposer que les restes de la nation mède ont été chassés dans les montagnes par les invasions des Perses d'abord, et des Turks ensuite, et que les Kurdes de nos jours ne sont autres que leurs descendants.

Malheureusement les documents que nous possédons sur la langue mède tant par les auteurs classiques que par les textes assyriens, sont de peu d'importance; ils se résument en quelques noms propres :

spaca, chienne (Hérodote).

tigris, flèche [zeñd, ܐܝܓܪܐ *tig'ra* « pointu, acéré »; vieux perse, *tighrâ*] (Strabon).

eparna = *wifarnâ*, au bonheur étendu (Assarhaddon).

sitirparna = *cithrafarnâ*, à la fortune multiple (Assarhaddon) [1].

« Il serait hors de propos, dit A. Delattre S.-J. (*Le peuple et l'empire des Mèdes*, 1883, p. 6), de développer davantage un point sur lequel on est d'accord. L'origine iranienne des Mèdes, si l'on restreint la dénomination à ceux dont il s'agit dans les témoignages cités, sources classiques et textes assyriens, n'est pas sujette à discussion, les preuves qui l'établissent sont trop claires et trop convaincantes. » Mais il est impossible d'admettre qu'un peuple aussi important ait disparu entièrement en se fondant avec la population persane sans laisser de traces dans un pays où les Persans eux-mêmes ne sont que très peu nombreux.

Le nom des Mèdes disparaît vers le milieu de l'époque achéménide, et c'est justement à ce même temps qu'apparaît celui des *Carduchi, Gordiœi, Curtii, Corducni* et des *Cardaces* dans lesquels il est impossible de ne pas reconnaître, pour quelques-uns au moins, des Kurdes; les Κύρτιοι de Xénophon ne seraient-ils pas les descendants des Mèdes?

Je ne m'étendrai pas plus longuement sur cette question. Nous ne posséderons de données suffisantes pour résoudre le problème qu'alors qu'on aura découvert des textes en langue médique. Mais j'ai cru devoir indiquer quel avait été mon objectif en commençant mes recherches sur les langues kurdes, afin que le lecteur s'explique le manque fréquent d'homogénéité de

[1] Comparez encore, dans le prisme d'Assarhaddon, col. IV, les noms d'hommes *Ouppitz, Sanasana, Ramateya*, et de lieux *Patoucharra, Partakka, Partoukka* et *Ourakazabarna*.

mes remarques sur les dialectes, et les excuse en songeant que le but initial de mon travail n'était pas la linguistique pure.

NOTATIONS EMPLOYÉES AU COURS DE CE MÉMOIRE
POUR DÉSIGNER LES DIVERS DIALECTES KURDES.

A.............	Dialecte d'Awroman.
D.............	Dialecte djâfi (Zohâb).
G.............	Dialecte de Gerrous.
K.............	Dialecte de Kirmanchahan.
L.............	Dialecte laki (Louristan, Poucht-é-kouh).
M.............	Dialecte moukri.
R.............	Dialecte de Ridjâb (Zohâb).
Si.............	Dialecte de Sihnèh.
So.............	Dialecte de Soleimaniyeh (Turquie).
Y.............	Dialecte yézidi (Bayazet-Turquie).
X.............	Dialecte khodjaveñdi (Mazanderan).
TT. D..........	Tous les dialectes.

I

DES ÉLÉMENTS DES MOTS.

DES SONS.

Les Kurdes ne possèdent pas de caractères spéciaux pour écrire leurs dialectes. Ils ont adopté, depuis la conquête musulmane, l'alphabet arabe, mais ne s'en servent que très rarement pour exprimer tant bien que mal les sons correspondant à chaque idiome. La plupart du temps, ils communiquent entre eux par messages verbaux et, s'ils écrivent, ils le font, soit en persan, dans les territoires soumis au chah ou voisins de l'Iran, soit en turk osmanli, dans les provinces turkes de l'Asie.

Devenus mahométans en même temps que les autres habitants des pays où ils vivent, sous les Khalifes comme sous la domination des souverains iraniens, les Kurdes ont été forcés par les exigences de la politique et de leur religion de conserver des rapports avec les peuples suzerains. Le Kurdistan ne possède pas d'écoles; par suite, c'est dans les villes turkes et persanes que les prêtres kurdes doivent s'instruire. Ils en reviennent possédant la connaissance de l'alphabet arabe, qu'ils enseignent parfois dans leur tribu. Mais le nombre des lettrés est extrêmement restreint; les jeunes Kurdes préfèrent aux études la chasse et la guerre. Aussi ne voit-on chez eux que fort peu d'écrits faits dans la langue indigène.

De même que l'alphabet arabe se prête fort mal à la transcription des langues aryennes de la Perse et des Indes, de même cet alphabet est tout à fait insuffisant pour rendre les sons kurdes, les intonations et l'accentuation des mots. Les rares exemples que nous possédons de la transcription du kurde dans les caractères arabes sont plutôt faits pour annuler le génie de ces dialectes que pour le fixer et le transmettre. Je reviendrai d'ailleurs plus loin sur cette importante question, mais il était nécessaire de constater tout d'abord que l'écriture arabe ne fournit qu'une transcription artificielle très incomplète des sons que présentent les idiomes kurdes.

Les dialectes du Kurdistan sont, comme d'ailleurs beaucoup de langues caucasiennes, des idiomes parlés, mais rarement écrits. Ils renferment des sons qu'il était du plus haut intérêt de recueillir et de fixer au moyen d'un alphabet scientifique permettant de les analyser.

Nous verrons plus tard que les dialectes kurdes appartiennent tous à la branche iranienne de la famille indo-européenne. C'est donc dans les alphabets de ces langues qu'il y a lieu de rechercher les sons émis par les montagnards kurdes.

Suivant les dialectes, suivant la position géographique des tribus qui la parlent, la langue kurde a subi de grandes modifications dans sa prononciation. Le voisinage de races diverses, les nécessités locales ont apporté dans les sons d'innombrables changements, et souvent, en comparant les deux termes extrêmes d'une série, on est fort surpris de voir que les divers mots dérivent les uns des autres, quoique les termes extrêmes ne présentent que des analogies très éloignées. C'est pourquoi je me suis attaché à recueillir un grand nombre de dialectes, notant avec le plus grand soin les moindres détails de la prononciation.

Les sons kurdes, envisagés dans leur ensemble, se divisent naturellement en sons voyelles et sons consonnes. Les voyelles sont très nombreuses et jouent un rôle fort important. Quant aux consonnes, elles sont d'une manière générale les mêmes que dans les autres langues indo-européennes.

Les voyelles sont :

a	á	à	ā	ȧ		ẏ	i	ï				ü	û		ṇ
é	è	ė	ö	ô		o	ȯ	ou	oû	ψ		ṛ			'

Les consonnes sont :

Faucales...	h	h'	kh		Semi-voyelles.	v	w		
Gutturales.	k	k'	q			r	l	ł	
	g	gh	rh			y			
Dentales..	d	dj			Nasales......	m	m̃		
	t	ŧ	tch			n	ñ		
Labiales...	b	p			Sifflantes.....	s	x	z	
	f				Chuintantes...	j	ch		

Comme dans tous les dialectes qui ne sont pas écrits, et dont la prononciation n'est pas fixée, il est très difficile de figurer les sons exacts sans entrer dans des détails infinis de notation. Le passage des voyelles entre elles, par exemple, est très fréquent, de même que celui d'un grand nombre de consonnes entre elles. Aussi me suis-je attaché, dans l'alphabet qui précède, à figurer les sons les plus généralement usités et, afin de compléter les résultats de l'analyse à laquelle je me suis livré, je reprendrai séparément chacune des lettres en indiquant la valeur par des exemples tirés des langues indo-européennes et citant bon nombre de mots kurdes des divers dialectes de la Perse.

VOYELLES.

a. Même son qu'en français dans les mots *tabac, papa, gala, abat-jour.*

Y., So. *awan*, ils, elles.   **G.** *qalama*, peuplier blanc.
M. *chaardenawa*, cacher.   **A.** *khass*, gai.
G. *zaraat kördèn*, cultiver.   **So.** *aza*, gai.

Si. *dar*, arbre.
R. *halü*, prune.
K. *anar*, grenade.

M. *zan*, enfanter.
R. *ourusèn*, coudre.
X. *haalèn*, venir.

ă. *a* très bref, comparable à la même lettre dans l'anglais : *hat, man, can;* ce son, voisin de l'*è*, est très usité dans la langue persane moderne parlée, ex. : جوجه *djūdjă* « poulet », خانه *khană* « maison ». Il est toujours figuré par la lettre arabe ه.

L. *förătèr*, plus.
L. *pérăná*, avant-hier.
Y. *khărăb*, gâté.
So. *hăloudjà*, prune.
K. *hăătèn*, venir.
R. *hĭlă*, œuf.

R. *förător*, plus.
M. *răch*, noir.
L. *tchău*, doux.
M. *kă*, paille.
So. *hărăk*, sueur, transpiration.
L. *ărră*, scie.

â. Se prononce comme en français dans *mâle, pâtre, marâtre*. Son très abondant, qui parfois devient si grave qu'il passe à l'*ô*.

M. *soutân*, être brûlé.
M. *lăpăchăn*, après.
K. *awâna*, ils, elles.
M. *tăll*, amer.
D. *pân*, large.
Y. *tămar*, racine d'arbre.

D. *bân*, en haut.
X. *năm*, dans, dedans.
D. *măsi*, poisson.
Si. *hăâdjèz*, triste.
K. *dăr*, arbre.
Y. *piwdz*, oignon.

ā est un *a* long ou bref, nasalisé, toujours placé devant *m* ou *n*, et dont la prononciation est voisine de *en, an* français dans *quand, dans, camp,* etc. Cf. *ŭ*.

ằ est un son très fréquent dans les dialectes kurdes. Il semble résulter d'une altération du *w* et est identique à *aw, ow* en anglais dans *law, cow*.

G. *tchilằ*, comment.
K. *kĕ-nằ*, dans.
D., L., So. *wenằcha*, violette.
So., L., R., K. *săr kŏrdèn*, attendre.
Si., M. *tchằ*, œil.
L., R. *essằ*, compte.

M. *piằ*, homme.
R. *siằ*, noir.
A. *k'ằ kriăn*, plier.
M. *larhằ*, bride de cheval.
M. *hăvt*, sept.
M. *dằ nasi*, vous connaissiez.

é. *é* français dans *été, fermé, marché,* etc.

M. *nézik*, près de.
M. *kiĕé*, qui est, qui va.
So. *léékdrian*, mélanger.
G., M. *tépé*, butte, colline.
K. *bŏzen-é-küĕé*, chevreuil.
L. *diré*, il a.

X. *rénián*, tomber.
L. *küé*, montagne.
L. *rré*, chemin.
G. *mâté*, femelle.
Y. *tchélèk*, vache.
L. *mouché*, il dit (ind. prés.).

è. è français, très voisin de l'*à* kurde, représente un son qui primitivement était
a et s'est conservé tel dans les langues de l'Inde.

L. *kàèm kŏrdèn*, cacher. | **M.** *küèr*, aveugle.
A. *nawèch*, malade. | **Si.** *woutèn*, dire.
R. *kŏrdèn*, faire. | **R.** *béèn*, avoir.
So. *chtèn*, laver. | **K.** *wèchànèn*, planter.
Se. *pèà kŏrdèn*, trouver. | **D.** *zèn*, selle.

é. é et *ai* français dans *père, mère, faire, taire.* Ce son est très rare dans les dialectes
kurdes de Perse.

Y. *dèl*, queue. — **Y.** *hèt*, jambe.

ŏ est un son qu'en français on rend par l'*e* muet, comme dans *rechercher, dedans,*
querelle.

M. *tchŏttawa*, est retiré. | **R.** *dŏrök*, chardon.
L. *pŏcht*, derrière (adv.). | **M.** *hal dŏrìn*, dévorer.
M. *mŏn, amŏn*, moi, je. | **L.** *tchŏnìn*, cueillir.
G. *t'ŏ*, tu, toi. | **K.** *kŏrdèn*, faire.
X. *dŏrächbin*, se coucher. | **So.** *bŏlao kŏrdèn*, ouvrir.
L. *ganŏm*, blé. |

ŏ. eu français dans *deux, peureux, heureux.* Ce son est rare dans les dialectes
kurdes de Perse.

A. *amŏn*, venir.

ẏ possède un son intermédiaire entre *i* et *é.*

G. *döpẏmŏm*, j'éternue.

i. i bref français comme dans *cité, mission, distingué.*

M. *söbeinië*, demain. | **A.** *chil*, mou.
K. *tabrizi*, peuplier blanc. | **Si.** *din*, voir.
D. *laièkh*, habile. | **L.** *chir*, lait.
M. *djil*, habit. | **R., Y.** *sizdà*, treize.
Si. *khoichk*, sœur. | **A.** *tàtèli*, grand-père.
Si. *mimk*, grand'mère. | **So.** *michk*, souris.

î correspond à l'*i* français dans *gîte, île, huître* et à l'*ee* anglais de *spleen, sheep,*
queen, keeper.

K. *hìmu*, nous. | **K.** *razìn*, arriver.
So. *bŏrìun*, couper. | **M.** *wichìk*, sec.
So. *dozìn*, voler. | **Y.** *khàtì*, tante.
So. *zavìn kŏrdèn*, labourer. | **L.** *mdìn*, jument.
So. *hatì gŏrtèn*, se lever. | **M.** *kìsal*, tortue de terre.
M. *bì*, saule. | **Y.** *kousì*, tortue d'eau.

o. o français dans *notre, votre, perte,* etc.

D. *chaardŏno kŏrdèn,* cacher.
D., G., R., Si. *sawotá,* panier.
G., L., M., Si. *roh',* zinc.
M. *dioutetowa,* tu as trouvé.
M. *kho,* soi-même.
L. *báimo,* allons (impératif).
L. *oitèn,* cultiver.
Y. *khalo,* oncle (frère du père).
D. *mâmo,* oncle (frère de la mère).
M. *dimówa,* je trouvais.
M. *bo,* pour, afin que.
D. *dawot,* tu avais donné.

ô. ô français dans *apôtre, le nôtre, le vôtre.*

D. *náò,* dans.
D. *djô,* orge.
R. *iôw,* orge.
L. *tôk,* écorce d'arbre.
M. *rrôin,* aller.
M. *hŏninōwa,* tisser.
Si. *sôzi,* demain.
X. *ôbi,* bleu.
Si. *kôôlik,* tronc d'arbre.
So. *drô,* mensonge.
L. *dürônèn,* coudre.
Y. *kômèr,* braise.

ou. ou français dans *coup, fou, trou, nous, vous.*

Si. *khouuro,* en bas.
X. *oussiàn,* s'arrêter.
R. *máoun,* demander.
X. *rouchénàn,* briller.
A. *ouaronian,* abaisser.
Si. *saouz,* vert.
K. *kouzi,* bossu.
M. *sour,* rouge.
M. *houllou,* pêche.
X. *herâourdèn,* retirer.
Y. *teirouk,* grêle.
R. *pouss,* peau.

(Se transcrit généralement par *u,* mais je l'écris *ou* pour conserver les lettres *u, ü* pour d'autres sons.)

ŏû. Voyelle très sourde, possédant un son intermédiaire entre *ou* et *w,* mais très long.

w est un *ou* très doux qui fréquemment remplace *b, v, w, h, ou, ŏû* dans les mots où ces sons se trouvent sur le point de disparaître.

G. *bow,* vers, du côté de.
D. *khwar,* en bas.
L. *awa,* il, elle.
D. *kwochtèn,* tuer.
G. *aw chow,* cette nuit.
L. *kwoténèk,* tronc d'arbre.
Si. *nakhwoch,* malade.
M. *twi,* baie, fruit.
Si. *zwkhal,* charbon de bois.

ü. u français dans *usage, juger, battu;* ü allemand dans *für, mühe, würdig.*

M. *lèk djüé boun,* se séparer.
So. *tchülŏn,* comment.
Si. *harküènék,* partout.
D. *âüî,* bleu.
R. *k'aüî,* grand.
K. *büèn,* être (v.).
R. *zü,* vite, rapidement.
M. *düé niéka,* hier.
L. *khwüî,* courge.
D. *küèr,* bossu.
K. *küz,* cresson.
M. *djüé kwdn,* séparer.

û. *û* français dans *flûte, mûr, sûr, bûche.*

R. *dûr*, loin.

R. *tchûn*, maigre.

L., R. *bûl*, cendre.

L. *kördûm*, je lis.

L. *kördûtan*, vous lîtes.

D. *béjût*, dites (impératif).

K. *bôrûm*, j'avais coupé.

K. *bûch*, dis (impératif).

K. *hátûm*, j'étais venu.

r. Se prononce comme un *r* français précédé ou suivi d'une voyelle indécise très douce, par exemple *er, ar, ör, or, re, ra, rö, ro,* dans lesquels *e, a, ö, o* sont à peine distincts. Nous savons que cette lettre, qui existe en sanskrit (ऋ), faisait aussi partie des sons perses dans la période anté-historique, mais que depuis elle a disparu dans le zeñd, le pehlevi et le persan moderne. Elle a persisté dans les dialectes kurdes, mais, par suite du défaut d'alphabet indigène, il est extrêmement difficile de la retrouver avec certitude; les racines sanskrites des mots permettent seules de la reconstituer sûrement. (Voir Histoire des sons, *r* voyelle.)

M. *kṛrawa*, arraché.

M. *kho robṛdṇ*, s'enfoncer.

M. *bṛrin*, couper, trancher.

M. *kṛdènawa*, ouvrir.

M. *bṛrawa*, coupé.

G., K., M., Si., So. *kamtṛ*, moins.

R. *pṛr*, plein.

M. *rrô kṛdṇ*, chasser (gibier).

Si. *mṛdṇ*, mourir.

ṇ. De même que *r* résulte de la chute d'une voyelle dans une syllabe renfermant la consonne *r* et placée dans le mot dans des conditions spéciales, de même la chute de la voyelle dans une syllabe renfermant *n* entraîne la formation de *ṇ* voyelle, dans la prononciation de laquelle la voyelle adjacente est presque entièrement effacée.

M. *kṛdṇ*, faire.

'. Articulation gutturale jouant fréquemment en kurde le rôle de voyelle; est surtout usitée dans les mots d'origine arabe, où elle tient lieu du ع et du غ.

D., G., L., Si. *kaľa*, château, fort. — TT. D., K. *'ali* علی (nom propre), *'ilm* علم science.

Le ' affecte toutes les voyelles et leur donne un son guttural. Lorsqu'il affecte une consonne, il produit un simple hiatus, prenant la place d'une voyelle.

En examinant avec soin la prononciation des diverses voyelles dans les dialectes du Kurdistan persan, on trouve pour chaque lettre le passage par des sons dont il est impossible de fixer les nuances par l'écriture. C'est ainsi qu'il existe tous les sons intermédiaires entre *â* et *ô*, entre *á* et *è*, entre *ó* et *ώ*, etc... Mais ces différences peuvent être attribuées à la facilité plus ou moins grande d'énonciation des individus auxquels je dois les termes de mon vocabulaire. J'ai choisi pour constituer les voyelles les sons les plus fréquents et ceux que j'ai pu entendre de la bouche de plusieurs personnes dans diverses régions.

CONSONNES.

Les consonnes kurdes appartiennent presque toutes aux sons usités dans les langues iraniennes. Quelques-unes cependant ne se rencontrent que dans l'alphabet sanskrit et dans ceux des langues slaves (ж, č).

Les consonnes sont :

FAUCALES.

h. Aspiration généralement plus forte que celle usitée dans la langue française dans les mots *homme*, *héritage*, *hirondelle*, et se rapprochant de *h* anglais dans *horse*, *house*, *hospital*.

G. *hamök*, tout.	**Y.**, **So.** *hazüé*, menthe (plante).
L. *hüal*, gauche (s. f.).	**G.** *ham*, je suis.
L. *hüatèn*, dormir.	**M.** *halatèn*, fuir.
K. *mahi*, poisson.	**A.**, **Y.** *hafdá*, dix-sept.
G. *haijdá*, dix-huit.	**Y.** *harro*, va (impératif).
A. *hásan*, facile.	

h′. Aspiration très forte, spéciale aux langues orientales, arabe ح *h′a*, n'ayant pas de correspondant dans les langues européennes.

Si. *sowèh′*, demain.	**Y.** *h′aná*, maison.
L. *h′äär*, soleil.	**G.**, **L.**, **M.**, **Si.** *roh′*, zinc.

kh. N'existe pas en français, mais corespond au *ch* allemand dans *lachen*.

X. *khafa bin*, se noyer.	**R.** *khás*, bon.
M. *bakhchîn*, gratifier.	**R.** *khéár*, concombre.
M. *khoktèn*, tuer.	**So.** *khwol*, tour, circuit.
So. *khouaro*, en bas.	**So.** *khouardèn*, manger.
R. *kháó diun*, rêver.	**So.** *khalous*, charbon de bois.
K. *to khahi bü*, tu seras.	

GUTTURALES.

k. *c* et *k* français dans *cause*, *képi*, *kilog.*; *c* anglais dans *cool*, *cat*.

M. *kei*, quand.	**R.** *kábōl*, habile.
M. *kam*, peu.	**Y.** *káwl*, pastèque.
K. *kamtṛ*, moins.	**M.** *asen koutàn*, forger.
M. *ki*, *kiéé*, qui.	**M.** *koutèn*, dire.
A. *raksan*, danser.	**D.** *kouliàn*, cuire.
M. *kèw*, montagne.	**So.** *kowl*, accepter.

k'. *k* emphatique, beaucoup plus dur que les sons de cette classe dans les langues européennes.

So. *k'é*, quand.
So. *k'am*, peu.
So. *k'assek*, personne.
A. *bachk'm*, peut-être que.
So. *k'âtm*, solide.
R. *k'awa*, bleu.

So. *k'üom*, bossu.
L. *k'alan*, grand.
So. *k'onn*, vieux.
Y. *k'âlik*, écorce d'arbre.
Y. *k'âloñ*, chardon.

q. Même son que le *q* français, plus doux que le *k*. N'est usité que dans les mots d'origine étrangère.

G. M. *qalama*, peuplier blanc.

g. *g* dur, (fr.) *gauche*, *goûter;* (angl.) *gold*, *garden*, *give*. *Gu* français dans *guerre*, *guêpe*.

A. *gördé*, tout.
M. *gowrè*, grand.
Y. *gouz*, noix.
K. *giá*, foin.
M. *grian*, pleurer.
R. *giélan*, chercher.

L. *gwól*, fleur.
K. *gâlá*, feuille.
Si. *giélas*, cerise.
X. *riga tchin*, voyager.
X. *agör*, feu.
R. *gazèn*, mordre.

gh. Ce son forme l'intermédiaire entre le *g* et le *rh* غ. Beaucoup plus dur que le *gu* français, il est plus emphatique, mais ne possède pas le roulement guttural du غ *rh*.

L. *aghar*, si.
A. *har-iagh*, partout.
M. *ghüèz*, noix.
Si. *ghâz*, ortie.
Si. *zaghèn*, enfanter.
A. *ghörtán*, prendre.

Y. *ghlî*, parole.
Si. *ghèrèk boun*, vouloir.
A. *ghaz ghördan*, mordre.
Si. *ghèichtèn*, arriver.
M. *heñghün*, miel.
L. *mazgh*, cerveau, cervelle.

rh. غ des Arabes, est un *g* très dur grasseyé.

D. *majrhoul boudèn*, s'amuser.
X. *barham don*, mélanger.
X. *rhouvvèt*, fort, force.
G. *rhsé dökam*, je parle.
M. *larhö*, bride de cheval.

X. *arhouz*, noix.
M. *rheisi*, abricot.
X. *gilarhöz*, cerise.
Si. *barh*, jardin.
Si. *kourbarh*, grenouille.

DENTALES.

d. Se prononce comme le *d* français dans *déduction, dette, désespoir, adonné.*

M. *dar*, arbre.
A. *dièn*, voir.
M. *dinowa*, trouver.
M. *kṛdạ*, faire.
Y. *dou*, fumée.
M. *dōdan*, dent.

D. *bâdâm*, amande.
X. *bōrdèn*, apporter.
M. *dan*, donner.
M. *dèh*, village.
D. *roud*, rivière.
M., Si. *daik*, mère.

dj. Se prononce comme il est écrit dans l'alphabet français, c'est-à-dire comme le *j* anglais dans *jail, joining, jewel, just.*

L. *djià bièn*, se séparer.
M. *djouan*, beau.
D. *neïdja*, roseau.
K. *djoumanèn*, remuer.
Si. *djorra*, alouette.

X. *tidj*, pointu.
M. *heñdjir*, figue.
Si. *birindj*, riz.
R. *djouchian*, fouiller.
G. *kolañdjè*, scarabée.

t. *t* français dans *toit, terre, tour, tâter.*

A. *tó*, tu, toi.
M. *ato, atou*, tu, toi
K. *tṛsânèn*, effrayer.
R. *tazé*, neuf, nouveau.
Si., M. *touañdṇ*, fondre.
So. *sätèn*, brûler.

TT. D. *haft*, sept.
L. *sekwot*, tiers.
M. *kôtṛ*, pigeon.
So. *bougōtan*, vous aviez.
So. *arräti*, tu allais.
So. *kōrdigtana*, vous auriez fait.

Plus que les autres consonnes, le *t* se présente dans les dialectes kurdes sous la forme emphatique *t'*, correspondant au ط arabe.

M. *bast'rawa*, est attaché. — **R.** *t'amm*, brouillard. — **L.** *t'amé kōrdèn*, punir.

ƀ. Consonne finale intermédiaire entre le *t* et le *d;* elle est en persan représentée par le ﺪ final, exemple : خواهند زد , نباشند , نباشید.

TT. D. *saƀ*, cent.
TT. D. *hachtaƀ*, quatre-vingts.
M. *neinaseƀ*, il ne connaît pas.

TT. D. *nawaƀ*, quatre-vingt-dix.
TT. D. *haftaƀ*, soixante-dix.
M. *neinaseuƀ*, ils ne connaissent pas.

tch. Se prononce comme le *c* italien dans *dolce, felicità.*

So. *bó-tchî*, pourquoi.
Si. *bou-tcha*, pourquoi.
So. *tchâp*, gauche.
A. *tchân*, combien.
A. *rotchin kōrdèn*, éclairer.
D. *tchermouk*, blanc.

So. *ptchkol*, petit.
M. *tchâk*, bon.
So. *prtchoupoi*, branche d'arbre.
K. *tchèën*, marcher.
A. *tchwol kōrdèn*, vider.
So. *tchècht kōrdèn*, cuire.

LABIALES.

b. Cette lettre possède la valeur du *b* français dans *battre*, *arbre*, *bas*, *babouche*.

M. *bฺdฺ*, apporter.	**M.** *bá*, vent.
D. *bögördèn*, laisser.	**So.** *bฺza káni*, fronde.
R. *bat kördèn*, souffrir.	**L.** *böz*, chèvre.
M. *khaber dan*, annoncer.	**M.** *bèran*, mouton.
R. *bèll*, bêche.	**So.** *bábá*, père.
R. *bagh*, jardin.	**D.** *bárd*, pierre.

p. Se prononce comme le *p* français dans *père*, *papier*, *pour*.

M. *spí*, blanc.	**R.** *pir*, vieux.
R. *pörran*, voler (oiseau).	**M.** *djouap*, réponse.
M. *pฺsin*, demander.	**R.** *panir*, fromage.
TT. D. *asp*, cheval.	**TT. D.** *polá*, acier.

et dans sa forme emphatique :

A. *p'aétché*, pourquoi. — **A.** *p'é*, chaque. — **Si.** *p'az*, mouton.

f. Possède la même valeur que *f* français dans les mots *faire*, *forge*, *fabrique*.

Si. *séëf*, pomme.	**Si.** *kaftèn*, tomber.
K. *sif*, pomme.	**A.** *fôฺra dan*, lancer.
L. *safar*, voyage.	**X., So., R., L., K.** *chönaftèn*, entendre.
L. *fikr*, pensée, idée.	**R.** *köffán*, tousser.
D. *förrฺdèn*, voler (oiseau).	**G.** *tof dékam*, je crache.
So. *kafat kördèn*, bailler.	**R.** *wôffèr*, neige.

SEMI-VOYELLES.

v. *v* français dans *votre*, *verve*, *averse*, *valve*.

So. *sivéné*, demain.	**L.** *véà daèn*, promettre.
L. *vé*, saule.	**X.** *valk*, feuille.
M. *vistฺ*, vouloir.	**L.** *várô*, pluie.
L. *vörèn*, mouton.	**K.** *dou-viss*, deux cents.
K. *farvarané*, papillon.	**M.** *bouvm*, j'ai été.
M. *máévéjn*, vous ne dites pas.	**M.** *kฺdouv*, fait (part. passé).

w. Répond à un son plus sourd que celui représenté par *v* et forme la transition entre cette consonne et la voyelle *ou*. Correspond à peu de chose près au *w* anglais dans *warm*, *wash*, *weak*.

M. *tawaw*, achevé, terminé.	**A.** *tchéw*, aussi.
M. *wich*, sec.	**A.** *sowa*, demain.
D. *rou wa rou*, en face de.	**L.** *virawourdèn*, se souvenir.

A. *kawk*, bleu.
M. *kaber kirawa*, annoncé.
Y. *aowakht*, alors.
A. *kasséw*, personne, aucun.

Y. *wóss*, assez.
G. *aw chow*, cette nuit.
So. *waa kördèn*, promettre.
L. *söwók*, léger.

r. Possède le son de *r* français dans *frère*, *rire*, *renuer*, et se redouble en *rr* comme dans *arrêter*, *arriver*.

L. *àrd*, oui.
L. *ras*, droite.
D. *khöruo*, gâté.
K. *barü*, gland (fruit).
G. *döraremei*, retirer.
R. *diwar*, muraille.
A. *börar*, frère.
M. *nèr*, mâle.
L., **R.** *tchoudr*, quatre.

A. *rréo*, droite.
R. *rrizán*, sauter.
A. *rrák*, dur.
Y. *rrön*, propre.
M. *barrou*, gland (fruit).
So. *zarrât*, maïs.
D. *rréga rroin*, marcher, voyager.
X. *sorrânèn*, pousser.
D., **G.**, **L.** *mörr*, poule, poulet.

l. Présente le même son que le *l* français dans *lampe*, *aile*, *mal*, *pâle*.

Y. *wal*, vide.
K. *göldwi*, poire.
L. *gwol*, fleur.
A. *louan*, aller.
K. *lüt*, nez.

G. *lök*, branche d'arbre.
M. *kálák*, melon.
L. *alou balou*, cerise.
Y. *kal*, château.
K. *ghil*, bitume.

et dans son redoublement :

L. *helladji kördèn*, carder. — **X.** *zella móèn*, croître, pousser.

ł. Consonne roulée, tirée de l'alphabet polonais, correspondant au son de *ll* anglais dans *will*, *bill*, *well*.

M. *kiałan*, cultiver.
G. *tiał*, amer.

R. *ṛił*, rose, fleur.
R. *ałat*, poivre.

Le redoublement de cette consonne correspond à un son grasseyé particulier aux dialectes kurdes et voisin de *rr*.

A. *łłouan kördèn*, accompagner.
G. *zöłł*, lourd.
D. *łłł*, rouge.
R. *tałł*, branche d'arbre.

G. *tałł*, amer.
A. *tchołł*, vide.
So. *gowłł*, fleur.
Si. *załł*, roseau.

y. Prend le son de *ll* mouillées du français dans *guenille*, *chenille*, *grenouille*, *quenouille*.

G. *yüindja*, trèfle (plante).
So. *yowandja*, trèfle (plante).
A. *yawan*, arriver.
So. *yalli*, crinière.
So. *keyi*, animal apprivoisé.

TT. D. *yèk*, un.
M., **Si.**, **Y.** *yazdá*, onze.
M. *dayan kṛdawa*, ils ouvraient.
R. *yôw*, orge.

NASALES.

m. m français dans *mère, marque, mon, ma, marmite.*

<table>
<tr><td>

M. *kom*, bossu.
R. *rôman*, courir.
A. *amôn*, venir.
So. *lazama*, torrent.
M. *mṛdṇ*, mourir.

</td><td>

R. *maoun*, vouloir.
M. *hama*, j'ai.
M. *mât*, maison.
A. *lazm*, nécessaire.

</td></tr>
</table>

m, dans *lazm*, joue plutôt le rôle de voyelle *ṃ* que celui de consonne. Mais comme le cas est très rare dans les dialectes kurdes, je n'ai pas cru devoir créer une lettre spéciale. Nous verrons d'ailleurs plus loin qu'un grand nombre de consonnes sont susceptibles de prendre une valeur voyelle.

Le redoublement de la consonne *m* se fait comme en français dans les mots *sommaire, grammaire.*

    X. *tamma*, punition. — **R.** *rômman*, fuir, se sauver. — **R.** *t'amm*, brouillard.

m̃. Est le son nasal de l'*m* français placé devant un *p* ou un *b* dans *empire, emblème.*

    M. *rram̃*, lance (arme). — **M.** *na rrom̃*, je ne vais pas. — **Y.** *khom̃tché*, bouton de fleur.

n. n français dans *nous, nature, tenir, punir.*

<table>
<tr><td>

X. *niàn*, fermer,
G. `narouan`, ormeau.
Si. *nana*, menthe.
So. *kaniñ*, rire.
M. *nouarrin*, regarder.

</td><td>

M. *zânín*, savoir.
K. *telanèn*, pétrir.
D. *nichan daden*, montrer.
K. *nian*, laisser.

</td></tr>
</table>

Le redoublement *nn* se fait comme en français dans les mots *annuler, innovation, annales, annuaire, hennir.*

    X. *sannèn*, acheter. — **Si.** *fŏnnok*, noisette. — **A.** *k'ŏnnan*, creuser.

ñ. Son nasalisé de l'*n* analogue au son français *en, dent, quand, plan,* et qui peut être figuré, soit en portant l'accent nasal sur la voyelle précédant l'*n*, soit en nasalisant la consonne elle-même. Exemples :

CONSONNE NASALISÉE.	VOYELLE NASALISÉE.
M. *kelrâñ*, être cultivé	*kelrân.*
M. *bañgelrawa*, est appelé	*băngelrawa.*
M. *soutañdèn*, brûler	*soutăndèn.*
X. *bañ*, ainsi	*băn.*

Mais comme le résultat de ces deux systèmes de notation est le même et que par fois la consonne se trouve nasalisée sans que pour cela elle soit accompagnée d'une voyelle (G. *p'ñhani*), j'ai préféré m'en tenir à figurer la consonne nasale.

R. *gá-heñd*, peut-être que.
Si. *hall-stañ*, se lever.
D. *beñg*, chanvre.
Si. *grañ, señgin*, lourd.
M. *khoñtchah*, bouton de fleur.

G. *mañg*, nous.
G. *p'ñhani kördèn*, cacher.
R. *dar-é-bōñ*, chanvre.
L. *señgin*, beau.

ñ prend aussi parfois le son du *gn* français dans *peigne, bagne, ignorer, agneau*.

L. *eñür*, raisin. — R. *tōññéz*, ronce.

SIFFLANTES.

s. Possède le son de *s, ç, sc* français dans *sucre, saison, cidre, science*.

K. *sanen*, acheter.
M. *soután*, brûler.
TT. D. *si*, trente.

K. *rásín*, courir.
TT. D. *ásen*, fer (métal).
K. *bōsáz*, bâtis (impératif).

Le redoublement de l's se fait comme en français dans *bossu, assez, issu*.

G. *soussou bey*, le jour qui suit après-demain.
D. *ssé*, noir.
Y. *az-hussm*, j'ai.

So. *dossoua*, demain.
R. *bassèn*, attacher.
M. *khassow*, belle-mère.

z. Se prononce comme le *z* français dans *douze, onze, bronze*.

M. *nèzanin*, ignorer.
L. *nazik*, près de.
M. *larzin*, trembler.
A. *zarb*, jaune.
Si. *zall*, roseau.
D. *zám*, blessure.

R. *zŭ*, vite, rapidement.
So. *rází*, content.
K., L. *zourdar*, fort, vigoureux.
G. *zouan*, fresne.
K. *sázín*, bâtir.
D., K. *bōzen*, chèvre.

z se redouble en kurde dans quelques mots, mais dans ce cas la première consonne pourrait être transcrite comme un *z* voyelle : * z̨*.

	REDOUBLEMENT DE LA CONSONNE.	*z̨* VOYELLE.
X	*zzèl*, grand.	*z̨zèl.*
So	*zzáб*, blessure.	*z̨záб.*

J'ai adopté dans mes transcriptions le redoublement de la consonne.

CHUINTANTES.

ch. Se prononce doux comme en français dans les mots *cheval, châle, machine.*

M. *chtèn,* laver.
G. *chinow kŏrdèn,* nager.
M. *chin,* bleu.
D. *châmi,* pastèque.
M. *chkandụ,* briser.

R. *nichtan,* s'asseoir.
Y. *hŏchk,* dur.
D. *richânèn,* verser un liquide.
L. *wachânèn,* semer.
R. *chŭchtán,* laver.

j. Prononciation du *j* français dans *jour, jardin,* et du *g* doux dans *genou, génie, âge, agiter.*

M. *tij,* pointu, aigu.
M. *koujran,* être tué.
M. *koujanawa,* s'éteindre (lumière).
R. *jer,* sous, dessous.
G. *ronj,* jour.
R. *jŏñg,* sève (d'arbre).

M. *drej,* long.
A. *p'ajnan,* semer.
A. *pojmian,* éternuer.
G. *jan kŏrdèn,* souffrir.
M., Si. *nụej kṛdụ,* prier Dieu.
Y. *mijou,* cervelle, cerveau.

La plupart des consonnes prennent parfois, suivant la place qu'elles occupent dans le mot et suivant aussi la nature des lettres adjacentes, un son emphatique particulier dont les lettres arabes ط et ظ sont des exemples fixés par les Orientaux eux-mêmes : شيطان « diable », طبّال « tambour », طلا « or (métal) », ظلمة « obscurité (ténèbres) ». Mais afin de ne pas compliquer mon système de notation, je me suis contenté d'affecter d'un accent les lettres qui doivent être prononcées avec une valeur emphatique.

Les consonnes accentuées les plus usitées sont les suivantes : *k', g', d', t', b', p'*; elles correspondent aux consonnes simples *k, g, d, t, b, p.* Exemples :

So. *k'aim,* solide, ferme.
So. *k'owl kerdèn,* accepter.
Y. *k'aleñ,* chardon.
So. *b'ṛza kani,* fondre.
A. *p'é,* chaque.

Y. *g'lt,* parole.
G. *t'ŏ,* tu, toi.
L. *t'amé,* punition.
R. *t'amm,* brouillard.
Si. *p'az,* mouton.

Il ne faut pas confondre la consonne emphatique simplement accentuée, avec l' ' qui représente le ع arabe. Bien que cette dernière articulation ne possède pas dans les dialectes kurdes la valeur gutturale qu'elle présente dans les langues sémitiques, elle constitue un hiatus rauque très différent du son emphatique de quelques consonnes.

II

HISTOIRE DES SONS USITÉS DANS LES DIALECTES KURDES.

---

1. CORRESPONDANCE ET MODIFICATION
DANS LES LANGUES ÉTRANGÈRES AU KURDISTAN.

Après avoir établi, d'une manière précise, la nature des sons employés dans les dialectes kurdes, et avoir fixé par ces signes conventionnels la valeur de chacun d'eux, il est indispensable de rechercher l'histoire de ces mêmes lettres, de suivre dans le temps et dans l'espace les modifications qu'elles ont subies, ou d'observer leur permanence dans les divers langages plus ou moins apparentés aux dialectes qui font l'objet de notre étude.

Le procédé le plus simple pour obtenir une comparaison utile est d'examiner les uns après les autres tous les sons de l'alphabet kurde, d'analyser leurs équivalents dans les langues parallèles, et de suivre les modifications par lesquelles ils sont passés. On sait déjà d'une manière générale, et nous le verrons plus loin pour les dialectes kurdes, que la prononciation d'un même son varie suivant les âges et aussi suivant les régions; c'est ainsi que *estoit* de l'ancien français est devenu *était*, que le *ch* allemand se prononce rude dans les provinces du Nord et doux dans celles du Sud et que l'*r* et le *j* ne possèdent pas la même consonance dans l'Artois et dans la Provence. Dans les langues iraniennes les différences sont encore plus notables, bien qu'elles soient du même ordre, car nous avons, non plus à envisager des pays voisins et des époques récentes, mais des milliers d'années et d'immenses territoires. On conçoit aisément combien cette étude présente d'intérêt. Elle permet non seulement de retrouver les lois de la descendance des mots, mais aussi forme l'un des traits essentiels de la caractéristique du langage de l'Irân.

Les langues indo-européennes devraient toutes rentrer dans ce travail, mais il est inutile de reprendre des études déja faites; aussi me contenterai-je de considérer seulement la branche indo-iranienne, c'est-à-dire le perse des inscriptions achémé-nides, le sanskrit, le zeñd, le pehlevi et le persan, renvoyant parfois pour des détails particulièrement intéressants aux langues slaves, arménienne, grecque, latine, etc., ainsi qu'à celles de l'Europe centrale.

En dehors des éléments aryens des sons kurdes, il est utile d'envisager ceux qui peuvent provenir des langues parlées par les peuples qui furent en contact avec les tribus du Kurdistan. Ce sont l'assyrien, l'hébreu, l'arabe dans la branche sémitique, le susien, le vannique, le géorgien et les langues du Caucase dans la branche des touraniens anciens, le turk oriental et le mongol dans celle des touraniens modernes. Mais les traces laissées par les anaryens sont plus sensibles dans le vocabulaire que dans les sons des lettres, aussi n'est-ce que par exception que nous aurons à en tenir compte.

VOYELLES.

Les voyelles *a*, *á* et *à* existent dans tous les alphabets indo-européens. Souvent l'*á* bref se confond avec l'*a* ordinaire, et il n'existe alors de notation spéciale que pour les deux extrêmes (skr., अ, आ; zeñd, *ا*, *ا*), comme cela a lieu dans presque toutes les langues de l'Inde, où même le son considéré dans son ensemble est noté au moyen d'un seul signe, qui prend une valeur spéciale par suite de sa position dans le mot ou de la manière dont il est accentué.

a et *á* sont communs à toutes les langues, mais *á*, dont le son est voisin de celui de l'*è* très ouvert, semble être spécial au persan et au kurde et s'être formé récemment. En effet, dans l'Inde, où depuis les conquêtes persanes du XIe siècle la langue iranienne s'est conservée dans sa forme relativement ancienne, l'*á* n'existe pas et est toujours remplacé par *a*. Les Persans modernes n'ont d'ailleurs pour le noter d'autre signe que *ا* arabe, de même que les Afghans et les Hindoustanis, qui n'ont d'autre moyen de notation pour l'*a* que آ et آ.

ã est un *a* nasal qui ne se retrouve pas dans le persan et dans les langues européennes. Seuls le sanscrit et le zeñd le comptent dans leur alphabet (skr., अँ; zeñd, *ا*). Il se confond fréquemment en kurde avec les nasales *ñ* et *m̃* qui le suivent dans la plupart des cas.

à. On ne trouve l'équivalent de cette lettre que dans le zeñd (*ا*), bien que certaines langues européennes en aient conservé le son, qu'elles notent au moyen de voyelles suivies d'un *w* (anglais, *ow*, *aw*).

é, *è*, *ê*. Ces sons, dans les langues de l'Europe, sont figurés par une seule lettre, accentuée suivant les besoins de la prononciation. En zeñd au contraire (*ا* *e*, *ا* *é*, *ا* *è*, *ا* *ê*), quatre signes différents servent à exprimer les diverses valeurs de cette voyelle.

ö, *ô*. Ces voyelles sourdes ne sont pas notées dans les langues orientales aryennes, bien qu'elles existent fréquemment dans les dialectes persans et afghans, ainsi que dans le turk. Les langues européennes les emploient (fr., *eu*; all., suéd., *ö*, *œ*: angl., *u*).

ÿ. Voyelle dont le son, placé entre l'*i* et l'*é*, n'est pas distingué en persan et, comme l'*i*, est figurée par ﺱ; elle répond à l'*ei* espagnol dans *reina*. N'existe dans les langues européennes que sous la forme d'une diphtongue.

i, î. Ces sons ont été figurés dans tous les alphabets indo-européens (zeñd, ﺱ, ﺱ; skr., ऋ, ॠ). Généralement l'*i* s'est conservé à travers les âges (zeñd, ﺱﺱ; pehlevi, ﺱﺱ; persan, ﺱﺱ; — zeñd, ﺱﺱ; pehlevi, ﺱﺱ; persan, نوشتن). Mais fréquemment aussi il provient de la chute d'un *dh* (zeñd, ﺱﺱ; pehlevi, ﺱﺱ; persan, پای; — zeñd, ﺱﺱ; persan, کی). On verra plus loin que la loi de la chute des dentales en kurde est la même que celle qui existe entre le zeñd et les langues modernes de l'Iran. L'*i* semble s'être encore mieux conservé que l'*i* bref (zeñd, ﺱﺱ; pehlevi, ﺱﺱ; persan, دیدن; — zeñd, *khchira*; pehlevi, ﺱﺱ; persan; شیر).

o, ó. Existe dans toutes les langues indo-européennes (zeñd, ﺱ, ﺱ; skr., आो, prononciation moderne; arménien, ո, օ: grec, *o, ω*), sauf dans la prononciation ancienne du sanskrit.

ou, óu (skr., उ, ऊ; zeñd, ﺱ, ﺱ). *ou* s'est souvent conservé des sons antiques (zeñd, ﺱﺱ; persan, پسر *pousèr*; — zeñd, ﺱﺱ; pehlevi, ﺱﺱ; persan, دور). Mais parfois aussi cette voyelle dérive d'un *à* primitif de la racine, comme dans مردن *mourdèn*, qui vient de *màr*, et dans پرسیدن *poursidèn*, qui vient de *pars*. L'*óu* semble être d'une conservation constante (zeñd, ﺱﺱ; persan, دود; — zeñd, ﺱﺱ; parsi, *bout;* persan, بود).

w. Le zeñd confond *w* et *ψ* en une même lettre ﺱ; le sanskrit ne la distingue pas et le géorgien fait usage de ვ (*vin*) qui, dans la formation des mots, joue parfois le rôle de voyelle (ჭჳდი *chwidi* « sept », ვსვამთ *wswamth* « nous buvions », ძვრ *dzwr* « remuer »).

ü, û. Ce son n'existe pas en persan ni en zeñd, mais on le trouve très fréquemment en turc. Il provient souvent de l'adoucissement d'un *v*.

r (skr., ऋ, ॠ). Ce son, qui n'est plus représenté dans les langues modernes indo-iraniennes, existait encore dans le zeñd sous la forme ﺱ, ainsi que dans les mots ﺱ *drva* « fort, ferme »; ﺱ *drvant* « qui détruit en trompant »; ﺱ *drvatât* « santé, force »; ﺱ *srva* « corne, matière cornée (acc. plur. ﺱ *srvà*) »; à ce dernier mot correspondent *cervus, cerf*, dans lesquels l'*r* est remplacé par *cr*. En Europe, les dialectes grecs en ont conservé des traces; ainsi ἔδρακον répond historiquement à *adrsauda* sanscrit; dans le grec, l'*r* s'est adouci en ρα, αρ, ερ, ρε, etc... (grec -φερτος dans ἄφερτος correspond à skr. *b'rtas* « porté »; grec -δερκτος dans ἄδερχτος correspond à skr. *drchtas* pour *darktas* « vu »; grec βροτός pour μορτός à skr. *mrtas* « mort »; grec ἄρχτος à skr. *rkchás* « ours »). Le perse des Achéménides ne connaît plus l'*r* primitif, mais en a conservé des traces; dans la période que nous connaissons, il l'a déjà transformé en adjoignant, comme en grec, une voyelle au son primitif *r*. Le zeñd et le pehlevi ont suivi cette loi de transformation, et aujourd'hui dans le persan moderne *r* a tout à fait disparu (skr., *prchta* « dos »; zeñd et perse, *parchti*; persan, پشت *poucht*; — skr., *krmi* « ver de terre »; persan, کرم *kirm*). Dans les dialectes kurdes, au contraire, la prononciation du *r* sanskrit (अमृत *amrta*, संस्कृत *sañskrta*) s'est conservée (*krdn*), tandis qu'elle disparaissait dans les langues iraniennes (zeñd, *kereta*; pehlevi, *kartak*; persan, کرده *kèrdè*). Cette permanence de l'*r* et de quelques autres consonnes voyelles tendrait à prouver que la séparation des Kurdes et des Persans remonte à une antiquité très reculée, et date au moins de l'époque préhistorique antérieure aux Achéménides et dans laquelle ces sons existaient encore chez toutes les tribus indo-européennes.

n. De même que le kurde possède *r*, il connait aussi le son *n*, dans lequel la consonne *n* est prononcée sans l'aide d'une voyelle. Ce son répond à celui que produisent en sanskrit l'*anousvâra* et l'*anounâsika*, placés sur une consonne; en admettant que le ◌̇ ou le ◌̐ affectent la consonne précédant l'*n*, la nasalisation porte alors sur la consonne précédente. Ainsi l'on pourrait écrire, au lieu de *krdn*, *krü* ou *krü*, suivant l'intonation des divers districts. L'existence du *n* est donc un reste de la nasalisation sanskrite de toutes les consonnes au moyen de ◌̇ et de ◌̐; c'est un lien de plus entre les dialectes kurdes et ceux qui, dans la haute antiquité, étaient en usage parmi les tribus indo-iraniennes.

'. Correspond historiquement au ع arabe, bien que n'en possédant pas la valeur exacte. Ce son, inconnu dans les langues indo-européennes, est d'origine sémitique et n'a fait son apparition dans l'Iran qu'avec la conquête arabe, l'emploi de son alphabet et des termes religieux musulmans.

CONSONNES.

Sauf dans les consonnes-voyelles, l'alphabet kurde ne renferme pas de voyelles différentes de celles des langues parlées par les peuples habitant les pays voisins du Kurdistan. D'ailleurs, le passage d'un son-voyelle à un autre est si facile et si commun que l'on ne doit pas être surpris de ne rencontrer dans cette classe de lettres d'indications bien précises sur la parenté et l'origine des dialectes kurdes. Les consonnes, au contraire, présentent un bien plus grand intérêt.

FAUCALES.

h, *h'*. L'aspiration kurde se décompose en deux sons bien distincts. Appliquée à une consonne, elle lui donne un son emphatique : *t* devient *t'* (ﺕ, ﻁ), *z* devient *z'* (ﺯ, ﻅ). Lorsqu'elle précède une voyelle, elle conserve son caractère d'aspirée simple. Mais, dans l'étude de son origine, il est indispensable de considérer l'aspiration dans son ensemble.

Dans le persan moderne, souvent l'aspiration répond à une aspiration primitive (perse, *ham;* pehlevi, ﻢﻫ *ham;* persan, ﻢﻫ; — perse, *harouva;* pehlevi, ﺮﻫ *har;* persan, ﺮﻫ, *har;* — perse, *hazañra;* pehlevi, ﺭﺍﺰﻫ *hazar;* persan, ﺭﺍﺰﻫ *hazar;* — perse, *hapta;* pehlevi, ﺖﻔﻫ *haft;* persan, ﺖﻔﻫ *háft*), et il en est de même dans les dialectes kurdes (*ham, har, hazâr, haft*). Mais elle remplace parfois le *th* et le *s* zeñds et le passage se fait fréquemment dans le pehlevi (zeñd, ﺎﺛﺍﺭ *râtha;* pehlevi, ﺱﺍﺭ *ras;* persan, ﻩﺍﺭ *rah;* — zeñd, ﺎﻧﺎﺜﭘ *pathana;* pehlevi, ﻦﻫﺎﭘ *pahan;* persan, ﻦﻬﭘ *pahn;* — zeñd, ﺎﻳﺴﻣ *masya;* pehlevi, ﻚﻴﻫﺎﻣ *mahik;* persan, ﻲﻫﺎﻣ *mahi;* — zeñd, ﻮﺴﻛ *kasou;* pehlevi, ﺲﻛ *kas;* persan, ﻪﻛ *kah;* — zeñd, ﺎﺘﺳﺮﺛ *thrisata;* pehlevi, ﻪﻴﺳ *sih;* persan, ﻪﺳ *si*), quand il n'a pas eu lieu préalablement entre le sanskrit et le zeñd (skr., सा *sâ;* zeñd, ﺎﻫ *hâ, hœc, illa;* — skr., सप्त *saptá;* zeñd, ﺎﺘﭘﺎﻫ *hapta* « sept »; — skr., सकृत् *sakṛt;* zeñd, ﺩﺮﻛﺎﻫ *hakered* « une fois »; — skr., असि *asi;* zeñd, ﻲﻫﺍ *ahi* « tu es »; — skr., अस्मै *asmâi;* zeñd, ﻲﻣﺎﻫ *ahmâi, huic;* — skr., स्वर् *svar;* zeñd, ﻩﺭﺎﻬﺣ *hvare* « soleil »; — skr., स्व *sva;* zeñd, ﺎﻬﺣ *hva, suus*). *h* médial ou radical reste souvent (zeñd, ﻮﻴﻫﺍﺩ *dahyou* « province »; persan, ﻩﺩ *deh* « village »; — zeñd, ﺮﻬﻧﺎﻫﻮﺣ *hvanhar* « sœur »; pehlevi, ﺭﺎﻫﻮﺧ *khvâhar;* persan, ﺮﻫﺍﻮﺧ *khâher;* kurde, *khâhâr;* — perse, *vahara;* persan, ﺭﺎﻬﺑ *bahâr* « printemps »). *f*, qui parfois en persan se transforme en *h* (zeñd, ﺎﻓﻮﻛ *kaoufa* « montagne »; pehlevi, ﻑﺍﻮﻛ *kof;* persan, ﻩﻮﻛ *kouh*), tombe complètement en kurde (*küé*) ou persiste (*kéf, kééf*).

De même que le kurde possède deux aspirations, l'une faible *h*, l'autre forte *h'*, les Persans et les Arabes ont ﻩ et ﺡ, les Arméniens յ et հ, les Géorgiens ჰ et ხ; mais, dans la plupart des langues indo-européennes, l'aspiration n'est représentée que par une seule lettre (skr., ह; zeñd, ﻩ; gouzrati, હ; langues européennes, *h*), tandis que dans d'autres, comme le grec et le russe, elle n'existe même plus.

kh (arabe, ﺥ; arménien, խ; grec, χ; russe, X; allemand, *ch*). Ce son n'existe ni dans le sanskrit, ni dans le zeñd, mais on le rencontre en pehlevi, et c'est généralement de l'*h* zeñd qu'il descend (zeñd, ﻲﻧﻮﻫﻮﻟﻭ *vohouni;* pehlevi, ﻥﻮﺧ *khoun;* persan, ﻥﻮﺧ *khoun* « sang »; — zeñd, ﻮﻫ *hau;* pehlevi, ﻚﻫﻮﺧ *khôuk;* persan, ﻙﻮﺧ *khouk*). Il existait en perse (perse, *khañya* « source »; persan, ﺥﺍﺰﺧ), mais était moins abondant que le *hv*, et c'est généralement de ce son que descend le خ dans les mots dont nous connaissons les équivalents de l'époque achéménide (perse, *hvâpah* « bon »; pehlevi, کوپ *khôp;* persan, خوب *khoub;* — perse, *hvare* « soleil »; pehlevi, خور *khôr;* persan, خور *khôr;* — perse, *hvar* « manger »; pehlevi, کورتن *khortan;* persan, خوردن *khordèn;* — perse, *hvañhar;* pehlevi, کواهر *khvâhar;* persan, خواهر *khâhèr;* — perse, *hvatô* « de soi-même »; pehlevi, کوت *khôt;* persan, خود *khod*). Le *kh* médial provient généralement de la même consonne en perse (perse, *nakha* « ongle »; pehlevi, ناخون; persan, ناخن *nakhoun*). Ces lois se sont conservées dans les dialectes kurdes, en se modifiant quelque peu dans le passage des mots persans aux formes kurdes.

GUTTURALES.

k, k' (skr., कृ, चृ; zeñd, ; arménien, կ; persan et arabe, ك; grec, ϰ; géorgien, კ, ქ). Comme consonne initiale, s'est fréquemment conservé du perse et du zeñd (perse, *kaoufa;* pehlevi, کوف *kôf;* persan, کوه *kouh;* — pehlevi, *kantak;* persan, خندق, کندک). En zeñd, *k'* correspond généralement à l'aspirée sanskrite ख (skr., खर *k'âra;* zeñd, « âne »; — skr., सखि *sâk'i;* zeñd, hak'i), mais en persan elle est devenue fréquemment *kh* (خر « âne »). Le *gh* perse se durcit en zeñd dans beaucoup de mots (perse, *varaghna;* pehlevi, والغ *valagh;* persan, کلاغ *koularh* « corbeau »). Les mêmes lois régissent l'orthographe de beaucoup de mots kurdes.

q. N'est guère en kurde qu'une forme orthographique rappelant l'origine du mot dans lequel on rencontre cette lettre. Elle rend le ق turk, arabe et persan, mais ne présente guère de différence avec le *k* dans la manière dont elle est prononcée. Les comparaisons de vocabulaires m'ont seules amené à admettre cette gutturale.

g (skr., ग *g;* zeñd, ; persan, گ; arménien, գ; géorgien, გ). A la moyenne gutturale (ग) et à son aspirée (घ) répondent le *g* () et le *gh* () du zeñd, mais le *gh* sanskrit a parfois perdu son aspirée. La transition du perse au persan et à tous les dialectes modernes du Kurdistan se fait de deux manières différentes. Dans la première loi, le *g* est une transformation du *v* perse, surtout par suite du préfixe *vi*, qui devient *gou*, d'où une série de composés en *gou*. Cette modification ne semble pas être fort ancienne, car le pehlevi conserve généralement la forme primitive (perse, *vitchi* « cueillir »; pehlevi, ویچیتن *vitchitan;* persan, گزیدن *gouzidèn;* — perse, *vitar* « passer »; pehlevi, ویترتن *vitartan;* persan, گذشتن *gouzachtèn;* — perse, *vazra* « massue »; pehlevi, وزر *vazar;* persan, گرز *gourz;* — perse, *vehrkô* « loup »; pehlevi, ورگ *gourg;* persan, گرگ; — perse, *varâza* « sanglier »; pehlevi, وراس *varâz;* persan, گراز *gorâz*). Dans la seconde loi, le *g* provient du *k* perse et zeñd, qui s'affaiblit en *g*

4.

ou parfois tombe entièrement (zeñd, *دوودو « chien »; pehlevi, دهس *sag;* persan, سك
sèg; — zeñd, واوغواب « loup »; pehlevi, يرﻻد *gourg;* persan, گرگ *gourg;* — zeñd,
غوواود « mort »; pehlevi, گرام *mark;* persan, مرگ *marg;* — zeñd, *دووود ; persan,
ريك *règ;* — perse, *nikas;* pehlevi, اوووير *nikas;* persan, نگاه *nigâh*). Ces formes gutturales se sont maintenues dans la plupart des dialectes kurdes.

gh (skr., घ्; zeñd, ﻝ; arménien, ղ; géorgien, ღ). Bien que le *gh* sanskrit se soit
parfois adouci en passant dans le zeñd, il n'en existe pas moins bien des cas où cette
gutturale s'est conservée et est passée au persan (skr., घर्म *gharma;* zeñd, ﻭﻋﻝﻭﻭ;
persan, گرم *gherm* « chaud »); de même lorsque le *gh* est suivi de *n* (zeñd, باغﻉﺽﻭﻝﻭ
véréthraghna, où nous retrouvons le घ् *ghna* sanskrit = ﻝﻭ). Du perse et du zeñd, le
gh se maintient souvent en persan sous la forme spirante. Les Persans le rendent
alors par غ (zeñd, ﻝﻭﻱﺽﻭﻭ « lézard »; pehlevi, گﻯ); persan, ورغ *vazagh* (*vazarh*); —
zeñd, ﻭ ﻭﺽﻭﻭ *daougha* « petit lait »; persan, دوغ *dough;* — zeñd, ﻭ ﻉﻭﻋ *meregha;* persan,
مرغ *mourgh* « oiseau, poulet »; — zeñd, ﻭ ﻉﻭﻭﻉ *maêgha;* persan, ميغ *mègh* « nuage »; —
zeñd, ﻭﺽﻭﻭ *draougha;* persan, دروغ *dourôgh* « mensonge ».

rh (arabe غ). Est une gutturale d'origine sémitique n'existant pas dans les langues
indo-européennes; primitivement employée pour figurer le son sémitique correspondant dans les mots arabes qui étaient entrés dans la langue, elle s'est altérée rapidement et a dans bien des cas remplacé le *gh* des racines aryennes. Le pehlevi ne possède pas de caractère pour figurer cette prononciation, que probablement d'ailleurs
il n'employait pas, et dans les mots d'origine sémitique qu'il renferme supprime complètement le ع et le غ (pehlevi, وـيار *shibâ;* arabe, سبعة *sab'ah* « sept »; — pehlevi,
معﻭﺽﻭ *tisâ;* arabe, تسعة *tis'ah* « neuf »; pehlevi, ﻭﺽﻝﻭﺽﻭ *asryâ;* arabe, عشرة « dix »).

DENTALES.

d (skr., द; zeñd, ﻭ; arménien, դ; grec, δ; géorgien, ღ). Le *d* perse répond souvent à *j* ou *h* sanskrit; il est rendu en zeñd par *z*, mais en persan et en kurde reprend
sa valeur *d* (perse, *daraya* « mer »; skr., *jarayas;* zeñd, زرﺽﻭﻝﻭ *zrayô;* persan, دريا
daria; — perse, *daouchtar* « ami »; skr., *jouch;* zeñd, زوﻭﻭ *zouch;* persan, دوست
doust; — perse, *dasta* « main »; zeñd, زﺽﻭﻭ *zasta;* persan, دست *dâst*). Quand *d*
persan et kurde répond à *d* ou *dh* en sanskrit, il est représenté en zeñd par *d* ou *dh*.
Mais lorsqu'en zeñd c'est la sifflante *z* qui tient lieu du *d* persan, le kurde prend
aussi parfois la forme du zeñd. Le *t* perse s'est fréquemment affaibli en persan et est
devenu *d,* tandis que le *v* zeñd prend la même valeur (perse, *raouta* « rivière »; pehlevi, *rôt;* persan, رود *roud;* — zeñd, سﺽﻭﻭ *sata* « cent »; persan, صد *sad;* zeñd,

ﻭﺍﺩ « vent »; pehlevi, ﻭﺍﺕ *vât;* persan, ﺑﺎﺩ *bâd;* zeñd, ﻭﺍﻭﻭ، ﻭﺍﻭﻭ=ﺭﺍﺩﻭﺩﺭ=ﯾﺪﺭ، ﺑﺮﺍﺩﺭ، ﻣﺎﺩﺭ; — zeñd, ﻭﺍﺋﺘﻰ *vaéti* « saule »; persan, ﺑﯿﺪ).

t (skr., त्; zeñd, ﻡ; persan, ﺕ; arménien, *in*; grec, τ; géorgien; ტ). Cette dentale existe dans toutes les langues, mais dans quelques-unes elle prend une valeur affaiblie (θ des Grecs modernes, *th* anglais), qui n'existe pas dans les dialectes kurdes. Par contre, *t* prend très fréquemment une valeur emphatique correspondant au ط arabe et assez voisine de celle du ⴇ géorgien. Le *t* sanskrit, perse et zeñd est presque toujours passé dans les langues modernes de l'Iran.

ŧ. *t* final possédant une valeur intermédiaire entre le *t* et le *d;* est très commun dans les langues de l'Iran, bien que le persan, tout en en faisant usage, le figure par ﺩ *d* (persan, ﺑﺎﺷﯿﺪ « soyez », ﺑﺎﺷﻨﺪ *bacheñt* « qu'ils soient », ﺧﻮﺍﻫﻨﺪ *khaheñt bouŧ* « ils seront », ﮐﻨﻨﺪ *keneñŧ* « ils arrachent »; — kurde, *saŧ* « cent »; M., *neinaseŧ* « il ne connaît pas »; M., *neinaseñŧ* « ils ne connaissent pas »). « Le changement du *t* en ﻡ zeñd, à la fin des mots, s'expliquerait par cette hypothèse qu'en zeñd la dentale moyenne ou une modification de la dentale moyenne est préférée à la ténue comme lettre finale. Nous voyons quelque chose d'approchant en latin, où la ténue primitive est souvent remplacée, à la fin des mots, par la moyenne, notamment dans les neutres pronominaux, comme par exemple *id, quod.* Ce dernier mot répond au zeñd *kąd* « quoi », pour lequel le dialecte védique a कत् *kat.* » (BOPP, *Gramm. comp.*, trad. fr., t. l, p. 92.)

dj. (Skr., ज्; zeñd, ﻍ; persan, ج; arménien, Ճ; géorgien, ჯ). *dj* provient fréquemment en zeñd de la gutturale sanskrite *g* [ग्] (zeñd, racine ﺟﺪ *djad* « parler »; skr., गद् *gad*), tandis que le ज se transforme souvent en ﺯ et ﺟﻞ (zeñd, racine ﺯﻥ « engendrer »; skr., जन् *gan;* — zeñd, ﺟﺎﻧﻮ « genou »; skr., *gânou;* — zeñd, racine ﺟﺎﻧﺎ; skr., ज्ञा *gnâ* « savoir »). Quant aux langues modernes, l'origine du ج se retrouve parfois dans *tch* comme lettre médiane dans les mots perses et zeñds, mais le plus souvent le *dj* est tombé dans le passage du pehlevi au persan et s'est transformé en *z* (zeñd, ﺭﺍﻭﺗﭽﻪ *raoutchah* « jour »; pehlevi, ﺭﻭﺝ *rodj;* persan, ﺭﻭﺯ *rouz;* — zeñd, ﺳﻮﺯﺩﮐﻪ « brûlant »; pehlevi, ﺳﻮﺟﮏ *sôdjak;* persan, ﺳﻮﺯﻧﺪﻩ *souzandè;* — *ﺳﻮﭼﻨﻪ saoutchana* « aiguille »; persan, ﺳﻮﺯﻥ *souzan;* — zeñd, ﮐﻨﯿﺎﺗﭽﻰ *kanyâtchi* « jeune fille »; persan, ﮐﻨﯿﺰ *kaniz;* — perse, *drâdjô* « longueur »; persan, ﺩﺭﺍﺯ *dirâz*). En kurde, ces consonnes *dj, tch,* se sont souvent transformées en *j* (*rôj* « jour »). L'*y* initiale perse a fréquemment aussi donné naissance au *dj* (perse, *youviyâ* « cours d'eau »; persan, ﺟﻮﻯ; kurde, *djū, djou;* — perse, *yava* « grain d'orge »; persan, ﺟﻮ;

— perse, *yavan* « jeune homme »; persan, جوان; — perse, *youta* « séparé »; pehlevi, ڮوپ *djout;* persan, جر).

tch (skr., च; zeñd, ‌; persan, چ; arménien, ‌; géorgien, ‌ et ‌ dans sa forme
emphatique).

LABIALES.

b (skr., ब; zeñd, ‌; persan, turk et arabe, ب; arménien, μ; grec, β; géorgien, ঠ). Le remplaçant ordinaire du भ *b‘* sanskrit est le ب *b* zeñd, mais cette dernière
labiale correspond également au ब simple du sanskrit. Le *v* initial du perse se transforme souvent en *b* dans les dialectes modernes (perse, *vaéna* « nez »; persan, بینی
bini; — perse, *vazarka* « puissant »; persan, بزرگ *bouzourg;* — perse, *vaéti* « saule »;
pehlevi, ڮوپ *vít;* persan, بید *bîd;* — perse, *vap* « tresser »; persan, بافتن *baftèn;* —
perse, *vafra* « neige »; pehlevi, ‌ *vafr;* persan, برف; — perse, *vata* « vent »; pehlevi,
‌ *vât;* persan, باد *bâd;* — perse, *vara* « pluie »; pehlevi, السلبي *varahran;* persan,
باران *baran;* — perse, *vahara* « printemps »; persan, بهار *bahar*). Le *p* ‌ zeñd se transforme en *b* dans beaucoup de mots persans (zeñd, ‌ « eau »; pehlevi, ‌ *áp;* persan; آب *ab;* — zeñd, ‌ *hvápó* « bon »; pehlevi, ‌ *khóp;* persan, خوب *khôb;* —
zeñd, *‌ raoupasa* « renard », pehlevi, ‌; persan, روباه *roubah;* — zeñd,
‌ *khchap* « nuit »; persan, شب *cháb*). Nous verrons plus tard que du *b* persan
le kurde a fait *w*.

p (skr., प; zeñd, ‌; persan, پ; arménien, ‌; grec, π; géorgien, ‌ et sa forme
emphatique ‌). Cette consonne se conserve dans le zeñd quand en sanskrit elle n'est
pas suivie d'un *r*, d'un *s* ou d'un *n;* alors elle persiste généralement dans les dialectes
iraniens modernes. Souvent aussi cette consonne provient du perse (perse, *pasá*
« après »; pehlevi, ‌ *pas;* persan, پس *pas*).

f (zeñd, ‌; persan, ف; pehlevi. ‌; arménien, Ֆ; grec, φ; en sanskrit et en
géorgien ce son fait défaut). *f* prend naissance dans les mots zeñds quand dans leurs
équivalents le *p* est suivi d'un *r*, d'un *s* ou d'un *n* (skr., प्र *pra;* latin, *pro;* grec, προ;
zeñd, ‌ *fra;* — zeñd, ‌ *tafnou* « brûlant » et zeñd, ‌ *âtâpayéiti* « il
éclaire »; — skr., *svápna* « rêve »; zeñd, ‌ *khvafna.* « Je crois que la forme
nafĕdᵉró du thème *naptar* a été précédée par une autre plus ancienne, *nafdᵉro*,
et que l'aspirée *f* a été amenée par le voisinage de l'aspirée *dᵉ* de la même manière
que le φ dans les formes grecques τυφθείς, ἐτύφθεν : en effet, le zeñd et le grec ont la
même propension à rapprocher les aspirées ». (Bopp, *Gramm. comp.*, trad. fr., t. 1,
p. 92.)

SEMI-VOYELLES.

v (skr., व्; zeñd, ৸, »; pehlevi, ej; persan, ٯ; arménien, ւ, վ; géorgien, ვ).
Cette consonne existait dans la langue perse où elle était très fréquente. Lorsqu'elle
occupe la position initiale dans le mot elle a souvent conservé sa valeur en persan
(perse, *vazagha* « lézard »; pehlevi, وزگ *vazag;* persan, غزو *vazarh;* — perse, *varez*
« labourer »; pehlevi, ווرזיתן *varzîtan;* persan, ورزیدن *varzídèn*). Le *p* zeñd se transforme souvent en *v* en passant dans le persan (zeñd, ناپات *napât* « neveu »; persan,
نواده *navadè;* — zeñd, راپتی *rapati* « il va »; persan, رود *rèvèd*). A la lettre व् du
sanskrit correspondent trois lettres en zeñd : le *v* initial ৸, le *v* médial » et le ؤ;
mais elles semblent toutes trois venir du sanskrit (skr., वयम् *vayâm* « vous »; zeñd,
vaém; skr., तव *tava* « toi »; zeñd, *tava*).

w (zeñd, ؤ; géorgien, *v* et *w* ვ; skr., व् après les consonnes). *w* est inconnu en
persan; ce son antique s'est toutefois conservé dans les dialectes kurdes: il provient
généralement de l'amollissement du *b* et du *p*, comme cela arrive d'ailleurs aussi dans le
passage du sanskrit au zeñd et dans le zeñd lui-même (zeñd, de *ap* vient *aiwyô;* — skr., *soub'râ* « brillant »; zend, *souwrâ*.

r (skr., र; zeñd, ؟; arménien, ր, ռ; persan, ر, grec, ρ, géorgien, რ). Cette consonne s'est souvent conservée du sanskrit dans le zeñd, le pehlevi, le persan et le
kurde (skr., *mar, mṛ;* zeñd, *mahrka* « mort »; — skr., *vṛka* de *varka;* zeñd,
vehrka « loup »); fréquemment aussi elle s'est conservée du perse (perse, *raou-
tcha,* zeñd, *raotchô;* pehlevi, روز *rôz,* persan, روز « jour ».

l (skr., ल; grec, λ; arménien, ղ, géorgien, ლ). *l* n'existe ni en perse, ni en zeñd,
mais elle apparaît en pehlevi, en persan et en kurde. Elle résulte parfois de la transformation de *r* zeñd (zeñd, *peretou* « pont »; pehlevi, پوهر *pouhr;* persan, پل
poul); peut-être le passage a-t-il eu lieu au moyen de *t* qui, dans les dialectes modernes,
joue souvent le rôle d'intermédiaire entre *r* et *l*. Dans les dialectes afghans, le *t* et
le *d* sont fréquemment remplacés par *l* (afghan, لس *las=daça;* سل = صد *sad,* لیدل
lidal=didèn [persan], پلار *plâr=pitar, pèdèr*), mais je n'ai jamais rencontré ce phénomène dans les langues kurdes.

ł. Ce son n'existe que dans les langues européennes, en russe, en polonais et en
anglais. Il semble avoir joué le rôle d'intermédiaire entre le son *r* du zeñd et l'*l* du
persan.

y (skr., य; zeñd, یو, یی; arabe, ي). Dans les langues européennes ce son est
généralement considéré comme une voyelle, bien qu'il joue souvent le rôle de

consonne (persan, *yèk;* kurde, *yâwan* « arriver », *yow* « orge »). Il remplace fréquemment le *dj* du persan et du pehlevi, le *g* du zeñd et du sanskrit.

NASALES.

m (skr., म्; zeñd, ६; arménien, ս, grec, μ; persan, م; géorgien, ჳ). La nasale labiale *m* ६ ne diffère pas de म sanskrit, mais au lieu de passer de l'une des langues dans l'autre, elle provient souvent en zeñd du *b* sanskrit (skr., racine ब्रू *brû* « parler »; zeñd, ग्ृ६ *mrû;* — skr., *âbravît;* zeñd, ग्ऊल्६ *mraod* « il parla »). En grec, on trouve devant le ρ le changement contraire, le μ primitif est remplacé par β (skr., *mr̥tâs, martâs;* grec, βροτός pour μορτός; — skr., *mr̥dous* « doux, lent »; grec. βραδύς pour μραδύς). *m* s'est généralement conservé du perse (perse, *martiya* « homme »; pehlevi, ग्ल्६ *mart;* persan, مرد *mârd.*

m̃. *m* nasalisé n'a pas d'équivalent dans les alphabets européens, bien que ce son existe; il est même très fréquent en français (embrasser, s'emparer, empereur). En sanskrit la nasalisation est plus générale, puisque des signes spéciaux, l'*anousvâra*̣ et l'*anounâsika* ̈ sont destinés à nasaliser toutes les consonnes.

n (skr., न्; zeñd, ।; persan, ن; arménien, ն; grec, ν; géorgien, ნ). *n* du sanskrit se retrouve presque toujours dans le zeñd et le persan; de même ce son est passé du perse aux langues modernes (perse, *nâma* « nom »; pehlevi, ग्ल्, *nâm;* persan, نام *nâm*). Comme finale, *n* s'est également conservé des temps anciens; quelquefois cependant, le passage du pehlevi au persan a amené le changement de la finale de *n* en *m* (pehlevi, ग्ल्ु *ban;* persan, بام *bâm*).

ñ (zeñd, ल्ु; skr., ङ्, ञ्; malais, ع). Les langues sémitiques, le turk et les dialectes du Caucase ne possèdent pas l'*n* nasalisé, comme nous l'avons en français et comme le possèdent les Kurdes et après eux, plus à l'orient, les Hindous, les Malais et les Chinois. Ce son n'existe pas en persan aussi nettement qu'en kurde; les mots اصپهان *ispahân,* شمیران *chèmiran,* dans lesquels la finale ان est nasale, ne ressemblent en rien à la prononciation kurde. Toutefois, dans les mots نوانزده *nevañzdèh,* شانزده *chañzdèh* on retrouve la véritable nasalisée.

SIFFLANTES.

s (skr., स्; zeñd, س; persan, ث, س, ص; arménien, ս; grec, σ; géorgien, ს). Remplace souvent en zeñd le *ch* sanskrit (skr., इष्ट *ichṭa;* zeñd, इस्त *ista;* grec, ιστος, suffixe du superlatif; — skr., अष्ट *achṭa* « huit »; zeñd, अस्त *asta;* — skr., कृष्टा *kr̥chṭá;* zeñd, कर्स्त *karsta* « labouré). Mais en persan et en kurde la conservation du *ch* est fréquente. Le *s* perse est généralement resté dans les langues modernes (perse, *vasiy* « assez, à plaisir »; zeñd, وإسوه *vasô;* pehlevi, وإس *vas;* persan, بس *bas;* — perse, *pasa* « après »; zeñd, وهسوهههه *pastchaêta;* pehlevi, وهس *pas;* persan, پس *pâs;* — perse, *ras* « arriver »; pehlevi, إسههههه *rasîtan;* persan, رسيدن *rèsidèn;* zeñd, ههههههوهه *asañga;* persan, سنك *señg;* perse, *sarah* « tête »; pehlevi, سه *sar;* persan, سر *sèr*), tandis que le *th* perse s'est transformé en *s* dans le zeñd et le persan (perse, *thoukra* « rouge »; zeñd, وهسوله *soukhra;* pehlevi, وهسه *soukhr;* persan, سرخ *sourkh*).

z (zeñd, ﯥ; persan, ز, ظ, ذ; arménien, ﮋ; géorgien, ﮔ). En persan le *z* provient souvent du *g* sanskrit et zeñd, et cette prononciation est adoptée par les Kurdes quand ils ne changent pas le *z* en *j* comme le font certaines tribus (perse, *tigra* « aigu »; skr., *tigra;* zeñd, *tighra;* persan et quelques dialectes kurdes, *tiz*). Dans certains cas le *z* primitif du perse se conserve (perse, *zanou* « genou »; persan, زانو *zanou*); le *dj* perse se transforme en *z* (perse, *djan;* persan, زدن *zadèn* « frapper »; — perse, *djya* « corde »; persan, زه *zâ*); *z* vient aussi du *t* zeñd et pehlevi (zeñd, *vitar* « passer »; pehlevi, إوهسوهههه *vitârtan;* persan, كذشتن *gouzachtèn*).

CHUINTANTES.

ch (skr., श; zeñd, وهه; pehlevi, وه; persan, ش; arménien, ﮏ; géorgien, ﮅ). Le *ch* médial est resté dans beaucoup de mots persans du perse et du zeñd (perse, *gaoucha* « oreille »; pehlevi, وهه *gôch;* persan, كوش; — perse, *maécha* « mouton »; pehlevi, وهههﮋ *mêch;* persan, ميش *mich*).

j (persan, ژ; géorgien, ﮐ). Ce son, qui n'existe pas dans les langues sémitiques, ne se retrouve que dans les langues européennes, en français, en russe, etc. Le persan le possède, mais il est rare, tandis que dans les dialectes kurdes il est plus commun; il remplace le *z* persan et zeñd dans bien des cas, comme il arrive d'ailleurs en pehlevi où ﮤ sert à la fois à rendre les consonnes *tch*, *j*, *z*.

2. CORRESPONDANCE ET MODIFICATION
DANS LES DIALECTES KURDES DE LA PERSE.

Après avoir sommairement examiné quelles ont été les modifications qui ont eu lieu dans les sons, dans le passage entre les langues dont nous possédons la prononciation, et quelles sont les lettres restées communes à toutes les branches de la famille indo-européenne, il est intéressant de rechercher ce que sont devenus ces mêmes sons dans les divers districts du Kurdistan; je ne comprendrai dans cette étude que les dialectes de la Perse, dont j'ai pu moi-même noter les moindres détails en employant toujours le même procédé de transcription. Les lois des variations dans les dialectes ne pouvaient être étudiées qu'à la suite de recherches très patientes faites par la même personne dans les divers districts; aussi me suis-je attaché avec le plus grand soin à recueillir mes vocabulaires, notant les moindres particularités, non seulement de la prononciation, mais même de l'accentuation. Les dialectes qui ont été recueillis par mes devanciers dans le Kurdistan, soit en Turquie, soit en Perse, renferment à coup sûr des renseignements du plus haut intérêt, mais n'ayant pu noter moi-même les sons, je craindrais, en en faisant usage, de ne point m'assimiler suffisamment la pensée des auteurs et de commettre des erreurs. Les dialectes kurdes n'étant pas écrits, c'est dans la phonétique seule que peuvent être recueillis les documents pour un travail de comparaison, et cette méthode d'investigation est forcément très variable suivant les aptitudes de chaque observateur, suivant la qualité plus ou moins grande de ses organes d'audition, suivant aussi les idées scientifiques qui ont servi de base à ses recherches. Faire abstraction des documents recueillis avant moi, dans cette étude comparative des sons, n'est donc pas négliger l'œuvre de mes prédécesseurs, c'est une garantie de plus pour moi d'approcher le plus possible de la vérité. Les termes des vocabulaires antérieurs à cette publication trouveront d'ailleurs leur place dans l'étude des divers mots, et fréquemment ils me seront d'une grande utilité dans la recherche des étymologies et des origines.

VOYELLES.

Les diverses voyelles passent, suivant les districts, des unes aux autres. Ce fait, général dans le Kurdistan, se retrouve même dans les pays les plus développés au point de vue littéraire, tels que la France, l'Allemagne, l'Angleterre; il n'est donc pas surprenant de le rencontrer au milieu de populations sauvages vivant en nomades dans des montagnes presqu'inaccessibles et où elles n'ont de communications que rarement avec les peuples voisins plus civilisés qu'eux.

a — ou. Le passage de *a* à *ou* (ces deux lettres étant accentuées d'une manière quelconque) se fait en kurde toutes les fois que la lettre *a* est placée devant *w* ou *n;* les sons changent de valeur d'une manière insensible en passant par *á, a, â, ô, ou, ôu.* Exemples :

1.	Si.	*krdenawa*	ouvrir.	2.	R.	*gowrè bian* .... croître.
	R.	*kerdenawa*	—	3.	K.	*dărânèn* .... coudre.
2.	K.	*gâdrа bâen*	croître.		So.	*douranîn* .... —
	D.	*gaauvè houdèn*	—		L.	*durônèn* .... —

a — ö. Devant *m* et *l*, *a* devient *o*, *ö* et *è*. Exemples :

1. **M.** *kouzala*............ cresson.
   R. *kûzöla*............ —

2. **A.** *tamacha*......... spectacle.
   D. *tömâcha*.......... —

à — é. Le passage de *a* à *é* se fait lorsque la voyelle est précédée d'une gutturale telle que *g*, *k*, ou d'une dentale adjointe à une sifflante ou chuintante. Exemples :

1. **D.** *djiâ kördèn*........ séparer.
   A. *djéa kördèn*......... —
   M. *djüé krdụ*.......... —
2. **D.** *kâh*.............. paille.

2. **Y.** *ka*.............. paille.
   So. *ká*.............. —
   G. *kia*............. —
   K. *kei*............. —

Ce dernier exemple est l'un des plus curieux du passage d'une voyelle grave à une voyelle adoucie; les divers dialectes nous fournissent tous les intermédiaires de cette transition.

On voit donc que la voyelle *a*, prise sous sa forme moyenne, passe dans les dialectes kurdes à l'*à*, l'*o*, l'*ou*, l'*e*. Les seules voyelles auxquelles elles ne passe pas sont : *i*, *y*, *ü*, et les consonnes-voyelles.

ô. Est un son particulier au kurde qui provient de l'atténuation d'un *w* placé après l'*a* et, comme on le verra plus loin, le *w* n'étant lui-même qu'un adoucissement du *p* et du *b*; la voyelle *ô* n'est donc souvent elle-même qu'un adoucissement de *àb*, *ap*. Exemples :

1. **Persan.** *àb* (zeñd, *àp*),.. eau.
   M. *ô*............... —
2. **Persan.** *hessab*......... compte.
   L., R. *essaô*........... —

3. **Persan.** *sabr kèrden*.... attendre.
   So., L., K., R. *sôr kördèn*. —
4. **Persan.** *àbâd*......... construit.
   Kurde. *awa*, *ôa*...... —

Devant *f* et *v*, l'*a* se transforme également en *ô*. Exemples :

1. **Persan.** *hàft*.......... sept.
   M. *hôt*.............. —
2. **Persan.** *benavchè*...... violette.

2. **D., L., So.** *wenôcha*..... violette.
3. **Persan.** *larhaf*........ bride.
   M. *larhô*........... —

ä. *a* nasal ne se rencontre jamais que dans les mots où il existait primitivement un *ñ* dont la chute a reporté la nasale sur l'*a*.

e. Comme nous venons de le voir, l'*e* passe fréquemment à l'*a* et vice versa, mais cette voyelle passe aussi à l'*i* et à l'*ä*. Exemples :

1. **A.** *djéa kördèn*........ séparer.
   D. *djiâ kördèn*......... —
   M. *djüé kördèn*........ —

2. **So.** *ká*.............. paille.
   K. *keï*.............. —
   G. *kia*............. —

ö. Cette voyelle sourde qui, fréquemment, remplace une voyelle indécise, passe souvent à l'*a*, l'*ou*, l'*ä*; elle précède ou suit les consonnes *r* et *n* qui, par sa chute, deviennent des consonnes-voyelles.

i. L'*i* passe quelquefois à l'*é*, mais de toutes les voyelles, ce sont ces deux lettres qui présentent la permanence la plus grande.

ý est également une voyelle indécise; de même que *ö* joue le rôle de remplaçant de *a*, *o*, *ou*, *ä*, la voyelle *ý* sert d'intermédiaire entre l'*i* et l'*e* et sa présence est le dernier vestige de ces voyelles avant leur chute complète.

o. L'*o* passe fréquemment à l'*a*. Nous l'avons vu à propos de cette lettre, mais il se transforme également en *ä*, *ou*, *i* et *w*. Exemples :

1.	M.	*dro*	mensonge.	2.	K. *söziän*	brûler.
	D., Y., So.	*drö*	—	3.	D. *rröchèn*	lumière.
	K. L.	*drou*	—		R. *ronchna*	—
2.	D.	*soutanèn*	brûler.	4.	K. *kolânèn*	cuire.
	M.	*soután*	—		L. *kolian*	—
	R.	*souznán*	—		R. *koulian*	—

ou passe à l'*a* et à l'*o*, mais aussi au *w* et à l'*ä*. Exemples :

1.	G.	*kour*	aveugle.	4.	D. *gaourè*	grand.
	A.	*kaýr*	—		A. *gowrè*	—
	M.	*küèr*	—	5.	D. *boudèn*	être.
2.	Y.	*gouz*	noix.		So. *boun*	—
	D.	*güez*	—		K. *büèn*	—
	So.	*gües*	—	6.	D. *soutanèn*	brûler.
3.	M.	*kouzala*	cresson.		L. *soutan*	—
	R.	*küzöla*	—		So. *sütèn*	—
	K.	*küz*	—	7.	D. *dourânèn*	coudre.
4.	K.	*gáöra*	grand.		L. *därönèn*	—

w. Cette voyelle joue, par rapport à *o* et *ou*, le même rôle que *ö* par rapport à *a* et *u*, et que *ý* par rapport à *e* et *i*; elle n'est composée que d'un son très faible qui est le prélude de la chute complète de la voyelle *ou*. Quand *w* est placé près d'une autre voyelle, sa chute est accompagnée d'une accentuation très forte de la voyelle adjacente. Quand, au contraire, elle est placée entre une consonne quelconque et *r* ou *n*, ces deux consonnes deviennent voyelles après la chute complète du *w*.

ä. Nous avons vu quelles sont les transformations par lesquelles peut passer le son voyelle *ä*, je n'y reviendrai pas. Cette lettre est peu abondante dans les dialectes kurdes, elle joue un rôle intermédiaire comme *ö*, *ý*, et *w* et ne représente pas une voyelle primitive.

ŗ, ṇ. Les dialectes kurdes ne possèdent pas *ḷ* sanskrit, mais connaissent les consonnes-voyelles *ŗ* et *ṇ*. Ces lettres qui n'existent pas en persan et semblent avoir été étrangères au perse, au zeñd et au pehlevi, prennent naissance lors de la chute de la voyelle qui précède les consonnes *r* et *n*. Les divers dialectes du Kurdistan nous offrent le passage de la syllabe complète à la consonne-voyelle. Exemples :

1. **Persan.** مُردَن *mourdèn*... mourir.	3. **L.** *hatèn*............. venir.
K. *mŏrdèn*........... —	**M.** *hatṇ*............. —
M. *mŗdèn*........... —	4. **Persan.** تَرسِيدَن *tèrsidèn*. craindre.
2. **Persan.** كَردَن *kèrdèn*.... faire.	**R.** *tersân*............. —
L. *kŏrdèn*........... —	**K.** *tŏrsânèn*........... —
M. *kŗdṇ*............. —	**Si.** *tŗsiân*............. —
3. **Persan.** آمَدَن *âmèdèn*.. venir.	

Le sanskrit et le kurde ne sont pas les seules langues renfermant des consonnes-voyelles, comme nous l'avons vu plus haut; les langues européennes retiennent encore des traces de cette prononciation primitive. Dans les langues parlées par les peuples voisins du Kurdistan, le géorgien possède également cette classe de voyelles, bien qu'il ne connaisse pas de signes spéciaux pour la désigner; elle est même beaucoup plus étendue que dans le sanskrit et le kurde, et seule l'orthographe des mots permet de distinguer des consonnes simples les consonnes-voyelles. Exemples :

«Chauffer» თბ, *thb* (*h*), ტფ, *tp'h* (*p*).	«Nourrir» ზრდ *zrd* (*ŗ*).
«Choquer, toucher» ხლ, *khl* (*l*).	«Sécher» შჩ *chr* (*ŗ*).
«Coller» კრ *k'r* (*ŗ*).	«Tenir» პყრ *pqr* (*qŗ*).
«Donner» ძლ *dzl* (*l*).	«Traîner» თჩ *thr* (*ŗ*).
«Jeter» გდ *gd* (*l*), ყრ, *qr* (*ŗ*).	«Tuer» კლ *k'l* (*l*).

Il est certain que dans ces mots une voyelle très légère et indéfinissable précède ou suit la consonne et que *h*, *p*, *q*, *r* et *l* sont de véritables consonnes-voyelles. D'ailleurs ce phénomène est très commun dans les langues caucasiennes d'origine karthwélienne; il n'est pas surprenant de le retrouver dans le Kurdistan, pays où jadis vivaient des Touraniens anciens, proches parents des Karthwéliens, et où les invasions aryennes ont elles-mêmes apporté avec elles l'usage des consonnes-voyelles.

Les voyelles kurdes peuvent donc être divisées en trois classes bien distinctes, savoir :

1° Les voyelles primitives *a*, *e*, *i*, *o*, *ou*, qui dérivent des sons antiques et présentent une grande permanence, soit dans les dialectes kurdes eux-mêmes, soit dans les termes des langues indo-européennes dont les mots kurdes dérivent;

2° Les voyelles secondaires *ā*, *ŏ*, *ū*, *ẏ*, *ẉ*, qui jouent un rôle de transition entre la voyelle primitive et la consonne-voyelle; ces sons accompagnent presque toujours les lettres sur le point de tomber;

3° Les consonnes-voyelles *r*, *n* qui, elles aussi, ne forment que l'une des phases
de la chute d'une consonne, mias présentent plus de persistance que les voyelles primitives.

CONSONNES.

FAUCALES.

h. Dans les dialectes kurdes nous trouvons souvent le passage de l'aspiration à la
sifflante. Exemples :

1.	**Persan.** آهن *ahèn*	fer		2.	**X.** *maï*	poisson.
	So. *hasèn*	—			**D.** *mâsi*	—
	R., Si., M., L. *âsèn*	—			**M.** *massf*	—
2.	**K., L. Persan.** ماهی *mâhi.*	poisson.				

Dans le premier exemple, l'aspiration a changé de place en devenant initiale et
a été remplacée dans l'intérieur du mot par la sifflante pour disparaître complètement en produisant dans la lettre qu'elle affectait une forte accentuation.

Dans le second exemple, le même phénomène a eu lieu, mais le mot commençant par une consonne, c'est sur la voyelle voisine de l'*h* tombé que porte l'accent.
En kurde moukri, l'accentuation porte sur la voyelle qui suit la sifflante. En khodjaveñdi, l'aspirée et la sifflante sont toutes deux tombées et il n'en reste plus même
de traces.

Il n'est pas rare que l'aspirée tombe complètement. Exemple :

1.	**Persan.** پهن *pèhn*	large.		2.	**So.** *p'an*	large.
	L. *péân*	—			**D., Si., R., M.** *pân.*	—
	G., K. *pian*	—				

L'hiatus que forme la juxtaposition de *é* et *â* dans L. *péân*, est une trace d'aspiration
qui s'adoucit en G., K. *pian*, puis dans la forme emphatique du *p* dans So. *p'an*, et
disparaît presque complètement pour ne laisser qu'une accentuation très forte sur la
voyelle, D., Si., R., M. *pân*.

Nous avons vu dans les pages qui précèdent que l'*f* du zeñd et du pehlevi s'était
parfois transformé en *h* dans le persan. Les dialectes kurdes nous offrent tous les
détails du passage de l'une à l'autre de ces consonnes; le *w* et le *v* servent de transition.

Persan. کوه *kouh*	montagne.		**M.** *kéw*	montagne.
G., K. *kûa*	—		**Si.** *kéf*	—
L. *kûé*	—		**Pehlevi.** *kof*	—
So. *kûéouv*	—		**Zeñd.** *kaoufa*	—

G., **K.**, *küa* présente après sa finale une très légère aspiration que nos notations ne nous permettent pas de figurer tant elle est douce, mais qui mérite d'être signalée à cause de son importance historique.

h passe parfois au *kh* par un durcissement de l'aspirée, mais si nous prenons comme terme de départ le persan, c'est plutôt un affaiblissement de *kh* qui donne naissance au *h* kurde.

kh. Lorsque dans les dialectes kurdes, l'aspirée forte du persan et des langues antiques ne se conserve pas, elle tombe simplement en s'adoucissant d'abord et en faisant place provisoirement à l'aspirée douce et au son voyelle *w* qui, comme nous l'avons vu, accompagne toujours les transformations de ce genre.

Exemples :

1. **L.** *bakhal* . . . . baiser (s. m.).
   R. *bagal* . . . . —
   So. *bah'al* . . . . —
   D., **Si.** *bawach* . . . . —
   X. *baouch* . . . . —

2. **M.** *richèh* . . . . racine.
   So. *richük* . . . . —
   G. *richew* . . . . —
   K. *riché* . . . . —

3. **L.** *khèrs* . . . . ours.
   G., **K.**, **R.** *khörs* . . . . —
   So. *hörtch* . . . . —
   D. *wörtch* . . . . —
   A., **Y.** *wourtch* . . . . —
   M., **Si.** *wirtch* . . . . —

4. **D.** *khâli* . . . . vide.
   L. *hâli* . . . . —
   Y. *wal* . . . . —

5. **Persan.** خوردن *khourdèn* . . . manger.
   So. *khouardèn* . . . . —
   L. *wordèn* . . . . —
   X. *vouordèn* . . . . —
   A. *ouardèn* . . . . —

6. **M.** *khouar* . . . . en bas.
   Si. *khouaro* . . . . —
   D. *khwar* . . . . —
   X. *houar* . . . . —
   A. *waró* . . . . —

7. **Persan.** خواستن *khasten*. vouloir.
   So. *khouastèn* . . . . —
   X. *hassèn* . . . . —

8. **M.** *khaim* . . . . solide.
   So. *k'âim* . . . . —
   A. *kaièm* . . . . —

9. **L.** *khwor hatèn* . . . . descendre.
   So. *khouaro hatn* . . . . —
   X. *houar hatèn* . . . . —

10. **G.**, **Si.** *zakhm* . . . . blessure.
    A. *zadm* . . . . —
    L. *zeam* . . . . —
    D., **R.** *zâm* . . . . —

11. **Persan.** خرگوش *khargouch* lièvre.
    K. *kharghouch* . . . . —
    A. *kaourèchk* . . . . —
    Y. *kaonrichk* . . . . —
    D. *karüèchk* . . . . —
    So. *körüèchk* . . . . —
    M. *kèrvèchk* . . . . —
    G. *kèriwa* . . . . —
    L. *karü* . . . . —
    R. *harouchu* . . . . —

12. **So.** *nakhoch* . . . . malade.
    Si. *nakhwoch* . . . . —
    G. *nakouoch* . . . . —
    A., **R.** *nawèch* . . . . —

Comme on peut le voir d'après les exemples qui précèdent, l'évolution est la suivante dans la chute du *kh* :

$$kh \ldots \ldots \begin{cases} k \ldots h \ldots w \\ g \ldots \ldots \\ h \ldots \ldots \end{cases} w \quad \begin{array}{l} \text{ou, voyelles secondaires.} \\ \text{\textasciicircum, voyelles primitives accentuées.} \end{array}$$

L'*h* (exemple n° 2) suit les mêmes transformations que le *kh*, n'étant lui-même dans bien des cas qu'un terme de la chute de l'aspirée dure.

GUTTURALES.

Les gutturales *k*, *k'*, *g*, *gh*, *rh* suivent toutes la même loi dans leur disparition. *rh* passe à *k*. Exemple :

1.	**G.** *rhsé*	parole.	2.	**K.** *rhalaf*	fourreau.
	L. *k'sa*	—		**K.** *khlâf*	—
	M. *ksa*	—		**K.** *kalaf*	—

De même *rh* passe à *gh*, *g*, *h* et *w*, par suite de la difficulté que rencontrent les Kurdes à prononcer le son ﻊ étranger à leur langue. Exemples :

1.	**X.** *arhouz*	noix.	2.	**D.** *arhŏr*	feu.
	Si., M. *ghūez*	—		**L.** *aghŏr*	—
	Y. *gouz*	—		**Si.** *agŏr*	—
	R. *houz*	—		**M.** *awŏr*	—
2.	**K.** *arher*	feu.		**So.** *aar*	—

Quant au *k*, il passe au *w* et à ˆ avant de tomber. Exemples :

1.	**M.** *kouten*	dire.	2.	**L.** *khâd* (chute de *l* et de *k*, apparition de *kh* au lieu de *h*)	œuf.
	Si. *wouten*	—			
	K. *ouaten*	—		**G.** *kha* (chute du ˆ)	—
2.	**D., M., So.** *helka*	œuf.		**Y.** *hèk* (chute de *k* et *kh*)	—
	Si. *hilka*	—			
	R. *hîlâ* (chute du *k*)	—			

La chute des gutturales se fait donc pour toutes de la même manière et la voyelle secondaire *w* sert à la transition, ainsi que l'accentuation ˆ des voyelles primitives.

DENTALES.

Les dentales *t* et *d* s'échangent fréquemment. Exemple :

Persan. گرفتن *yèrèften*	recevoir.		**Si.** *ghirtan*	recevoir.
A. *gŏrtan*	—		**So.** *gŏrdèn*	—

Elles se transforment aussi en sifflantes, *t* en *s*, *t* et *d* en *z*. Exemples :

1. **A.** *khetmat kṛdṇ* . . . . servir.
   M., Si. *khezmat kṛdṇ* . . . . . . —
   R., D. *kzmat kṛdṇ* . . . . —
2. **Persan.** خواستن *khastèn* . . vouloir.
   So. *khouastèn* . . . . —

2. **L.** *khassan* . . . . vouloir.
3. **Persan.** دانستن *danèstèn* . . . . . savoir.
   L. *zanestan* . . . . —
   K. *zanessèn* . . . . —

Quelquefois, mais très rarement (nous n'en connaissons qu'un exemple), le *d* passe à la labiale *l*. Exemples :

D., L., M. Si., Y., X. *badam* . . amande.
R. *ba'am* . . . . —

K. *bàiam* . . . . amande.
So. *bàlam* . . . . —

La transition se fait dans ce cas par le ε, ', l'*ï*, et l'accentuation ˄ ordinaire à la chute des lettres.

La chute des dentales *d*, *t*, se fait de deux manières différentes. Le *t* disparaît après avoir été remplacé par une sifflante. Exemples :

Persan. دانستن *danèstèn* . . savoir.
L. *zanestàn* . . . . —
K. *zanessèn* . . . . —

Si. *zanín* . . . . savoir.
R. *zanen* . . . . —

Quant au *d*, sa disparition entraîne soit le redoublement de la consonne précédente, soit l'accentuation des voyelles adjacentes. Exemples :

1. **Si.** *kañdṇ* . . . . creuser.
   D. *kannèn* . . . . —
   K. *kanín* . . . . —
   L. *kanen* . . . . —
2. **Persan.** زائيدن *za'idèn* . . . enfanter.
   L. *zaidan* . . . . —
   R. *zdín* . . . . —
   M. *zan* . . . . —
3. **L.** *pôrsidan,* . . . . demander.
   D. *pôrsidn* . . . . —
   R. *pôrsdn* . . . . —
   M. *prsín* . . . . —
4. **Persan.** ديدن *didèn* . . . . . voir.
   L. *diín* . . . . —
   A. *dièn* . . . . —
   So. *dín* . . . . —
   Si. *din* . . . . —

5. **Persan.** دادن *dadèn* . . . . donner.
   G. *dân* . . . . —
   D. *duèn* . . . . —
   R. *dan* . . . . —
6. **Persan.** ماديان *madian* . . . . . . jument.
   L., R. *mdín* . . . . —
7. **Persan.** خنديدن *khèndidèn* . . rire.
   L. *khannídèn* . . . . —
   X. *khannin* . . . . —
   K. *khanín* . . . . —
   So. *kanin* . . . . —
   M. *kenin* . . . . —
8. **Persan.** نزديك *nazdik* . . . . . . près de.
   G. *nazdik* . . . . —
   L. *nazzik* . . . . —
   A. *nazik* . . . . —
   M., D., Si. *nèzik* . . . . —

La loi générale de la chute des dentales *t* et *d* est la suivante :

Pour *t* : *z*, *s*, ˄.
Pour *d* : redoublement ou ˄.

dj. Formé d'une dentale et d'une chuintante, cette consonne s'adoucit parfois en *j* et *y*. Exemples :

1. **Persan.** *djô* . . . . orge.
   D. *djô* . . . . —
   R. *jôw* . . . . —

2. **R.** *endjir* . . . . figue.
   Y. *hajir* . . . . —

Mais généralement elle conserve le son primitif du persan.

LABIALES.

b, *p* et *f*. Se confondent fréquemment en turk et en persan; پاشا se prononce *pacha;* de même پ et ف sont souvent employés l'un pour l'autre; aussi ne devons-nous pas être surpris de rencontrer en kurde le passage de l'une à l'autre des labiales.

Dans la plupart des cas, les intermédiaires sont *v*, *w*, *ou*, *ɔ̄*, *ô*. Exemples :

1. **X.** *narbeñd* . . . . ormeau.
   D. *narvèn.* . . . . —
   A., Si. *narwan* . . . . —
   G., K. *narouan* . . . . —
   L. *narüan.* . . . . —
2. **M.** *khaber* . . . . nouvelle (s. f.).
   X. *khabar.* . . . . —
   K. *khâwâr* . . . . —
   So. *khawar* . . . . —
3. **Persan.** *sib* . . . . pomme.
   Y. *seow, sew* . . . . —
   M. *sewou* . . . . —

3. **So.** *siouv* . . . . pomme.
   D. *sièf.* . . . . —
   Si. *scèf.* . . . . —
   G. *sîf* . . . . —
   L. *sêf* . . . . —
4. **Persan.** *kabouter* . . . . . . pigeon.
   Y. *kaboutk.* . . . . —
   R. *kamouter* . . . . —
   L. *kiamoutèr* . . . . —
   G. *kôtr.* . . . . —
   M., Si. *kôtr* . . . . —
   So. *kôtèr* . . . . —

Exemple 4 : La présence de l'*m* dans cette série, qui d'ailleurs est un fait très rare, montre une tendance du *b* à se transformer en *m*.

5. **Persan.** *tabèr* . . . . hache.
   K. *tawar* . . . . —
   M. *tawr* . . . . —
   So. *t'aour* . . . . —
   Y. *taüara* . . . . —
6. **Persan.** *chèb* . . . . nuit.
   M. *chô.* . . . . —
   G. *chèw.* . . . . —
   D. *châô* . . . . —
   K. *châô* . . . . —
7. **Persan.** *baran* . . . . pluie.
   K. *waran.* . . . . —
   L. *varô.* . . . . —
8. **X., G.** *sabr* . . . . attente.

8. **So., L., K.** *sôr* . . . . attente.
   Y. *sowr* . . . . —
9. **X.** *djouab* . . . . réponse.
   M. *djouap* . . . . —
   So. *djouô* . . . . —
   R. *djouaô* . . . . —
   Si. *djouao* . . . . —
10. **Persan.** *sabouk* . . . . léger.
    Y. *sobk* . . . . —
    K., L. *sôwók.* . . . . —
    D. *sououk.* . . . . —
    X. *sôök.* . . . . —
    Si. *sôk.* . . . . —
    Si. *souk* . . . . —

11. **X.** *bénavcha*	violette.		13. **Persan.** سبز *sèbz*	vert.
A. *wenûvcha*	—		**So.** *saowz*	—
R. *wènaoché*	—		**M.** *sowz*	—
12. **Persan.** *áb*	eau.		**K.** *saouz*	—
L. *aôb*	—		14. **Persan.** *kaber*	tombeau.
M. *aw* ou *ô*	—		**D.** *khab*	—
R. *dou*	—		**A.** *k'awour*	—
D., G., K., Si., Y. *aô*	—		**K.** *kaour*	—
15. **Persan.** صبحگاه *soubh-gah*	matin	صباح *sèbah*	matin.
D. *sobkh*	—		**Y.** *sôba*	—
Si. *sowèh'*	—		**G.** *soubvi*	—
A. *sowa*	—		**M.** *sbèi*	—
R. *souwai*	—		**X.** *sop*	—
So. *soua*	—		**A.** *sowa*	—
			R. *souwai*	—
			So. *soua*	—

Dans ce dernier exemple, le persan fournit deux expressions très diverses qui, par suite de la chute des deux lettres *b* et *h*, finissent par se confondre.

On rencontre parfois aussi la chute du *b* avec allongement des lettres adjacentes, soit par le doublement des consonnes, soit par l'accentuation des voyelles ou l'introduction d'un hiatus dans la consonne principale du mot. Exemple :

M. *també*	punition.		**L.** *t'amé*	punition.
X. *tamma*	—		**D.** *tamé*	—

La labiale *f* et la semi-voyelle *v* prennent souvent la place l'une de l'autre, ou celle-ci sert de passage entre *f* et *ou*. Exemples :

1. **Si., R., K.** *kaftèn*	tomber.		1. **G.** *kouwèt*	force.
D. *kaoutèn*	—		**K.** *kouvèt*	—
M. *kôouten*	—		2. **X.** *touf kèrdèn*	cracher.
M., Si. *kout*	force.		**G.** *tof krdn*	—
L. *koat*	—		**M.** *tf krdn*	—
R. *kouèt*	—		**Y.** *tôv krdèn*	—

SEMI-VOYELLES.

La classe des semi-voyelles présente beaucoup moins d'homogénéité que les autres classes des consonnes. Ces sons jouent par rapport aux consonnes ordinaires le même rôle que les voyelles secondaires par rapport aux voyelles primitives. Le *v* passe fréquemment au *w*. Exemples :

1. **Persan.** *iavach*	doucement.		2. **D., Si.** *diouar*	muraille.
R. *iawach*	—		**R., So.** *diwar*	—
2. **L.** *divar*	muraille.			

Nous avons vu précédemment que le *v* lui-même n'est très souvent qu'une transformation de *b* précédant sa chute.

w. Passe à *h* et à *kh*. Exemple :

M.	*wichik*	sec.	**L.**	*hochk*	sec.
R.	*wichk*	—	**X.**	*khochk*	—

Il passe également à *o*, *ô*, *ou*. Exemple :

1.	**R.**	*gowrè*	grand.	3.	**L.** *doour*	environs.
	D.	*gaourè*	—		**K.** *daour*	—
2.	**D.**	*hawordèn*	apporter.		**So.** *dawour*	—
	A.	*aordèn*	—			

D'ailleurs au son *w* consonne correspond le *ẉ* voyelle, et la voyelle secondaire *ẇ* n'est formée que par la syllabe adoucie *aw*. Il n'est donc pas surprenant de voir cette consonne passer aux sons sourds et indécis qui caractérisent toutes les lettres de transition.

Les rapports entre les semi-voyelles *r* et *l* sont en kurde aussi étroits que dans les autres langues indo-européennes; le passage de l'une à l'autre est fréquent, de même que celui de *r* et de *l* à *t*, lettre grasseyée qui forme l'intermédiaire entre ces deux sons et dans quelques cas en marque le passage. Exemples :

1.	**M.**	*rroîn*	aller.	5.	**Si.**	*birr*	bèche.
	R.	*llouan*	—	6.	**A.**	*hôrzán*	se lever.
	A.	*louan*	—		**L.**	*hôrisan*	—
2.	**So.**	*khawŏr*	habile.		**K.**	*hal-esan*	—
	R.	*kâbŏl*	—		**Si.**	*hall-stañ*	—
	L.	*kabîl*	—	7.	**D.**	*barrou*	chêne.
3.	**Si.**	*khâri*	tapis.		**K.**	*barü*	—
	Y.	*khâli*	—		**M.**	*balout*	—
4.	**Persan.**	*zèrd*	jaune.		**R.**	*balü*	—
	So.	*zál*	—	8.	**R.**	*goul*	fleur, bourgeon.
5.	**K.**	*bél*	bèche.		**Y.**	*gwill*	—
	D., L.	*bièll*	—	9.	**A.**	*zéléké*	roseau.
	R.	*bèll*	—		**Si.**	*zall*	—
	G.	*bill*	—				

NASALES.

Nous ne connaissons que peu d'exemples du passage des nasales aux autres sons consonnes dans les dialectes kurdes. Nous avons vu plus haut que parfois le *b* se transformait en *m;* nous verrons ici l'inverse avoir lieu et l'*m* se changer en *b*, mais ce passage est extrêmement rare. Exemple :

K., G. *tamam,* prêt, complet; **D.** *tawâb,* **M.** *tawâb.*

L'intermédiaire dans cette transformation est le *w* que nous trouvons durci lui-même en *o* dans le dialecte de Soleimaniyèh. Exemple :

So. *towao,* prêt, complet.

SIFFLANTES.

Les sifflantes *s* et *z* sont d'une remarquable permanence dans les dialectes kurdes; elles persistent généralement dans les idiomes des diverses tribus. Les deux seuls passages que nous connaissons sont ceux de *z* et *s* en *j* et *ch*, chuintantes qui ne sont autres que des adoucissements des sifflantes, et la transformation de *z* en *t*, qui est très rare.

Le *z* se transforme en *j*. Exemples :

1.	**Persan.** *zen*	femme.	2.	**T. d. K.** *tej, tij*	pointu.
	T. d. K. *jen, jin*	—	3.	**R.** *drâz*	long.
2.	**Persan.** *tiz*	pointu.		**G.** *dérij*	—
	X. *tetch*	—		**TT. D.** *drej*	—

s passe au *ch* et au *j* :

1.	**G.** *namâs*	prière.	2.	**X.** *pechmin*	éternuer.
	K. *nômâs*	—		**L.** *pôchmîn*	—
	So. *nôûèch*	—		**A.** *pôjmian*	—
	M. *nüej*	—				

t se transforme en *z*. Exemple :

D. *sovtanen,* brûler; **R.** *souznan.*

Le *j* provient aussi de la nasale *n* en passant par le *g*, mais cette transformation est des plus rares.

K. *zanü,* genou; **R.** *zagnôl,* **D., M.** *ajnô.*

CHUINTANTES.

Nous venons de montrer les sifflantes passant aux chuintantes; réciproquement les chuintantes se transforment aussi en sifflantes et passent de l'une à l'autre. Exemples :

1.	**K.** *chônâftèn*	entendre.	2.	**D., R., L.** *makach*	pincettes.
	Si. *jénaftn*	—		**So.** *môkass*	—

3. DIPHTHONGUES.

Les dialectes kurdes, comme toutes les langues qui ne sont pas écrites en caractères rendant les sons les plus détaillés, ne nous fournissent que les diphthongues composées de voyelles détachées. Les autres, que notre oreille ne peut percevoir, disparaissent et ne peuvent être retrouvées que par une étude minutieuse des origines de chacune des syllabes des mots. Cette recherche très ardue serait toujours incomplète, car l'étymologie de bien des termes kurdes nous échappe. Aussi ne tiendrai-je compte que des diphthongues telles que *aï, aou, aü,* dans lesquelles les deux voyelles conservent leur son dans toute sa pureté, tandis que je ne m'occuperai pas de rechercher si dans tel ou tel mot *é* doit être écrit *ai, ô, au,* etc.

Le sanskrit possède ces diphthongues; elles se divisent en deux classes : dans la première nous trouvons ए *é* et ओ *ô*. ए provient de la fusion d'un *a* bref avec *i* ou *î* conséquent, ओ était primitivement composé d'un *a* bref et d'un *u* ou d'un *û* conséquent. C'est cette classe de diphthongues que l'orthographe nous donne en sanskrit et que nous devons négliger en kurde parce que nous n'avons pas de moyens d'observation.

La seconde classe des diphthongues sanskrites comprend ऐ *aï* et औ *aou* composées d'un *â* long et d'un *ï* ou d'un *ü* conséquent. C'est cette classe seulement que nous pouvons étudier dans les dialectes kurdes.

En zeñd, les diphthongues sont plus nombreuses qu'en sanskrit; elles sont : سوى *aé*, ى﮵ *oï*, سا *âï*, ﮳ـا *ao*, سو *âou*, ﮜ *éé* et ﮍ *éou*. Tous ces sons se retrouvent dans les langues kurdes.

Toutes les langues du groupe indo-européen sont très riches en diphthongues, malheureusement la transcription des sons aryens en caractères arabes se prête fort mal à la figuration de ces sons et, dans la plupart des mots persans, il est très difficile de suivre les voyelles dans leurs modifications, l'aphonie, l'allongement ou la contraction, comme on peut le faire avec tant de précision dans les langues telles que le grec et le latin.

Je passerai successivement en revue les diverses diphthongues des dialectes kurdes, en les rangeant suivant l'ordre alphabétique de la première voyelle et sans discuter toutes les origines, priant le lecteur de se reporter au vocabulaire dans lequel il trouvera pour chaque mot les intermédiaires et les racines. Les exemples que je cite ici sont les plus remarquables de mon vocabulaire.

*

aè.   **Persan.** *dadèn;* L. *daèn,* donner.

aï, âï. **Si.** *maghaz,* mouche; **K.** *mâias.*
    Persan. *hichdèh,* dix-huit; **G.** *haïjda.*
    Persan. *mâhi,* poisson; **X.** *maï.*
    Persan. *kachtèn,* planter; **L.** *kaïten.*
    Persan. *za'idèn,* enfanter; **L.** *zaïdan;* **R.** *zâîn;* **K.** *zâin.*
    Persan. *za'idé,* né; **So.** *zdié;* **X.** *zâi.*

Dans la plupart des cas, les diphtongues *aï, âï* qui naissent en kurde proviennent de la chute d'une consonne dans le mot; l'une des voyelles adjacentes à cette consonne s'allonge quand la chute est voisine, puis elle se contracte pour donner la diphthongue simple *aï.*

Toutefois il est possible de citer quelques exemples où la diphthongue s'est formée à des époques fort anciennes et où elle existe également en sanskrit et en kurde :

    Skr. *dâitik,* nature, création; **So.** *daia;* **M., Si.** *daïk;* **Y.** *daii,* grand'mère.

Les diphthongues naissent aussi en kurde de la flexion des mots, elles sont fréquentes dans les verbes. Exemples :

    M. *daian bé,* ils auront,

composé de *da* répondant à l'action future d'« avoir », et de *i,* suffixe personnel de la 3° personne suivi de *an,* suffixe du pluriel, et accompagné de *bé.*

    K. *béaimön,* donnons, pour *bé-da-imön.*

aô dérive toujours de la chute des consonnes *b, d, kh, m* ou *f.* Exemples :

aô provenant de la chute du *b* :

    Persan. آب *âb,* eau; **M.** *aô, kal-é-aô,* buflle (bœuf d'eau).
    Persan. حساب *hesab,* compte; **D., L., R.** *essâo.*
    Persan. *khab diden,* rêver; **D.** *khâô-didèn;* **K.** *lé khâo-dièn;* **L.** *khâô-dian;* **M.** *khaoun-ditụ;*
    Si. *khaou-din;* **So.** *khaouw diàn;* **X.** *khao din.*

aô provenant de la chute du *d* :

    Persan. *istadèn,* s'arrêter; **X.** *oussiân;* **D.** *hüéssanèn;* **L.** *haoruissan.*

aô provenant de la chute de *kh* :

    Persan. *dèrèkhchidèn,* briller; **L.** *draôchidèn;* **R.** *draôchan.*

aô provenant de la chute de *m* :

    Persan. *tamam,* complet; **K., So.** *tawaw;* **Y.** *tawao;* **Si.** *touaô.*

aô dérive parfois aussi du *p* sanskrit et zeñd, transformé en *f* dans le pehlevi et le persan. Exemples :

    Persan et Pehlevi. *haft,* sept; **M.** *hâôt.*

La voyelle *ȧ* joue le rôle intermédiaire entre *aw* et *aô*, de sorte qu'elle peut être considérée dans cette étude comme une diphthongue. D'ailleurs, il est parfois fort difficile, bien qu'écoutant avec le plus grand soin la prononciation des Kurdes, de savoir si l'on doit écrire *aw*, *ȧ* ou *ao*.

Ce son provient de la chute du *b* dans :

> **Persan.** *sabr*, attente; **K., L., R., So.** *sȧr*.
> **Turk.** *baba*, père, papa; **R.** *bawa*; **K., Si.** *bawk*; **K.** *bȧwk*; **G.** *baouk*, *bȧk*.

Il provient de la chute du *p* et de l'*f* dans :

> **Skr., Zeñd.** *haptan*, sept; **Persan.** *haft*; **M.** *hȧt*.

aou provient de la chute des consonnes *b*, *gh*, *v* et *f*, ainsi que parfois de l'allongement d'un *a* final.

aou provient de la chute du *b* dans :

> **Persan.** *kebk*, perdrix; **G.** *kaou*.
> **Persan.** *kabouter*, pigeon; **K.** *kaoutèr;*

mais dans ces deux exemples, il passe aussi à *ȧo* et à *ô*.

> **D.** *k'ȧô*, perdrix; **Si.** *k'ow*. — **K.** *kaouter*, pigeon; **M.** *kôtèr*.
> **D.** *khab*, tombeau; **R.** *kaour*. — **Persan.** *babèr*, tigre; **Y.** *baour*.

aou provient de la chute de *gh* dans :

> **Persan.** *kharghouch*, lièvre; **M.** *kèrvèchk*; **Si.** *kowrèchk*; **A.** *kaourechk*.

aou provient de la chute du *v* dans :

> **Persan.** *dèr-avourdèn*, retirer; **X.** *hèrȧourdèn*. — **L.** *virawourdèn*; **X.** *iadaourdèn*.

aou provient de la chute de l'*f* dans :

> **Persan.** *benèfchè*, violette; **R., D.** *wenaouch*; **M., Si., So.** *wanaouch*.
> **K., Si., R.** *kaftèn*, tomber; **G.** *kafön*; **D., So.** *kaoutèn*; **M.** *kooutèn*; **A.** *kaoutȧn*.

Cette diphthongue se produit quelquefois dans l'allongement d'une voyelle finale :

> **M.** *mañgha*; **R.** *mağnaou*, vache.

aü. Sauf dans des cas fort rares où l'*ü* remplace le *b* et forme avec l'*a* qui précède la diphthongue *aü*, comme dans cet exemple :

> **Persan.** *ȧb*, eau; **D.** *aü*.

il est difficile de trouver les règles de la formation de cette voyelle, les exemples
en sont trop peu nombreux :

> **Persan.** *koulouft*, gros; **L.**, **R.**, **D.** *k'aüf.*
> **Persan.** *khèmir kerdèn*, pétrir; **Si.** *hamir kŏrdèn*; **D.** *haüir kŏrdèn.*

ea. La diphthongue *ea* est peu commune dans les dialectes kurdes, elle provient
de la chute des consonnes *d* et *kh.* Exemples :

> **K.** *vada dan*, promettre; **L.** *véà daèn.*
> **Persan.** *peida kerdèn*, trouver; **L.** *péa kŏrdèn.*
> **G.**, **Y.** *zakhm*, blessure; **A.** *zàdm*; **D.**, **R.** *zdm*; **L.** *zéam*; **X.** *zidm*;

mais elle provient aussi du durcissement de l'*i* placé devant un *a.* Exemples :

> **Persan.** *khiar*, concombre; **So.** *khéiar*; **L.**, **R.**, **D.** *khédr,*

ainsi que des rapprochements de voyelles causés par les flexions dans les verbes.
Exemples :

> **K.** *béan*, qu'ils donnent (impératif),

pour *bé-[d]-[aw]an* ou *be-d-awan*, en décomposant le mot et en reconstituant théori-
quement les parties qui sont tombées.

ei. Cette diphthongue est plus commune que les deux précédentes, mais elle
résulte presque toujours des formes de flexion des verbes; toutefois, elle persiste dans
les mots étrangers comme *zeïtoun* « olive », ou résulte de l'adoucissement de la voyelle *e.*

> **Persan.** *kè*, quand; **M.**, **R.**, **Si.** *keï.*

Dans les flexions des verbes, elle est très fréquente. Exemples :

M. *leï-dadm*, j'avais battu; du verbe *lé dan*, battre.
M. *deï-bé*, il aura, pour *da-i–bé.*
So. *dabé bikeï*, tu feras.
So. *abé bikein*, nous ferons.
K. *bŏneït*, il laissera, du verbe *nian*, laisser.
L. *bŏkeïmèn*, que nous travaillions (impératif du verbe *kŏrdèn*, faire, travailler); pour *bŏ-ka-imèn*, que travail (action de travailler) nous.
K. *wa bŏkeim*, ouvrons, pour *wa-bo-ké-im* (*ima*).
L. *bŏkeïmèn*, coupons, pour *bŏ-ke[rd]-imèn.*
M. *neïkeinawa*, pour *na-krdein-awa*, ou pour *na-krdiman awa*, n'ouvrons pas.
L. *mèim*, nous donnons, pour *ma-dé-ima.*

éou est une diphthongue très rare, elle n'est qu'un adoucissement de *aou*, et à
proprement parler n'existe pas comme diphthongue indépendante. Exemples :

> **L.** *séouz*, adoucissement de **D.**, **G.**, **K.**, **Si.** *saouz*; **M.** *sowz*; **A.** *saws,*

qui résultent de la chute du *b* dans le mot persan *sèbz* « vert ».

öa, öö, öü sont des sons fort rares et qui proviennent toujours de la chute d'une consonne dans la flexion d'un verbe. Exemples :

R. *böa*, donne (impératif) pour *bö-da*.
L. *böörté*, coupe (impératif), pour *lö-bör.*
L. *böörîm*, coupons (impératif), pour *bö-bërîm.*

R. *möümé*, nous serons, pour *mö-vümé.*
R. *möüdé*, vous serez, au lieu de *mö-vué-dé.*

ia. Si les diphthongues précédentes sont rares, par contre le son *ia* est très abondant aussi bien dans les racines des mots que dans les flexions des verbes.

Le persan nous fournit bon nombre d'exemples de cette diphthongue et elle est souvent passée dans les mots kurdes. Exemples :

> **Persan.** *daria*, mer; **Kurde.** *daria.*
> **Persan.** *ziad*, plus, encore, beaucoup; **M.** *ziдl*, **Si.** *ziд.*
> **Persan.** *siдh*, noir; **R.** *sia, siω.*

Mais généralement *ia* résulte de la chute d'une consonne. Chute du *d.* Exemples :

Persan. *madé*, femelle; **K.** *mдia.*
Persan. *boudèn*, être, v.; **R.** *biдn.*
Persan, L., M., K. *bádam*, amande; **So.** *bá-làm*; **R.** *ba'am*; **K.** *báiam.*

Persan. *tersidèn*, craindre; **X.** *tersiàn*; **Si.** *trsiдn.*
Persan. *porsidèn*, demander; **D.** *pörsiдn*; **M.** *prsin.*

Chute du *ch.* Exemples :

> **Persan.** *néchandèn*, planter; **D.** *niдdèn*, **So.** *nia-kördèn.*

Chute de *h.* Exemples :

> **Persan.** *pahn*, large; **So.** *p'án*; **M.** *pán*, **K.** *pian*; **A.** *piён.*

La diphthongue *ia* se produit aussi dans l'adoucissement de certaines voyelles. Exemples :

Persan. *kaboutèr*, pigeon; **L.** *kiamoutèr.*
Persan. *'enkèbout*, araignée; **Si.** *eñkiabout.*

Persan. *kam*, peu; **So., K.** *k'am*; **X.** *kiam.*
Persan. *der-avourdèn*, retirer; **D.** *dèriavourdèn.*

Dans les flexions des verbes, nous rencontrons aussi la même diphthongue. Exemples :

> **K.** *böria*, coupé, participe passé du verbe *börin.*
> **K.** *chönassiam*, je suis connu, pour *chönasséam*, connu [je] suis.
> **M.** *nia*, il n'est pas, il n'y a pas, pour *ni-a*, n'est [pas].

iè. Cette diphthongue procède toujours d'un adoucissement d'une voyelle ou plus généralement de celui des sons d'un mot tout entier. Exemples :

Persan, L. *kèk*, puce; **M., Y., A.** *kètch*; **So., D.** *kiètch.*
Skr. *nara*, mâle; **Zeñd.** *nara, nairya*; **Persan.** *nar*; **So.** *nièr.*
D. *börrin*, couper; **R.** *börièn*; **So.** *börian.*

D. *k'âim kördèn*, consolider; **M.** *khaim krдi*; **A.** *kaièm kördèn.*
Persan. *gilas*, cerise; **M., So., D.** *gièlas.*
Persan. *sib*, pomme; **Y.** *sew*; **D.** *sièf*; **L.** *sèf*; **K.** *sif.*

L'adoucissement produit aussi parfois la chute de la consonne adjacente. Exemples :

Persan. *madé*, femelle; **G.** *mâié*.

Persan. G. *aghèr*, si; **L.** *aghar;* **Si., K.** *aièr*.

Dans les flexions des verbes, cette diphthongue se rencontre très rarement. Exemple :

D. *biej*, pour *bé-ej*, dis.

io, *iou* sont très rares; ils résultent en général des groupements de syllabes étrangères les unes aux autres, mais nécessitées par la flexion des verbes. Exemples :

M. *ŗroiou*, allé, participe passé du verbe *ŗroin*.

M. *nassiou*, connu, participe passé du verbe *nasîn*.

Quelquefois cependant *i* et *o* ou *ou* se trouvent réunis par suite de la chute de la consonne intermédiaire. Exemples :

Pehlevi. *naéma*, moitié; **Persan.** *nim, nimè;* **D., L., R.** *nima;* **M., So.** *niwa;* **M.** *niow*.

M. *namdadiowa*, pour *na-m-da-dinowa*, du verbe *neinowa = na-dinowa*, ne pas trouver.

oa, *oi.* Ces diphthongues sont rares, elles résultent soit de la chute d'une consonne comme dans :

Persan. *kèh-rouba*, ambre jaune; **Si.** *k'arôû*.

K. *khwech-hal*, gai; **L.** *khouchal*.

P. *raftèn*, aller; **M.** *ŗroin*,

soit de la flexion des mots comme dans : *khoi* pour *kho-i*, *khoian* pour *kho-i-an* « lui, eux », dans lesquels l'expression *kho* « soi-même », prend le préfixe *i* de la troisième personne du singulier et celui de *an* du pluriel.

oou résulte fréquemment de la chute d'un *b* après sa transformation en *w*. Exemples :

Persan. *châb*, nuit; **So., Si., G.** *chow, chòw;* **X.** *chaoou*.

Persan. *babèr*, tigre; **M.** *bôour*.

Elle résulte aussi de celle de la semi-voyelle *v*, qui souvent, elle-même, procède du *b*. La chute du *v* a quelquefois eu lieu dans le passage du pehlevi au persan. Exemples :

Skr. *navan;* **Zeñd.** *nava;* **Pehlevi.** *nâv;* **Persan.** *noou*.

oou résulte aussi, mais très rarement, de la chute de la gutturale *gh*. Exemples :

Persan. *beghèl giriftèn*, embrasser; **L.** *bakhal gõrtèn;* **Si.** *bawach ghŗtŋ;* **X.** *boouch kõrtèn*.

Dans ce dernier exemple, la consonne *w* joue le rôle de passage entre la consonne *gh* et le son voyelle d'où provient la diphthongue.

ouâ. Cette diphthongue est l'une des plus usitées dans les dialectes kurdes de la
Perse ; elle prend naissance : 1° lors de la chute d'une des consonnes *b, v; d, t,* et
k, kh, ch, h; 2° dans les flexions des verbes par suite de l'élision de certaines parties du mot ou de la juxtaposition de sons étrangers les uns aux autres ; 3° par
l'adoucissement de certaines parties des mots.

Chute de *b* ou de *v* :

  b. **Persan.** *roubâh,* renard ; **L.** *rouâ.*
    Persan. *qourbagha,* grenouille ; **R.** *kôrouâk.*
    K. *dô-sobkh,* après-demain : **Y.** *dou-sôba;* **R.** *dou-sowai;* **So.** *dossoua.*
    X. *narbend,* ormeau ; **Persan.** *narven;* **Si.** *narwan;* **K., G., So., Y.** *narouan.*
    Persan. *djoumbaniden, djoumbardèn,* agiter, **K.** *djoumanèn;* **R.** *djoumnan;* **D.** *djou-*
        lanèn; **So.** *djouan.*

  v. **Skr., Zeñd.** *navadasan;* **Pehlevi.** *nouzdah;* **D.** *nouañza,* dix-neuf.
    Persan. *djevab,* réponse ; **M.** *djouab.*
    Persan. *qauvvet* قوّت force ; **M.** *kowèt;* **G.** *kouât.*

Chute du *d* ou du *t.* Exemples :

  d. **Persan.** *khandèn,* lire, appeler ; **L.** *khannîdèn;* **X.** *khannîn;* **R.** *khouan.*

  t. **M.** *asen koutan,* forger ; **A., D., E., L.** *asèn kouan.*

Chute du *k, kh, ch,* ou de l'*h.* Exemples :

  k. **M.** *kouten,* dire ; **R.** *watn;* **K.** *ouatèn.*

  kh. **Persan.** *khordèn,* manger ; **M.** *khouardèn;* **A.** *ouardèn.*

  ch. **Persan.** *nichan dadèn,* montrer ; **L.** *nichan daèn;* **M.** *nouandèn.*

  h. **Persan.** *tchehar,* quatre ; **L., R.** *choudr.* — **Y.** *ham, hama,* tout ; **Si.** *oua.*

Flexions des verbes :

  R. *louâ,* allé, participe passé du verbe *louan.*
  M. *naroua,* pour *na-rrouva,* n'allons pas (impératif).
  M. *krdoua* pour *krdouv-a,* il a fait.
  M. *neïkrdoua* pour *neï krdouva,* il n'a pas fait.
  M. *nam boua,* je n'ai pas eu.
  M. *naman k'toua,* nous n'avons pas dit.
  M. *darroua,* je vais, au lieu de *de-rrouva.*

Adoucissements de certains mots :

  Persan. *khoch-gel,* beau ; **K.** *khouach-gôl;* **So.** *khodjoual;* **M.** *djouan;* **A.** *khodjouan.*

oue, ouö, oui, ouo. Ces diphthongues sont peu communes dans la prononciation kurde; leur existence est due aux mêmes phénomènes que celle de la précédente. Exemples :

> **Persan.** *khors*, ours; **So.** *hörtch*; **D.** *wörtch*; **Si.** *ouirtch.*
> **Persan.** *gorg, gourg*, loup; **L.** *gwèrk*; **Si.** *gwirg*; **Y.** *gouèr*; **Si.** *gouirg.*
> **Si.** *nakhꭡoch*, malade; **G.** *nakouoch*; **K.** *nakhoech*; **R.** *nawèch.*
> **So.** *bouõn*, qu'ils soient (impératif), pour *bou-wan.*
> **Y.** *datchouin*, nous allions, pour *da-tchouimèn.*
> **M.** *boun*, être, donne *bon-i*, il était; *bou-in*, nous étions.
> **Persan.** *rouba*, renard; **K.** *rroui.*
> **Persan.** *khordèn*, manger; **So.** *khouardèn*; **X.** *vouordèn.*

ꭡe, ꭡo. La voyelle *ꭡ* ne donne que fort peu de diphthongues, ou du moins les diphthongues composées de cette voyelle ne sont guère perceptibles pour l'oreille; toutefois, elle se combine dans quelques mots avec *e* et *o*. Exemples :

> **L.** *kꭡella*, sauterelle; **D.** *koulla.*
> **Turk.** *qouch*, oiseau; **L.** *kꭡoch* dans *bâia kꭡoch.*

üa, üe, üi. La voyelle *ü* donne bon nombre de diphthongues qui généralement résultent de la chute des consonnes du même groupe : *b, v, f.* Exemples :

> *b.* **Persan.** *khabidèn*, dormir; **L.** *hüaten* (dans ce dernier mot, le *d* du persan s'est
> transformé en *t*. Le *b* médian est tombé et a été remplacé par *v*, *ü* au moment
> où se faisait la transition entre *kh* et *h*).
> **Si.** *touañdꭡ*, fondre; **L.** *tüân.*
> **Persan.** *roubáh*, renard; **R.** *rivi*; **Si.** *rüi*; **So.** *rèüi.*
> **Persan.** *abi*, bleu; **X.** *öbi*; **L.** *âwí*; **G.** *avüi.*
> *v.* **Skr.** *dvi*, deux; **Zeñd**, *dva*; **Si.** *düé.*
> **Persan.** *djov*, orge; **R.** *djow*; **D.** *djô, djüè.*
> **Persan.** *govan*, herbe à chameau; **R.**, **D.** *gowan*; **L.** *göüen.*
> *f.* **X., So., R., L., K.** *chönaften*; **Si.** *jenaften*; **A.** *jenaüèn*, entendre.

Quelquefois cependant, mais beaucoup plus rarement, ces diphthongues résultent de la chute d'une autre consonne. Exemples :

> **Persan.** *har dja*, partout; **D.** *har djéga*; **K.** *hardjé*; **So.** *har küé.*
> **G.** *namas*, prière; **So.** *nöüech*; **Si., M., Y.** *nüèj.*
> **Persan.** *zoub*, rapide, rapidement; **L.** *züi.*

Elles proviennent aussi d'adoucissements. Exemples :

> **Persan.** *kour*, aveugle; **M., Si., So.** *küèr.*
> **Persan.** *khiar*, concombre; **M.** *harüé.*

Les diphthongues commençant par un *ü* proviennent aussi, comme tous les sons de cette classe, des flexions des verbes. Exemples :

> **Y.** *büèt* (dans *ager-ao-büèt*, il aurait été) pour *bouvèt*, comme dans *bōv'm*, *bōvouèn*.
> **So.** *bŏrüfm*, nous allons; *bŏruít*, vous allez, pour *bŏrüvîm*, *bŏrüvît*, comme dans *beru-vîm*, *berurèb*.

Il en est de même pour la plupart des composés du verbe persan *raftèn* « aller » (**So.** *rroin*), ainsi que pour beaucoup d'autres verbes de même forme (**Y.** *büit*; persan, *bachît* « soyez »).

Le passage des diphthongues les unes aux autres se fait parfois d'une manière très complète, dans les diverses formes dialectales du même mot. Exemples :

> **Persan.** *roubáh*, renard; **L.** *reud*; **A.** *röü*; **D.** *rrèüi*; **G.** *rroui*; **Y.** *roui*; **So.** *rèüi*; **M.** *rŏwi*; **Si.** *rfüi*; **R.** *rivi*.

Mais ces sortes de transitions sont peu fréquentes et, en général, le même mot possède à peu de chose près les mêmes voyelles quand on le prend dans les divers dialectes. Toutefois, il était important de faire cette remarque afin qu'on ne soit pas surpris de rencontrer quelques faits en dehors des règles que je viens d'énoncer.

4. DE LA TRANSCRIPTION DES SONS KURDES.

TRANSCRIPTION ORIENTALE.

Avant de passer en revue les divers systèmes employés par les auteurs européens pour rendre les sons kurdes, j'examinerai la méthode orientale de transcription; elle est suffisante pour que les indigènes puissent comprendre aisément les écrits faits en leur langue, mais ne peut être d'usage que pour des personnes connaissant tous les mots de la langue et leur prononciation locale; pour des Européens, elle ne peut donner que des idées très fausses sur la phonétique kurde, vu que très souvent la même lettre possède plusieurs prononciations différentes, que les finesses des sons ne sont jamais rendues et que les voyelles et leurs accentuations font presque toutes défaut.

Nous ne savons pas si, antérieurement à l'apparition de l'alphabet arabe dans la Perse et la Turquie d'Asie, les Kurdes écrivaient leur langue; s'ils le faisaient, ils employaient à cet effet les caractères zeñds ou pehlevis, tout comme les habitants de l'Ourartou avaient adopté les caractères cunéiformes, comme les Étrusques firent usage des lettres grecques.

Le tableau qui suit montre quelle est la concordance entre les lettres arabes et celles que j'ai adoptées pour figurer les sons des dialectes kurdes :

		Lettres arabes	Son	Manque
VOYELLES		ـَ, اـَ, ـٰ	*a, â.*	Il manque *á, ā, ȧ.*
				— *é, è, ê.*
				— *ŏ, ô.*
				— *ẏ.*
		ـ, ىـ	*i, î.*	
				— *o, ô.*
		ـُ, ـُو	*ou, ôu.*	
				— *w.*
				— *ŭ, û.*
				— *r.*
				— *ṇ.*
		ع	*'*	
CONSONNES.	Faucales	ه	*h.*	
		ح	*h'.*	
		خ	*kh.*	
	Gutturales	ك	*k.*	
				— *k'.*
		ق	*q.*	
		گ P	*g.*	
				— *gh.*
		غ	*rh.*	
	Dentales	د	*d.*	
		ج	*dj.*	
		ت	*t.*	
				— *t.*
		چ P	*tch.*	
	Labiales	ب	*b.*	
		پ P	*p.*	
		ف	*f.*	
	Semi-voyelles	و	*v.*	
		ڤ K	*w.*	
		ر	*r.*	

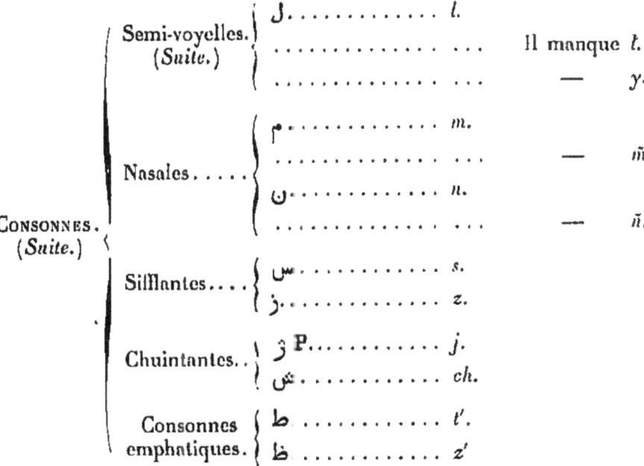

Le moindre défaut de cette transcription est dans les consonnes, dont quelques-unes, les nasales par exemple, font défaut; il serait possible de compléter cet alphabet en créant des lettres tirées des autres dialectes écrits en caractères arabes, comme le malais, par exemple, qui possède deux nasales, ڠ *n* et غ *ng* (*ŋ*) n'existant pas dans les autres langues.

L'alphabet arabe se prête fort mal à la transcription des langues indo-européennes, et les Persans l'ont si bien senti qu'ils ont ajouté les lettres پ *p*, چ *tch*, ژ *j*, گ *g*, et que les Kurdes eux-mêmes représentent parfois le *w* par ڤ.

Mais la difficulté réelle réside dans la figuration des voyelles, l'arabe n'en possédant pour ainsi dire aucune qui soit fixe. ١, ى et و servent à exprimer tous les sons voyelles, et l'accentuation n'élargit guère le cercle de leur figuration, de sorte que la plupart ne peuvent être représentées.

Ce défaut de l'alphabet arabe est très sensible dans toutes les langues qui ne sont pas sémitiques. En malais par exemple, langue dans laquelle les voyelles jouent un rôle très important, on ne sait que difficilement comment on doit les lire. Exemple :

بکند قون کلور در دالم استان دڠی سورغ دریں *baginda poun ka-louar dèri dalam astana dergan sa-orang diri-ñu*, le prince sortit seul de son palais.

En persan, la même difficulté se présente; l'usage seul peut indiquer quels sont les sons voyelles qui doivent être prononcés. Exemple :

مردی که در آن جزیره بودند شادی مینمودند *màrdûmi ki der àn djézîrè boudent chàdô mînûmoudent*, quelques hommes qui se trouvaient dans cette île se réjouissaient.

Mais, si la plupart des langues écrites en caractères arabes sont bien connues et présentent une permanence suffisante dans les divers sons pour qu'il soit facile de prononcer des voyelles qui ne sont pas indiquées, il n'en est pas de même du kurde, dans lequel les formes dialectales sont très nombreuses, et ces différences disparaissent presque quand les voyelles ne sont pas figurées d'une façon très précise. Ainsi :

كيفت خوش *kéfièt khoch*, comment vous portez-vous?

même lorsqu'il est écrit avec tous les accents, ne rend pas les sons d'une manière exacte. كيفت خوش peut aussi bien être lu *kifìt khouch*. Il n'en est pas de même de :

كوبه دچی ou كوبه دچی *kou-iè datchi*, où vas-tu?

parce que les voyelles que renferme cette phrase peuvent toutes être figurées au moyen des caractères arabes; mais, dans la plupart des cas, la figuration n'est pas possible. Toutefois, dans mon étude sur les mots, j'indiquerai fréquemment la transcription en lettres arabes; mais il était important de faire remarquer qu'elle ne rend pas les caractères euphoniques de la langue ni des formes dialectales.

Si nous comparons l'alphabet kurde à celui du pehlevi, nous voyons que grâce à la déformation des lettres et à l'incertitude de la lecture, les caractères pehlevis sont encore plus défectueux que ceux des Arabes et ne peuvent servir à la figuration des sons kurdes.

Les caractères zeñds et sanskrits sont moins défectueux que ceux de l'arabe et du pehlevi, mais ils présentent encore de très grandes lacunes. ঋ, ঌ, n'existent pas en zeñd, alors que nous ne trouvons pas en sanskrit de lettre correspondant à ول, پ, چ, du zeñd, et que les sons *ö, ô, ŷ, ü, û, ṇ, ', h', q, rh, m̃* n'existent dans aucune de ces deux langues.

TRANSCRIPTION SCIENTIFIQUE EUROPÉENNE.

J'entends par transcription scientifique européenne, les systèmes qui ont été créés par les divers linguistes pour figurer la prononciation kurde.

Généralement les auteurs ne s'adressent qu'à un seul dialecte, dans lequel les systèmes employés sont parfois très commodes; mais aucun n'a jusqu'ici été fait pour embrasser les sons de tous les dialectes kurdes; celui de Lepsius lui-même est adapté par P. Lerch à deux dialectes spéciaux, le Kurmandji et celui des Zazá. On comprend aisément pourquoi aucun de ces alphabets artificiels n'est complet.

Le tableau suivant montrera quelles sont les lacunes qui se trouvent dans chacun d'eux.

ALPHABET COMPLET.	LEPSIUS.	CHODZKO.	S. A. RHEA.	F. JUSTI.
a	a	a	a	a
á	—	—	ă	ă, á
â	ā	â	â	ă
ã	—	—	—	—
ẇ	—	—	—	—
é	c̨	é	e	é
è	ē	è	—	ē
ê	ḡ	ê	ē	ē, ā
ö	o̞	e	ŭ	eu, ö
ô	—	—	—	ₐ
ÿ	ŏ	y	—	~
i·	ī	i, ī	i	ı, i
i	ī	i	ī	ī, t
o	o	o	o	▪, ô
ô	ō	ô	o	ē
ou	u	ou	u	ă, ú
oû	ū	—	—	ă
ẇ	—	—	au	·
ü	ŭ	u	—	ă
û	—	—	—	—
ŗ	—	—	—	—
ụ̈	'	—	—	'
h	h	h	h	▪
h'	h'	—	—	ᵃh
kh	χ	kh	kh	χ
k	k	k	k	▪

ALPHABET COMPLET.	LEPSIUS.	CHODZKO.	S. A. RHEA.	F. JUSTI.
k'	k'	—	—	k'
q	q	k	—	q
g	g	g	g	g
gh	ǧ	g	gh	ǧ, gh
rh	γ	—	gh	γ
d	d	d	d	d
dj	j	dj	j	j
t	t	t, tt	t	t, ṭ
ṭ	—	—	—	—
tch	č	tch	ch	č
b	b	b	b	b
p	p	p	p	p
f	f	f	f	f
v	v	v	v	v
w	w	—	w	w
r	r	r	r	r
l	l	l	l	l
l	—	—	ll	—
y	y	y	y	y
m	m	m	m	m
m̄	—	—	—	·-
n	n	n	n	n
ñ	—	—	—	ñ
s	s	s	s	s
z	z	z	z	z
j	ż	j	zh	ż
ch	š	ch	sh	š

Observations. — ALPHABET COMPLET : Celui qui est employé dans le présent travail. — LEPSIUS : C. R. Lepsius, *Standard alphabet*, 2ᵉ édit., 1863, p. 136, d'après P. Lerch, *Forschungen über die Kurden*, I, p. xxii. — CHODZKO : *Études philologiques sur la langue kurde*, dans *Journ. asiat.*, 1857. — REV. SAMUEL A. RHEA : *Brief gramm. and vocab. of the kurdish lang.*, dans *Journ. am. or. Soc.*, t. X, n° 1, p. 119, 1872. — P. JUSTI : *Les noms d'animaux en kurde*, 1878 ; *Kurdische grammatik.*, Saint-Pétersbourg, 1880.

Il est inutile de s'étendre plus longuement sur les divers systèmes de transcription renfermés dans ce tableau ; ils ont presque tous été établis pour des dialectes spéciaux ou d'après les indications fournies par l'orthographe persane. J'ai dû compléter cet ensemble pour avoir à ma disposition des signes répondant aux sons des divers dialectes. J'ai écarté les lettres comme γ et χ, étrangères à l'alphabet latin ; j'ai également ment renoncé aux accents inusités en français, comme š, ž, č, qui compliquent la lecture, et je m'en suis tenu aux signes les plus simples, préférant conserver aux sons consonnes doubles leurs signes doubles, tels que *dj*, *tch*, *rh*, *gh*, plutôt que d'adopter les lettres *j*, *č*, *γ*, *ǧ*, qui embarrasseraient le lecteur. Enfin j'ai introduit, pour des raisons précédemment énoncées, les consonnes-voyelles ŗ et ụ.

III

SUBSTANTIF.

Le kurde ne distingue pas les genres; le genre naturel de quelques animaux est exprimé comme en persan et en pehlevi au moyen de mots spéciaux, tels que *mâle* et *femelle*, accompagnant le nom, ou de mots complètement différents, tels qu'en français *cheval* et *jument, coq* et *poule.*

Les substantifs sont simples ou composés. Dans les noms composés, les diverses parties peuvent être aisément séparées; elles sont réunies souvent entre elles par l'*izafet.* Exemple :

rik-e-spî, barbe blanche, vieillard,

comme dans le cas de tous les adjectifs adjoints au substantif; mais parfois aussi elles sont unies en un même mot. Exemple :

M. *piawkouj,* assassin = *piaw,* homme + *kouj,* tueur d'.

Le kurde ne connaît pas l'article, de même que les autres langues iraniennes; l'article désignant l'unité est représenté par l'unité elle-même que l'on place dans la plupart des cas en suffixe du nom. Exemples :

M. *piaw,* homme; *piawak,* l'homme.   M. *roj,* jour; *rojaka,* le jour.
M. *kworr,* garçon; *kworraka,* le garçon.   M. *goul,* fleur; *goulaka,* la fleur.

Ce suffixe, ayant perdu pour les Kurdes sa valeur numérique, s'emploie même au pluriel. Exemples :

M. *saghân,* chiens; *saghakân,* les chiens.   M. *gourgân,* loups; *gourgakân,* les loups.
M. *piawân,* hommes; *piawakân,* les hommes.   M. *dèrân,* portes; *derkân,* les portes.

Dans tous les autres cas, l'article est remplacé, quand il en est besoin, par les suffixes de la déclinaison ou par des prépositions.

1. FORMATION DU PLURIEL.

Dans la plupart des dialectes la désinence du pluriel est *an* ان, car l'intervention des ی et د, rendue souvent nécessaire par des raisons euphoniques, s'explique aussi par la présence à la suite du nom de l'article d'unité يك, ىك « un »; c'est ainsi que dans le dialecte de Soleimaniyèt on dit aussi bien au singulier *kor* « le garçon » et *korraka* « le (un) garçon ». Il résulte de cette double forme du singulier que le pluriel également double est rendu par *korrân* ou *korrakân*. Exemples :

		SINGULIER.		PLURIEL.	
M.	Homme(s)	*piaw,*	*piawaka.*	*piâwân,*	*piâwâkân.*
	Porte(s)	*dèr,*	*dèrâka.*	*dèrân,*	*derkiân.*
	Chien(s)	*sagh,*	*saghaka.*	*saghân,*	*saghakân.*
	Cavalier(s)	*souar,*	*souaraka.*	*souaran,*	*souarakân.*
	Mouton(s)	*mar,*	*maraka.*	*marân,*	*marakân.*
	Arbre(s)	*dar,*	*dareka.*	*darân,*	*darekân.*

M. *darekân dour-n*, les arbres sont loin.
brroïn bô darân, allons aux arbres.
marakân le holédu soutavour, les moutons ont été brûlés dans l'étable.
masiekân de niw âwé-da dajin, les poissons vivent dans l'eau.

A côté de cette forme en *ân* du pluriel, il en est une autre fort usitée en persan et que nous retrouvons en kurde. C'est le suffixe لـه *hâ;* il est beaucoup plus rare que le précédent. Exemples :

> *derkiân pièwo dawon*, les hommes ont fermé les portes. (Dans cet exemple *pièwo* est employé pour *piawhâ.*)
> D. *khaneghâ*, les maisons.

Anciennement ان *ân* formait le pluriel des êtres animés et لـه *hâ* celui des objets inanimés. Aujourd'hui, en persan comme en kurde, cette distinction s'est effacée; chez le persan, le suffixe *hâ* a pris une prédominance presque complète, tandis qu'en kurde, au contraire, c'est la terminaison plurielle en *ân* qui a remplacé *hâ* dans presque tous les cas.

Aussi bien les pronoms et les verbes que les noms prennent la désinence du pluriel *ân;* c'est ainsi que les suffixes pronominaux des verbes se forment comme suit :

SINGULIER.	PLURIEL.
—*m*, je.	—*man, aman, ema,* nous.
—*t*, tu.	—*tan,* vous.
—*w*, il.	—*wan, awan, awana,* ils.

M. *nam du kôrt*, je ne faisais pas. M. *naman du kôrt*, nous ne faisions pas.
nat du kôrt, tu ne faisais pas. *natan du kôrt*, vous ne faisiez pas.
neï du kôrt, il ne faisait pas. *naïan du kôrt*, ils ne faisaient pas.

A côté de ces pluriels en *hâ* et en *ân* employés par les tribus du Nord et de l'Ouest, il existe une autre forme dans les dialectes de Kirmanchahan, des Djaﬁ, du

Poucht-é-kouh, aux confins septentrionaux du Louristan. Dans ces idiomes, le pluriel se forme par l'adjonction au mot du suffixe *èl*. Exemples :

	SINGULIER.	PLURIEL.
K.	*sagh*, le chien.	*sagaèl*, les chiens.
	âdam, l'homme.	*diamèl*, les hommes.
	dèr, la porte.	*dorèl*, les portes.
	kawr, le mouton.	*kaourèl*, les moutons.
D.	*savar*, le cavalier.	*savarèl*, les cavaliers.

Nous trouvons également pour les pluriels en *èl* la double forme en *èl* et en *kèl* ou *gèl*, comme nous avons reconnu celles en *ân* et en *kân*. Exemples :

D.	*malégal*, les maisons,	pour *mal–èk–al*.	**D.**	*piaôgöl*, les hommes,	pour *piaw–èk–öl*.
	darègöl, les arbres	— *dar–èk–öl*.		*kajgèl*, les montagnes	— *kaj–èk–èl*.
	mâsigèl, les poissons	— *musi–èk–èl*.			

Dans les mêmes dialectes où nous rencontrons pour les noms le pluriel en *èl*, nous trouvons pour les pronoms et les désinences pronominales des verbes la forme *an*. Exemples :

	SINGULIER.	PLURIEL.
D.	*–am*, je.	*–aman*, nous.
	–aô, tu.	*–atan*, vous.
	–aé, il.	*–an*, ils.

Nous avons vu que les suffixes pluriels kurdes en *ân* et en *hâ* se retrouvent dans le persan, mais que le dernier a presque partout remplacé l'autre dans la langue moderne. En pehlevi, nous voyons les deux suffixes présenter une égale importance.

Suffixe *ân* ﻴ :

	SINGULIER.	PLURIEL.
	ﻴﻮﻮﻤﻮ *anchôtâ*, l'homme.	ﻴﻮﻮﻤﻮﻴ, les hommes.
M.	*piaw*, l'homme.	*piawan*, les hommes.
	ﻴﻮﻮ *roubân*, l'âme.	ﻴﻮﻴﻮﻮ, les âmes.
M.	*souar*, le cavalier.	*souarân*, les cavaliers.

En pehlevi, devant *ân*, *k* final devient *g*; ce qui donne *gân* ﻮﻮ. On trouve même *kgân*. Exemple :

ﻴﻮﻮﻮﻮﻮﻮ *roubânîkgân*, de *roubânîk*, spirituel.

En kurde, au contraire, lorsqu'au substantif se joint l'article *ièk* « un » et que le pluriel est exprimé en *an*, le *k* ne disparaît ni ne se transforme. Son adoucissement en *g* n'a lieu que dans les pluriels kirmanchahanis en *èl;* dans ce dernier cas, il obéit aux lois de la grammaire pehlevie.

Le pluriel en ‌ها *hâ*, si usité en persan, était bien moins fréquent en pehlevi. On le rencontre cependant dans quelques manuscrits récents; ainsi ‌ *avad* « merveille » fait au pluriel ‌ *avadîhâ* par l'adjonction du suffixe ‌ (*i*) *hâ*.

Au point de vue du pluriel le kurde présente donc des formes beaucoup plus archaïques que le persan.

En zeñd, les flexions étant beaucoup plus complètes qu'en pehlevi, en persan et en kurde, il est difficile de retrouver l'origine du suffixe pluriel en *ân.* Cependant il est intéressant d'observer que l'accusatif pluriel des radicaux masculins en *a* est terminé en *ân* et *âs :* ‌ *vât-ân* du radical ‌ *vâta* « venu ». Peut-être doit-on rapprocher cette particularité de la règle devenue plus tard générale dans le pehlevi et le persan, à moins que la forme *in* ne dérive du génitif pluriel en *ânâm* du perse (zeñd, *âm*).

2. DÉCLINAISON.

Le nom se décline en kurde par l'adjonction d'un suffixe au nominatif ou en faisant précéder le nom d'une préposition. Exemple :

		SINGULIER.	PLURIEL.	
K., M.	Nominatif....	*sagh*, le chien.	*saghakan*, les chiens.	
	Vocatif......	*ia sagh*, ô chien!	*ia saghakan*, ô chiens!	
	Génitif......	*hi, i sagh*, du chien.	*hi, i saghakan*, des chiens.	
	Datif.......	*ba saghi*, au chien.	*ba saghakani*, aux chiens.	
	Accusatif....	*saghi*, le chien.	*saghakani*, les chiens.	
	Ablatif......	*le saghi*, du chien.	*le saghakani*, des chiens.	
	Locatif......	*le saghdé*, dans le chien.	*le saghakanda*, dans les chiens.	
K., M.	Nominatif...	*piaw*, l'homme.	*piawan*,	*piawo* [1], les hommes.
	Vocatif......	*ia piaw*, ô homme!	*ia piawan*,	*ia piawo*, ô hommes!
	Génitif.....	*hi, i piaw*, de l'homme.	*hi, i piawan*,	*hi, i piawo*, des hommes.
	Datif.......	*ba piawi*, à l'homme.	*ba piawani*,	*ba piawoï*, aux hommes.
	Accusatif....	*piawi*, l'homme.	*piawani*,	*piawoï*, les hommes.
	Ablatif......	*le piawi*, de l'homme.	*le piawani*,	*le piawoï*, des hommes.
	Locatif......	*le piawda*, dans l'homme.	*le piawanda*,	*le piawoda*, dans les hommes.

Comme dans toutes les langues appartenant à la famille aryenne les cas sont régis par les verbes. Il existe à cet égard en kurde une syntaxe très complète. Malheureusement les matériaux que j'ai pu recueillir sont trop peu nombreux pour qu'il

---

[1] Le mot *piaw* présente, **M.**, les deux formes du pluriel : *an*, dans *piawan*, et *ha*, dans *piawha*, *piawho*, *piawo*.

me soit possible d'établir les règles générales. Je me contenterai donc de donner les exemples que j'ai été à même de relever en les classant suivant les cas du substantif.

NOMINATIF. — Sujet du verbe.

SINGULIER.

M. roj   *a*, tchirakh *lazim*   *ni*   *a.*
le jour est, la lampe nécessaire non est.

— tchapar   *la*   *saboularhé*   *zór*   *zou*
le courrier   de Saoudj Boulaq,   très   vite

   hatoua.
est venu. (Le courrier est venu très vite de Saoudj Boulaq.)

— *t'fengh i-to tchák deñgévé.*
fusil   de toi bien   tire.

— goul   *a sour* goul   *é   i   ki zór   ben*
fleur   la rouge fleur   est la qui très odeur
(la rose)

   khoch a.
bonne a.

— aröz *ba rojé soutawa.*
le sol par soleil est brûlé.

— pé   *i khom brindar krdoua.*
le pied de moi blessure a fait (a reçu).

— dost *i mōn seri   brindar boua.*
l'ami de moi à la tête blessé   fut.

— böraz   *ck - m kouchtoua.*
sanglier un j'(ai)   tué.

— gourg *gourgi na khoua.*
le loup le loup non mangé.

— dast   *i - khoï la mōdōbarhé soutandoua.*
la main de   lui à   cuisine   a été brûlée.

— *zou ia dreñg* piawkouj   *dèghîrè.*
tôt ou tard le tueur d'homme sera pris.
        (l'assassin)   (capturé)

— dacht   *la male khochter a.*
la plaine à (que) la maison meilleure est.
(on est mieux à la campagne qu'à la ville).

M. deh.   *ba ave veran boua.*
le village par l'eau ruiné fut, a été.

— *bo durekan* aw   *lazïn*   *a*
aux   arbres l'eau nécessaire   est.

— ser -   *m*   *déché.*
la tête mienne me point.

K. rouj   *a* tchiragh *lazem*   *ni*   *a.*
le jour est, la lampe nécessaire non est.

— tchapar   *le*   *Sawoudj boulagh*
le courrier de (venant de)   Saoudj boulaq

   khaeli zu   hatea.
très   vite venu est.

— *tüfeñg é to khâs wachiéït.*
le fusil de toi bien   tire.

— goul *e sorkh* goul   *é khaeli*   *moattaré*
fleur la rouge fleur   est très   odoriférante
(la rose)

   ka.
qui est.

— rafirh *ö-mōn lé sár*   zakhm-dâr *büa.*
l'ami de moi à la tête blessé   fut.

— gourg *gourg ni a   khouèét.*
le loup le loup non est il mange.

— dass   *é-khoé la mōtwakh sézâné-a*
la main de lui à la cuisine brûlée fut.

— *zû iá dèr*   aiam-koch   *giriftá*   *bout.*
tôt ou tard le tueur d'homme pris   fut.

— sègh   *parenda khouuèt.*
le chien l'oiseau   mange.

R. iâné   *djé durekan drouss-krian.*
la maison avec les arbres bâtie est.

R. sèr- m *dèrd* *ma-karo.*
la tête mienne douleur à moi fait.

— dous *a - mŏn* ser - èch zâm *lian.*
l'ami de moi tête - sienne blessure être.

— dŏz *djé souarekan hakémi giria.*
le voleur par les cavaliers du gouverneur (fut pris.

— asp *e - espé djé siavi khastŏr e.*
le cheval le blanc du noir meilleur est.

— amŏn *sal é par tamâm irân*
je année la précédente tout la Perse

     gélané
j'ai parcouru.
(J'ai parcouru toute la Perse l'année dernière.)

— wafŏr *djé ser e kajaka serdècht*
la néige sur la tête de les montagnes de Serdecht

     wachten.
est tombée.

— amŏn *ié woraz - èm koucht.*
je un sanglier de moi fut tué.
     (J'ai tué un sanglier.)

D. mal *é-dar drouss bouga (* *kriaga*).
la maison de arbre droite fut (construite).
(La maison a été construite avec des arbres.)

— doss *i-mŏn seré zamar bouga.*
l'ami de moi à la tête blessure fut.

— dŏz *la sawarel e hakim*
le voleur par les cavaliers du gouverneur

     gŏrtia.
(fut) pris.

— asp *i-tchermouk la rrŏch khastŏr é.*
le cheval le blanc du noir meilleur est.

— bawour *le ser i kajgel i Serdecht*
la neige sur la tête de les montagnes de Serdecht

     kaŏtiga.
est tombée.

— mŏn *bŏraz-ek-m koucht.*
je sanglier un de moi tué.

PLURIEL.

M. *derkian piewo dawon.*
les portes les hommes ont fermé.

— sagakan *i moukrian zor tchak-n.*
les chiens de Moukri très beaux sont.

— awan *ba souari rroïn.*
ils à monture partirent.

— ema *bé bŏnâ tchaina safare.*
nous sans bagages voyagé.

— awan khoian *ba awri malé gherm*
eux - mêmes au feu de la maison chaud

     krdoua.
   fait.
(Ils se sont chauffés au feu de la maison).

— marakan khoian *le-ek dagoachn.*
les moutons eux-mêmes sur un pressent.
(Les moutons se serrent les uns contre les autres.)

M. souarakan *dŏzukaian grtoua.*
les cavaliers les voleurs (ont) pris.
(Les cavaliers ont pris les voleurs.)

— mohoutan *la hamou djèk khochter a.*
les pays de naissance de tout lieu meilleur est.

— darekan *dour n̦.*
les arbres loin sont.

— piawakan *darekan dabŏrn.*
les hommes les arbres coupent.

— masiékan *dé niw aweda dajin.*
les poissons dans milieu dans l'eau nagent (vivent).
     (Les poissons vivent dans l'eau.)

K. àiamél *dèrél bassan é.*
les hommes les portes fermé ont.

— sagaél *é moukri khaéli khas en.*
les chiens de Moukri très beaux sont.

K. ima *be bŏna safar kŏrdim.*
nous sans bagages voyage fîmes.

— kaourél *khouéán wá ièk térèki tchas-*
les moutons eux-mêmes avec l'un l'autre se ser-

   pénèn.
   rent.
   (les moutons se serrent les uns contre les autres.)

— *awana la aïèr é mal* khouéan *garm*
eux au feu de la maison eux-mêmes chaud

   kŏrdèn.
   faire.
   (Ils se chauffent au feu de la maison.)

— watan   *lé gecht djáé be'ter*
les pays de naissance de tout endroit meilleur

   in e dounias.
   sont du monde.

R. darékan *dûr é.*
les arbres loin sont.

— ianékan *awai espé en.*
les maisons du village blanches sont.

— aamŏkan *darekeï mŏran.*
les hommes les arbres coupent.

— mâsiékan *dlé avūi zinnè movan.*
les poissons dans l'eau vivent.

R. achan *dïr-chan kamŏnch kŏrt ki awai*
ils feu d'eux éteint fait qui village

   souziá.
   (a) brûlé.

— éma *asp khastŏr gèllè dj-aman*
nous cheval le meilleur du troupeau choix nous

   kŏrdowa.
   fait.

— achan *zamín i-chan zerdát kŏrdèn.*
ses terrains de eux labour ont fait.

D. darégèl *dour-a.*
les arbres loin sont.

— khanégha *li dé tchermouk èn.*
les maisons dans le village blanches sont.

— piaôgŏl *darégŏl awrŏn.*
les hommes les arbres coupent.

— *awana aghŏr ian koujanou dé ké a soutan.*
ils feu eux éteint village qui a brûlé.

— ema *aspé ké khastŏr la raouk*
nous le cheval qui le meilleur dans la troupe

   dji aman kŏrdawa.
   choix nous avons fait.

— awana *zéüi khoian kélaiana.*
ils champ eux-mêmes ont labouré.

Comme on le voit par les exemples qui précèdent, le sujet du verbe est toujours au nominatif. Mais ce cas remplace aussi fréquemment les autres lorsque le sens de la phrase est suffisamment précis pour qu'il ne puisse y avoir confusion. J'examinerai ces diverses formes en passant en revue les cas qu'elles remplacent.

Vocatif. — Le vocatif est semblable au nominatif; il est indiqué soit par l'intonation de la phrase, soit par l'interjection *aï! oï! é!* qui correspond au français « oh! ô! eh! »

   mŏndâl *waré hera!*
   enfant viens ici!

Dans quelques dialectes les Kurdes ajoutent au nominatif la terminaison *a* afin de rendre l'interjection plus sonore. Exemples :

   R. *korra bouéká.* — **D.** *kourraká berá aghŏrá.*

Dans ce dernier cas, *aká* est placé pour *eki* « un » et tient lieu d'article indéfini.

Génitif. — Le génitif s'obtient en faisant précéder le nom de la particule *i* ou *hi*, « de, du, de la, des », ou bien en ajoutant *e*, *i* au nominatif, qu'il soit au singulier ou au pluriel :

M. *awan khoïan ba awrf* malé *germ krdoua.*
ils se sont chauffés au feu de la maison.

R. *ianékan* awai *espé én.*
les maisons du village sont blanches.

R. *döz djé souarekan* hakémi *giria.*
le voleur a été pris par les cavaliers du gouverneur.

On peut aussi bien dire :

R. *döz djé souarekan i hakim girät.*
D. *döz la sawarel é hakim görtit.*

Lorsque le génitif porte sur un nom de lieu, de provenance, il est rendu par la particule et prend le pluriel comme le substantif auquel il a rapport.

sagh é moukri.
le chien de Moukri.

saghakan é moukrian.
les chiens de Moukri.

Datif. — Le datif est exprimé par le suffixe *i*, *é*, *a* précédé de la préposition *ba*, *bè*. Exemples :

M. *awan* ba souari *rroin.*
ils à monture partirent.

— *awan* ba péani *rroin.*
ils à pied partirent.

— *amôn tchako i khom da ba piaw* e**ki.**
je couteau de moi donnai à homme un.

— *chté ki bödeïn* ba saghi *bi-khoua.*
nécessaire que donniez à chien à boire.

— *alo bo tchi karaz-aka nat da bô*
toi pourquoi lettre une n'as-tu pas donné à
tchapari ka rroï.
courrier qui partit.

M. *aröz* ba rojé *soulawa.*
le sol par le soleil est brûlé.

— *awré ka bôkhoi* ba tané *koujawatawra.*
le feu qui brûlait par lui-même est éteint.

— *awan khoian* ba awri *male germ*
ils eux-mêmes au feu de la maison chaud
krdoua.
fait.

— *deh* ba avé *veran boua.*
le village par l'eau ruiné fut.

Parfois la préposition est omise. Exemple :

K. *awdna souará tchén.*
ils sont partis à cheval,

ou se trouve remplacée par le suffixe *da.* Exemple :

K. *awana* piâdá *tchèn.*

Quelquefois, au contraire, la préposition subsiste et le suffixe disparaît. Exemples :

M. bo   darekan   *aw   lazm   a.*
pour les arbres de l'eau nécessaire est.

M. *malaka   ba   daran   kirawa.*
cette maison avec des arbres a été faite.

Dans ce dernier exemple le mot *daran* semble devoir être considéré comme un instrumental, mais en kurde ce cas n'existe pas. L'exemple précédent, qui est un datif bien défini, ne permet aucun doute à cet égard; en ridjâbi et en djâfi l'instrumental est également rendu de la même manière :

R. *awai be aô khôraô bié.*

D. *dé wa aô kharaô bouga.*
le village a été détruit par l'eau.

R. *ao   bawôrde pé (pour bé) darékan.*
de l'eau apporte   pour, aux   arbres.

D. *rré   Kirmanchan   bé zahaô khaéli khas*
la route de Kirmanchahan à Zohab   très bonne
é.
est.

La même phrase dans le dialecte ridjâbi donne le datif complet :

R. *ra Kirmanchahan pé zahavi föré khas è.*

Accusatif. — L'accusatif est toujours employé pour désigner le régime direct. Ce cas se forme en ajoutant au nominatif le suffixe *i, é, a*. Il n'exige pas l'emploi d'une préposition. Exemples :

M. *tarik   a,* tchiraia   *biana.*
obscur est, la lampe apporte.

— *ké ha* aspi *souar débt.*
quel cheval montes - tu.

— souari   *asp i-spi   khom   daboum.*
la monture cheval le blanc moi-même   ferai.

— *ato* karuechki *ek-et eñgaout.*
tu   lièvre   un toi as tiré.

M. *amön* karazi *danousem.*
je   lettre   écrirai.

— *khan   mal-ek   ou   m'zgout-ek-i   drust*
le khan maison une et   mosquée une   a
krdowa.
construit.

Bien que *mal* et *m'zgout* soient tous deux régimes directs, l'un des régimes seul prend le suffixe de l'accusatif, les lois de l'euphonie empêchant de dire *mal-ek-i ou*. Le sens de la phrase est d'ailleurs parfaitement déterminé.

M. dari   *dawa bi tchakènen la   bagh*
des arbres donna pour planter dans jardin
i-kho-i.
de lui.

— *gourg* gourgi *na khoua.*
le loup le loup non mangé.

M. aspi   *la   hamouan   tchakter   man*
le cheval de   tous   le plus beau   j'
halbôjardoua.
ai choisi.

— *tchôfn* kabri   *kon   man   dawa.*
allai tombes antiques je   fouillé.
(Je suis allé fouiller les anciens tombeaux.)

K. *mõn saghêlé khouam doust derem.*
je les chiens miens ami ai.
(J'aime mes chiens.)

K. *mõn asp e séfidé khouam souwar boum.*
je cheval le blanc moi-même monté serai.
(Je monterai mon cheval blanc.)

R. *aamõkan darékei mõran.*
les hommes un arbre coupent.

D. *to siéougêlé khouurdéga.*
tu des pommes as mangé.

D. *awana zeüi khoian kélaiana.*
ils champ d'eux ont labouré.

Fréquemment la désinence de l'accusatif est supprimée dans les cas où il ne peut y avoir confusion. Exemples :

K. *sègh parenda khouurdä,* le chien avait mangé l'oiseau, pour *segh parendai khou-ardä.*

K. *awa wardz èk kouchtea,* il a tué un sanglier, pour *awa wardz-eki kouchtea.*

K. *tarik à tchéragh bärèn,* il fait sombre, apportez la lampe », pour *tcheraghi* ou *tcherái bärèn.*

M. *dèr kièp kawa,* fermez la porte, pour *dèri kièp kawa.*

M. *tõla i khom khoch devé,* pour *tõlai i khom khoch devé,* j'aime mon chien de chasse.

Dans quelques mots la désinence de l'accusatif est placée au milieu de celle du pluriel. Exemples :

M. *derkian pièwo dawon,* les hommes ont fermé les portes, pour *derkani pièwo dawon.*

M. *walat-ek-i gha rraïn, na avi bou, na dari bou, na insani bou,* nous avons parcouru un pays sans eau, sans arbres, sans habitants.

Dans cette phrase, non seulement *walat eki* est à l'accusatif comme l'exige sa situation de régime direct, mais aussi les mots *aw, dar* et *insan* prennent le même cas ; le verbe *bou* signifie alors « avoir » et ces trois mots en sont les régimes.

ABLATIF. — L'ablatif est rendu en kurde par le même suffixe que pour l'accusatif, mais alors le mot est précédé de la préposition *lé, la,* qui signifie *de, par, avec.* Exemples :

M. *amõn la rafikakani khom djüé bouraowa.*
je de amis miens éloigné ai été.

M. *wakht-i ké lè tchòmi daparimowa khom*
alors que par la rivière j'ai traversé moi-même

tar kõrt.
mouillé fait.

M. *khom le bertavé wichk*
moi même par chaleur du soleil sec

kŗdouétawa.
ai fait.

M. *dast i-khoi la mõdõbarhé soutandoua.*
main de lui par feu de la cuisine a été brûlée.

Comme on devait s'y attendre en présence d'un aussi grand nombre de dialectes dont les règles ne sont pas fixées par l'écriture, les cas ne conservent pas toujours leur fixité et certaines tribus font usage de l'ablatif au lieu du datif.

Exemples :

K. *awana lá aïèrè mál khouean garm kördèn.*

Au lieu de :

M. *awan khoïan ba awrí malé germ krdoua.*

K. *mön la wakhte tchéèné la djou tárr bûma.*

Au lieu de :

M. *wakht-i kè lè tchòmi daparimowa khom tar kört.*

Comme je l'ai dit au début de ce travail, c'est dans le dialecte de Moukri qu'on rencontre les formes les plus pures ; c'est lui qui m'a servi de guide dans mes recherches sur les autres idiomes.

Locatif. — Le locatif se forme en kurde en ajoutant au nominatif le suffixe *da* et en le faisant précéder de la préposition *lè* qui indique le mouvement, l'existence dans un lieu déterminé, etc.

Exemple :

M. *marakan*   lè holédá   *soutavoun.*
les moutons dans l'étable ont été brûlés.

Lorsqu'il y a mouvement, le locatif est remplacé généralement par l'ablatif toujours précédé de la préposition *lé*.

Exemples :

M. *ema*   lè mâlè   *hatiné daré.*
nous sommes sortis de la maison.

— la achowt ek *koï chardouetawa.*
il s'est caché dans une caverne.

M. *dar i*   *dawa*   *bi tchakenen*
des arbres il a donné pour qu'on les plante

la baghi *khoi.*
dans son jardin.

ÉTUDE COMPARATIVE.

Après avoir montré le mécanisme de la déclinaison dans les dialectes kurdes, il est essentiel de le comparer à celui des diverses langues apparentées aux idiomes du Kurdistan. Nous examinerons successivement ces déclinaisons en commençant par la plus voisine, c'est-à-dire le persan moderne.

Je choisirai le mot *dèh* ده « village », parce qu'il existe aussi bien en kurde qu'en persan.

		PERSAN.	KURDE.
Singulier..	Nom....	دﻩ *dèh*	دﻩ *dèh*
	Gén....	مال دﻩ *mal i dèh*	گ, یدﻩ *hi, i dèh*, دﻩ *dèhi*
	Dat....	بدﻩ *bè dèh*	بدﻩ *ba dèhi*
	Acc....	دﻩرا *dèhra*	دﻩ *dèhi*
	Voc....	اى دﻩ *eï dèh*	یادﻩ *ia dèh*
	Abl....	از دﻩ *ez dèh*	لدﻩ *lè dèhi*
	Loc....	درﻩ *dèr dèh*	لدﻩﺣا *lè dèhdà*
Pluriel....	Nom....	دهات *dèhât*	دهان *dèhân*
	Gén....	مال دهات *mali dèhât*	گ, یدهان *hi, i dèhân;* دهانى *dèhâni*
	Dat....	بدهات *bè dèhât*	بدهانى *ba dèhâni*
	Acc....	دهاترا *dèhâtrà*	دهانى *dèhâni*
	Voc....	اى دهات *eï dèhât*	یادهان *ia dèhân*
	Abl....	از دهات *ez dèhât*	لدهانى *lè dèhâni*
	Loc....	در دهات *dèr dèhât*	لدهاندا *lè dèhându*

Le *nominatif* est le même en persan et en kurde; en pehlevi également il est formé simplement de la racine.

Le *génitif* persan مال دﻩ est presque identique à celui du kurde گ دﻩ; mais, dans cette dernière langue, le mot مال *mal* a disparu. En pehlevi, nous voyons l'*i* ﺩ jouer le même rôle qu'en persan et en kurde et tenir lieu du mot *de* français. Exemples :

گرمك *garmîk i-atàch*, la chaleur du feu;

تنو *tano i-pasîn*, le corps futur.

Dans ce dernier cas, l'*i* exprimant une relation lie l'adjectif au nom, comme d'ailleurs on peut encore le voir en persan et en kurde : *kel e-chin* « le pilier bleu », *asp e-spî* « le cheval blanc ». Souvent l'*i* est supprimé en kurde; dès lors, la position des mots donne seule le sens de la phrase. Il n'y a donc en kurde de génitif à proprement parler qu'alors que le nom est suivi d'un *i* suffixe.

Le *datif* est rendu en persan par la préposition *bè* « à, au », tandis qu'en kurde le nom prend en même temps le suffixe *i*, comme le génitif; peut-être doit-on voir dans ces suffixes en *i* les dernières traces du *ya* relatif védique.

L'*accusatif* ne diffère du même cas persan que par le suffixe *i* qui le termine.

L'*ablatif* persan a conservé la forme que nous lui voyons en pehlevi, ‏اژ‎ *az* « de »,
tandis que le kurde ne connaît pas cette préposition et la remplace par *lè*.

En persan il n'existe pas, à proprement parler, de *locatif*, alors qu'en kurde on le
rencontre. Sa terminaison en *da* semble venir du pehlevi ‏اندر‎ *andar* « dans ». Peut-
être doit-on aussi la rapprocher de celle du locatif turk ‏ده‎ (‏كتابده‎ *kitabda* « dans le
livre », ‏باغچەدە‎ *baghtchèdè* « dans le jardin », etc.).

Comme on le voit, le mécanisme de la déclinaison kurde présente de grandes
analogies avec celui du persan et, sauf pour le locatif, qui existait dans les dialectes
antiques de l'Iran, ne présente aucun caractère séparant la langue kurde des autres
rameaux de la famille iranienne.

IV

ADJECTIF.

Sauf dans les cas où il joue le rôle de substantif, l'adjectif kurde est invariable et n'admet ni genre ni nombre. Les seules modifications qui puissent l'affecter sont celles résultant du comparatif et du superlatif.

Le comparatif se forme comme en persan, en pehlevi, en zeñd et dans toutes les langues indo-européennes, par l'adjonction du suffixe *ter*, *tör*, *tr*. Ainsi :

D.	*khas*, bon,	fait	*khastör*, meilleur;
M.	*tchák*, bon,	—	*tcháktör*, meilleur;
A.	*k'aüi*, grand,	—	*k'aüiter*, plus grand que;
X.	*zzél*, grand,	—	*zzélter*, plus grand que;
Si.	*sôk*, léger,	—	*sôktör*, plus léger que;
R.	*bán*, haut,	—	*bánter*, plus haut que.

La même loi s'applique au superlatif. Exemple :

D. *ema asp-é ké khastör lá ruouk dji aman kördawu*, nous avons choisi le meilleur cheval de la troupe.

Mais, dans ce cas, la différence est indiquée par les prépositions accompagnant l'adjectif dans la phrase.

Les adjectifs les plus usuels dans les dialectes kurdes de la Perse sont les suivants :

Amer, A., So., *táll*; D., R., *tall*; M., Si., Y., *tiáll*; X., *téal* (persan, تلخ *tèlkh*).

Beau, A., *khodjouan* (persan, خوش et جوان); D., *zèríf* (arabe, ظريف *zèríf*); G., *kacheñ* (persan, قشنگ *qèchèng* « élégant », du zeñd ويس *chá* « se réjouir »; ويسدم *cháiti* « joie, bonheur, plaisir », de *chyâ*, dont le sens primitif est « ouvrir, être ouvert », كشادن *kouchádan* « ouvrir »); G., *djouan*; K., *khouach göl* (persan, خوش کل *khoch-gil*); L., *zeñgin* (turc, *zengin* « riche »); M., *djouan*; R., *chíren* (pehlevi, ويداپويس; persan, شيرين « doux »); Si., *kacheñ*; Y., *rrön*; So., *khodjoual*; X., *ká-cheñk*.

Bon, D., K., L., R., *khas* (arabe, خاص); A., *khás*; Si., *khàs*, R., *khás*; X., *kháss*; L., *khou* (pehlevi, بس *khôp*; persan, خوب *khonb*); So., *tchák* (persan moderne, چاق « gras »); G., M., *tchák*; K., *gan*; Y., *bach*.

Carré, dans tous les dialectes, *tchargouchá* (persan, چهارگوشه).

Cassé, usé, hors de service, dans tous les dialectes, *bé*, *böı* *bou*, *bü* (du verbe
« être », ce qui fut, qui a existé et n'est plus bon).

Difficile, D., R., *bán;* **L.,** *böldn* (persan, بلند « haut »).

Dur, K., M., Si., *sakht;* **L.,** *sakh* (persan, سخت *sakht* « fort »; vieux perse, *sakht;*
pehlevi, سدم; skr., cf. *saknomi* « je puis », *sakra* « puissant ». J. Darmesteter [*Ét. iran.*,
t. I, p. 88, note 1] fait remarquer que *sakht* est le même mot que le gaulois *cingeto*
dans le nom de Vercingétorix, sauf que *cingeto* est formé du suffixe *ata;* cf. *sacré*);
A., *rrák;* **Si.,** *rrak;* **So.,** *rák;* **Y.,** *höchk;* **X.,** *káèm.*

Facile, A., *hásan;* **D., R.,** *ásan;* **L.,** *ásó* (persan, آسان; vieux perse, *açvan*
« repos »); **So.,** *zou* (persan, زود « rapidement »); **X.,** *sabók* (persan, سبك « léger »).

Gâté, So., *kharáb;* **Y.,** *khárab;* **X.,** *khárab;* **G.,** *kharap;* **A.,** *kharw, kharao;* **D.,**
R., *khörw, khörao* (arabe, خراب); **X.,** *zdia;* **L.,** *zdè.*

Grand, A., K., *k'aüi* (peut-être de l'arabe قوي « fort »); **L.,** *k'alan* (persan, كلان);
Y., *maz'n* (cf. persan مه *meh;* pehlevi, مس *mas;* zeñd, مز *maz;* skr., *mahat;* etc.);
D., *goourá* (afghan, غور « gros »); **G.,** *gowrè;* **K.,** *góourá;* **M.,** *gowrè;* **So.,** *gowra;*
X., *zzél.* (Il est à remarquer qu'aucun de ces dialectes ne renferme le mot persan
le plus usuel, بزرگ *bouzourg;* perse, *vazarka.*)

Gros, A., *zèll;* **So.,** *zèlañm;* **M.,** *z'l;* cf. **Grand; D., L., R.,** *k'aüi;* cf. **Grand; G.,**
gaour, gawr; **K.,** *ghäü;* **Y.,** *gálen, ghálen* (turc, قالين); **Si.,** *tchakh;* **X.,** *koulouft*
(persan, كلفت).

Haut, D., R., *bán;* **L.,** *bölan* (persan, بلند *bouland;* zeñd, برزَ *bereza;* pehlevi,
بلند *bouland;* ossèthe, *barsond*).

Large, D., R., M., Si., *pán;* **So.,** *p'án;* **X.,** *pehna;* **G., K.,** *pian;* **L.,** *péán;* **A.,** *pièn*
(persan, پهن *pèhn;* pehlevi, پهن *pahan;* vieux perse, *pathana*); **Y.,** *böbèr.*

Léger, G., M., R., Si., *souk;* **X.,** *söök;* **Si.,** *sók;* **L.,** *söwok, sówók;* **K.,** *söwók;* **D.,**
sououk; **Y.,** *sobk* (persan, سبك *sèbouk*); **So.,** *ptchouk;* **A.,** *wourdi.*

Long, D., L., M., Y., Si., So., *drej;* **K.,** *drij;* **G.,** *dérij;* **X.,** *dörüj;* **A.,** *draz;* **R.,**
dráz (persan, دراز; pehlevi, درج; perse, *drájô* « longueur », *dranga;* ossèthe, *dragh*).

Lourd, K., R., Si., *señgin;* **D.,** *señgni* (persan, سنگين de سنگ *seng* « pierre »; pehlevi, سنگ *seng.* L'usage antique de peser à l'aide de poids de pierre s'est conservé
dans tout l'Orient et surtout en Perse); **M.,** *grañ;* **Si.,** *gráñ;* **Y.,** *gran* (persan, گران;
pehlevi, درسپ, قلسپ *gerán*); **A.,** *khours;* **G.,** *zolt;* **So.,** *zèl;* cf. **Grand.**

Mauvais, X., *bád* (persan, بد « mauvais »; angl., *bad*); L., *khárab;* G., *kharâb;* M., *kharap;* Y., Si., *kharav;* A., D., R., So., *khörav;* cf. **Gâté**; L., *pis* (turc, بيس, proprement « sale »).

Mou, X., *narm;* So., *nérm* (persan, نرم *nèrm;* zeñd, نمره *namra* « flexible »; pehlevi, نرم *narm* « mou »).

Nouveau, neuf, M., *nou;* S., *nò, noou* (persan, نَوّ); K., L., *nou;* Y., *noû;* D., R., So., *tázé;* A., *tâzâ* (persan, تازه); X., *djâïl* (ar. جاهل).

Plein, G., K., *pörr;* A., D., L., M., R., Si., So., *prr;* X., *p'èr* (persan, پر); Y., *töj.*

Petit, A., *bütchèk;* D., *boutchouk;* Si., *bütchik;* Y., *bötchouk;* R., *bütchkola;* So., *ptchkol;* X., *koutchèk* (persan, كوچك); Si., *tchiwkola;* M., *tchkola, tchiouk;* L., *gwedjar;* G., *wourdi.*

Propre, dans tous les dialectes, *pâk* (persan, پاك); Y., *rrön.*

Pointu, A., G., M., Si., *tij;* X., *tidj;* D., K., L., R., *téj;* So., *téch;* Y., *touch* (persan, تيز).

Rond, R., *gerde;* A., *ghird;* M., *ghird* (persan, كرد).

Usé, D., L., *bé;* R., *tö;* cf. **Cassé**.

Vide, D., K., R., So., X., *khâli;* L., *hâli* (arabe, خالى *khali* « vide »); A., *tcholl* (proprement « désert »; turc, چول); So., *tchol;* M., *batâll* (arabe, بطال); Y., *wal.*

V

PRONOMS.

———

1. PRONOMS PERSONNELS
ET DÉSINENCES PERSONNELLES DANS LES VERBES.

Les *pronoms personnels* kurdes sont les suivants :

SINGULIER.

———

PREMIÈRE PERSONNE.

M. *m, az, mŏn, amŏn.*		**So.** *mŏn.*	
Si. *mṇ.*		**Y.** *az, amŏn, mŏn.*	
G. *mŏn.*		**L.** *mav.*	
A. *mŏn.*		**X.** *mèn.*	

Per se, nominatif, *adam;* génitif, *maná;* skr., *aham;* zeñd, *azem* ڭڭم. De ce groupe se sont formées deux branches, l'une représentée par le persan moderne et les langues européennes : persan, من *man;* gothique, *meina;* lithuanien, *manens;* esclavon, *mene;* l'autre renfermant l'afghan *ze* et l'arménien *es.* Ces deux groupes sont, comme on le voit, représentés en kurde.

DEUXIÈME PERSONNE.

A. *tó, tŭej.*		**G.** *t'ŏ.*	
R. D. *tou.*		**L.** *tŏ.*	
K., Si., So. *to.*		**M.** *tó, ató, atou.*	
Y. *ta.*		**X.** *tŏn.*	

Skr., nominatif *tvam;* zeñd *tûm;* grec τούν; latin *tu,* gothique *thu,* lithuanien *tu;* ancien slave *tü,* arménien *du;* persan تو *tou.* Le *t* caractéristique de ce pronom personnel se retrouve dans toutes les langues indo-européennes.

TROISIÈME PERSONNE.

A. *a.*		**R.** *dé.*	
D. *aó.*		**Y.** *ao, aw, aij.*	
G. *ou.*		**So.** *aow.*	
K. L. Y. *awa.*		**X.** *ava.*	
Si. M. *aou, w, aw.*			

La caractéristique de ce pronom est *aw*, *ow*, *ouw*, que dans la plupart des dialectes nous retrouvons très nette. Cependant on en doit excepter *aij*, Y., qui semble n'être qu'une exception spéciale aux Yézidis; dans cet idiome, en effet, la terminaison en *j* est fréquente. En persan, ‌أو *ou* correspond à la valeur du même mot dans le dialecte de Gerrous, mais ce district est fort voisin des pays persans et l'on peut admettre que *ou* ne résulte que d'un emprunt fait aux populations limitrophes.

Si donc, nous exceptons G. *ou* et Y. *aij*, nous voyons que dans presque tous les dialectes, le ڭ persiste. Nous verrons plus tard, à propos des désinences personnelles dans les verbes que la voyelle seule reste et que le *w* disparaît dans les flexions des thèmes verbaux.

En persan, أو *ou* correspond au pronom personnel de la 3ᵉ personne du singulier; nous trouvons *oï*, *eïo*, *oŭ*; en zend, *hé*, *hôi*. Quant aux autres langues d'origine indo-européenne, elles ne renferment que des termes très éloignés des mots kurdes.

Prâcrit, *sé*; latin, *se*, *sibi*, *sui*; gothique, *si-k*, *své*, *sis*, *seina*; ancien slave, *saṅ*, *sobojun*, *sebê*, *si*, *sebe*.

Le lithuanien, *sawèṅ*, *sawini*, *saw*, *sawéṅs*, *sawyjè*, renferme, il est vrai, la caractéristique du kurde *aw*, mais il serait téméraire d'essayer des rapprochements entre ces deux langues.

PLURIEL.

Les personnes du pluriel, dans les pronoms isolés, ont pris des formes corrompues et irrégulières qui rappellent parfois les lois primitives des langues kurdes, mais c'est surtout dans les suffixes pronominaux accompagnant les verbes que les règles se montrent avec netteté.

Les trois personnes du pluriel dans les pronoms sont :

DIALECTES.	1ʳᵉ PERSONNE.	2ᵉ PERSONNE.	3ᵉ PERSONNE.
A............	*éma*, *ima*, *éman*.	*éwa*.	*aïchá*.
D............	*éma*.	*éïá*.	*awáná*, *aïwáná*.
G............	*mañg*.	*ewá*, *éwa*.	*awán*.
K............	*ima*.	*hüá*.	*awáná*.
L............	*émá*.	*homá*.	*awóná*.
M............	*émá*, *himá*.	*éwa*, *etán*.	*awán*.
R............	*ema*.	*chömá*.	*ánáná*.
Si............	*émi*.	*éwá*, *ewtán*.	*ðoun*.
Y............	*avén*, *awan*.	*ch'ma*.	*awán*.
So............	*hèmá*.	*héwa*.	*awán*.
X............	*iamá*, *iamén*.	*khouma*.	*ahná*.

Lorsque la désinence pronominale du pluriel entre dans le verbe à l'état de suffixe ou d'infixe, le pluriel se forme en ajoutant au suffixe de la personne du singulier la terminaison *an;* il s'ensuit que dans les dialectes kurdes, le pluriel se forme dans les pronoms personnels en ajoutant simplement le suffixe *an* à la personne correspondante du singulier :

m « je » fait *man* « nous »; *to* « tu, toi » fait *tan* « vous »; *aw* « il, elle » fait *awan* « ils, elles ». A. *aij* « il » fait *aïchá* « ils ». Cette loi est bien certainement celle qui, à l'origine, réglementait les pluriels dans tous les pronoms personnels kurdes; nous en trouvons sans cesse des traces dans les flexions des verbes. Mais à côté de cette formation régulière, il se rencontre pour les pronoms « nous » et « vous » quelques exceptions.

M., Si., A., So., *émá* « nous ». **K.,** *imá*, dans lesquels l'*m* radical persiste et qui peut n'être qu'une altération de *m-ha* (pluriel persan).

G., *mañg* est une corruption de *man*.

A., Y., *ch'ma* n'est qu'un emprunt au persan moderne.

Quant à **M., So.,** *éwá*, **K.,** *hüá*, ce sont des exceptions que je ne puis expliquer et provenant probablement de la même racine que : latin, *vos;* zeñd, *vô, vĕ;* gothique, accusatif, *iṣvis;* ancien slave, *vü, vami, vamü, vasü.*

L'origine des mots *man, tan, awan* s'explique par celle de *m, to, aw.* Mais il est intéressant de remarquer que, dans aucune des langues de la famille indo-européenne, il n'existe un seul exemple d'une formation aussi simple et aussi naturelle. Exemple :

NOMINATIF.

	SINGULIER.	PLURIEL.	DUEL.
Sanskrit	*ahám,* je;	*vayam,* nous;	*ávắm.*
	tvam, tu;	*yûyám,* vous;	*yuvắm.*
Zeñd	*azem,* je;	*vaêm,* nous.	
	tam, tu;	*yûjĕm, yûs,* vous.	
Grec	ἐγών, je;	ἄμμες, nous;	νῶϊ.
	τούν, tu;	ὑμμες, vous;	σφῶϊ.

Si les pronoms personnels sont simples et réguliers, les *désinences personnelles* ne le sont pas moins. Ce sont :

	SINGULIER.	PLURIEL.
1ʳᵉ pers.	*—m, —am,*	*—man, —aman.*
2ᵉ pers.	*—t, —ta, —to,*	*—tan, —atan.*
3ᵉ pers.	*—ei, —ai, —é,*	*—aïan, - eïan, —éan.*

Nous n'avons pas à tenir compte pour l'instant de la place qu'occupe la désinence personnelle dans la flexion du verbe, mais bien de la nature même de cette désinence. Exemple :

M. *dam kŏrt*, je faisais.
dat kŏrt, tu faisais.
deï kŏrt, il faisait.
daman kŏrt, nous faisions.
datan kŏrt, vous faisiez.
deïan kŏrt, ils faisaient.

M. *nam da kŏrt*, je ne faisais pas.
nat da kŏrt, tu ne faisais pas.
neï da kŏrt, il ne faisait pas.
naman da kŏrt, nous ne faisions pas.
natan da kŏrt, vous ne faisiez pas.
naïan da kŏrt, ils ne faisaient pas.

M. *lem dawa*, je blessais.
let dawa, tu blessais.
leï dawa, il blessait.
leman dawa, nous blessions.
letan dawa, vous blessiez.
leïan dawa, ils blessaient.

Si. *woutegma*, je dis.
woutegta, tu dis.
wouteïasi, il dit.
woutegmana, nous dîmes.
woutegtana, vous dîtes.
wouteïana, ils dirent.

M. *dioumetowa*, j'ai trouvé.
diou tetowa, tu as trouvé.
diou ietowa, il a trouvé.
dioumanatowa, nous avons trouvé.
dioutanatowa, vous avez trouvé.
diouianatowa, ils ont trouvé.

M. *dimowa*, je trouvais.
ditowa, tu trouvais.
diowa, il trouvait.
dimanowa, nous trouvions.
ditanowa, vous trouviez.
dianowa, ils trouvaient.

Dans tous les verbes kurdes, les désinences personnelles ne présentent pas cette régularité; par suite du contact de peuples voisins, par suite aussi d'altérations dues au temps ou aux prononciations spéciales des divers districts, les désinences personnelles ont pris des formes très diverses; mais il est toujours aisé de retrouver des restes des règles que suivaient les Kurdes alors qu'ils vivaient ensemble et ne s'étaient pas encore divisés en tribus et séparés.

K. *dara bùm*, j'avais eu.
dara bùt, tu avais eu.
dara bù, il avait eu.
dara bâmèn, nous avions eu.
dara bùn, vous aviez eu.
dara bùn, ils avaient eu.

K. *derem*, j'ai.
dirit, tu as.
dérèt, il a.
dirím, nous avons.
dirin, vous avez.
dérèn, ils ont.

So. *amŏn ham*, je suis.
ato heï, tu es.
aw heïa, il est.
ema hèïn, nous sommes.
ewa hèn, vous êtes.
awan han, ils sont.

So. *aé kam*, je fais.
aé keï, tu fais.
aé kát, il fait.
aé kaèn, nous faisons.
deï kun, vous faites.
dé kun, ils font.

M. *deinasem*, je connaîtrai.
deinasi, tu connaîtras.
deinasèd, il connaîtra.
deinasím, nous connaîtrons.
deinasíd, vous connaîtrez.
deinasend, ils connaîtront.

M. *deï brrom*, je coupe, je tranche.
deï brreï, tu coupes.
deï brrèt, il coupe.
deï brrím, nous coupons.
deï brrón, vous coupez.
deï brrón, ils coupent.

On peut supposer que ces verbes sont conjugués régulièrement, mais suivant d'autres lois que celles précédemment citées pour les verbes réguliers; car dans bien des cas, les deux dernières personnes du pluriel sont identiques et ne peuvent être distinguées que par le sens général de la phrase ou par le pronom personnel placé en avant. Or, la langue kurde est trop bien organisée pour qu'un pareil manque de précision y pût exister à l'origine. D'ailleurs nous verrons plus loin que les formes irrégulières ne sont pas dues au génie de la langue, mais bien à des emprunts faits aux langues voisines.

Avant d'en terminer avec les désinences personnelles, il est intéressant de comparer celles des dialectes kurdes avec celles des langues de la même famille.

DÉSINENCES PERSONNELLES

DANS LES LANGUES INDO-EUROPÉENNES.

m, au singulier, 1re personne :

Perse......	*kunaumiy, kunuyâm.*
Latin......	*sum, stem, dem, siem, feram, vehebam.*
Sanskrit....	*dâdâmi, ásmi, b'árâmi, váhâmi, dadyấm.*
Zeñd......	*histâmi, dad'âmi, ahmi, barâmi, vaṣâmi, avaṣèm.*
Grec......	ἵστημι, δίδωμι, ἐμμί.
Germanique.	*stâm, im.*
Lithuanien..	*stốwmi, dŭ̆mi, esmi.*
Ancien slave.	*damĭ, jesmĭ.*

m, au pluriel, 1re personne :

Perse......	*ku(nu)may, kunuyâmâ, kunumädaiy, akunamadiy.*
Latin......	*stâmus, damus, ferimus, vehimus, stèmus, dèmus, ferâmus, vehâmus.*
Sanskrit....	*dadmús, dadmási, b'árâmas, b'árâmasi, váhâmas, váhâmasi, b'árêma, váhêma, ávahâma.*
Zeñd......	*histâmahi, dadĕmahi, barâmahi, vaṣâmahi, histaima, daidŷâma, baraima, vaṣaima, avaṣâma.*
Grec	ἵσταμες, δίδομες, φέρομες, ἔχομες, ἱσταίημες, διδοίημες, φέροιμες.
Germanique.	*stâmês, bairam, vigam, bairaima, vigaima.*
Lithuanien..	*stốwime, dŭ̆me, wéźume.*
Ancien slave.	*stajemŭ, damŭ, beremŭ, veṣemŭ, stajmŭ, dadimŭ, berêmŭ, vaṣêmu.*

Dans tous les verbes persans, la 1re personne du singulier est terminée en m ـَم quels que soient les temps, et celle du pluriel en *im* ـِیم ou ـِیمْ. Cette langue suit donc la même loi que le kurde où l'*m* est la caractéristique de la 1ʳᵉ personne. Au pluriel, toutefois la désinence اوی du pluriel est remplacée par un renforcement de la voyelle : *îm*, ايم. Il n'y a donc pas de différence importante à constater dans la désinence de la 1ʳᵉ personne dans ces deux langues.

En kurde, la 2ᵉ personne du singulier est, comme nous l'avons vu, caractérisée par le *t* de « tu » auquel il convient d'ajouter le suffixe اوی pour former la seconde personne du pluriel. Les langues indo-européennes nous fournissent un grand nombre d'exemples de l'existence du *t* à la 2ᵉ personne du pluriel, mais au singulier, le *t* est beaucoup plus rare :

> Singulier, gothique, *vaist, staistaust, baist.*

La 2ᵉ personne de l'impératif sanskrit est en *d'i*. Exemple :

> *addʾi*, mange! *viddʾi*, sache! *vagdʾi*, parle! *yuñgdʾi*, unis!

mais elle ne se présente que devant les consonnes et se trouve remplacée par *hi* en présence des voyelles.

En sanskrit, le prétérit redoublé possède à la 2ᵉ personne la désinence *t'a*. Exemple :

> *ás-i-t'a*, tu es assis; *vêt-t'a*, tu sais,

qu'on retrouve en zeñd, dans ﺳﺮﺳﯥ *vaés'-ta*, mais ces exemples sont fort rares pour le singulier.

Au pluriel, la désinence en *t* est presque générale pour la 2ᵉ personne, elle existe dans toutes les langues.

Sanskrit....	*tišṭata.*	*b'árata.*	*váhata.*	*tišṭêta.*	*dadyắta.*	*b'árêta.*	*váhêta.*	*ávahata.*
Zeñd.......	*histata.*	*barata.*	*vasata.*	*histaita.*	*daidýâta.*	*baraita.*	*vaṣaita.*	*avaṣata.*
Grec.......	*ἵστατε.*	*φέρετε.*	*ἔχετε.*	*ἱσταίητε.*	*διδοίητε.*	*φέροιτε.*	*ἔχοιτε.*	*εἴχετε.*
Latin.......	*statis.*	*fertis.*	*vehitis.*	*stêtis.*	*dêtis.*	*ferâtis.*	*vehâtis.*	*vehebâtis.*
Gothique....	......	*bairith.*	*vigith.*	......	......	*bairaith.*	*vigaith.*	.....
Lithuanien ..	*stówite.*	......	*wéžate.*	......	*dŭkite.*	......	*wéskite.*	.....
Ancien slave.	*stajete.*	*berete.*	*veṣete.*	*stajete.*	*dadite.*	*berête.*	*veṣête.*	.....

Le persan présente la forme ايد *îd*, ou يد *îd* au lieu de *tân*, *atân* du kurde; le suffixe pluriel n'existe plus en *fârsi*.

La 3ᵉ personne est représentée en kurde par les suffixes *eï*, *aï*, *ï* au singulier, et par *eïan*, *aïan*, *ïan* au pluriel, alors que dans les autres langues indo-européennes, c'est le *t* qui joue le rôle de caractéristique du singulier et *nd*, *nt* pour le pluriel. Exemples :

SINGULIER.

Sanskrit	*ásti.*	*tišṭati.*	*dádâti.*	*átti.*	*b'árati.*	*vahati.*	*b'árêt.*	*ávahat.*
Zeñd.......	*as'ti.*	*histaiti.*	*dadḍâiti.*	......	*baraiti.*	*vaṣaiti.*	*barôid.*	*avaṣaḍ.*
Grec.......	*ἐσϑι.*	*ἴσϑᾶτι.*	*δίδωτι.*	......	*φέρε(τ)ι.*	*ἔχε(τ)ῑ.*	*φέροι.*	*εῖχε.*
Latin.......	*est.*	*stat.*	*dat.*	*est.*	*fert.*	*vehit.*	*ferat.*	*vehebat.*
Gothique....	*ist.*	.....	.....	*ittih.*	*bairith.*	*vigith.*	*bairai.*	.....
Lithuanien ..	*esti.*	*stow.*	*dŭsti.*	*est.*	.....	*véźa.*	.....	.....
Ancien slave.	*jestĭ.*	*stajetĭ.*	*dasti.*	*justĭ.*	*beretĭ.*	*veṣetĭ.*	*beri.*	.....

PLURIEL.

Sanskrit.....	*sánti.*	*tišṭanti.*	*dádati.*	*b'áranti.*	*váhanti.*	*tišṭéyus.*	*ásan.*	*áb'aran.*
Zeñd........	*hönti.*	*histěnti.*	*daděnti.*	*barěnti.*	*vaṣěnti.*	*histayěn.*	*aṇhěn.*	*abarěn.*
Grec	*(σ)εντι.*	*ἰσϑάντι.*	*διδόντι.*	*φερόντι.*	*ἔχοντι.*	*ἰσϑαῖεν.*	*ἦσαν.*	*ἔφερον.*
Latin.......	*sunt.*	*stant.*	*dant.*	*ferunt.*	*vehunt.*	*stent.*	*erant.*	.....
Gothique....	*sind.*	*stánt.*	.....	*bairand.*	*vigand.*	.....	*bairaina.*	.....
Lithuanien...	.....	.....	.....	.....	.....	.....	.....	.....
Ancien slave.	*sŭntĭ.*	*stajuñtĭ.*	*dadañtĭ.*	*berŭñtĭ.*	*veṣŭñtĭ.*	.....	.....	.....

Les langues kurdes se trouvent donc par rapport aux autres langues indo-européennes en dehors des règles habituelles de la grammaire pour la 3ᵉ personne du singulier et du pluriel.

Le persan suit pour le singulier comme pour le pluriel la règle énoncée plus haut pour le zeñd et les autres langues aryennes.

3ᵉ pers. singulier : د *d*, ت *t* ou است *est*. Exemples :

کند *kènèd*, il arrache; باشد *báchèd*, باد *bâd*, بادا *bâdâ*, بواد *bevâd* (vieux) qu'il soit; خورده است *khordè est*, il a mangé; مظلومست *mezloumest*, il est opprimé.

3ᵉ pers. pluriel : اند *end* ou ند *end*. Exemples :

مردند *merdend*, ils sont hommes; خوردند *khordend*, ils mangèrent; خورده اند *khordè end*, ils ont mangé; میکندند *mikendend*, ils arrachaient.

La 2ᵉ et la 3ᵉ personne du singulier et du pluriel constituent donc une différence très sensible entre le persan moderne et les dialectes kurdes; le zeñd suit les mêmes règles que le persan. Examinons maintenant quelles sont les différences qui existent entre le kurde et le perse des Achéménides, la langue iranienne la plus ancienne qui soit parvenue jusqu'à nous.

Au singulier nous voyons le perse suivre la même loi que le zeñd et le persan.

3ᵉ pers. singulier (Thème کردن). Exemple :

Présent, *kunautiy;* présent, forme réfléchie, *kunataiy;* imparfait, *aku(na)ta.*

Au pluriel, la 3° personne du présent *kunuvantiy*, *kunuvantaiy* et l'imparfait *aku-nuvataiy* conservent également la forme zeñd, tandis que la 2° personne du présent *ku(nu)ta* et du potentiel *kunuyâtâ* montre la forme kurde du *t*.

Il est intéressant de mettre en présence le verbe kurde avec les verbes perse, zeñd, pehlevi et persan; on voit plus clairement les analogies qui existent entre les désinences verbales dans ces langues qui représentent les divers' degrés des modifications survenues jusqu'à ce jour.

	PERSE.	ZEÑD.	PEHLEVI.	PERSAN.
Singulier. 1.	*kunaumiy*..m.	*barem*...m.	*darêm*.êm, âm.	*kènèm*..em, m.
2.	*kunausiy*..s.	*barô*....s, ò.	*dardi*..ai, âi.	*kèni*....i, èï.
3.	*kunautiy*..t.	*barat*...b.	*darit*..it.	*kènèd*...d, t.
Pluriel... 1.	*kunumahi*..mah.	*bardma*..ma.	*darêm*.êm.	*kènîm*...îm.
2.	*kanuta*....ta.	*barata*...ta.	*darêt*..êt, hêt.	*kènîd*...îd.
3.	*kunuvantiy*.ar t.	*baren*....en, in.	*darand* and, ând.	*kènend*..end.

	KURDE.	
M. Singulier. 1.	*dam*	*kõrt.*
2.	*dat*	*kõrt.*
3.	*deï*	*kõrt.*
Pluriel.. 1.	*daman*	*kõrt.*
2.	*datan*	*kõrt.*
3.	*dèian*	*kõrt.*

On voit par ce tableau que la désinence personnelle de la 1ʳᵉ personne des deux nombres est commune aux langues iraniennes et au kurde, mais que pour les deux autres personnes, tant au singulier qu'au pluriel, les dialectes du Kurdistan présentent des lois très différentes de celles qui régissent les langues de la famille indo-iranienne.

Comme dans les langues voisines du Kurdistan il n'existe aucun dialecte dans lequel on retrouve ces règles, il est naturel de penser que le kurde a conservé sa forme archaïque, et que bien au contraire les verbes dans lesquels cette loi n'est plus suivie ont été affectés et corrompus par le voisinage d'autres idiomes.

Je fais suivre quelques exemples de la conjugaison kurde, montrant les formes archaïques des désinences pronominales. On remarquera que sur 39 temps de verbes différents, 11 appartiennent au dialecte laki, 10 à celui de Moukri, 7 à celui de Ridjâb, 4 à celui de Soleimaniyèh, 3 au Kirmanchahani, 2 au Sihnéï et 2 au Djâfi. Les traces des règles archaïques existent donc dans tous les dialectes du Kurdistan; elles sont d'autant plus nombreuses que la tribu a vécu plus éloignée des langues étrangères et leur a fait moins d'emprunts.

FORME KURDE ARCHAÏQUE.

VERBES SIMPLES.

D. *wôt–oum*, j'avais dit.
wôt–ouwout,
wout–ui,
wout–man,
wout–ttan,
wout–ian.

D. *da–ôm*, j'avais donné.
da–wot,
da–äi,
da–ôman,
da–ôtan,
da–üiân.

K. *moat–em*, je disais.
moat–et,
moat–chou,
moat–man,
moat–an (pour *moat–tan*),
moat–chan.

K. *nid–m*, je laissais.
nid–it,
nid (pour *nid–é*),
nid–îmèn,
nid–în (pour *nid–tin*),
nid–n (pour *nid–ian*).

K. *wd–kerd–ûm*, j'ouvrais.
wd–kerd–ût,
wd–kerd–û,
wd–kerd–ûmèn,
wd–kerd–ûn (pour *wa–kerd–ûtan*),
wd–kerd–ûn.

L. *körd–ûm*, je fis.
körd–ût,
körd–û,
körd–ûmân,
körd–ûtân,
körd–üdn.

L. *da–ma*, j'ai donné.
da–ta,
da–ia,
dd–mana,
dd–ta (pour *dd–tanâ*),
dd–na (pour *dd–ianâ*).

L. *börî–ma–ssa*, j'avais coupé.
börî–ta–ssa,
börî–a–ssa,
böri–möna–ssa,
börî–töna–ssa,
börî–ouna–ssa.

L. *körd–ema–ssa*, j'avais fait.
körd–eta–ssa,
körd–ia–ssa,
körd–émana–ssa,
körd–étana–ssa,
körd–ana–ssa.

L. *mörè–am*, je coupais.
mörè–ât,
mörè–a,
mörè–am (pour *mörè–aman*),
mörè–ata (pour *mörè–atan*),
mörè–ân.

L. *möt–ôm*, je disais.
möt–öt,
mööt–é,
mööt–ema (pour *mööt–éman*.)
mööt–ôto (pour *mööt–ôtan.*).
mööt–ôn.

L. *bör–îm*, j'ai coupé.
bör–ît,
bör–î,
bör–îman,
bör–îtan,
bör–îan.

L. *wôt–m*, j'ai dit.
wôt–et,
wôt–iè,
wôt–ema (pour *wôt–eman*).
wôt–ètona (*wôt–étan*),
wôt–ân (pour *wôt–ian*),

L. *körd–èm*, j'ai fait.
körd–èt,
körd–é,
körd–éman,
körd–étan,
körd–an (pour *körd–éan*).

M. *kout–m*, je dis (prétérit).
kout–èt,
kout–i,
kout–ôman,
kout–ôtan,
kout–ian.
M. *diou–mé–towa*, j'ai trouvé.
diou–té–towa,
diou–ié–towa,
diou–mana–towa,
diou–tana–towa,
diou–iana–towa.
M. *di–m–owa*, je trouvais.
di–t–owa,
di–,–owa,
di–man–owa.
di–tan–owa,
di–an–owa.
M. *krdou–me–tawa*, j'ai ouvert.
krdou–iét–tawa,
krdou–iéné–tawa,
krdou–mané–tawa,
krdou–té–tawa (pour *krdou–tan–tawa*),
krdou–iané–tawa.
M. *nasiou–ma*, j'ai connu.
nasiou–ta,
nasiü–éti (forme persane),
nasiou–mana,
nasiou–tana,
nasiou–iana.
M. *briou–má*, j'ai coupé.
briou–ta,
briou–wéti (t. persan),
briou–mana,
briou–tana,
briou–ana.
M. *ktou–ma*, j'ai dit.
ktou–ta,
ktou–iéti (t. persan),
ktou–mana,
ktou–tana,
ktou–iana.
M. *krdou–ma*, j'ai fait.
krdou–ta,
krdou–iéti,
krdou–mana
krdou–tana,
krdou–iana.

M. *bou–m*, j'avais.
bou–t,
bou–i,
bou–man,
bou–tan,
bou–ïan.
M. *bou–ma*, j'ai eu.
bou–ta,
bou–iéti (t. persan),
bou–mana,
bou–tana,
bou–ïana.
R. *mŏ–d–am*, je donnais.
mŏ–d–at,
mŏ–d–ach,
mŏ–d–amŏn,
mŏ–d–atan,
mŏ–d–achan.
R. *mŏ–rrí–m*, je coupais.
mŏ–rrí–d,
mŏ–rrí–ch,
mŏ–rrí–man,
mŏ–rrí–tan,
mŏ–rrí–chan:
L. *ma–kŏrd–èm*, je faisais, j'ai fait.
ma–kŏrd–èt,
ma–kŏrd (pour *ma–kŏrd–i*),
ma–kŏrd–émon,
ma–ker–tan (pour *ma–kŏrd–tan*)
ma–kŏrd–an.
R. *ma–kard–èm*, je faisais.
ma–kard–èt,
ma–kard (pour *ma–kard–i*),
ma–kard–éma (pour *eman*),
ma–kar–tan (pour *kard–tan*),
ma–kart–chan.
L. *ma–kard–èm*, je faisais.
ma–kard–èt,
ma–kard–é,
ma–kard–émân,
ma–kard–étân,
ma–kard–ân.
R. *bŏrr–ím*, j'ai coupé.
bŏrr–ít,
bŏrr–ích,
bŏrr–íman,
bŏrr–ítan,
bŏrr–íchan.

R. *watè-m*, j'ai dit.
watè-t,
watè-ch,
watè-nman,
watè-ntan,
watè-nchan.

R. *da-m*, j'ai donné.
da-t,
da-ch,
da-mön,
da-tèn,
da-chan.

R. *körd-öm*, j'ai fait.
körd-èt,
körd-èch,
körd-éma (pour *éman*),
körd-étan,
körd-ichan.

Si. *wout-m*, je dis (prétérit).
wout-èt,
wout-i,
wout-öman.
wout-ötan.
wout-ian.

Si. *wouteg-ma*, j'ai dit.
wouteg-ta,
woutei-asi (pour *wouteg-si*),
wouteg-mana,
wouteg-tana,
wouteg-ana.

So. *boug-öma*, j'avais eu.
boug-öta,
boug-ia,
boug-öman,
boug-ötan,
boug-öian.

So. *kördig-ma*, j'avais fait.
kördig-ta,
kördig-a,
kördig-mana,
kördig-tana,
kördig-iana.

So. *bou-ma*, j'avais.
bou-ta,
bou-ia,
bou-man,
bou-tan,
bou-ian.

So. Sing. *rräig-am*, j'étais allé.   Plur. *rruig-man*,
rräig-at,   *rruig-tan*,
rru-i (pour *rräig-i*),   *rruig-an*.

Dans les dialectes de Ridjâb et d'Awroman où les pronoms personnels de la 3ᵉ personne sont *ich* et *ichan* au lieu de *aw*, *awan*, la désinence de ces personnes n'est plus comme dans la forme régulière *ei*, *ai*, *eian*, *aïan*, mais renferme la chuintante *ch*.

R. *bö-m*, j'avais.
bè-t,
bè-ch,
bè-ma (pour *bè-man*),
bè-tan,
bè-chan.

R. *han-öm*, j'ai.
han-èt,
han-ich,
han-öman,
han-tan,
han-chan.

A. *bö*, j'aurai.
bö-t,
bö-ch,
bö (au lieu de *bö-man*),
bö-tán,
bö-chán.

R. *baü*, j'aurai.
bou-t,
bou-ch,
bou-man,
bou-tan,
bou-chan.

A. Sing. *bian-man* (pour *bian-am*), j'avais.   Plur. *bian-ma* (pour *bian-man*),
bian-ta.   *bian-tá* (pour *bian-tan*),
bian-ich,   *bian-cha* (pour *bian-chan*).

Dans les verbes composés, les lois sont les mêmes pour la formation des désinences personnelles et de leur pluriel, mais, par suite des règles de la conjugaison des verbes, celles-ci sont fréquemment rejetées dans l'intérieur du mot, voire même que souvent elles jouent le rôle de suffixe par rapport à des mots qui n'ont avec le verbe que des rapports de syntaxe.

VERBES COMPOSÉS.

Si. *a—m wout*, je disais.
    a—t wout,
    a—ï wout,
    a—man wout,
    a—tan wout,
    a—ïan wout.
M. *da—m br̥rî*, je coupais.
    da—t br̥rî,
    de—ï br̥rî,
    da—man br̥rî,
    da—tan br̥rî,
    da—ian br̥rî.
M. *lé—m dada*, je battais.
    lé—t dada,
    lé—ï dada,
    lé—man dada,
    lé—tan dada,
    lé—an dada.

So. *dé—k—am ayèr*, je ferais.
    dé—ka—t agèr,
    dè—kè—ï agèr,
    dé—ka—man agèr,
    dé—ka—tan agèr,
    dé—ka—n agèr (pour *ka—ïan*).
L. *da—m—assa bèn*, j'avais donné.
    da—t—assa bèn,
    da—ssia bèn (pour *da—ï—assa*),
    da—man—a bèn (pour *da—man—assa*),
    da—ton—a bèn (pour *da—tan—assa*),
    da—on—a bèn (pour *da—ian—assa*).
M. *na—m bé*, je n'aurai pas.
    na—t bé,
    na—ï bé,
    na—man bé,
    na—tan bé,
    na—ian bé.

Ainsi se conjuguent :

M. *da—m kr̥dawa*, j'ouvrais.
M. *da—m kŏrt*, je faisais.
M. *dè—m gout*, je disais.
So. *da—m kŏrt*, je faisais.
M. *da—m bé*, j'aurai.
M. *lé—m dawa*, j'ai battu.
M. *lé—m da—bou*, j'avais battu.
M. *lé—m na da—bou*, je n'avais pas battu.
M. *lé—m na—dadu*, je ne battais pas.
M. *lé—m na dawa*, je n'ai pas battu.
M. *na—m bé*, je n'aurai pas.
M. *na—m bou*, je n'avais pas.
M. *na—m br̥rî*, je ne coupais pas.
M. *na—m dadiowa*, je ne trouvais pas.
M. *na—m danasi*, je ne connaissais pas.

M. *na—m da kr̥dawa*, je n'ouvrais pas.
M. *na—m dagout*, je ne disais pas.
M. *na—m da kŏrt*, je ne faisais pas.
M. *na—m kr̥doua*, je n'ai pas fait.
M. *na—m ktoua*, je n'ai pas dit.
M. *na—m boua*, je n'ai pas eu.
M. *na—m kr̥douetawa*, je n'ai pas ouvert.
M. *na—m nasiou*, je n'ai pas connu.
M. *na—m da diowa*, je n'ai pas trouvé.
M. *na—m brioua*, je n'ai pas coupé.
M. *na—m gout*, je ne dis pas (passé).
Si. *na—m wout*, je ne dis pas (passé).
Si. *na—m a—wout*, je ne disais pas.
Si. *na—m wouteya*, je n'ai pas dit.

J'ai dit que le persan avait eu sur les dialectes kurdes une influence très considérable, d'autant plus forte que les tribus qui les parlent étaient en rapports plus intimes avec les Persans.

Les exemples de l'influence persane sont fort nombreux, mais je n'ai rencontré qu'un seul temps d'un verbe présentant pour les désinences personnelles toutes les formes du persan ; c'est le présent du verbe M. *nâsîn* « connaître ».

M. *deï-nas-em*, je connais.	**M.** *neï-nas-em*, je ne connais pas.
deï-nas-i,	*neï-nas-é*,
deï-nas-èd,	*neï-nas-èd*,
deï-nas-îm,	*nèi-nas-îm*,
deï-nas-îd,	*nèi-nas-îd*,
deï-nas-eñd.	*nèi-nas-eñd*.

Primitivement, la forme devait être :

deï-nas-èm,	*neï-nas-èm*,
deï-nas-èt.	*neï-nas-èt*,
deï-nas-èï,	*neï-nas-eï*,
deï-nas-eiman, *îman*,	*neï-nas-eïman*, *îman*,
deï-nas-eitan, *îtan*,	*neï-nas-eïtan*, *îtan*,
deï-nas-eian, *îan*,	*neï-nas-eïan*, *îan*.

Comme on le voit, la conjugaison est restée franchement kurde, tandis que les désinences personnelles ont pris la forme persane. Je dois ajouter que le dialecte moukri, qui fournit cet exemple, est l'un des mieux conservés et présente un grand nombre de flexions archaïques.

Le passage du kurde au persan ne s'est pas fait en une fois : il a demandé pour les deux peuples des siècles de contact. Aussi est-il intéressant de rechercher dans les verbes présentant des flexions mixtes comment s'est opérée la transformation.

Le premier exemple que je citerai est celui de la mutilation des deux dernières personnes du pluriel sans apparence positive d'influence persane. Contrairement à ce qui se passe en général dans les langues de peuplades sauvages, les désinences verbales des 2ᵉ et 3ᵉ personnes pluriel se sont adoucies et, perdant leurs caractères propres, se sont confondues. Cette modification semble s'être faite spontanément et dans presque tous les dialectes. C'est ainsi que K. *börîn* correspond à « vous coupiez » et à « ils coupaient », que M. *boun* signifie « vous étiez » et « ils étaient », etc.

Cette transformation s'est faite graduellement ; de *itan*, *eïan* on est passé à *ian*, *eïan*, puis à :

Moderne..............	*watin*, vous disiez ;	*watèn*, ils disaient.
Archaïque.............	*watitan*, —	*wateïan*, —

Dans beaucoup de cas la transformation a été plus complète et a amené l'identité des deux désinences personnelles. Exemples :

K. *bü–na*, vous aviez été, ils avaient été (de *bü–tana*, *bü–ïana*).
K. *bŏrí–na*, vous aviez coupé, ils avaient coupé (de *bŏrí–tana*, *bŏrí–ana*).
K. *dā–ïné*, vous avez donné, ils ont donné (de *dā–ïtané*, *dā–ïané*).
M. *deï–kan–awa*, vous ouvrez, ils ouvrent (de *deï–ka–tan owa*, *deï–ka–ian owa*).
K. *chŏnasi–n–essè*, vous avez connu, ils ont connu (de *chŏnasi–tan–esse*, *chŏnasi–an–esse*).
M. *ní–n*, vous n'êtes pas, ils ne sont pas (de *ní–tan*, *ní–ian*).

On rencontre parfois des traces plus claires encore de ce passage. Quelques verbes montrent encore le *t* à la 2ᵉ personne du pluriel. Ainsi :

So. *a–rrāt*, vous alliez, pour *a–rrèitan*. — *arrātn*, ils allaient, pour *arrātan*.

Mais ces exemples sont fort rares.

Exemples de verbes dans lesquels les désinences de la 2ᵉ et de la 3ᵉ personne du pluriel se sont unifiées.

M. *ní–m*, je ne suis pas. *ní–t*, *ní–a*, *ní–ïn*, *ní–n*, *ní–n*.	**K.** *wā kŏrd–éma*, j'ai ouvert. *wā kŏrd–ïta*, *wā kŏrd–éa*, *wā kŏrd–ïmŏnu*, *wā kŏrd–ïna*, *wā kŏrd–éna*.
L. *ma–k–m*, je fais. *ma–k–èït*, *ma–k–èï*, *ma–k–èïm*, *ma–k–eïn*, *ma–k–an*.	**K.** *wat–éma*, j'ai dit. *wat–ïta*, *wat–éa*, *wat–imŏna*, *wat–ïna*, *wat–éna*.
So. *a–rrä–ïm*, j'allais. *a–rrä–ït*, *a–rrä–ï*, *a–rrä–ïn*, *a–rrä–ït*, *a–rrä–ïn*.	**K.** *bü–ma*, j'avais été. *bü–ta*, *bü–a*, *bü–mŏna*, *bü–na*, *bü–na*.
So. *bŏ–r–ŏm*, j'irai. *bŏ–r–äït*, *bŏ–r–oua*, *bŏ–r–äïn*, *bŏ–r–äït*, *bŏ–r–on*.	**K.** *hāt–éma*, je suis venu. *hāt–üt*, *hāt–éa*, *hāt–ïmŏna*, *hāt–ïna*, *hāt–éna*.

K. *dd—ma*, j'ai donné.
dd—îta,
dd—s,
dâ—imôné,
dâ—îné,
dd—îné.

K. *bôrî—mâ*, j'ai coupé.
bôrî—ta.
bôrî—a.
bôrî—mena,
bôrî—na.
bôrî—na.

K. *chönds—üm*, j'avais connu.
chönds—üt,
chönds—ü,
chönds—âméné,
chönds—âné,
chönds—âné.

K. *bör—âm*, j'avais coupé.
bör—ât,
bör—â,
bör—âmèn,
bör—ân,
bör—ân.

K. *wat—âm*, j'avais dit.
wat—ât,
wat—â,
wat—âmé,
wat—ân,
wat—ân.

K. *nid—âm*, j'avais laissé.
nid—ât,
nid—â,
nid—âmen,
nid—ân,
nid—ân.

K. *chöndsi—am*, je suis connu.
chöndsi—aït,
chöndsi—ds,
chöndsi—aïmen,
chöndsi—ain,
chönasi—an.

K. *bör—îm*, je coupais.
bör—ît,
bör—î,
bör—îmèn,
bör—în,
bör—în.

K. *wat—em*, je disais.
wat—it,
wat,
wat—îm,
wat—in,
wat—èn.

K. *dd—m*, je donnais.
dd—ît,
dd,
dd—îmèn,
dd—in,
da—n.

K. *dara bâ—m*, j'ai eu.
dara bâ—t,
dara bâ,
dara bâ—men,
dara bâ—n,
dara bâ—n.

K. *né arâ bâ—m*, je n'ai pas eu.
né arâ bâ—t,
né arâ bâ,
né arâ bâ—mèn,
né arâ bâ—n,
né arâ bâ—n.

K. *bâ—m*, j'étais. .
bâ—t,
bâ,
bâ—mèn,
bâ—n,
bâ—n.

K. *ha—m*, je suis.
ha—ît,
ha—ss,
ha—mön,
ha—în,
ha—n.

M. *nasi bou—m*, j'étais connu.
nasi bou—t,
nasi bou—ï,
nasi bou—în,
nasi bou—n,
nasi bou—n.

M. *da—rrô—îm*, j'allais.
da—rrô—ît,
da—rrô—î,
da—rrô—în,
da—rrô—în,
da—rrô—în.

M. *nai ka—m—awa*, je n'ouvre pas. *nai ka—t—awa*, *nèi k—ci—owa*, *nèi k—ein—awa*, *nèi ka—n—awa*, *nèi ka—n—awa*.	**K.** *chŏndsî—mé*, je connaissais. *chŏndsî—té*, *chŏndsî—é*, *chŏndsi—méné*, *chŏndsi—né*, *chŏndsi—né*.
M. *dei ka—m—owa*, j'ouvre. *dei ka—t—owa*, *dei kè—i—owa*, *dei kè—in—owa*, *dei ka—n—owa*, *dei ka—n—owa*.	**K.** *chŏndsî—m—ésé*, j'ai connu. *chŏndsî—t—ésé*, *chŏndsî—.—ésé*, *chŏndsî—m—ésé*, *chŏndsî—n—ésé*, *chŏndsî—n—ésé*.

Cette modification des dialectes livrés à eux-mêmes est extrêmement fréquente. Quant à l'influence persane elle se manifeste de bien des manières différentes.

Dans certains verbes, la 3ᵉ personne du singulier kurde est remplacée par la 3ᵉ du singulier persan; le *t* reste alors aux deux dernières personnes du singulier et la confusion que je signalais pour le pluriel se retrouve au singulier.

Exemples :

K. *tchü—m*, j'étais allé. *tchü—t*, *tchü—t*, *tchü—mŏn*, *tchü—n*, *tchü—n*.	**K.** *tia—m*, je viens. *tiè—it*, *tê—t*, *tiè—îm*, *tiè—in*, *tiè—n*.
K. *ddïü—m*, j'avais donné. *ddïü—t*, *ddü—t*, *ddü—mèn*, *ddü—n*, *ddü—n*.	**K.** *bŏr—em*, je coupe. *bŏr—ît*, *bŏr—èt*, *bŏr—imŏn*, *bŏr—în*, *bŏr—èn*.
Y. *az avel bouv—m*, je serais. *to éjaché bū—ït*, *av ijaché bū—èt*, *am hachet buv—in*, *ewa aché bouv—n*, *awanij aché bŏv—ouen*.	**K.** *wd k—am*, j'ouvre. *wd k—èit*, *wd k—èit*, *wd k—èim*, *wd k—èin*, *wd k—an*.
K. *dá—m*, je donne. *dè—it*, *dè—it*, *dè—imŏn*, *dè—in*, *dè—in*.	**K.** *ni—ám*, je laisse. *ni—áïl*, *ni—èit*, *ni—áïmèn*, *ni—aïn*, *ni—an*.

K. *chŏnds–èm*, je connais.
chŏnds–ît,
chŏnds–èt,
chŏnds–îm,
chŏnds–în,
chŏnds–èn.

K. *sâz–îm*, je bâtis.
sâz–ît,
sâz–ît,
sâz–imen,
sâz–in,
sâz–èn.

K. *üch–èm*, je dis.
üch–ît,
üch–éét,
üch–îm,
üch–in,
üch–én.

K. *der–em*, j'ai.
dir–ît,
der–èt,
dir–îm,
dir–in,
der–èn.

L. *béi–li*, donne (impératif).
béi–li,
béi–mŏn,
bé–ané,
bé–an.

L. *bŏŏr–té*, coupe (impératif).
bŏŏr–té,
bŏŏr–îm,
bŏŏr–èn,
bŏŏr–èn.

L. *bŏkèi–lî*, fais (impératif).
bŏkèi–lî,
bŏkèi–mèn,
bŏk–an,
bŏk–an,

L. *mâd–m*, je donnais.
mdd–t,
mdd–té,
mdd–mo,
md–to,
md–o.

M. *nî–m–a*, je n'ai pas.
nî–t–a,
ni–ièh–i,
nî–man–á,
nî–tan–á,
nî–an–á.

M. *ha–m–a*, j'ai.
ha–t–a,
ha–ïet–i,
há–mân–a,
há–tân–a,
há–idn–a.

So. Sing. *hass–ŏm*, j'ai.   Plur. *ha–man–a*,
    ha–t–a,   *ha–watan–a*,
    ha–ièt–i,   *ha–ian–a*.

Il est alors nécessaire, pour obtenir plus de précision, si la phrase elle-même n'en donne pas assez, de faire précéder le verbe du pronom personnel.

K.   *tchüm*, j'étais allé.
ato tchüt. tu étais allé.
aw tchüt, il était allé.
    tchümŏn, nous étions allés.
atŏn tchün, vous étiez allés.
ewa tchün, ils étaient allés.

Dans d'autres verbes, c'est la seconde personne qui a pris la forme persane; dès lors le *t* a disparu et les deux dernières personnes du singulier sont représentées par des voyelles, mais dans ce cas les deux terminaisons ne sont pas les mêmes, la

2° personne renferme souvent un *i*, tandis que la 3° est formée en *é*, *a*, *o*, *ou*, ou c'est l'inverse qui a lieu. Exemples :

Y. *am*, je suis.
 i,
 u,
 ein,
 han,
 han.

M. *ha–m*, je suis.
 hè–ï,
 hè–ïü,
 hè–ïn,
 hè–ü,
 ha–n.

M. *na–rro–m̃*, je ne vais pas.
 na–rro–ï,
 na–rrou–d,
 na–rro–ïn,
 na–rro–n,
 na–rro–n.

M. *dal–em*, je dis.
 dal–eï,
 dal–é,
 dal–ein,
 dal–èn,
 dal–èn.

M. *leï na–d–m*, je ne bats pas.
 leï na–d–eï,
 leï na–d–a,
 leï na–d–eïn,
 leï na–d–an,
 leï na–d–èn.

M. *na–rroïv–oum*, je ne suis pas allé.
 na–rroïv–i,
 na–rroïv–a,
 na–rroïv–ïn,
 na–rroïv–ŏn,
 na–rroïv–ŏn.

M. *rroïv–oum*, je suis allé.
 rroïv–i,
 rroïv–a,
 rroïv–ïn,
 rroïv–ŏn,
 rroïv–ŏn.

Y. *da–tch–oum*, j'allais.
 da–tch–i,
 da–tch–é,
 da–tch–ouin,
 da–tch–oun,
 da–tch–en.

M. *nâ–b–m*, je ne serai pas.
 nâ–b–ï,
 nà–b–é,
 nâ–b–in,
 nâ–b–n,
 nâ–b–n.

M. *da–b–ŏm*, je serai.
 dè–b–î,
 dè–b–é,
 dè–b–ïn,
 da–b–ŏn,
 da–b–ŏn.

Y. *har–m*, j'irai.
 har–î,
 harr–a,
 har–n,
 har–n,
 har–n.

M. *da rrô–m*, j'irais.
 da rrô–i,
 da rrou–a,
 da rrô–ïn,
 da rro–n,
 da rro–n.

M. *nas raw–oum*, je suis connu.
 nas raw–i,
 nas raw–a,
 nas raw–ïn,
 nas raw–n,
 nas raw–n.

M. *nd ka–m*, je ne fais pas.
 nd ke–ï,
 nd ka,
 nd kè–ïn,
 nd kà–n,
 nd kà–n.

M. *bouv–m*, j'ai été.
bouv–i,
bouv–a,
bouv–în,
bouv–ŏn,
bouv–ŏn.

M. *na bouv–m*, je n'ai pas été.
na bouv–i,
na bouv–a,
na bouv–în,
na bouv–ŏn,
na bouv–ŏn.

Si. *éj–m*, *déj–m*, je dis.
éj–i, *déj–i*,
éj–e, *déj–é*,
éj–în, *déj–în*,
évéj–n, *dévéj–n*,
évéj–n, *dévéj–n*.

Si. *ná–éj–m*, je ne dis pas.
ná–éj–i,
ná–éj–é,
ná–éj–în,
ná–évéj–n,
ná–éj–n.

M. *boum*, j'étais.
bouî,
bou,
bouîn,
boun,
boun.

M. *na–bou–m*, je n'étais pas.
na–bou–î,
na–bou,
na–bou–în,
na–bou–oun,
na–bou–n.

M. *da–ka–m*, je fais.
da–k–eî,
da–ka,
da–k–eîn,
da–ka–n,
da–ka–n.

D. *aé–d–am*, je donne.
aé–d–eî,
aé–d–a,
aé–d–eîn,
ai–d–an,
ai–d –en.

Y. *boug–m*, j'étais.
boug–i,
bou,
bou–în,
bou–n,
bou–n.

Y. *agèr az har–m*, je serais allé.
agèr to har–î.
agèr aüij harr–a,
ager amé har–n,
ager awij har–n,
ager awanij har–n.

L. *bous–am*, que je sois.
bous–á,
bous–ï,
bous–îmèn,
bous–án,
bous–án.

L. *ná bous–am*, que je ne sois pas.
ná bous–a,
ná bous–ï,
ná bous–imèn.
ná bous–án,
ná bous–án.

M. *bo–m*, *bŏ–bo–m*, que je sois.
b–a,   *bŏ–b–a*,
b–é,   *bŏ–b–é*,
b–în, *bŏ–b–în*,
b–ŏn, *bŏ–b–ŏn*,
b–ŏn, *bŏ–b–ŏn*.

M. *na–b–om*, que je ne sois pas.
na–b–i,
na–b–é,
na–b–îîn,
na–b–ŋ,
na–b–ŋ.

M. *b'–ka–m*, que je fasse.
b'–ká,
b'–ká,
b'–k–eîn,
b'–k–an,
b'–k–an.

M. *ná ka–m*, que je fasse.
ná ká ou *na–k–eî*,
ná ká,
ná k–eîn,
ná k–an,
ná k–an.

Si. *b–éj–m*, que je dise.
b–éj–a,
b–éj–é,
b–éj–în,
b–éj–n,
b–éj–n.

Si. *né–éj–m*, que je ne dise pas.
né–éj–a,
né–éj–é,
né–éj–în,
né–éj–n,
né–éj–n.

M. *bî–bör–om*, que je coupe.
bî–bör–a,
bî–bör–è.
bî–börr–in,
bî–börr–on,
bî–börr–on.

So. *bou–m*, je serai.
bou–a,
bü–é,
bü–in,
bou–n,
bou–n.

Y. *ha–rr–m*, je vais.
ha–rr–é,
ha–rr–á,
ha–rr–în,
ha–rr–in,
ha–rr–èn.

So. *ha–m*, je suis.
ha–ë,
ha–s,
ha–în,
ha–n,
ha–n.

M. *na–t–em*, que je ne dise pas.
na–t–é,
na–t–è,
na–t–oïn,
na–t–èn,
na–t–èn.

M. *bô–rô–m*, que j'aille.
bô–rô,
bô–rou–a,
bô–ro–în,
bô–rô–n,
bô–rô–n.

Dans les exemples qui précèdent, j'ai montré l'influence persane affectant, soit la 2ᵉ, soit la 3ᵉ personne du singulier.

Dans les exemples suivants, on trouve la 2ᵉ et la 3ᵉ personne du singulier possédant des désinences persanes, tandis que la 1ʳᵉ conserve le caractère kurde dans les deux nombres et que les deux dernières personnes du pluriel sont unifiées par adoucissement.

K. *tch–èm*, je vais.
tch–ou,
tch–out,
tch–îmön,
tch–én,
tch–én.

M. *deï brr–om*, je coupe.
deï brr–èï,
deï brr–èt,
deï brr–în,
deï brr–òn,
deï brr–òn.

So. *aé–ka–m*, je fais.
aé–k–eï,
aé–ka–t,
aé–ka–èn,
aï–ka–n,
aï–ka–n.

M. *leï na–da–m,*
leï na–da,
leï na–da–t,
leï na–dè–ïn,
leï na–da–n,
leï na–dè–n.

K. *b—do—m*, que je vienne.
b—do,
b—d—ît,
b—d—îmèn,
b—d—n,
b—d—n.

K. *bé—iam*, que je donne.
bé—ia,
bé—aït,
bé—aïmôn,
bé—an,
bé—an.

L. *bŏ—ka—m*, que je fasse.
bŏ—ka,
bŏ—kè—ité,
bŏ—kè—imèn,
bŏ—ka—né,
bŏ—ka—né.

D. *bî—ká—m*, que je fasse.
bî—ká,
bŏ—ka—t,
bî—kè—îm,
bî—ká—n,
bî—ká—n.

K. *nia—m*, je laisserai.
bŏn—a,
bŏn—eït,
nia—imen,
bŏn—án,
bŏn—án.

So. *dábé bî—ka—m*, je ferai.
dábé bî—kè—î,
ábé bî—ka—t,
ábé bî—kè—ïn,
dábé bî—kè—î,
dábé bî—ka—n.

D. *bî—dá—m*, que je donne.
bî—dá,
bî—dá—t,
bî—dè—îmé,
bî—dè—né,
bî—dè—n.

K. *bowor—em*, que je coupe.
bowor,
béér—èt,
bèér—îm,
bŏwor—èn,
bowor—èn.

K. *bûch—m*, que je dise.
bûch,
bûch—èt,
bûch—îm,
bûch—èn,
bûch—èn.

M. *bŏ—l—èm*, que je dise.
bŏ—l—é,
bŏ—l—èt,
bŏ—l—èïn,
bŏ—l—èn,
bŏ—l—èn.

M. *bŏ—da—m*, que je frappe.
bŏ—dá,
bŏ—da—t,
bŏ—dè—ïn,
bŏ—da—n,
bo—dè—n.

K. *bŏ—tch—èm*, que j'aille.
bŏ—tch—ou,
bŏ—tch—out,
bŏ—tch—îm,
bŏ—tch—én,
bŏ—tch—én.

K. *bŏ—sáz—m*, que je bâtisse.
bŏ—sáz,
bŏ—sáz—it,
bŏ—sáz—îm,
bŏ—sáz—èn,
bŏ—sáz—èn.

So. *bi—ka—m*, que je fasse.
bi—ka,
bi—ka—t,
bi—kè—ïn,
bi—ka,
bi—kœ.

Y. *bŭ—îm*, que je sois.
bŭ—î,
bŭ—èt,
bŭ—în,
bŭ—ît,
bŭ—ét,

K. *bé—nás—èm*, que je connaisse.
bé—nás,
bé—nás—éd,
bé—nás—îm,
bŏ—nás—èn,
bŏ—nas—èn.

Y. *ager az böv–m*, j'aurais été.
   ager to būv–i,
   ager ao bū–et,
   ager ema bū–in,
   ager ewa böv–n,
   ager awana böv–ouén.

L. *ma–am*, je donne.
   mè–iné,
   mè–it,
   mè–in,
   mè–ino,
   mé–an.

K. *hat–öm*, je venais.
   hat–i,
   hat,
   hiât–îm,
   hât–în,
   hât–èn.

L. *ma–hât–em*, je venais.
   ma–hât–î,
   ma–hât,
   ma–hât–îm,
   ma–hat–imo,
   ma–hat–en.

D. *wat–öm*, je dis (prétérit).
   wat–i,
   wout–i,
   wout–öma,
   wout–igtana,
   wout–ian.

M. *nâ–bin–m–owa*, que je ne trouve pas.
   na–bin–i–owa,
   na–bin–et–owa,
   na–bin–in–owa,
   na–bin–en–owa,
   na–bin–n–owa.

M. *bi–bin–m–owa*, que je trouve.
   bi–bin–i–owa,
   bi–bin–et–owa,
   bi–bin–in–owa,
   bi–bin–n–owa,
   bi–bin–en–owa.

M. *bi–ka–m–awa*, que j'ouvre.
   bi–ka–.–wa,
   bi–kè–t–awa,
   bi–kè–in–awa,
   bi–ka–.–wa,
   bi–ka–n–awa.

K. *wâ–ka–m*, *wâ–bö–ka–m*, que j'ouvre.
   wâ–kâ, *wa–bö–ka*,
   wâ këit, *wâ–bö–kè–ît*,
   wâ–kè–im, *wâ–bö–kè–îm*,
   wâ–kâ–n, *wâ–bö–kâ–n*,
   wâ–kâ–n, *wâ–bö–kâ–n*.

M. *naï–ka–m–awa*, que je n'ouvre pas.
   naï–ka–.–wa,
   naï–kè–t–awa,
   naï–kè–in–awa,
   naï–ka–wa,
   naï–ka–n–awa.

M. Sing. 1. *debin–m–owa*, je trouve.   2. *deïbin–i–owa*,   3. *deïbin–et–owa*,
    Plur. 1. *deïbin–in–owa*,   2. *deïbin–i–owa*,   3. *deïbin–en–owa*.

Le dialecte de Moukri fournit un exemple curieux de la présence des deux formes dans un seul verbe. Le pronom personnel *kho-m, khod, khoi, khoman, khotan, khoian* a conservé le caractère archaïque kurde, tandis que dans le verbe, dont il est le sujet, les deux dernières personnes du singulier présentent la forme persane et celles du pluriel sont kurdes. Ce fait est fort intéressant à signaler, car il vient apporter une preuve de grande valeur à l'explication que je viens de donner des modifications dans les langues kurdes.

M. *kho–m dönas–öm*, je me connais.   M. *kho–m na–nas–öm*, je ne me connais pas.
   kho–d dönas–i,   *kho–d na–nas–i*,
   kho–i dönas–ed,   *kho–i na–nas–ed*,
   kho–man dönas–în,   *kho–man na–nas–în*,
   kho–tan dönas–in,   *kho–tan na–nas–in*,
   kho–ian dönas–in.   *kho–ian na–nas–in*.

Nous avons vu que pour la seconde personne du pluriel la désinence persane *id* diffère de celle usitée chez les Kurdes, *tan*, mais ces deux suffixes renferment le *t*, *d*, aussi le passage de l'un à l'autre est-il difficile à reconnaître. On ne peut savoir en effet si *dèhît*, « vous donniez » vient de la forme archaïque *diaïtan* ou du persan moderne *dèhïd*. Il n'en est pas de même, par exemple, pour *wotètona bén*, *hantan*, etc. Mais il semble superflu d'entrer dans plus de détails au sujet du pluriel, les désinences du singulier ayant montré d'une manière très claire et avec beaucoup de force quelle est la loi de la descendance dans les désinences personnelles.

A. *han-ōm*, j'ai. *han-ōn*, *han-èch*, *han-ōma*, *han-tan*, *han-cha*.	**R.** *han-am*, je suis. *han-i*, *hèn*, *han-ōmé*, *han-dĕ*, *han-nĕ*.
D. *did-m*, je donnais. *dia-ĭ*, *dia*, *dia-īmĕ*, *dia-īt*, *dia-n*.	**A.** *ha-ma*, je suis. *han-ij*, *han*, *han-mi*, *han-dĕ*, *han-né*.
D. *watia-m*, je disais. *watia-é*, *watia*, *watia-ĭm*, *watia-ĭt*, *watia-n*.	**R.** *bourr-am*, que je coupe. *bourr-a*, *bourr-èch*, *bourr-ōmé*, *bourr-dé*, *bourr-dé*.
So. *bŏ-ro-m*, que j'aille. *bŏ-ró*, *bŏ-rou-a*, *bŏ-rŭ-ĭn*, *bŏ-ró-t*, *bŏ-ro-n*.	**R.** *bŏ-kar-am*, que je fasse. *bŏ-kar-a*, *bŏ-kar-ou*, *bŏ-kar-mé*, *bŏ-kar-dĕ*, *bŏ-kar-an*.
L. *wot-ma bén*, j'avais dit. *wot-a bén*, *wot-ia bén*, *wot-ana bén*, *wot-ètona bén*, *wot-an bén*.	**R.** *méŭ*, je serai. *mŏvŭi*, *maou*, *mŏŭmé*, *moñédé*, *mowan*,
R. *agèr amōn bi-an*, je serais. *agèr touij bi*, *agèr aij bé*, *agèr ima bé-mé*, *agèr chōmaj bé-dĕ*, *agèr achan bé-n*.	**R.** *mŏrrŭ*, je coupe. *mŏrrí*, *mŏrrou*, *mŏrrmé*, *mŏrrdé*, *mŏrrdn*.

R. *ma–kar–ŭ*, je fais.
ma–kar–i,
ma–kar–o,
ma–kar–ŏmé,
ma–ka–dé,
ma–kar–an.

R. *mŏ–louan–é*, je vais.
mŏ–loua–é,
mŏ–louá,
mŏ–loua–émé,
mŏ–loua–édé,
mŏ–loua–n.

R. Sing. *ma–ka*, je ferti. Plur. *ma–kar–ŏmé*,
ma–kar–i, *ma–ka–dé*,
ma–kar–o, *ma–kar–an*.

Afin de ne rien omettre dans cette étude, j'ai fait usage de tous les documents que je me suis procuré en Perse. J'ai classé les temps des verbes suivant leurs irrégularités, m'attachant à réunir à l'appui des règles que j'énonçais un grand nombre d'exemples.

Mais tous les verbes que j'ai recueillis n'étaient pas aussi concluants; dans certains, les lois sont flottantes. Ce sont ces temps de verbes que je réunis afin de présenter au lecteur tous les matériaux que j'avais à ma disposition. Il y trouvera très aisément quelle est la part qui revient au kurde archaïque et celle qui doit être attribuée à l'influence persane.

L. *háss–em*, je suis.
háss–í,
háss,
hass–ím,
hass–in,
hass–èn.

L. *dèr–en*, j'ai.
dir–i,
dir–é,
dir–im,
dír–in,
dèr–èn.

K. *dacht–èm*, j'avais.
dacht–i,
dacht,
dacht–ím,
dacht–ín,
dacht–èn.

D. *aék–am*, je fais.
aék–èï,
aék–a,
aék–em,
aék–an,
aék–an.

L. *ma–ka–m*, je fais.
ma–k–eïn,
ma–k–eï,
ma–k–eïmŏn,
ma–k–einoun,
ma–ka–n.

D. *ej–m*, je dis.
ej–i,
ej–é,
ej–ím,
ej–n,
ej–n.

L. *moch–èm*, je dis.
mouch–ín,
mouch–é,
mouch–ím,
mouch–ino,
mouch–èn.

M. *na–t–em*, je ne dis pas.
na–t–eï,
na–t–é,
na–t–èïn,
na–t–èn,
na–t–èn.

L. *má–m*, je viens.
má–ï,
má–é,
má–îm,
má–îno,
má–n.
L. *má–tchiá–m*, j'allais.
má–tchiá–ï,
má–tchiá,
má–tchiá–ïmo,
ma–tchiá–ïno,
ma–tchiá–n.
L. *na–tch–ŏm*, je ne vais pas.
na–tch–i,
na–tch–ou,
na–tch–îm,
na–tch–ino,
na–tch–an.
L. *mŏrr–ŏm*, je coupe.
mŏrr–î,
mŏrr–é,
mŏrr–îm,
mŏrr–ino,
mŏrr–en.

L. *hát–ém–assa*, j'étais venu.
hát–in–assa,
hát–i–assu,
hát–imŏn–assa,
hát–inen–assa,
hát–èn–assa.
L. *tchè–ma*, je suis allé.
tchi–na,
tché,
tchî–ma,
tchî–no,
tché–n.
L. *bourîm*, que je vienne.
bouri,
bóé,
báïmo,
bourèn,
bán.
L. *bouchèm*, que je dise.
bouch,
bouchi,
bouchîm,
bouchèn,
bouchèn.

L. Sing. *bŏtch–oum*, que j'aille. Plur. *bŏtch–îm*,
bŏtch–ou, *bŏtch–èn*,
bŏtch–ou, *bŏtch–èn*.

J'ai pris pour point de comparaison dans cette étude le persan moderne parce que nous en connaissons toutes les formes et que par suite les comparaisons sont plus aisées, mais ce que j'ai dit peut être appliqué au perse, au zend et au pehlevi aussi bien qu'au persan. Le kurde archaïque présente des particularités qui l'éloignent du rameau iranien, mais son contact avec les peuples parlant ces langues l'a peu à peu transformé, et en a, dans bien des cas, altéré les formes grammaticales; l'époque à laquelle cette influence a commencé est impossible à préciser, aussi ai-je tout rapporté au persan dont nous pouvons encore apprécier l'influence et qui résume, pour cette question spéciale du moins, l'esprit des langues iraniennes.

Si le persan seul a suffi pour expliquer les modifications dont je viens de parler, il ne peut plus entrer dans l'étude comparative de la position qu'occupe dans la phrase la désinence pronominale. Nous nous trouvons là en présence de formes très anciennes disparues avant la formation du persan moderne, avant même celle du pehlevi.

2. PRONOMS POSSESSIFS.

Dans la plupart des dialectes kurdes, comme en persan et en pehlevi, la possession est généralement exprimée par le pronom personnel placé après le nom et réuni à lui par l'*izafet*. Exemple :

Persan, كتاب من *kitâb-e-mèn*, mon livre. — Pehlevi, بدروك *abou-i-li*, mon père.

Les désinences possessives kurdes sont les suivantes :

Singulier. 1re personne : « mon, ma »; A., *é-o-mön*; D., G., K., *mâl-é-mön*; L., *mâl-é-mâ*; R., *mal-é-amön*; So., *mal-i-mön*; X., *ön-é-mèn*; Si., *mâl-mâ*; Y., *i-mön*; M., *i-m'n*.

2° personne : « ton, ta » D., R., *mal-é-tou*; G., K., *mâl-é-tô*; L., *mâl-ö-tö*; So., *mal-i-tô*; A., *é-ou-tô*; Si., *mâl-to*; Y., *i-to*, X., *ön-é-tön*; M., *i-to*.

3° personne : « son, sa » A., *é-o-aï* ; D., *mâl-é-aw*; L., *mâl-ö-aw*; G., *mâl-é-ouwa*; K., *mâl-é ewâ*; R., *mâl-é-aé*; Si., *mâl-ow*; Y., *i-awi, i-avi*; So., *mâl-i-aw*; X., *ön-i-awa, ön-i-ava*.

Pluriel. 1re personne : « notre » A., *é-ou-éma*; D., *mâl-é-éma*; K., *mâl-é-hima*; L., *mal-é-ima*; R., *mâl-e-éma*; Si., *hin-i-éma*; Y., *i-éma*; So., *mâl-i-hémâ*; X., *ön-i-âmâ*; M., *i-mâ*.

2° personne : « votre » A., *é-ou-chmâ*; X., *ön-é-khoumâ*; Si., *hin-é-iwa*; Y., *i-éwa* « celui de vous, le vôtre »; R., *mal-é-chöma*; G., *mal-é-iwa*; D., *mal-é-cüa*; K., *mal-é-hüâ*; L., *mal-é-öma*; So., *mal-é-héwâ* « le bien de vous »; M., *i-wa*.

3° personne : « leur » A., *e-ou-ana* « celui d'eux »; D., So., *mâl-é-awan* « le bien d'eux »; G., *mâl-é-khoïân* « le bien d'eux-mêmes »; K., L., *mâl-é-awana* « le bien d'eux »; R., *mâl-é-ânânâ*; Si., *hin-awan* « celui d'eux »; Y., *i-awan* « d'eux »; X., *ön-é-ânâ*.

Dans le dialecte de Moukri, le mieux conservé de tous les langages kurdes, la désinence possessive est rendue par le suffixe comme en persan. Exemple :

كتابم *kitabem* « mon livre »; كتابيشان *kitabechan* « leur livre ».

Les suffixes possessifs de Moukri sont les suivants :

Singulier.	Pluriel.
1re pers. — *m* pour *i-m'n*.	1re pers. — *man* pour *i-mâ* (*m + an*).
2° pers. — *t* — *i-to*.	2° pers. — *tan* (*t + an*).
ichèt, ich-i-to, ton travail.	3° pers. — *ian, iwan* (*i + an, iw + an*).
kitâbet, kitâb-i-to, ton livre.	
3° pers. — *i*, — *iwi* – *iaô*.	

3. PRONOMS INTERROGATIFS.

Les pronoms interrogatifs présentent tous la forme persane.

QUOI ?	QUI ? QUE ? LEQUEL ?
A. *tché*; persan, ﭼﻪ *tché*.	*ké*; persan, ﮐﯽ *ki*, *ké*.
D. *tchi*	*ké*.
G. *tcha*	*ké*.
K. *ké-tchoua*, quoi vient ?	*ki*.
L. *tchá*	*ki*.
M. *tchi*	*ki*, *kiéé*, qui est ?
R. *tcha*, *tchi*	*ki*.
Si. *tcha*	*ki-é*, qui est ?
Y. *tchié*	*ké*.
So. *tchi*	*ké*.
X. *tchá biá*, quoi vient ?	*ki*.

Dans **M.**, *kiéé*, le pronom interrogatif est *ki*, et *éé* est la 3ᵉ personne du singulier indicatif présent du verbe *être*. Il en est de même pour **A.**, **D.**, **G.**, **Y.**, **So.**, *ké* = *k* + *é*.

« Combien » : **A.**, *tchin*; **D.**, *tchán*; **G.**, **K.**, **L.**, **R.**, **So.**, **X.**, *tchan*; **Si.**, *tchené* = *tchen* + *é*; **Y.**, *tchend*; que nous retrouvons en persan, ﭼﻨﺪ, en pehlevi, ﭼﻨﺪ, en dari, *tchan*, *tchen*, *tchanch*, et jusque dans les langues de l'Europe : latin, *quantus*; ombrien, *panta quanta*; grec ionien, *κόσος*.

Les pronoms interrogatifs kurdes semblent tous remonter aux époques les plus reculées, alors que la race aryenne ne s'était pas encore divisée en rameaux.

4. PRONOMS DÉMONSTRATIFS.

Il n'y a en kurde, comme en persan, que deux pronoms démonstratifs : « celui-ci, celle-ci » et « celui-là, celle-là ». Ils s'expriment par des mots dont on retrouve l'origine dans les langues iraniennes plus anciennes et même dans les autres langues aryennes.

« Celui-ci, celle-ci » :

A. *é*; **X.** *î*; **K.**, **L.** *iu*.	**R.** *in*.
D. *am*; **Si.** *am*, *ama*; **Y.**, **So.** *ama*.	**M.** *awa*, *aou*, *aw*.

Skr., म्य, म्या, त्यद्; vieux perse, *ima*, *imad*; pehlevi, ﺍﻭ *avo*, *ano*, *uva*, *ana*, ﺍﯼ *aî*, ﺍﻥ *in*; persan, ﺍﯾﻦ; grec, *ὁ*, *ἡ*.

« Celui-là, celle-là » : A., X., *á*; R., *án*; Si, *ama*; D., *aw*; K., L., M., Y., So., *awa*; G., *aïvá* (vieux perse, *ava*, génitif, *avahya*; persan, او; grec, αὖ, αὖθι, αὖθα).

Ces pronoms, comme on le voit, ne doivent pas être séparés de l'ensemble des langues indo-européennes. Il n'y existe pas, comme en pehlevi, d'introduction sémitique (ول *val* ou ولمن *valman*, زك *zak* pour « celui-là, celle-là » et دنمن *denman*, هنا *hana* pour « celui-ci, celle-ci »).

5. PRONOMS INDÉFINIS.

Les mots persans les plus employés هر *hèr* « chaque », چند *tchend* « combien, autant que » trouvent leur équivalent en kurde : A., هرچن *har tchn*; G., هرچە *har tché*; K., هرچن *har tchan*; Si., X., هرچی *har tchi*; So., چن *tchan* (pehlevi, هر *har*, چند *tchand*, چە *tché* « aussi »); l'origine de ces mots n'est pas douteuse.

Ainsi, dans tous les pronoms kurdes nous retrouvons les caractères aryens, et tandis que les pronoms personnels s'éloignent sensiblement des formes modernes du rameau iranien, les pronoms interrogatifs, déterminatifs et indéfinis y rentrent d'une manière absolue.

VI

NOMS DE NOMBRES.

1. NUMÉRATIFS CARDINAUX.

Les numératifs cardinaux appartiennent tous à la branche iranienne des langues indo-européennes, et dans la plupart des cas sont identiques avec le persan moderne.

Ce sont :

Un, D., M., Si., Y., *yèk*; A., G., K., R., So., *yèki*; L., *yekki* (skr., एक *éka*; zeñd, اویوس *aêva*; pehlevi, سا *â, âê*; grec, εἶς, οἶος « seul, unique »; vieux perse, *aiva*; néo-persan, *é*; persan, یَک *yek*, یَکی *yèki*; hindoustani, ایَک *èk*, *yèk*; ossèthe, *iou-ju*; oss. dougour, *iaoue*; arménien, իմ *iv*).

Deux, K., *do*; Y., *dŏ*; A., D., M., R., *dou*; Si., *dŭé*; G., L., So., *douan* (skr., द्वि *dvi*; pehlevi, ܝ *dô*; zeñd, دواو *dva*; vieux perse, *douvitiyam*; grec, δύω, δεύτερος « deuxième »; persan, دو *dou*; ossèthe, *doueh, doua*; hindoustani, *dwai*; latin, *duo*; vieux slave, *douva*; gothique, *twai*; all., *zwei*; angl., *two*; russe, *dwa*; suédois, *tvâ, tu, tvenne*).

Trois, D., K., M., R., Si., Y., *sé*; L., *sean*; So., *sian* (persan, سه *seh*; perse, *tritiyam*; skr., त्रि *tri*; zeñd, ثری *t'ri*. En pehlevi, *si*; le *tr* primitif s'est adouci en *s* comme en *th* dans l'anglais *three* et en *d* dans l'allemand *drei*; le kurde ne possédant pas le θ l'a remplacé par *s*); A., *iéré* (probablement emprunté à l'arménien երեք, երք *èrèq*, *èrr*, երի *èri*; ossèthe, *ârtha*.)

Quatre, L., R., *tchouâr*; les autres dialectes, *tchouar* (skr., चतुर् *tchatour*; néo-persan, *tchihar, tchâr*; zeñd, چثوارو *tchathware*; pehlevi, چهار *tchahar*; persan, چهار *tchèhar*; ossèthe, *tsouppar*; russe, *tchetyre*; gothique, *fidvar*; lithuanien, *ketour*; arménien, չորք *tchorkh*).

Cinq, A., G., K., Y., So., *peñdj*; D., L., R., *peñj*; M., *piñj*; Si., *pûñj* (skr., पञ्चन् *pantchan*; zeñd, پنچو *pañtcha*; pehlevi, پنج *pañdj*; grec, πέντε; grec d'Éolie, πέμπε; persan, پنج *peñdj*; lithuanien, *penki*; vieux slavon, *pyaty*; ossèthe, *fond, fonz*; russe, *piat*).

Six, dans tous les dialectes *chèch* (skr., षष् *chach*; zeñd, خشواس *k'chvas'*; pehlevi, خش *chach*; grec, ἕξ; persan, شش *chèch*; arménien, վեց *véts*; gothique, *saihs*; all., *sechs;* latin, *sex;* angl. et français, *six;* russe, *chest';* vieux slavon, *chesty;* lithuanien, *szeszi;* ossèthe, *akhsäa.*

Sept, M., *hâvt;* D., *hâôt;* les autres dialectes, *haft* (skr., सप्तन् *sáptan;* zeñd, haptan; pehlevi, haft; grec, ἑπτά; persan, هفت *hèft;* latin, *septem;* lithuanien, *septyni;* arménien, եւթն *cvthn;* ossèthe, *avod, aft*).

Huit, dans tous les dialectes, *hacht* (skr., अष्टन् *achtan;* zeñd, as'tan; pehlevi, acht; persan, هشت *hècht;* grec, ὀκτώ, latin, *octo;* ossèthe, *awd, act;* all., *acht;* gothique, *ahtavu;* lithuanien, *asztouni*).

Neuf, A., L., M., So., *no;* D., G., K., R., Si., Y., *nouh* (persan, نه *nouh;* zeñd, nava; pehlevi, nâv; skr., नवन् *navan;* grec, ἐννέα; arménien, ինունք *inounq;* latin, *novem;* gothique, *niun;* all., *neun*).

Dix, A., M., So., *da;* D., G., K., R., Si., Y., *dèh;* L., *dâh* (skr., दशन् *daçan;* zeñd, dasan; pehlevi, dah; persan, ده *dèh;* grec, δέκα; latin, *decem;* ossèthe, *dez, das;* arménien, տասն *tasn*, տասան *tasan;* all., *zehn* [*tsehn*]; gothique, *taihoun*).

Onze, A., M., Si., Y., *yâzda;* K., *yañzda;* D., G., L., R., So., *yañza;* de ؟ek « un » et de *deh* « dix » (skr., एकादशन् *ekâdaçan;* zeñd, aêvadasan; pehlevi, yâzda; persan, یازده *yazdèh;* hindoustani, *igâ-rah;* arménien, մետասան *metasan;* ossèthe, *iouandas*).

Douze, A., G., Si., Y., *devâzdá;* M., *douâzdá;* K., *douañzdá;* D., L., R., So., *douanzá* (skr., द्वादशन् *dvâdaçan;* zeñd, dvadasan; pehlevi, dvazdah; persan, دوازده *devazdèh;* grec, δώδεκα; hindoustani, *bâ-rah;* ossèthe, *douadus*).

Treize, R., Y., *sizdá;* M., *sèzdá;* G., *snzá;* A., *sizzá;* D., *sieñza;* K., L., Si., So., *señzá* (persan, سیزده *sizdèh;* zeñd, t'ridasan; pehlevi, sizdah; skr., त्रयोदशन् *trayodaçan*).

Quatorze, D., Y., So., *tchahardáh;* autres dialectes, *tchouardá* (skr., चतुर्दशन् *tchatourdaçan;* zeñd, tchat'roudasan; pehlevi, tchahardah; persan, چهارده *tchèhar-dèh;* ossèthe, *thouppardas*).

Quinze, G., L., Y., *pañzdá;* M., *pazdá;* A., D., K., R., Si., So., *pañzá;* persan, پانزده *pañzdèh;* pehlevi, pandjdah; zeñd, pañtchadasan; skr., पञ्चदशन् *pantchadaçan;* ossèthe, *foundtás*).

Seize, L., *chañzdá;* M., Y., *châzdá;* A., D., G., K., R., Si., So., *chañzá;* persan, شانزده *chañzdèh;* pehlevi, châdjda; zeñd, k'chvasdasan; skr., षोडशन् *chodaçan;* ossèthe, *arsasdás*).

Dix-sept, A., Y., *hafdá*; D., L., *hifdá*; G., K., M., R., Si., So., *havdá* (persan, هفتده *hèftdèh*; pehlevi, *haftdah*; zeñd, *haptadasan*; skr., समदशन् *saptadaçan*; ossèthe, *aftás*).

Dix-huit, D., L., Y., *hichda*; G., *haïjda*; A., K., M., R., Si., So., *hajdá* (persan, هشده *hichdèh*; pehlevi, *achtdah*; zeñd, *as'tadasan*; skr., अष्टादशन् *achṭádaçan*; ossèthe, *stas*).

Dix-neuf, A., K., M., Si., So., *nozda*; D., *nouañza*; G., L., R., Y., *nouzda* (skr., नवदशन् *navadaçan*; zeñd, *navadasan*; pehlevi, *naouzdáh*; persan, نوانزده *nevañzdèh*, نوازده *nevázdèh*; ossèthe, *noudas*).

Vingt, M., Y., So., *bist*; A., D., G., L., R., Si., *bis*; K., *biss* (persan, بيست *bist*; perse, *vísaiti*; zeñd, *vísaiti*; pehlevi, *vist*).

Vingt et un, A., Si., *bis-ou-yèk*; K., *biss-ou-yèk*; M., *bist-ou-yèk*; L., R., *bis-î-yèk*; G., *bis-yek*; D., Y., So., *bist-yek* (persan, بيست وبك *bist-ou-yèk*; pehlevi, *vist-ac*).

Trente, dans tous les dialectes, *si* (pehlevi, *sí*; persan, سی *sî*).

Quarante, A., So., *tchöl*; autres dialectes, *tchèl* (persan, چهل *tchéhèl*; pehlevi, *tchahar*; skr., चत्वारिंशत् *tchatváriñçát*).

Cinquante, D., G., K., L., R., Y., So., *peñdja*; A., M., Si., *peñja* (persan, پنجاه *peñdjáh*; pehlevi, *pandjáh*; zeñd, *pañtchásata*; skr., पञ्चाशत् *pantcháçát*).

Soixante, D., G., M., Si., Y., *chèst*; A., *chast*; K., L., R., So., *chass* (persan, شصت *chèst*; pehlevi, *chast*; skr., षष्टि *chachṭi*).

Soixante-dix, A., D., M., Si., So., *hafta*; D., L., R., *haftá*; K., Y., *haftat*; G., *haftad* (pehlevi, *haftát*; persan, هفتاد *háftád*).

Quatre-vingts, G., K., Y., So, *hachtad*; autres dialectes, *hachta* (persan, هشتاد *hèchtád*; pehlevi, *achtát*; skr., अशीति *açîti*).

Quatre-vingt-dix, A., M., Si., *nawat*; D., *náwád*; autres dialectes, *navad* (persan, نود *nèvèd*; pehlevi, *navat*; skr., नवति *navati*).

Cent, A., K., M., Si., So., *saḃ*; D., G., L., R., Y., *sad* (persan, صد *sèd*; pehlevi, *sat*; latin, *centum*; skr., शत *çatá*).

Deux cents, A., *dou-sat*; D., *dou-sad*; G., *dou-vist*; K., *dou-viss*; L., *dou-öz*; M., *dou-sat*; R., *dou-vist*; Si., *do-sat*; Y., *dö-sát*; So., *dou-sá* (persan, دويست *dou-vist*; pehlevi,). Le mot *öz*, L., dans *dou-öz* est étranger aux langues de l'Iran.

Cinq cents, D., G., *peñdj-sad;* K., Y., *peñdj-sat;* R., *peñj-sád;* A., *páñ-sá;* So., *peñ-sá;* L., *pañ-sád;* M., *peñ-sat;* Si., *pañ-sat* (persan, پانصد *pañ-sád;* pehlevi, پانزدم *pañdj sad*).

Mille, A., K., M., Y., So., *házár;* D., G., L., R., Si., *hézár* (persan, هزار *hezár;* pehlevi, هزار *hazár;* zeñd, هزنرم *hazanrem;* skr., सहस्र *sahásra*).

Dix mille, dans tous les dialectes *dáh hazár* (persan, ده هزار *dèh-hèzár;* pehlevi, دهزرم).

Dans l'énumération d'un nombre compliqué, les Kurdes, comme d'ailleurs les Persans, commencent toujours par la plus grande valeur pour terminer par la plus faible. Exemple :

doŭ – hazár – pañ – sát – bis – oŭ – séañ
deux – mille – cinq–cent–vingt–et – trois

Pour les nombres considérables, les Kurdes, comme les Persans, comptent par *koŭroŭrs* de 500,000, کرور, mais il est très rare de rencontrer un Kurde illettré, c'est-à-dire ne connaissant pas la langue persane, et qui soit apte à comprendre des évaluations en centaines de mille.

2. NUMÉRATIFS ORDINAUX.

Les Kurdes n'emploient que très rarement les numératifs ordinaux, les numératifs cardinaux leur en tiennent lieu dans la plupart des cas; toutefois j'examinerai comme exemple la façon dont ils s'expriment quand ils ont à dire « premier » et « second ».

« Premier » est généralement rendu par le mot arabe *evvel*, اول, qu'ils prononcent diversement.

K., K., Y. *avval.*	Skr., एक *eka.*
K., K., R. *áwál.*	Persan, یکم *yekoum.*
K., G. *hawál.*	Pehlevi sémitique, پولا *avla.*
K., M., Si. *haoŭal.*	

Dans beaucoup de districts, K., A., D., So., ils emploient le mot *ieki* « un ». Exemple :

piaw-é-ieki, homme le un,

qu'il ne faut pas confondre avec :

piaweki, un homme.

« Second » se rend également par le numératif cardinal :

piaw-é-doŭ, homme le deux,

ou par la forme tirée du persan et terminée en م :

K., G., Si. *doioŭm.*	Persan, دوّم *douvvoum.*
K., D. *doñioŭm.*	Pehlevi, دمودگ *datîgar.*
K., M. *doŭhom.*	V. perse, *douvitiya kara.*
K., K. *dŏioŭm.*	Ossèthe, *dikkag.*
K., L., R. *dŏŭm.*	

düé, **K., A.**, et *dŏdŏ*, **K., Y.**, semblent être particuliers aux langues du Kurdistan, mais ces expressions sont inconnues des tribus faisant usage de la forme persane et je n'ai pu obtenir d'autres renseignements à leur sujet.

« Moitié » se rend généralement par le mot persan *nim*, qui prend, suivant les districts, des formes diverses :

K., K. *ñim.*	
K., D., L., R. *ñima.*	Zeñd, اسپوغس *naêma.*
K., A. *ñimé.*	
K., G., Si. *ñimèï.*	Pehlevi, ائی *nim.*
K., M. *ñioŭ*, *ñiwa.*	
K., So. *ñiwa.*	Persan, نیم *nim.*

Enfin dans le dialecte yézidi de Bayazid « moitié » est exprimé par le mot *k'arîk*, qui ne présente aucune analogie avec les formes employées en Perse et dans le Kurdistan persan.

Le « quart » est exprimé chez toutes les tribus de la Perse par un mot tiré du persan : چهار یك *tchchar-iek* « de quatre, un ».

K., A., D., K., L. *tcharek, tchârèk.*	**K., R.** *tchârák.*
K., G., Si. *tchaarèk.*	**K., So.** *tchâréké.*
K., M. *tchoŭar-ièk.*	

ksmi, en yézidi de Bayazid, n'a aucun rapport avec les mots cités précédemment. C'est l'arabe قِسم « partie ».

Ce que je viens de dire au sujet du « quart » est également vrai pour le « tiers » dans beaucoup de districts où cette idée est rendue par l'expression « de trois, un ».

    K., A., M., *sé-èk.*

Chez d'autres peuplades on dit simplement « trois parts », laissant sous-entendu que l'objet à partager a été divisé en trois parts ou parties.

K., D., L., *sékwôt*; K., Si., *sékou*.

De sorte qu'en djâfi l'on dira *doŭ sé-kwôt* « deux trois parts » (deux tiers).

Les Yézidis de Bayazid disent *sé-ñessömi*. Ce mot *nessömi* me semble être une corruption de l'arabe نصيب « portion, lot ».

Ces exemples de mots persans employés avec une valeur toute différente de leur signification primitive ne sont pas rares dans le Kurdistan. C'est ainsi que j'ai entendu un nomade de la frontière voisine de Soleimaniyèh dire *iek se-tchareké* pour « un tiers », employant dans ce cas le mot *tchareké* au lieu de *kwôt* et lui retirant complètement sa vraie valeur « le quart ».

Les connaissances arithmétiques des nomades sont comme de juste fort limitées; c'est ainsi que pour rendre l'idée générale du nombre ils n'ont pas d'expression et qu'ils ne comprennent même pas les termes turcs ou persans.

Le mot « compte », qui joue un si grand rôle dans l'existence de tous les Kurdes, n'a pas de terme indigène bien défini; on emploie généralement le mot *hésâb* plus ou moins transformé en *essâo, essaw*, K., D., L., R.; dans certains districts on dit simplement *essâb*, K., G. (arabe, حساب *hèsâb*).

Toutefois « compter, mesurer, apprécier » employés pour « acheter, discuter le prix » se présentent sous des formes qui diffèrent du mot *essaw* « compte » proprement dit. Ce sont : persan, ارزان *èrzan* « compte, à bon compte »; A., اصّان *assan* « compter pour acheter »; D., صنيائن *sönianen*; K., صانن *sanen*; R., صنن *sènèn*; Si., سندن, صندن *senden*; X., صانن *sânèn, sannen* (dial. kurdes de Turquie [A. Jaba, Dict.], خرصاندين *kherisandin* « évaluer »; persan, سنجيدن *sendjidèn* « peser »).

L'idée de « pièce, morceau », unité de compte ou de partage, est généralement rendue en kurde par des mots persans ou dérivés du persan; ce sont : D., *partcha, tiké*; Si., *paré*; R., *tîkâ*; G., *nimèt*; mais on rencontre aussi quelques mots qui semblent être spéciaux : So., *lèti*; A., *koutach*; Y., *koutek*.

VII

DES NOMS KURDES ET DE LEUR ORIGINE.

Parmi les notions les plus anciennes que l'homme ressentit le besoin de désigner se rangent en première ligne les éléments, les phénomènes naturels et les principaux faits qui, de suite, se présentent à la vue. Puis viennent les notions plus étendues, le détail des faits naturels, leur appropriation aux besoins de la vie, d'abord rudimentaires et de plus en plus compliqués au fur et à mesure de l'avancement dans la civilisation.

A notre époque, le maximum des connaissances humaines se rencontre dans les pays où la race européenne s'est développée, et encore serait-il possible d'affecter chaque peuple d'un coefficient de civilisation. Les races latine et anglo-germanique occuperaient sans contredit le premier rang.

Chez les peuplades sauvages au contraire, telles que les Négritos de l'Océanie et de l'Asie, les connaissances sont fort simples. Certaines tribus ne savent compter que jusqu'à quatre, n'ont aucune notion de l'année, mais toutes ont donné des noms aux objets et aux phénomènes naturels.

Entre ces deux extrêmes se trouvent tous les peuples que, à la rigueur, il serait également possible de ranger suivant l'ordre de civilisation. Dans cette classification les Kurdes occuperaient une position inférieure à celle des Persans, car presque toutes les tribus vivent encore à l'état nomade. Turcs, Persans, Arabes et Kurdes font partie de cette classe humaine des musulmans qui, retardés par des croyances religieuses surannées, sont voués, par leur religion même, à occuper dans l'échelle humaine une place de plus en plus inférieure.

Le Persan, l'Arabe, le Turc sont parvenus au maximum de la civilisation permise par le mahométisme; le Kurde, l'Afghan, le Baloutche, le Turkoman ne sont même pas arrivés à ce degré; ils ont encore bien des pas à faire pour atteindre ce rang, qui, au moyen âge, était supérieur à celui occupé par les Européens, mais qui, aujourd'hui, lui est si inférieur.

Les conditions dans lesquelles vivent les peuples que j'avais à étudier m'ont amené à ranger les mots non pas suivant un ordre alphabétique européen ou oriental, mais bien à les classer par groupes, représentant chacun des idées spéciales, appréciables pour les esprits simples des Kurdes et de leurs voisins. Afin de faciliter la récolte des mots, j'avais dû suivre ce classement, de sorte qu'il n'y eût pas de transition brusque entre les diverses idées. Pour la rédaction de mon travail, j'avais adopté d'abord l'ordre alphabétique français, puis j'ai tout reporté aux termes persans. Enfin, comme mon but n'était pas de donner une étude purement linguistique, mais bien de rechercher par la linguistique l'origine des tribus que j'étudiais, j'ai adopté, en dernier lieu, la classification naturelle.

Bien que les comparaisons entre les mots iraniens et ceux des langues européennes ou indiennes soient encore le sujet de bien des controverses, j'ai cru devoir dans beaucoup de cas signaler les analogies les plus lointaines; car, je le répète, le but de ce travail étant la recherche des origines, il était intéressant de faire ressortir les parentés même les plus éloignées.

Je classerai donc les noms dans l'ordre suivant :

1. Notions astronomiques.	21. Fruits.
2. Notions météorologiques.	22. L'homme et le corps humain.
3. Le jour.	23. Attributs humains.
4. Notion du temps.	24. Maladies.
5. Les saisons.	25. Adjectifs se rapportant à l'homme.
6. Les éléments, le feu.	26. La famille.
7. Les éléments, l'eau.	27. Les armes.
8. Notion de l'espace.	28. Le costume.
9. Le relief du sol.	29. Harnachement du cheval.
10. La direction, l'orientation.	30. La vie nomade.
11. Les couleurs.	31. La vie sédentaire.
12. Notion de la quantité.	32. La maison.
13. Minéraux.	33. Le mobilier.
14. Métaux.	34. Les travaux.
15. Mammifères.	35. Tissage et couture.
16. Oiseaux sauvages.	36. Industries.
17. Animaux divers sauvages.	37. Outils.
18. Animaux domestiques.	38. Métiers.
19. Végétaux.	39. Religion.
20. Parties de l'arbre.	40. Musique.

1. NOTIONS ASTRONOMIQUES.

Ciel, D., So., *âsmañç;* **A.,** *asmanaké;* **Si.,** *asma;* dans tous les autres dialectes, *âsman* (persan, آسمان *âsman;* pehlvi ܐܣܡܐܢ *asmân:* zeñd, ܐܣܡܐܢ *asman;* ossèthe *arw.* grec, ἄχμων; lithuanien, *asmou*).

Terre, monde, D., R., *döniâ* (arabe, دنيا *douniâ;* afghan, *duniyâ*).

Terre, terrain, A., *zéüinèké;* **K.,** *zaü;* **Si.,** *zévin* (persan, زمين *zèmin:* pehlevi, زميك *zamîk;* zeñd ܙܡܐ *zema;* skr. véd., *jma;* Dari de Yezd, زوين *zavin, zaüin*); **So.,** *ars* (persan ارز ou چ ; pehlevi, ارز *arz* « valeur, bien »); **Y., M.,** *ard* (Dial. kurdes de Turquie, *ard* أرض, arabe أرض); **K.,** *khâk,* **Si.,** *khak* (persan خاک *khak;* pehlevi,

khak); G., *khouâl*; So., *khouał*; Y., *khôlî*; D., R., *rrékh*; L., *rikh*. On ne rencontre pas dans les dialectes kurdes de la Perse le mot بوم (vieux perse, *boumi*, zeñd,
بومی; latin, *humus*); ni aucun de ses dérivés, bien que ce mot soit commun à toutes
les langues indo-européennes.

Soleil, D., *khwēr*; G., K., *khouer*; Si., *khora taw*; L., *hüar*; R., *wör* (persan خور
khor; ossèthe, *khour, khor*; pehlevi, خور *khor*; zeñd, هور *hvar* « briller, resplendir »;
هواره *hvare* « brillant, le soleil »; vieux perse, *hvare*; zeñd, هورکشئتا *hva-
rek'chaeta* « le soleil brillant »; persan, خورشید *khourchid*); So., *rrôdjar*; R., *roudjar*;
A., *rodjgharéké*; M., *roj* (persan, روشنائی *rouchenayi* « lumière »; zeñd, روچ *routch* « briller,
flamboyer ». — Grec, λύχνος, λεῦκος; latin, *lux, lucere*; slave, *luci*; all., *leuchten*; angl.,
light); M., *tâw*; Si., *khora taw*; Y., *tâô* (persan, تاب *tab*).

Lune, L., *mo*; A., D., K., R., Si., So., *mañ*; M., *mañg*; G., *moñg* (vieux perse,
mâhyâ, mâha, mâhahya; — zeñd, ماو *mâ*, ماوغ *mâogha*; pehlevi, مه *mah*; skr.,
मास *mâsa*; grec éolien μείς; ossèthe, *maej*; gothique, *mena*; latin, *mensis*; angl.,
moon; all. *mond*; grec, μήνη « lune, croissant »; μήν, mois).

Étoile, So., *assar*; Si., *assarè*; R., *hasarè*; L., *hassârâ*; D., *hasierâ*; G., *assarouw*;
A., *assaréké*; M., *astèrè*; Y., *sterk* (persan, ستاره *stareh*; pehlevi, ستر *satar*; zeñd ستاره
stare; skr., *tara*; armén., *astgh*; ossèthe, *staleh*; grec, ἀσ7ήρ; all. *stern*; angl., *star*; latin,
stella; dial. kurdes de Turquie, استرک *istirk*).

Comète, G., *assaré-doum-dar* « étoile portant une queue »; K., *assaré-düm-dar*; M.,
astéré k'lik-dar (*id.*).

2. NOTIONS MÉTÉOROLOGIQUES.

Vent, A., D., M., Si., Y., So., *bá*; L., *vâ*; G., K., *wâ*; R., *wâ* (ossèthe, *vad, ôad*;
persan, باد *bâd*; afghan, *bâd*; latin, *ventus*; angl., *wind*; pehlevi, وات *vat*; zeñd,
واتا *vâtâ*; vieux perse, *vâta*; skr., *vâta*).

Rosée, D., *doun*; L., *chaou*; R., *avüi* (du persan آب « eau »); L., *nâm* (mot
persan).

Brouillard, A., *moj*; Si., *möj*; So., *mij*; M., *mj* (persan, مه *meh*; میغ *megh*; ossèthe,
mijgh, miith; oss. dougour, *mietha*; arménien, *meg*; zeñd, مائغ *maêgha*); G., K.,
tam; D., *t'am*; R., *t'amm*; L., *k'árr*.

Pluie, D., *baran*; R., *wârân*; K., *waran*; L., *vârô*; G., *wèchan*; A., *watcht* (persan,
باران *bârân*; ossèthe, *varoun, oaroun*; pehlevi, واران *vârân* « pluie »; واریتن *varitan*
« pleuvoir »; zeñd, واار *vâra* « pluie »; vieux perse, *vâra*). Les dialectes du Mazanderan permettent de rattacher *watcht, wèchan*, au groupe persan باران, en mazanderâni
vachan, varöch, várich.

Neige, A., M., Si., *bafr*; K., *wafr*; G., *wafŏr*; R., *wôfèr*; L., *védr*; D., So., *bóour* (persan, برف *barf*; dari de Yezd, *vabr*; benghéchi, *ouovra*; pehlevi, وفر *vafr*, ون *varf*; zeñd, وفره *vafra*; vieux perse *vafra*). La forme zeñd سنیژ *snïj* dont les dérivés sont si communs en Europe ne se rencontre pas dans l'Iran.

Grêle, A., *tŏghra*; Si., *t'ŏgèr*; So., *tŏwar*; Y., *teïrouk*; R., *tawŏrg*; L., *tawŏrk*; G., *taüèr*; K., *taèr*; D., *tárzà*; M., *terzèh* (persan, تگرک *tégèrk*).

Poussière, A., *ghard*; G., *khar* (persan, گرد *gèrd*); D., Y., *tós*; So., *tüoss*; R., *touz* (turc, توز).

Nuage, A., *hawr*; D., G., M., R., Si., Y., So., *haour*; L., *haür*; K., *aour* (persan, ابر *abr*; dari de Yezd, *avr*; ossèthe, *avragh*; pehlevi, وره *avra* « poussière »; arabe, غَبَرٌ; syriaque, ܟ̈ܒܐ; hébreu, עָ֫רָף; le groupe persan میغ (zeñd, مایغvue6) désigne chez les Kurdes le brouillard seulement.

Tempête, D., K., M., R., Si., *toufân*, *tŏfân* (arabe, طوفان; grec τυφών; pehlevi, ܛܘܦܐ *topah* « ruine, destruction »; ܛܘܦܐܢܝܟ *toupânik* « puissant, fort, violent »; pouchtou, توپان *toupan*); G., *bourân* (mot turk-oriental); So., *silá*, *zilá* (pouchtou, سیلای *silai*; persan, سیلاب *seïl-ab* « torrent »); L., *bawâ-rouá*; Y., *bá-ghè* (ossèthe, *oad*, *vad* « vent »; persan, باد *bâd* « vent »).

Éclair, Y., *berk à táwá* (arabe برق); So., *bŏzouska* (cp. persan, خنوه *boukhounouh* ?).

Tonnerre, A., *ghṛmé hawrá*; M., *ḡerma haouri*; So., *gṛme hawrté*; G., *deñghihawr*; R., *haour-é-traká*; Y., *djeñg-la-hoté*.

Glace, A., *iakh* (persan); So., *iĕkh*; Y., *bouz* (turk); D., *sahól*; M., *sahól*; R., *rrŏtch*.

Foudre, A., Si., *trichká*; D., *brouzká*; M., *brouska*; G., *tchák-maghá*; K., *sáágha*; Y., *berk-á-táwá*; So., *haour-é-trachká* (persan, آذرخش *azèr-khech*; arabe, صاعقه *sa'éqe*).

3. LE JOUR.

Jour, A., *roj*; D., G., K., R., *rouj*; L., M., *rój*; Si., *roj*; So., *rojch* (persan, روز *rouz*; vieux perse, *rautchah*; zeñd, راوتچو *raotchó*; pehlevi, روچ. Dans les langues iraniennes, les composés tels que روشنایی expriment tous l'idée de la lumière, la lueur du jour, etc.); Y., *sŏbá* « matin » (arabe صبح, *sobh*).

Matin, A., *sabah*; K., *sób*; So., *sŏbhá*; Y., *sŏba*; Si., *sobh* (arabe, صبح); M., *béián*, *sbeinèh*.

Soir, A., *asr*; So., *assŏr* (arabe, عصر); D., *zousán*; L., *zṛsán*; R., *zmsan*.

Nuit, A., Si., Y., *chôw*; So., *chow*; D., R., *châô*; L., *chŏo*; G., *chew*; M., *chaw*; K., *châô* (persan, شب *chab*).

4. NOTION DU TEMPS.

Aujourd'hui, A., *á-ro;* D., So., *im-ró;* Y., *î-ró;* R., *a-rou;* L., *im-rou;* M., *áo-röka;* Si., *im-röka;* G., *ao rouj;* K., *im-rouj;* X., *em rouj* (persan, اِمروز *em-rouz* « ce jour-ci »; pehlevi, ﻢ *in* « celui-ci », et اُوٰ ou اوٰ *róz* « jour »).

Hier, A., *dî-zî;* R., *î-zî;* D., So., *düéné;* G., K., Si., *düéká;* M., *düé-niéka;* Si., *düéka;* X., *düka;* Y., *düé* (persan, ديروز *dirouz;* perse, *diya;* zeñd, کيزو *zyo;* pehlevi, دوو *dig*).

Avant-hier, A., *paré;* D., *piéré;* G., *pireka;* K., *péraka;* L., *perena;* M., Si., *pié-réka;* R., *paré;* Y., *p'ér;* So., *piéré;* X., *piéraka* (persan, پيريروز *perirouz;* پرندوش *perendouch;* pehlevi, پريرٖ *parîr;* zeñd, پٰرٰ *para* « avant, devant »; vieux perse, *parâ*).

Demain, X., *sop;* G., *söb;* Y., *söba;* K., *sobkh;* M., *söbëinié;* A., *sowa;* R., *sowaï;* So., *sivéné;* Si., *sowèh', sózi* (arabe, صبح « matin »); D., *bèiani*.

Après-demain, D., *dou bèiani;* G., *dou-soubeï;* K., *do-sobkh;* M., *dou-sbeï;* R., *dou sowaï;* Si., *dou-sózi;* Y., *dou-söbá;* So., *do-soua;* X., *do-sop* (deux matins); A., *paréwara* (skr., *para;* grec. πέρα « plus loin »).

Après après-demain, A., *paré-paré-wará;* D., *bastör-pièr;* G., *soussou-beï;* K., *dö rouj-é-tèr;* R., *sé-sowaï;* Y., *sé-söbá;* So., *sé-soua;* X., *se-sop* (trois matins). Dans tous les dialectes, les jours se comptent par matins lorsqu'il s'agit du lendemain, du surlendemain et des jours suivants.

5. SAISONS.

Des quatre saisons, deux sont plus spécialement remarquables dans le Kurdistan et sur le plateau persan : la saison chaude, l'été, et la saison froide, l'hiver, qui se succèdent presque sans transition. La notion de ces deux saisons a bien certainement pris de suite naissance dans l'esprit humain, puis est venu le printemps, remarquable à cause du renouveau de la nature. L'automne n'est qu'une préparation aux froidures de l'hiver, sa notion a chez bien des peuples été négligée. Nous savons que dans l'Inde védique, l'automne ne comptait pas comme une saison et que les Germains (cf. TACITE, *De mor. Germ.*) n'avaient de noms que pour le printemps, l'été et l'hiver.

Printemps, dans tous les dialectes, *bahár* (persan, بهار *bahar;* vieux perse, *vahâra;* skr., वसर *vasara,* वसन्त *vasanta;* pehlevi, وٰهٰر *vahár;* boukhare, *boahár;* lithuanien, *wâsara* « été »; latin, *ver;* suédois, *vár;* zeñd بٰرٰسمٰن *baresman* « croissance »; وٰسترٰ *vástra* « pâturage »: وٰسترٰ *vastra* « habillement, vêtement de la nature »).

Été, A., D., So., *haüin;* Y., *havüin;* M., *havin;* L., *tabössân;* R., *taoussân;* G., *taousân;* K., *taossan;* R., *tawsân* (persan, تابستان *tâbestân;* skr., cf. *tapa, tapas, tapana* « échauffer, réchauffer »; cf. zeñd, *tap,* d'où *tafnou* « ardent »).

Automne, dans tous les dialectes, *pâïz* (persan, پاييز; pehlevi, *pâdiz* « automne, chute des feuilles »).

Hiver, K., Si., Y., *zṃsân;* M., *zẓstân;* So., *zousân;* A., *zṃstân;* D., G., L., R., X., *zémistân* (persan, زمستان *zémistan;* skr., *hayana, hima* « neige »; pehlevi, *damastân;* zeñd, *zayana,* ou *zaèna* « hivernal, pendant l'hiver »; parsi, دمستان; afghan, *zemeï* ou *zoumy,* etc.).

6. LES ÉLÉMENTS, LE FEU.

Feu, A., D., G., L., *aghör;* Y., *aghèr;* K., *aghér;* Si, *âgör;* M., *âwör;* So., *aar;* R., *âir* آگر chez les Kurdes de Turquie; persan, هير *hèr;* arménien, *airel.* Ces mots, suivant MM. Jaba et Justi [*Dict. kurde-français*] seraient de la même origine que آتش *âtech,* en persan moderne; pehlevi, ; zeñd, ; vieux perse, *aéthra*).

Fumée, A., M., Si., So., *doukal;* D., *doukâl;* R., *dükaḻ;* Y., *dou;* G., L., *düi;* K., *dûd;* (persan, دود *doud;* pehlevi, *doud;* skr. *dou* « brûler »; *dhoupa* « fumée »).

Flamme, A., *chóla;* L., *chüéla* (arabe, شُعْلَة); G., *róchéna;* R., *rouchṇ-âir* « lumière du feu »; Si., *róchnai* (persan, روشنى; pehlevi, *rochanou* « brillant, lumineux »; *rochanî* « lumière »; zeñd, *raotchañh*).

Étincelle, D., *börizka;* R., *bözüzká;* L., *pörisk.* (Cf. éclair, foudre).

Cendre, A., *boul, boula;* Si., *boul;* L., R., *bül;* D., *khôl-a-kawa;* G., *khoual;* M., *kholamech, m'chki;* Y., *kholi,* So., *khola-kawa;* K., *khakésèr* (persan, خاکستر *khakèstèr;* pehlevi, *khak* « poussière »).

7. L'EAU.

Eau, A., *âb;* M., *aw;* D., G., K., Si., Y., So., *aô;* R., *âou;* L., *âôb* (persan, آب *âb;* pehlevi, *âb, ap;* zeñd, *âp;* vieux perse, *api;* skr., *ap, apa;* lith. *oupis;* grec, ὸπός « sève coulant des incisions dans l'écorce des arbres »; latin, *op,* racine dans *opimus* « fécond, plein de sève »).

Source, D., M., Si., Y., So., *kâni, kâni aw, kani aô;* G., *kiéni;* L., *kéâni;* A., R., *hâné* (persan, خانى *khâni;* vieux perse, *khañya*); M., *sertchawa.*

Rivière, A., D., R., *tchâm;* K., *tcham;* Si., Y., So., *tchâm;* G., M., *tchôm;* L., *rou* (persan, رود).

Fleuve, A., *tchâm-é-ghowrá;* G., M., *tchôm-i-gaoura*, Si., *tchám-i-gaoura* « grande rivière »; So., *doĭt;* K., R., *chatt* (arabe, شطّ); L., *rou* (persan, رود *roud;* pehlevi, روﺩ *rôd;* zeñd, روﺩ *roud* « pleurer »; perse, *raouta* « rivière »; skr., *srotas;* lith., *raoudoti* « pleurer »; slav., *rydati*).

Ruisseau, A., *tchâm-é-boutchká;* Si., *tchâm-i-boutchká* « petite rivière »; L., R., *djou* (persan, جوی *djoui;* pehlevi, جوﻳﺢ *djôuih,* جوﻩ *djoe*); G., *djouè-i-bitchük;* K., *djou-é-butchèk;* So., *boutchka lana;* M., *tchom-i-tchkola.*

Torrent, A., D., K., *láfáó;* L., *láf;* M., *silaw;* Si., *sélaw;* So., *lásáma* (persan, سيلاﺏ *seil-áb*); R., *cháss;* Y., *gwirr.*

Lac, D., *dèriatché* (persan, درﻳﺎﭼﻪ *dèriatché;* pehlevi, داﺭﻳﺎﻭ *daryáv;* zeñd, زراﻳﺎﻧﮫ *zrayañh,* زراﻳﺎﻧﮫ *zarayañh;* vieux perse, *daraya;* skr., *jrayas*); K., *mördav* (persan, مُرداﺏ *mourd-áb* « eau morte »); Si., *khôm.*

Plage d'un fleuve ou de la mer, A., *lütch-ou-avé;* So., *litch-i-aüé;* Si., *litch-i-daria;* G., *liv-é-daria* (persan, لﺏ *lab;* pehlevi, لﭖ *lap, lab*).

8. NOTION DE L'ESPACE.

Place, endroit, M., *djé;* K., *djí;* G., *djia;* D., So., *djégha* (persan, جﺎ *dja;* اﻳﻦجﺎ *indja,* ici; گﺎﻩ *gâh;* pehlevi, گﺎﺱ *gás;* vieux perse, *gathou*); A., *iaghé;* R., *iádá;* Y., *ier* (turk, ﻳﺮ *ier*).

Carré, A., *tchuar góchan;* G., R., Si., *tchüar gocha;* D., R., *tchouar goucha;* So., *tchüar guedjka* (persan, چهﺎرگوﺷﻪ *tchèhar gouchè* « à quatre côtés »); L., *tchouar suiká.*

Cercle, circulaire, A., *goléran;* Y., *görouar;* So., *gölèr;* L., *kharáti;* M., Si., *dairè* (arabe, داﻳﺮﺓ *daïrè*).

Partout, K., *har-djé;* D., *har-djéga* (persan, هرجﺎ *har dja;* pehlevi, هﺮ *har* « chaque »); A., *har-iag;* R., Y., *har kou;* So., *har küé;* Si., *har kuénèk* (persan, کجﺎ *koudjà* « où »); M., *hamoudjè* (persan, ههجﺎ *hèmè-djá;* pehlevi, هﻢ *ham;* zeñd, ههﻣﻪ *hama* « égal, entier, chaque »; vieux perse, *hamah*); X., *koldjá* (arabe, کﻞ « tout »).

En haut, L., *böldn;* D., R., *bán* (persan, بلنﺪ *bouland* « haut »; بﺎلﺎ *bala* « en haut »; pehlevi, زبﺮﻯ; zeñd, بﺮﻳﺰﻩ, بﺮﻳﺰﻩ *bereza, berezat*).

En bas, A., *waró;* L., *wôr;* R., *wâr;* G., Si., *khouaró;* So., *lökhouáro;* K., *khouôr;* M., *khouar, la-khouaré;* X., *houár;* Y., *jérà* (persan, زﻳﺮ « dessous »; خواﺭ *khar* « bas, vil »; zeñd, اوﻩ *awa* « en bas »).

Vers, du côté de, Si., Y., *taraf;* A., D., L., So., *bé;* R., *bö;* M., *bó;* G., *bów;* K., *wa;* X., *lá* (arabe, طﺮﻑ *tèrèf;* pehlevi, لﻰ, بﻰ).

Près de, X., *nazzik;* L., *nazik;* D., *nözik;* K., M., *nézik;* Y., *nizik;* So., *nzik* (persan, نزديك *nazdik;* zeñd, ازدا *uazda,* ازدوديم *nazdis'ta*).

Loin de, G., K., R., L., X., *dûr;* So., *dour* (persan, دور *dour;* pehlevi, دور *dour;* zeñd, دورا *doura;* vieux perse, *doûra*).

Dans, Si., *dèrô;* Y., *dèr* (persan, اندر, درون, اندرون; vieux perse, *antar*); D., *nâô;* G., *naô;* K., *lé-nâô;* M., *lâ;* R., *dö. . .lé;* So., *nnèo;* X., *nam;* L., *nôm.*

En face de, A., G., *rou-a-rou;* D., *rou-wa-rou;* K., *rü-wa-rü;* L., *rü-à-rü;* R., *rü-bö-rü;* X., *rü-da-rü;* M., *bara-ou-rou;* So., *berân-bör* (persan, روبرو *rou-bè-rou,* روی *roui,* « face »).

Sur, au-dessus de, A., *serèch;* M., *lé-sèr;* X., *sèr;* So., *sar-î* (persan, سر *sèr* « tête »); G., Si., *ban;* K., *bân;* R., *wâ-bân* (persan, بر *bar, bèr;* pehlevi, بر; vieux perse, *abar*); L., *rrüi* (persan, روی); So., *b'-rui-ne.*

Sous, au-dessous de, D., R., *jèr;* L., *jir* (persan, زير *zir*).

9. RELIEF DU SOL, MARAIS, FORÊTS.

Montagne, G., K., *küa;* So., *küèouw;* A., Si., *kef;* D., R., *kaj;* L., *küé;* M., *kew* (persan, كوه *kouh;* pehlevi, كاف *kâf,* كوه *kôh;* ossèthe, *khokh;* dari de Yezd, كه; lithuanien, *kaupa, kupra;* grec, κωφήν, κύφας; zeñd, كوفطا *kaofa;* vieux perse, *kaufa, kauf*); Y., *tchiâ.*

Colline, butte, A., *iaga;* G., M., *tépé;* K., Y., *tap;* Si., *tapa;* So., *tapôla* (turk, تپه *tèpèh*); L., *böleñgi* (persan, بلند « haut »).

Vallée, ravin, G., *dèrréga* (persan, درّ *dèrrè;* zeñd, دارنا *darena* « gorge de montagne », de la racine sanskrite *dr* = *dividere;* en persan, *dariden*); A., *chataké* (peut-être de l'arabe *chatt* très corrompu); So., *chataw* (de l'arabe *chatt* et du persan *âb*); M., *chîw, khör;* Si., *chîou;* L., *tchâlik;* D., *dwatt;* Y., *nawatt.*

Trou, précipice, K., Y., So., X., *sourâk* (persan, سوراخ *sourakh*); D., *koun;* G., L., R., Si., *kouna;* M., *khouin* (persan, كون *koun, podex*); A., *oulâ.*

Plaine, L., *hômôr;* Y., *djil;* So., *laola.*

Désert, A., *dècht;* G., K., *deicht;* M., Y., So., *dacht* (persan, دشت); D., *sârâ* (arabe, صحرا); L., *biâwân* (persan, بيابان *bi-âbân* « sans habitants »); R., *tchôl* (turk, چول *tchöl*).

Marais, A., *nerzô;* D., *djem, djenak;* G., *kharrûéh;* L., *vett;* M., *iailöm, cham;* Y., *haz;* So., *sessa.*

Forêt, L., *véchâ;* D., *béchâ;* Y., *méchâ* (persan, بيشه; pehlevi, ویشک *véchak;* vieux perse, *varecha;* skr., *vrkcha*); A., G., *djeñgal;* K., *djèñâl;* Si., *djenal;* R., *djéñèl* (persan, جنگل *djèngèl;* angl., *jungle*); M., *lerrawar;* So., *chakhâl.*

10. ORIENTATION.

La notion des points cardinaux semble être fort ancienne chez les Kurdes, car, dans le dialecte de Moukri, nous rencontrons un mot spécial pour désigner le nord, زريان *zérian;* mais les appellations primitives sont partout ailleurs tombées en désuétude, pour être remplacées par les termes arabes.

Le « sud » se nomme *kéblé, khébleh* ou *khéblè* (arabe, قبلة); c'est vers lui que se tournent les prières; le « nord », شمال (arabe); l'« orient » est désigné sous le nom du soleil levant (R., *oftá darbimou;* D., *kwèr halhât;* Y., *khor halât*) dans la plupart des dialectes, tandis qu'en kurde moukri il a gardé une forme qui semble être plus ancienne : M., *tawalat.* Enfin, l'« occident », en kurde moukri *taopar,* est généralement désigné comme le point où se couche le soleil : D., *khwer-nicht;* Y., *khor-awa.*

La « droite » et la « gauche » sont exprimés par des mots essentiellement aryens.

Droite, A., *rréo;* X., *rassa;* D., L., R., Y., *rás;* K., So., *ras;* G., Si., *ráss;* M., *rast* (persan, راست; pehlevi, لدسم *rast;* vieux perse, *raçta* « droit »; ossèthe, *rakhij-sardam;* latin, *rectus;* goth., *raihta*).

Gauche, dans tous les dialectes, *tchap* (persan, چپ); chez les Lakis on emploie aussi, mais plus rarement, *hüal.*

Côté, A., *dimich;* R., *dim;* D., K., L., M., So., *là;* G., *laï;* Si., *pa;* Y., *rou.*

Environs, M., *doourou-bèr;* Si., *dóór;* A., *doré* (arabe, دَوْر).

11. LES COULEURS.

Blanc. Cette idée est rendue par des mots appartenant à deux groupes très divers, dont l'un est franchement iranien; M., D., *spí;* R., *espé;* G., K., *séfid, söfid* (persan, سفید, سپید; zeñd, سپیته *spaêta;* parsi, *spid,* سپید; arménien, *spitak*). L'autre semble être spécial aux dialectes kurdes; D., Y., *tchermouk;* Si., So., *tchar-mik;* L., X., *tcharmi;* A., *tcharm.*

Noir, G., *siâh;* R., *siaw, siæ;* K., *siá;* D., *ssé;* X., *si* (persan, سیاه *siâh;* pehlevi, سیاه *siâh;* ossèthe, *saou*); A., M., Si., Y., *rách;* So., *röch;* L., *rröch.*

Bleu, So., *k'awa;* Y., *kawó;* R., *kawa;* A., *kawk* (persan, کبود); D., G., *awüi, aüi, avüi;* L., Si., *âwi;* X., *óbi* (persan, آبی *âbi* « couleur de l'eau »); M., *chin* (russe, синъ; kurde du Khoraçân, هشین *hichin* « azur »; persan, خشین).

Rouge, A., D., M., R., Si., Y., So., *sour;* G., *sourkh;* L., *süér* (persan, سرخ *sourkh;* pehlevi, سرخ, سرخ; zeñd, سرخ; vieux perse, *thoukhra;* ossèthe, *sourkh*); K., *krmez;* X., *körmöz* (turk, قرمزی); D., *âll* (turk, آل « vermeil »).

Violet, A., M., Si., So., *wanacuch;* D., R., *wénaouch;* G., *banaouch* (persan,
بنفشه); L., *diz, mówi;* X., *mánáptchèi.*

Vert, D., G., K., R., Si., *saouz;* L., *séouz;* So., *saowz;* X., *soouz;* M., *sowz* (persan,
سبز *sèbz*); Y., *kask;* M., *chin* (pouchtou, شِن *chin*).

Jaune, X., *zard;* A., *zart;* G., M., Si., *zèrd;* So., *zál* (persan, زرد; pehlevi, کر
zar; کرپ *zarin;* zeñd, کروید *zairi;* کرویده *zairina;* skr., *harina;* arménien, *zarik, zar-
hik*); Y., *ketchik.*

12. POIDS ET MESURES.

Les Kurdes font usage des poids et mesures en usage dans les provinces persanes
ou turques qu'ils habitent; à peine ont-ils quelques expressions spéciales pour désigner, d'une manière générale, les objets lourds et les objets légers.

Lourd, Si., *sègnina* (persan, سنگین *sengin* « pesant »; pehlevi, سهرپ *seng* « pierre »);
M., *granaï;* Y., *grán* (persan, گران); G., K., *wazn* (arabe, وزن).

13. SUBSTANCES MINÉRALES.

Les minéraux peuvent être divisés en deux classes : 1° celle renfermant les matières
que l'homme rencontre sans cesse sous ses pas, telles que la pierre, la terre et l'argile,
le sable; 2° les matières dont la connaissance et surtout l'utilisation exigent déjà une
civilisation avancée; ce sont la chaux, le plâtre, le marbre, les pierres précieuses, etc.

Chez les Kurdes, la première catégorie des substances minérales renferme un
grand nombre de mots qui semblent être spéciaux à cet ensemble de dialectes.

La « pierre » se nomme, G., K., R., Si., *koutchèk;* L., *kwetchèk;* A., *tawan;* D.,
M., So., *bard, bárd, bart;* Y., *kawör,* alors que dans les langues du groupe persan on
trouve le mot سنك, qui remonte à la plus haute antiquité (zeñd, سهودوين *asañh*
« lieu terrestre inhabité »; pehlevi, سهرپ *seng* « pierre, rocher ») et aucune trace d'un
groupe parallèle auquel appartiendraient les mots kurdes.

Le « sable », A., *rekhaké;* G., *rrikh;* K., *rikh;* Si., *rèkh;* So., *rréss,* porte en général
des noms appartenant à la famille iranienne (vieux perse, *raéka;* zeñd, ریت *ritch* « couler,
se disperser »; persan, ریگ), mais présente aussi quelques exceptions; L., *markh;*
Y., *lim.* A Moukri, le mot sémitique *raml* s'est introduit dans le dialecte.

La terre, la boue et l'argile portent une grande quantité de noms.

Le mot persan *khâk* خاك se retrouve dans le pehlevi بدوم et dans le pouchtou
khateh خاته; il est en usage dans les dialectes kurdes de Kirmanchahan et de Sihneh,
mais j'ai lieu de croire qu'il n'existe dans ces dialectes que par suite de l'influence

persane. Au contraire, dans les districts plus éloignés, nous trouvons, **G.**, **So.**, *khoual, khoudl;* **Y.**, *khóli,* et **D.**, **R.**, *rrèkh;* **L.**, *rikh* pour indiquer la terre. A Soleimaniyèh, on rencontre le mot *ars,* terme sémitique (arabe, ارض), à moins qu'il ne faille y retrouver un mot iranien qui était déjà usité à l'époque sassanide (pehlevi, سارز *arz* « bien, valeur »).

L'« argile » porte les noms de : **G.**, *kharŏ;* **K.**, *kharré;* **M.**, *kwor, khwor, tchŏl-pawl* « boue, vase »; **A.**, *harr;* **D.**, *harr é-zard;* **M.**, *gola-ser;* **K.**, *khar-é-zard;* **A.**, *harr-ŏ-zarda;* **Si.**, *harrag-é-sour;* **So.**, *arg-é-soura;* **Y.**, *har-i-tchikh;* **G.**, *khwal-e-säer;* **D.**, *sarra.* Dans un seul dialecte, celui de Gerrous, j'ai rencontré, en même temps que le mot *khwal,* le terme persan خاك (pehlevi, خواک). Il n'est pas douteux que ce dernier mot ne soit nouveau venu dans le district de Gerrous.

Le « sel », en persan *némèk* نمک, porte aussi dans le Kurdistan des noms spéciaux n'ayant rien de commun avec les langues iraniennes, ni avec la racine *sal,* si remarquablement répandue dans le domaine des langues indo-européennes.

Les noms kurdes du sel sont les suivants :

A., **G.**, **K.**, **L.**, **R.**, **Si.** *khoua* (baloutchi, *whád*); — **D.**, **M.**, **Y.**, **So.** *khúé.*

Les substances minérales appartenant à la seconde catégorie portent, dans le Kurdistan, presque toutes des noms iraniens ou arabes.

Marbre, dans tous les dialectes kurdes, *mermer* (persan, مرمر *mermer;* grec, μάρμαρος; latin, *marmor*).

Albâtre, **M.**, *mermer-é-spî* « marbre blanc ».

Chaux, dans tous les dialectes kurdes, *áhák* (persan, آهك).

Plâtre, dans tous les dialectes, *gètch, gatch* (persan, گچ; grec, γύψος).

Soufre, **G.**, **K.**, *gougört;* **A.**, *gougir;* **M.**, **Si.**, *gôgird;* **So.**, *gôgört;* **D.**, *gwogört;* **L.**, *gougwört;* **R.**, *gou'ört;* **Y.**, *krkout* (persan, گوگرد *gougèrd,* کوکرد *kougerd*).

Ambre jaune, **G.**, **L.**, *k'arawá;* **R.**, *kéhráb;* **Si.**, *k'araw, k'aróá* (persan, کهربا *kèh-roubá* « qui soulève la paille »; comp. کهربا avec آهن‌ربا).

Bitume, **K.**, *ghil;* **L.**, *ghilt;* **R.**, *ghir* (persan, قیر *qir*).

La cornaline, l'agate, le jaspe, le grenat, la turquoise, le diamant et les autres gemmes portent au Kurdistan persan et turc des noms persans et arabes sans altération.

14. MÉTAUX.

La notion du métal en général et des métaux pris séparément est une connaissance de second ordre au point de vue chronologique. Il est en effet certain que les langues étaient constituées et déjà très développées au moment où l'homme inventa les arts métallurgiques. Nous voyons les peuplades sauvages contemporaines de notre époque ne connaissant que les instruments de pierre parler des langues relativement compliquées, s'exprimer aisément sur tous les besoins de la vie, et souvent aussi sur des sujets religieux ou philosophiques.

Il n'est donc pas surprenant de ne rencontrer dans les langues du groupe indo-européen aucun nom pour le métal en général présentant la même extension que les langues aryennes elles-mêmes. Les langues étant déjà formées lors de la découverte des métaux, chaque peuple choisit parmi les mots de son langage un terme répondant aux qualités de la nouvelle matière.

C'est ainsi que nous trouvons aux Indes le mot *ayas* « métal »; en Europe, μέταλλον, qui a passé dans nos langues, mais dont l'origine est inconnue.

Les Kurdes, comme les Persans, désignent le « métal » en général sous le nom arabe de فلز *felezz;* plus rarement, ils emploient le terme sémitique معدن *mè'èden*, qui sert également à exprimer l'idée de mine et de métal.

Les dialectes du nord de la Perse qu'il m'a été donné d'étudier présentent la même particularité en ce qui concerne le métal. Au Mazandérân, on le nomme *m'aden, maden, madan;* les Daris de Téhéran l'appellent *khâñ*, mot dans lequel je crois pouvoir reconnaître une altération de *khânè* « maison, endroit, centre d'exploitation ». En Turquie, les « mines d'argent » se nomment *gümüch-khâné* خانه كومش. Mais toutes ces appellations n'ont rien qui satisfasse l'esprit au sujet des origines de la connaissance des métaux chez les Persans et chez les Kurdes.

Si nous rangeons les métaux suivant l'ordre chronologique de leur découverte, nous devons mettre en première ligne l'or, qui, se rencontrant à l'état natif dans le sol, a frappé tout d'abord par sa couleur, son brillant et son poids. L'argent l'accompagne presque toujours et forme avec lui l'*electrum*, dont la couleur est plus ou moins pâle suivant que l'alliage renferme plus ou moins de métal blanc.

L'or était connu en Amérique centrale avant l'arrivée des Européens, alors que les indigènes ne faisaient usage que d'armes de pierre ou de cuivre natif. L'electrum forme les monnaies les plus anciennes de la Lydie et d'Égine; il compose les bijoux égyptiens du moyen empire.

L'argent est, dans la nature, accompagné par le plomb et forme avec lui des galènes parfois fort riches. Ces minerais sont les plus abondants, de telle sorte que la connaissance de l'argent et de sa métallurgie entraîna forcément la découverte du plomb.

Le cuivre et l'étain, qui forment le bronze dont sont composées les armes très anciennes, sont d'une métallurgie plus facile que l'argent. Leur découverte, bien plus que celle de l'or et de l'argent, fit faire un pas considérable à la civilisation.

Mais, dans cette voie, le pas le plus grand fut fait lors de la découverte du fer,
invention qui, nous le savons, succéda à celles de l'or, de l'argent et du bronze.

Puis vinrent les métaux moins importants, tels que le zinc, le mercure, etc...,
dont l'étude au point de vue linguistique ne peut donner aucun résultat important.

L'or se rencontre parfois à l'état de pépites dans les rivières de la Perse. On en
trouve entre autres dans le Kizil-Ouzen.

L'argent existe à l'état de filons, avec le plomb, dans les montagnes de la Perse. Il
en est de même pour le cuivre et le fer. L'étain seul ne se rencontre pas dans l'Irân.
Rien ne s'oppose donc à ce que nous trouvions pour tous ces métaux, sauf l'étain,
des noms indigènes dans les dialectes kurdes et persans.

Or, A., Si., *tala* (persan, طلا *thélá;* dari de Yezd, *tila*); D., *altoun* (turc, آلتون);
L., *zér;* M., *zèer* (zeñd, ڮۂۂ *zaïrita;* ڮۂۂ *zaranya;* ڮۂۂ *zaïri* « jaune clair »;
pehlevi, کرپ *zarin* « jaune, or »; afghan, *zar;* persan, زر *zar,* زرد *zèrd* « jaune »).

Argent, K., L., Si., *nokrá;* A., *nokhra;* R., *nokhrê* (persan, نقره *noqrè*); D., *ziou,*
ziw; So., *zîou;* Y., *zîw,* M., *zéw;* (vieux perse, *asim;* chaldéen, סימא; pehlevi, ‏سيم,
سيم *sim, asim;* persan, سم *sim;* wotiaque, *aswes;* du grec *ἀσημένειον*).

Plomb, A, *ghorkouchmaké;* D., *korkochom;* Y., *krköchom* (turc, قورشون *qourchoun;*
turk-oriental, قرغاشم); K., *sorp;* L., *serefl;* R., So., *sörụ, sörou* (persan سُرب *sorb*);
M., *möz* (ce dernier mot, qui ne se rapproche d'aucun des termes connus, est un
qualificatif).

Cuivre, dans tous les dialectes, *möss* (persan, مس *mès;* dari de Yezd, *mis;* qoum-
mouq, *mirs;* laze, *mis*); L., *söfer* (ar. صفر « laiton »).

Étain., K., *k'al;* G.,M., So., *kálaï;* A., L., R., *k'álaï;* Y., *k'álóï;* D., *qalaï;* Ke.,
ghâli; Si., *k'âri* (persan, قلعی *qal'aï;* turc, قلای *qalaï;* ossèthe, *qala;* grec moderne,
χαλάϊ; mingrélien, *kalé;* géorgien, *qala, gala*); en persan l'étain est fréquemment
aussi nommé *halébi* en raison de sa provenance d'Alep.

Bronze, dans tous les dialectes *béreñdj* (persan, برنج).

Fer, dans tous les dialectes, *âsen* (sanscrit, *áyas;* latin, *aes;* gothique, *ais;* persan, آهن *ahèn;* ingouche, *achk;* ossèthe, *awseinak;* tchétchenze, *akchik;* touchi, *aïk;*
allemand, *eisen;* angl., *iron*).

Fonte, D., *háôdjouch;* Si., *havdjôch;* dans tous les autres dialectes, چدن *tchoden*
(persan).

Acier, dans tous les dialectes, *polá;* (pehlevi, پولاڡ *pôulâfl;* persan, فولاد *foulad,*
پولاد *poulad.*

Aimant, fer magnétique, Si., *aheñ róbá;* L., *ahen rawa;* G., K., M., R., Y., So., *ahen-rouba* (persan, آهن‌ربا *ahen-rouba*, qui attire le fer); D., *mökhönalis;* (persan, مغناطيس *meqnathis, magnetic*).

Zinc, G., L., M., Si., *roh', rroh';* A., So., *rôh;* D., *rôáh;* L., *rouh;* (persan, روى *rouï*); M., So., *toutia* (arabe, توتيا *toutia*).

Laiton, dans tous les dialectes comme en persan, *birindj.*

Mercure, dans tous les dialectes, *djiwa* (persan, جیوه *djivèh*).

La liste qui précède ne renferme aucun mot kurde spécial; elle contient un certain nombre de termes iraniens et quelques mots turcs et arabes. Deux suppositions peuvent seulement être faites quant à l'origine de ces mots. Dans le premier cas, les tribus kurdes et persanes encore réunies auraient adopté les mêmes noms pour les métaux lors de leur découverte. Dans le second, les tribus des deux langues étant séparées, la connaissance des métaux leur serait parvenue de l'étranger par un seul peuple parlant une seule langue. L'uniformité des noms chez les Persans, les Kurdes, les Arabes et les Turks me fait pencher vers cette dernière supposition. Quant à la position géographique qu'occupaient les Kurdes et les Persans lors de ces événements, elle est impossible à préciser. Nous pouvons affirmer seulement que, les Turks se trouvant encore dans l'Asie centrale et les Arabes habitant dans la Mésopotamie, c'est entre ces deux régions que vivaient les Iraniens; peut-être même occupaient-ils déjà les régions où ils vivent aujourd'hui. Quant à la voie suivie par la connaissance des métaux, j'ai montré dans mes recherches sur les origines des peuples du Caucase que, partant de l'Altaï, elle gagna la Mésopotamie en traversant le plateau iranien.

15. ANIMAUX.

Animal, So., *djanèvèr* (pehlevi, ژنوارها *djanvarha* « les animaux »; persan, جانور *djanèvèr*); So., *kedi, keyi* « animal apprivoisé » (zeñd, وهکا *kata* « maison »; pehlevi, کد *kad* « petit, bas, inférieur »; وکیا *kita* « subordonné, de rang inférieur, petit, bas »; persan, گدا *gada* « pauvre, indigent, mendiant »); So., *haivan* (arabe, حيوان *haivân*); So., *dâbè* « animal sauvage » (arabe, دابّة *dabbeh*).

Mâle, G., *nir;* D., L., R., *nér;* A., K., M., Si., Y., *nèr;* So., *nièr* (persan, نر *nar;* skr., *nara;* zeñd, نر *nar* « être humain du sexe mâle »; pehlevi, نر *nar;* grec, ἀνήρ; ossèthe, *nal, nale*).

Femelle, A., L., *má;* R., *ma;* G., *máïé;* K., *máïa;* M., Y., *mé;* Si., So., *meña;* D., *megña* (zeñd, ماتر *mâtar* « mère »; skr., मातृ *mâtr;* pehlevi, ماد *mâd;* مادیه *mâdèh;* persan, ماده *madèh;* grec, μήτηρ « mère »; latin, *mater* « mère »); So., *tèlèbé* « femelle qui désire le mâle » (arabe, طالبة).

Queue, R., *döm* (persan, دوم *doum;* zend, وومه *douma;* arménien, *dmak*); A., *doutchk;* Si., *djütchkaé;* So., *djougi;* D., *kölik;* M., *kiłeh;* Y., *dél* (arabe, ذیل, pluriel اذیال).

Crinière, A., *yal, yalaké;* Si., *yali;* So., *yałłi* (persan, یال; turk, یله); G., *kakoul* (persan, کاکل); Y., *biji.*

Galop, A., *mörramo;* D., *ghâr;* G., *dörrâzi;* K., *dâô;* L., *hallâô;* M. *ghar, linkdan* [verbe]; R., *tchouar-ra* « faire feu des quatre pieds »; Si., *t'aw;* Y., *bâzâs;* So., *harra.*

MAMMIFÈRES.

Chevreuil, A., *p'az-a-kiéſi* « mouton de montagne »; G., *bözin-küöila;* K., *bözen-é-kuéé;* R., *bözin kaji* « chèvre de montagne »; L., *böz* « chèvre »; M., D., *ask* (baloutchi, آسك; persan, آهو; sanskrit, ऋष, ऋरय; pehlevi, سهو).

Mouflon, D., L., *ghâ-küi;* A., Si., *paza-kivi;* M., *mara-kiévi* (persan, کوکو).

Cerf, A., *ghâ-kiſi;* L., *ghâ-küi;* M., *ghâ-kiévi;* Si, *ghâ-kiſi;* D., *ſila-ghéadja;* K., *kal-é-küée* « bœuf de montagne » (persan, کوزن *gèvèzn*).

Daim, D., *ask;* L., *âhou.*

Gazelle[1], D., M., Si, *ask;* G., *djeiran* (turk, جیران *djeiran*).

Lion; une espèce de lion à crinière noire habite la Mésopotamie, la Susiane et les bords du golfe Persique; les Kurdes n'en voient pas dans leurs montagnes, aussi le désignent-ils sous le nom que les Persans lui donnent: *chir, chér* (persan, شیر, pehlevi, ویل « lion, tigre »; cf. zeñd, خشاya *khchaya* « puissant, maître »; خشాeta *khchaeta* « chef, souverain »; vieux perse, *kchathriya*).

Tigre, D., *bawôr;* G., *babr;* K., *bâbr;* L., *baör;* M., *bôour;* R., *bâbr;* Si, *bôwèr;* So., *bowr;* Y., *baour.* (En assyrien *barbaru* représenté par l'idéogramme *ur-bar-ra* a jusqu'ici été traduit par « chacal », mais il semble, d'après la phrase *bar-ba-ru ša ana liké bu-ḫa-di šuluku,* que ce nom doive plutôt correspondre à un grand fauve, tel que le tigre. *Bâber* en dérive par la chute de l'*r* médial.)

Léopard, G., Y., *paleñg;* K., *palheñg;* D., *pöleñ;* L., *p'aleñ;* M., *plink;* R., *pleñ;* Si., *pleñg;* So., *p'leñ* (persan, پلنك).

Chat-tigre, G., *youz-paleñg;* L., *you-p'aleñ* (persan, یوزپلنك); M., Si, *ouchèk.*

Loup, A., *gourg;* D., G., K., M., R., *gourk;* L., *gwèrk;* Si., *gouirg, gwirg;* So., *gowirk;* Y., *gouèr* (persan, كرك *gorg;* pehlevi, ولو, ولاد, تولاد *gorg, gourg;* arménien, *gayl;* zeñd, واهرکو; perse, *vehrkô*).

<hr>

[1] Les Kurdes n'ont que des notions très vagues relativement aux diverses espèces de gros gibier qui vivent dans les montagnes; ils emploient le plus souvent des noms persans, turks ou arabes sans attacher d'importance à la valeur spécifique de chacun de ces mots.

Chacal, A., D., *tchakkál;* G., So., *tchakkal;* R., L., *tchakkhal;* M., Si., *tchak'al;*
Y., K., *tchakal* (skr., *rgala;* persan, شغال; turk, چقال); le seul mot vraiment
kurde pour désigner le chacal se trouve dans le dialecte zaza (Lerch), *aounaounké,*
imitatif du cri de cet animal.

Renard, G., K., *rroui;* A., *röü;* D., *rréüi;* L., *roud;* M., *röwi;* R., *rivi;* Si., *rïüi;*
So., *réüi;* Y., *roüi* (persan, روبا; pehlevi, ۱روبا *robái,* روبا *rópá;* ossèthe, *roubas;*
ossèthe-dougour, *rouvas;* skr., *raupéça, lopáça*).

Ours, A., Y., *wourtch;* D., *wörtch;* M., Si., *ouirtch;* So., *hörtch;* G., K., R., *khörs;*
L., *khérs* (persan, خرس; pehlevi, بلرو *khirs;* latin, *ursus*).

Sanglier, **cochon**, A., M., *böraz;* D., R., *böráz;* So., *baras;* K., *wards;*
L., *woráz;* R., *woraz* (persan, كراز; vieux perse, *varaza;* russe, порозъ, поросн;
latin, *verres* « verrat »; s'emploie surtout en kurde pour désigner le mâle); D., *khouk;*
Si., *khou;* G., *khüi;* L., *hüi* (persan, خوك *khoug,* خوك *khouk;* pehlevi, خوو *khoük;*
arménien, խոզ *khoz;* ossèthe, *khaouj;* angl., *hog*); Y., *khönzíl* (arabe, خنزير);
L., *tákana;* M., Si, *malos;* ce dernier mot s'emploie spécialement en parlant de la
femelle.

Lièvre, K., *khargouch;* A., *kaourèchk;* Y., *kaourichk;* D., *karüèchk;* So., *körüèchk;*
Si., *kowrechk;* M., *kèrvèchk;* G., *keriwa,* كريقة; L., *karué;* R., هروشا *haroucha*
(persan, خركوشك *khargouchèk;* خركوش *khargouch* « lièvre, celui qui porte des oreilles
d'âne »).

Hyène, D., L., *kamtár;* G., K., R., *kámtar;* M., *kamtiar;* Si, *ghorkañká* (persan,
كفتار *keftar*).

Martre, Si, *dalak,* D., L., R., *kház* (arabe, دلق; persan, دله; skr., *kasika*
« belette »; arménien, աքիս « belette »; pehlevi, وروس *kas* « petit, inférieur »).

Souris, A., *möchk, möchkaké;* D., R., *möchk;* Si., So., Y., *michk;* G., K., *müch;*
L., *mûch;* M., *möchik* (persan, موش *mouch;* ossèthe, *moust, mist*).

Rat, cet animal ne semble pas très connu des Kurdes; G., *müch-do-païlè;* K.,
müch-é-dècht; Y., *michka-kôrá;* A., *dofaïléké;* D., R., *rrösk;* L., *ghörza;* M., *banbanèk;*
So., *rösk;* Si., *küèrè.*

Taupe, D., موشكه كويره *möchka-käerá;* L., كوره موشك *koura-müchk* (persan, موش كور
mouch-é-kour; ossèthe, *moust* « souris »; ossèthe-dougour, *misté* « souris »; turk,
كورشبك); R., رسك *rrösk.*

Chauve-souris, D., *pöli-sörkh;* L., *chemchamakoura;* R., *chemchamakouré;* So.,
barchémik, chakchak-koula, chèlpèrè (persan, شبپيره « volant la nuit ».)

Terrier, trou creusé par un animal; A., *oula;* K., *kona;* M., Si, *kouin;* So., *kwin;*
Y., *kwell* (persan, سوراخ).

16. OISEAUX.

Oiseau; le nom des oiseaux, dans presque tous les dialectes kurdes, exprime la propriété spéciale de ces animaux de s'élever dans les airs. A., *palaɥr;* D., *palaour;* So., *palaourè;* K., *p'arenna* (persan, پرنده *parendè;* pehlevi, ﮊﻣﯽﺩ *parîdan* « voler »); L., M., R., *bâl-dar;* G., *bâl-dègéri;* Si, *balanna* « celui qui a des ailes »; Y., *tèr* (arabe, طير *tèïr*); enfin le mot M., *dâbâ* semble être spécial aux Kurdes.

Bec, A., D., Si., Y., So., *dönouk, danouk;* G., K., *danuk;* R., *dounuk;* M., *dηdouk;* L., *nök;* So., *nouk, noukoul* (persan, نوك).

Aile, dans tous les dialectes, بال, بالی (persan, بال; pehlevi, ﺭﺍﻟﺴ *balaï* « haut, élevé, qui se tient en haut »; persan, بالا « en haut »).

Plume, A., *parr;* So., *p'all* (persan, پر).

Nid, D., *hélana;* Y., *héla* (persan, لانه *lané*); So., *koulen.*

OEuf, A., *hetta;* D., M., So., *helkâ;* Si., *hilkâ;* R., *hîlâ;* Y., *hèk;* L., *khâ, khââ;* K., *khâ;* G., *khâ;* ces mots semblent être spéciaux aux dialectes kurdes (persan, خايه).

OISEAUX SAUVAGES.

Aigle, A., رشكاك *rèchkaké* « le noir »; D., هالو *hâlô;* G., دال *dal;* K., هونكز *hoñgâz;* L., الو *âlü;* M., هلاو *hèllaô;* Si, كلاو *kallao;* So., كلاو رش *kallaô röchâ;* Y., تر *tèr* (pehlevi, ﻭﻩﯾﻠ *dalman;* persan, آله *âlèh;* دال, دالمن *dal, dalman;* آلوه *alouèh;* gothique, *ara, aran;* ancien all., *aro, arn;* anglo-saxon, *earn, earnas;* scandinave, *ari, arin, ern* (cf. PICTET, *Les Aryas primitifs,* t. I, p. 572). En kurde, *kallaô röchâ* signifie « tête noire »; les Turks désignent aussi l'aigle sous un nom présentant à peu de chose près la même signification : قرەقوش veut dire « oiseau noir », de même qu'en A., رشكاك signifie « le noir »).

Vautour, K., *karkas;* A., So., *kchkara* (skr. *kṛhavâka;* zend, ﻭﺳﯾﻭﺍﻭﺳﺩﻩ *kahrkâsa;* persan, كركس, كرك, *kèrk;* grec, κέρκος; pouchtou, كركس *gargas*); M., *khèrtèl* (turk, قرتال *qartâl*); L., R., *dal* « oiseau »; D., *dal-i-möchki;* G., *kara-kouora;* Si., *baklémout;* Y., *ter,* « faucon, aigle », etc., et en général tous les rapaces.

Hibou, D., *bâé-kouch;* K., *baïa-kowch;* L., *bâia-kwôch;* R., *bââ-kouch;* So., *baïkouch* (turk, بايقوش *baïqouch*); G., *boum;* D., *bou;* G., *bouk;* L., *bü* (arabe, بوم *boum*); M., *küñt.*

Chouette, A., *kourkoara;* So., *kourkwor;* Si., *kardapala.*

Corbeau, D., *kala-röch;* So., *kala-rèch;* L., *k'ala;* R., *kâlâo* (persan, كلاغ *koulagh;* skr., *kârava;* pehlevi, ﻭﻟﺩﻩ *valâk, valâgh;* vieux perse, *varaghna*).

Caille, G., K., L., *bildertchin* (turk, بلدرچین *byldyrtchyn*); A., *karawala;* Si., *karawâlâ;* So., *kahröwâla, kahra;* M., *héverda;* R., *pour.*

Perdrix, K., *k'âouk;* G., *k'âou;* D., *k'âô;* M., *k'âou,* perdrix rouge; *zara k'âou,* perdrix grise; R., *k'ôou;* Si., *k'ôw;* So., *k'ow;* Y., *k'ow* (persan, كبك; géorgien, *kakabi;* arménien, *gaqav*).

Perdrix royale, M., *k'âou-déri* (persan, كبك درى).

Perdrix des rochers, M., *tîhou;* A., *téhou* (persan, تيهو).

Francolin (*Perdix francolinus*), L., *jéradj, jeraj* (arabe, درّاج).

Pigeon, Y., *kaboutk;* R., *kamouter;* L., *kiamouter;* K., *kâoutèr;* D., *kouâter;* G., *kawtr;* So., *kôtèr;* A., M., Si., *kôtr* (persan, كبوتر, كوتر).

Hirondelle, A., *pôlissörgh;* D., *pôliskör, pôlisör;* R., *pöliskör;* Si., *pölisergh;* So., *p'lisèr;* persan, پرستو); L., *siprisk;* M., *paratelka;* K., *siâ-prüsenak;* Y., *tchölaka* « celle qui vit dans la plaine »; G., *chemchir-bâl* «celle qui a les ailes en forme de sabre ».

Moineau, A., *malichka;* D., *tchoualèka, pasâri;* G., *malüdjük;* K., *maloutchèk;* L., *malütchèk;* M., *tchöléka* (turk, چول *tchöl,* plaine; « celui qui vit dans la plaine »); R., *malütchük;* Si., *pâsâri, mâlitchèk;* So., *tchoualeka;* Y., *tchölèka* (persan, كنجشك).

Rossignol, A., D., L., R., *bölböl;* G., K., M., Si., So., Y., *boulboul* (persan, بلبل; ossèthe, *bouramargh*).

Alouette, A., G., So., *kazalakh, kazlakh;* D., *fôché klaouné;* K., *bour-é-djarra;* L., *koulkoulaô;* M., *kazola, tchorra;* R., *papülé sölémana;* Si., *djorra* (en kurde, كولاو *koulaw,* coiffure, bonnet; جورّة, celui qui crie comme une porte mal graissée; persan, هوزة; persan vulgaire, قزلاغ).

Pie, D., *köchkara;* L., *kachkalla;* R., *kchkèrè-bazélâ.*

Bécassine, D., *zirkaôle;* M., *darkoutka;* R., *dömörseñgina.*

Canard, D., *khordèk;* R., *khordâk;* G., *wordek;* Y., *wördèk* (turk, اوردك); L., *môrâwi;* M., *môrâvi* (persan, مرغاى); A., K., Si., *sôné;* So., *sôná* (turk-oriental, سونه).

Héron, A., *chahoké;* D., *masi-tchengkâ* « celui qui prend les poissons »; G., *masi-khouaré* « le mangeur de poissons »; L., *mâhi tchénâk;* R., *masi-giré* « le preneur de poissons », de كرتن « prendre »; M., *chawa;* Si., *châho;* So., *chinè-chahô;* Y., *ter.*

Cigogne, K., Si., *laklak;* M., *lèk'èk;* D., *laglag;* A., *hadji lèklèk;* L., R., *hadji laklak;* G., Y., *hadji laglag* (persan, لقلق; turk, لكلك).

17. ANIMAUX DIVERS.
REPTILES, INSECTES, MOLLUSQUES, ETC.

Tortue d'eau, K., *lakpoucht* (persan, لاكپشت); M., Si., *raka;* So., *rakka;* R., *kisal-è aüi;* D., *kicsal-aüi, djèl-aüi;* A., *kisalaüé;* G., L., *kisal;* Y., *kousi* (zeñd, وسسوره *kasiapa;* persan, كاسه پشت *kasé-poucht*).

Tortue de terre, A., G., K., L., M., Si., *kîsal*, D.. K., So., *kiésâl;* A., *kîsala;* R., *kîsal-é-démi;* Y., *kousi* (persan, كاسه پشت‎; zeñd, وسدیوس‎ *kasîapa*).

Lézard, A., *marmlika;* G., *marmülükú;* K., L., *mármülèk;* M., *marmelka;* R., *marmazuk;* Si., *marmazouk;* So., Y., *mazoukú* (persan, سوسمار‎ *sousmar*, مار‎ « serpent »); L., *dalk, kwomkomak, bözméjak;* D., *bözinméjak.*

Grenouille, A., *koarwakh;* K., *kourwagh;* D., L., R., So., *köroaák;* Si., *kourbagh;* G., *kourbagha;* Y., *baghk;* M., *bogh* (turk, توربالغه‎).

Poisson, G., K., L., *mâhi;* A., D., M., R., Si., So., Y., *mâsi* (persan, ماهي‎; pehlevi, مدو‎ ʒ *mahîk;* vieux perse, *masya*).

Serpent, dans tous les dialectes, *mar* (persan, مار‎).

Vipère, عفي‎ *'afi;* D., G., هفي‎ *haf'i;* K., L., هفي‎ *hafi* (arabe, افعی‎); M., قره مار‎ *qara mar* « serpent noir »; R., مار‎ *mar* « serpent »; So., *hadjiha;* Si., *adjaha;* Y., *zôâ.*

Ver de terre, G., K., M., *kirm;* R., *kirm khâki;* A., *kirm-ö-khâkiké;* D., *kirm-é-zéüi;* So., *kirmijiri arzi* (persan, كرم‎); L., *ghölé khwara;* Si., *gala khwarîkâ.*

Sangsue, K., Si., So., *zâlou;* A., *zalou;* D., G., R., Y., *zâlü;* L., *zâli;* M., *zârou* (persan, زالو, زلو‎).

Scarabée, A., Si., *kolañtcha;* So., *kolaatcha;* M., *kalountcha;* G., *kolañdjé;* K., *djou'al* (arabe, جعل‎).

Cloporte, K., *kharkhaki* (persan خرخاك‎, « âne de terre »); G., *hazarpa* (persan, هزار پا‎ « mille pieds »); A., *sîsirgha;* M., *pirejnoka;* So., *sîsarr;* Si., *harrlâ.*

Abeille, D., هنك‎ *hang;* هنك‎ *hank* (persan, انك‎); L., زرداقل‎ *zard-âwol* (du persan زرد‎ « jaune » et de قل, اقل‎, imitatif du bruit que fait l'abeille en volant); R., فقه‎ *wowa.*

Mouche, A., Si., مگز‎ *magaz, maghaz;* K., *mâiás;* D., M., *mèch;* Y., موز‎ *môz* (persan, مگس‎: zeñd, عدوییس‎ *makhchi;* pehlevi, مكوس‎ *makas*); G., پخشه‎ *pakhcha;* R., *p'acha* (persan, پشه‎ *pèchè* « moustique »); So., *kharañghás.*

Moustique, G., K., So., *pakhcha;* L., *pakhcha koura;* A., Si., *töfânú;* D., *mechoula;* M., *mèchoulé;* R., *khâk p'áchâ* (persan, پشه‎); Y., *mèch.*

Chenille, L., *tüli-khwodâ.*

Papillon, A., D., M., Si., So., *papoulè;* R., *papülè;* L., *papí;* Y., *perwâna;* K., *farvané;* G., *bal-gört* (persan, پرواله‎; latin, *papilio;* géorgien, პეპელა *pepela;* udien, *pampalouk*).

Puce, L., *kèk;* R., *k'áèk;* K., *k'èik;* G., *kiök;* D., So., *kietch;* A., M., Si., Y., *kètch* (persan, كيك‎).

Pou, D., *spé;* L., *chèch, giañdâr;* R., *achpich* (persan, شُپِش‎).

Fourmi, A., Si., *mörôtcha;* D., *méroutchâ;* R., *mörütcha;* K., *mourija;* L., *mirouj;* M., *méroula;* So., *mèroula;* G., *mourî* (persan, مور‎, dimin. مورچه‎); ossèthe, *maldout;* oss. doug., *mouldout.*

Sauterelle, D., R., *koulla;* L., *kavellá*, *malü* (persan, ملخ; pehlevi, مگ‌ *meg* ou *maig;* vieux perse, *madhakha*).

Scorpion, A., *doumarékola;* R., *dömarakoul;* Si., *doumarokor;* M., Y., *doupichk* « deux pinces »; D., *doupöcht;* G., *èç-reb;* So., *ak'krap;* K., *ákráw* (arabe, عقرب); L., *kolaïdjöm.*

Araignée, A., جوله‌کر *djola-i-kèr;* K., So., جوله‌قاره *djola qara;* D., *kakolé mécha;* R., *kakolé müchan* کوکل‌مشن; Si., عنكبوت ou انكبوت *enkiabout* (arabe, عنكبوت); G., *djoutaná;* L., *djametenká;* M., جلوك *djadjalouka* (kurde, جل *djil* « housse, parure, habit »; turk, قاره « noir »; kurde, مشه « bois, forêt »).

Crabe de terre, L., *körjin;* R., *körjön;* D., *körjañg.*

18. ANIMAUX DOMESTIQUES.

Bœuf, D., A., G., M., Si., So., *çâ;* K., *gâ-é-nèr* « bœuf le mâle »; Y., *gá;* L., *gó;* R., *gâv* (zeñd, گاوه‌ *gáouè;* skr., गो *gó;* pehlevi, گو *gav;* persan, گاو *gav;* ossèthe *gal;* angl., *cow* « vache »; all. *kuh;* grec, βοῦς, par changement du *g* en *b*).

« En sanskrit la racine verbale qui a formé le substantif *go* गो « bœuf » subsiste à côté du nom et l'anime en quelque sorte de sa signification. *Go* vient de la racine *gam*, *gu* (*to go*, *kommen*, βαίνειν), qui veut dire « aller, marcher », et il désigne proprement un être ou un objet doué de mouvement. » (M. BRÉAL, *Hercule et Cacus*, 1863, p. 108).

Vache, A., Si., *maña*, So., *mañña;* K., *má-ña;* R., *mâñ-ghá;* M., *manghâ;* D., L., *mañgña;* R., *mañgñáou, mañgñáw;* G., *mañgha* (persan, مادهگاو *mâdeh-gáv;* de « mère »; zeñd, ماتر *mâtar;* pehlevi, مد *mad;* skr., *mâtar* « mère et vache »; persan, ماد, مادر; et de « bœuf », zeñd, گو *gav;* skr., *gôs*, du radical *gou* « beugler »; ossèthe, *koug;* oss. dougour, *ghog, ghók;* slave, *govedo*); Y., *tchélèk.*

Buffle, R., *káléaô, kál-é-aô* « mâle d'eau »; M., *kal* (persan, کل *kel* « mâle »; pehlevi, کلیه‌و *kaliya* « bélier, mouton, bouc »); autres dialectes : *gâmich* (persan, کاومیش *gav-mich*, کامیش *gamich*). Pour l'origine de *gá*, voir **Bœuf.**

Bufflesse, D., *mañgna-gâmich;* K., *mañga-gâmich;* Si., *maña-mich;* So., *mañna-mich;* Y., *mödèk* (persan, ماده « femelle »).

Mouton, G., *miá;* Y., *mí* (perse, *maécha;* pehlevi, مچ *mèch;* persan, میش « brebis »); D., *barán;* M., *bèrán;* L., *vören* (russe, баранъ); Si., *p'az* (pehlevi, پزین *pazin* « chèvre de montagne »; zeñd, پسو *pasu* « animal appartenant aux divers genres de troupeaux »); K., *kawör;* R., *chák;* So., *mar* (persan, مادر *madèr* « mère, brebis ».

Brebis, G., K., *miá;* R., *mèï;* D., L., *mé* (persan, میش *mich;* bactrien, *maecha*);

A., *p'azz;* Si., *p'az* (pehlevi, ⲗⲉⲅⲉ *pazin* « chèvre de montagne »; bactrien, *pasou* « menu bétail »); M., *marr* (persan, مادر *madèr* « mère »); So., *barkh;* Y., *berkh* (pehlevi, ⲗⲥⲏ *barkhôun* « chèvre de montagne ». Suivant le *Bourhāni qâti* ce mot désigne le mâle conducteur du troupeau; mais si l'on en croit la valeur des termes kurdes, cette racine *brkh* signifie le troupeau, ou mieux la femelle, cause de son existence).

Agneau, A., M., Si., برخ *berkh;* D., *bárkh;* G., ورك *wörk;* K., *wárk;* L., *wark,* *vark* (persan, برّه; pehlevi, ورو). — Agneau de trois ans, R., *kawör* كاور; So., Y., *kâ-wor.* — Agneau d'un an, So., *giwrik* كيڤرك. — Agneau qu'on vient de sevrer, ميزو *mizou.*

Chèvre, L., *böz;* D., K., *bözen;* A., G., M., R., Si., So., Y., *bözin* (zeñd, ⲗⲥⲟⲟⲗⲉ *baoja;* pehlevi, بز *boz* « bouc »; persan, بز *boz;* bactrien, *bouza*).

Cheval, dans tous les dialectes *asp* (zeñd, ⲗⲟⲟⲟⲗ *aspa;* pehlevi, ⲟⲗⲟⲟ *asp;* skr., *açva;* bactrien, *as'pa;* persan, اسپ *asp*); So., *tamazalk* « étalon » (géorgien, ⲧⲁⲙⲁⲍⲟⲩⲕⲏ *tamazloukhi*).

Jument, L., R., *máin;* D., *moun* (persan, ماديان; pehlevi, ⲙⲁⲇⲩⲁⲛ *mâdyān;* baloutchi, *mathin*).

Poulain, D., *djouanou* (persan, جانه *djánèh*); L., *kworri* « gamin »; R., *kourri.*

Mulet, G., K., Si., So., *kâter;* A., L., *katör;* R., *k'atör;* Y., *k'antör* (turk, قاطر *qater*); M., *iestèr* (skr., अश्वतर *açvatara;* pehlevi, ⲁⲥⲧⲁⲣ *astar;* persan, استر *èster*).

Âne, K., L., *khar;* D., Si., قار, كار *kar, qar;* Y., كر *k'ar;* M., كر *kèr;* G., *karr;* A., R., هر *har* (persan, خر; zeñd, ⲕⲏⲁⲣⲁ *khara;* pehlevi, ⲕⲏⲁⲣ *khar;* kurde zaza, *hèr*); So., *güéréch* كويرش; M., *gora-kèr;* Si., *khori-kar* « âne sauvage, onagre ».

Chameau, A., *ouchtör;* L., *höchtèr, chötèr;* D., *hôchtèr;* R., *höchtör;* So., *haouch-tör;* G., *wichtör;* Si., *wôchtr;* M., *wochtr;* K., *chötor* (persan, اشتر *ochtor,* شتر *choutour;* pehlevi, ⲟⲭⲧⲁⲣ *ochtar;* zeñd, ⲟⲩⲥⲧⲣⲁ *ous'tra;* arménien, *ought*).

Chien, D., K., *sèg;* G., *sög;* Si., *sèk;* M., *sak;* Y., *seh* (persan, سك; vieux perse, *saka;* skr., *svan;* zeñd, *çpan*); A., *splot;* So., *splôt* (mède d'après Hérodote, I, 10, σπάκα); R., *tûtá;* L., *tûtá, ghamál.*

Lévrier, M., تاژى *taji;* A., D., K., Y., تانجى *tañdji;* R., So., تنجى *teñdji;* L., تاجى *tadji;* Si., تانزى *tâñji;* G., تازى *tazi* (persan, تازى).

Chat. Les dialectes kurdes offrent deux groupes de mots pour désigner le chat: le premier, *kedi* كدى, communément usité dans la Turquie, est employé par les Kurdes dans le sens d'animal apprivoisé, familier de la maison. So., كدى *kédi;* كى *kéyi* (comparer turk كدى *kedi;* zeñd, ⲕⲁⲧⲁ *kata* « maison »; pehlevi, كد *kad* « petit, bas, inférieur »; كتا *kita* « subordonné, de rang inférieur, petit, bas »; persan, كدا *gada* « pauvre, indigent, mendiant »; ossèthe, *gade;* nubien, *kadis;* affadeh, *gada*; latin, *catus*, employé pour la première fois par Palladius au ııı° siècle de notre ère; le second, A., *pichilé;* D., *pöchilé;* G., *pichewk;* K., *p'chí;* L., *pèchí;* M., *pchila;* R., *pöchi;* Y., *pösík* (vieux perse, *pouchak, pouchank;* ghiléki, *pacha, picha;* afghan, *picho, pichaï;* géorgien, *piso;* djaghataï, *pichik*), appartient à une tout autre origine.

Aucun de ces mots n'est spécial aux langues kurdes; on sait en effet qu'en Asie le chat n'existait pas avant le vı° siècle avant J.-C. Cet animal est d'origine africaine; peut-être même doit-on rattacher le groupe *kedi,* *catus* au mot arabe قطّ *qiṭṭ.*

Coq, A., D., L., R., Si., *kalachè;* G., *kalèchir;* So., *kalabab;* M., *kalawab* (persan, خروس *khorous*); Y., *dîk* (arabe, ديك *dik*).

Poule, D., G., L., *mörr;* M., So., Y., *mörichk;* Y., *mrichk;* A., Si., *mamr;* L., R., *mamör;* K., *mâmèr* (skr., *mṛga* « animal sauvage »; perse, *meregha* « oiseau »; zeñd, ✶ *meregha* « oiseau »; pehlevi, ✶ *mourveh, mourouk* « oiseau »; persan, مرغ *morgh;* arménien, *մարի* *mari;* géorgien, მამალი *mamali* « coq », de მამ « père »).

Oie, A., D., L., R., *kaz;* G., M., Si., *kâz;* K., *k'âz;* So., *kâdz;* Y., *koleñk* (persan كلنك « grue »; turk, قاز *qaz*).

Faucon, D., G., K., L., M., R., Si., *baz;* A., *wach;* Y., *waché;* So., *ouachá* (persan, باز).

19. VÉGÉTAUX,
PARTIES DES VÉGÉTAUX.

Arbre, dans tous les dialectes kurdes, دار *dar* (zeñd, *dâuru*).

Bois, A., *hézöm;* G., *hizm;* L., *ézöm;* R., *izöm* (persan, هيزم *hizom;* pehlevi, ✶ *aïsóm;* zeñd, ✶ *aésma;* skr., *idhma*); A., *dâr;* D., Y., *dar;* M., *dar é-soutañden* (persan, دار « arbre »); Si., *tchiölek;* So., *tchiölök;* K., *tchílé* (turk, چول « désert »).

Racine, M., Si., *richeh;* K., *rîché;* X., *rîchè;* A., *riché;* G., *richew;* So., *ríchük* (persan, ريشه); Y., *tâmar* (turk, طلمار « veine »).

Sève, D., *âü-é-dar;* R., *jöñg-é-dar.*

Tronc d'arbre, X., *tan* تن (persan, تنهٔدرخت *tènèyé-dèrèkht,* pehlevi, ✶ *tan* « corps »); A., *kotar;* G., *kötük;* L., *kwoté, kwoténèk;* M., *kouolök;* Si., *kôôlik;* Y., *kôk;* X., *koulouft;* K., *konna-i-dar;* D., *böu-i-dar;* R., *môr-é-dar;* So., *dar-é-zél.*

Écorce, G., K., *poust-é-dar;* M., *pest-i-dar;* So., *pes-i-dar;* X., *dâr-pouss* (persan, پوستدرخت); Si., *tôkhöl-dar;* A., *tôköl-dar;* D., *tüökl-é-dar;* L., *tôk;* R., *touk;* Y., *k'âlik.*

Branche, M., *chakhè-lèk;* D., *lakh-i-dar;* A., *lâk-dar;* G., *lök;* Si., *lâk;* K., *tchakh;* Y., *tchèkh;* L., *pal-é-dar;* So., *prtchoupoï;* X., *kidl* (persan, شاخ; skr., *tchâkhâ*).

Épine, A., *döröch-hana;* D., L., R., *dörrök;* K., *dörèk;* M., *dörou;* G., *tèrèk;* Y., *ka-leñ;* So., *wezaka, stiri, istiri.*

Bourgeon, A., *lik-i-goul;* D., *gwoulich-köftè;* G., *goul* (persan, کل « fleur »); R., *goúl;* Si., *göłt;* Y., *gwiłt;* L., *komchá* (persan غنچه « bouton de fleur »); M., *chkofa* (persan, شكوفه « fleur »); So., *khountchá.*

Feuille, X., *válk* (persan, برک); A., *göla;* L., *göläl;* So., *galá;* R., *glá;* M., G., D., *gala;* K., *gálá;* Y., *gwîl;* Si., *gâła.*

Bouton de fleur, A., *chkoufa;* M., *khoñtchah;* R., *khoñtché;* D., *gwoul;* Si., *gwołt;* Y., *gwiłt;* So., *gôlata;* G., K., X., *goul;* L., *tchèká.*

Fleur, A., G., R., X., *goul;* D., *gwól, gwoul;* L., *gwól;* M., *gôl;* Si., *gwołt;* So., *gwiłt, gwołt;* Y., *gwiłt* (persan, کل, pehlevi, ڰول).

20. ARBRES ET VÉGÉTAUX DIVERS.

Buis (cet arbre n'existe pas à l'état indigène dans le Kurdistan persan); G., *chim-chál;* M., *chemchâl;* Si., *chemchal* (persan, شمشاد); X., *kâchöm.*

Chêne (c'est de chênes à glands doux que sont formées toutes les forêts du Kurdis-tan, du Louristân et du pays des Bakhtyaris), D., *dar-é-barrou;* Si., M., *dar barou;* K., *dar-é-barrü;* L., *dar-balü* (persan, درخت بلوط); So., *dar-mazou;* A., *mazou* (per-san, مازو « noix de galle »).

Frêne, G., *zouan-mélüdjük* « langue de moineau »; M., Si., *binaou, binœ;* X., *odjá* (persan, درخت زبانگنجشك).

Myrte, G., *mört* (persan, مورد; pehlevi, مورد *mourd*).

Ormeau, D., *narvèn;* X., *nârbeñd;* A., Si., *narwan;* K., Y., So., G., *narouan;* R., *narouèn;* L., *nârüán* (persan, نارون, ناروند, ناروان « orme »; نارون کوچك « ormeau »).

Peuplier, D., *séfïd-dar;* R., Y., *espi-dâr* (persan, سفيد دار); L., *espè-tchou* (per-san, سفيد چوب « qui a le tronc blanc »); A., *djohar;* Si., *djôhar;* So., *tcharmôgá;* X., *van.*

Peuplier de Tauris, K., X., *tabrizi* (persan, تبريزى); L., *espé-tchou;* G., M., *ka-lama.*

Platane, A., M., Si., *tchinar;* X., *tchènâr;* R., *tchünar;* L., *tchènôr* (persan, چنار).

Saule, A., D., G., M., R., Si., So., *bí;* X., *bit;* L., *vé* (persan, بيد; pehlevi, ڨيت *vit*).

Blé, froment, D., L., R., *ganöm* (persan, گندم; pehlevi, ڰنوم).

Chanvre, L., *chadáné* (persan, شاهدانه); D., *beñg;* R., *böñ* (persan, بنک).

Chardon, D., *dèrèk;* L., *dèrrèk;* K., *dörrèk;* R., *dörrök;* G., *drèk;* A., *dörk;* Si., *d'rèk;* So., *drök;* M., *drou;* Y., *kâleñ;* X., *chirkeñgál.*

Coton, D., M., *pamó, pamö*; R., *pamma*; Y., *pamou*; K., L., *pamé* (persan, پنبه);
A., M., Si., *loká*; R., *louká*; So., *läɔká*.

Cresson, D., G., M., Si., *kouzaïa*; R., *küzölá*; K., *küz*; L., *kwôrchèk*; Y., *ktchi*;
So., *barièma*.

Fraisier, M., *twi farcñgi* (persan, توت فرنگی).

Herbe à chameaux, D., R., *gowan*; L., *göüèn* (persan, کوان).

Maïs, G., R., So., *zorrát*; K., *zourrát*; D., *zerrat* (persan, زرّت *zorrèt*, corruption
de l'arabe ذرّة *dourah* [*andropogon sorghum*]); A., *génem-cham*; M., *genmé-chami*;
Si., *genem-cham* (persan, کندم شام *gèndoum-châm* « blé de Syrie »); X., *mégiannam*.

Menthe, Si., M., *nana* (arabe, نعع); D., *pougna*; Y., So., *harüé*.

Oignon, A., X., *piaz*; M., *pivoudz*; Y., *piwáz* (persan, پیاز).

Orge, D., *djó*; R., *yów*; L., *djüé* (persan, جَو; vieux perse, *yava*).

Ortie, D., R., *gazèné*; X., *gazèna*; So., *gazana*; A., *gazgaz*; Y., M., *gazgask*; ·
Si., *gáz* (persan, گزنه).

Poivre, D., L., R., *atat*.

Riz, A., M., Si., *birinj*; X., *böriny*; So., *böronndj* (persan, برج).

Ronce, D., L., R., *töññéz*; M., *cordouk*; So., *tourök*.

Rose, rosier, D., *gwoul-é-sour*; L., *gwól süé*; R., *wit* (persan, گل سرخ).

Roseau, A., *zèl*; L., *zál*; Si., *zatt*; So., *kámich*; X., *kámich*; R., *kamich* (turk.
قامش); L., *neï*; D., *neïdja* (persan, نای *naï, neï*).

Trèfle, K., *chawder* (persan, شبدر); Si., *üeñja*; So., *yovandja*; G., *yüindja* (turk,
یونجه).

Violette, X., *bénavchá*; A., M., Si., *wénávchá*; D., K., So., *wénaoucha*; R., *wénaòchè*
(persan, بنفشه).

Champignon, M., *karg* (persan, قارج).

21. FRUITS.

Fruit, A., D., M., R., Si., *miwa*; So., *méüiat* (persan, میوه); *iémich* (turk, یمش).

Noyau, K., L., *tcheñdjèk*; R., *tchindjè* (turk, چکردك); Si., So., *péchá*; M., *danik*;
Y., *danek*; A., *dölèch*; G., *tchagalo*; D., *naôká*.

Abricot, Y., *zèrdálou*; X., *zardalou*; L., *zerdálü*; K., *zerdalü* (persan, زردآلو);
A., R., Si., *chölana*; So., *chéláná* (arménien, ծիրան); M., *rhèisi*.

Amande, D., L., M., Si., Y., X., *bâdam*; A., *baâm*; R., *ba'âm*; K., *bâiâm*; So.,
bálám (persan, بادام).

Cerise, D., K., M., Si., So., *guélas*; X., *gilarhöz* (persan, گیلاس); L., *aloubalou*
(persan, آلوبالو « cerise aigre »).

Coing, M., Y., X., *bé*; A., *béé*; D., K., L., R., So., *beï*; G., Si., *baï* (persan, به).

Concombre, K., Y., X., *khiar*; A., D., L., R., *khéâr*; Si., So., *kheiar* (persan, خيار); M., *harüé*.

Courge, D., *kouléka*; R., *külékd*; L., *kŵüí* (persan, كدو).

Figue, A., D., L., M., Si., *heñdjir*; G., K., R., So., *eñdjir*; X., *eñdjil*; Y., *hajir* (persan, انجیر).

Framboise, M., *dordouk*, *toutörk*; X., *tamouchtana*. Comp. mazanderâni, *tamachdüna*, *tamachtouna*, *tamöch*, etc. (pers. تمش, تمشك).

Gland, cf. Chêne.

Grenade, A., M., R., Si., *hanar*; D., *handr*; K., Y., So., X., *anar* (persan, نار; pehlevi, سول; vieux perse, *andr*).

Marron, K., *chah-barü*; M., *chah-balout*; So., *chékèra-barrou* « gland sucré » (persan, شاه بلوط).

Melon (*cucumis melo*), K., *kharböza*; R., *kharouzá*; X., *kharmézà* (pehlevi خرابكو *kharbouzèk*); So., Si., M., A., *kálák*, G., *kálök*; Y., *kaoun* كاون (turk, قاون *qavoun*).

Nèfle, M., *ghéoudj*, X., *koness*.

Noisette, X., *fendökh*; M., *föndök*; K., *fönokh*; R., *fönnök*; Si., So., *fönök*; L., *fönnouk* (arabe, فندق).

Noix, G., *gördè*, plur. *gördékân*; K., *görda*, pl. *gördakan*; L., *görda* (persan, كردو); M., Si., *ghüèz*; D., *güèz*; So., *güès*, Y., *gouz*; R., *hous*; X., *arhouz*; A., *waza*, *wazakan*.

Olive, D., X., *zeïtoun*; K., R., L., *zeïtün* (arabe, زيتون).

Orange, M., *nareñdj* (persan, نارنج).

Pastèque, X., *hendövâna*; A., *hanié*; Si., *hani* (persan, هندوانه); D., L., G., R., *châmi*; K., *chahmü*; M., So., *chouti*; Y., *kawl*.

Pêche, G., L., *holou*; X., *hâlou*; K., M., *hollou*; R., Y., *hölou*; Si., *háchtálou*; A., *hachtalou*, *hachtalwéké*; So., *kôkh*; D., *koâkh* (persan, هلو).

Pistache, L., *pessá* (persan, پسته; arabe, فستق).

Poire, X., *golâbi*; K., *gôlâwi* (persan, گلابی); L., R., *hemrou*; A., D., M., *harmé*; So., *armé*; Y., *hermé*; Si., *hamro* (persan, امرود, ارمود; pehlevi سلومم *hormôd*).

Pomme, G., K., *sif*; A., L., X., *sèf*; Si., *séèf*; D., *sièf*; So., *siéov*; Y., *sew*, *séow*; R., *sâô*; M., *séwou* (persan, سیب, سیو; pehlevi, مدع *sèv*).

Prune, K., *álü*; L., *alü*; R., *halü*; Y., *halou*; D., So., *haloujá*; G., *halüdj*; A., M., Si., *hâloutché*; X., *aloutchá* (persan, آلو, آلوچه).

Raisin, A., *eñghour*; Si., *hañgour*; G., L., R., X., *eñgür*; K., *eñär*; D., *hagnour* (persan, انگور); M., Y., *tré*; So., *tréa*.

22. PARTIES DU CORPS HUMAIN.

Corps, D., R., *bödèn* (arabe, بدن); L., *lách* « cadavre ».

Cadavre, D., R., *mèït* (arabe, مَيّت); L., *lèch* (persan, لاش, لاشه « charogne »); L., R., *mördé* (persan مُرده; pehlevi, مردن *mordan* « mourir, expirer »; zeñd, *mordan*, part. pas. de مر *mar* « mourir »; skr. *mṛta;* latin, *mortuus*).

Peau, A., *poss;* Si., *póss;* K., L., R., *pouss;* D., *piès;* M., *pest;* So., *pèss;* G., *pousl* (persan, پوست; pehlevi, پوست *pósr;* zeñd, *pāsta*); Y., *tchèrm* (persan, چرم « cuir »).

Sang, A., D., M., Si., So., *khüèn;* G., *khüin;* L., *khouèn;* R., Y., *khoun;* K., *khün* (persan, خون; pehlevi, خون; zeñd, خون; vieux perse, *vohouni*).

Os, L., *sokhán;* R., *sokhán* (persan, استخوان; pehlevi, استخون *astek;* zeñd, *asta;* vieux perse, *astou;* skr., *asthi];* D., *pèchè.*

Veine, R., *rrö;* D., *rögh;* L., *rraçh* (persan, رگ; pehlevi, رگ *rag*).

Tête, (dans tous les dialectes) *sèr, sar* (skr., *sri* « aller en avant »; zeñd, سر *sara;* pehlevi, سر *sar;* persan, سر *sár;* ossèthe, *saer;* oss. dougour, *sar;* arménien, *sar;* latin, *cere-brum*).

Crâne, D., *k'allè* (persan, كله); ‐., *kiapoul;* Y., *k'af;* So., *mölachki;* A., *pech-é-sèr* « os de la tête ».

Cheveux, G., M., *mou;* A., *mouakèch;* K., L., R., Si, *mü* (persan, مو); So., *köch;* D., *zölf;* Y., *bétchèk.*

Cerveau, A., D., G., R., Si., *maghz;* L., *mazgh;* M., So., *mechk;* Y., *míjou* (persan, مغز; pehlevi, مغز *mazg;* zeñd, *mazga*).

Front, A., *pechagné* (persan, پيشانی; pehlevi, پچانی *pèchání*); D., *náoutchá;* G., *náoutchów;* M., *néoutcháwân;* Y., *nátik;* L., R., *tüelt;* Si., *tèwüèlt;* So., *tavüèlt.*

Sourcil, A., *brou, brouakèch;* D., Y., So., *böró;* R., *börou;* G., *bérou;* L., *börü;* M., Si., *bró* (persan, برو, ابرو).

Œil, A., *tchaw, tchawakèch;* Y., *tchaó;* G., M., Si., *tchá;* D., *tcháà;* D., *tcháó;* So., *tcháüï;* L., R., *tchám* (persan, چشم; pehlevi, چشم; zeñd, چشم *tchachman*).

Oreille, A., *güetchka, güetchkakèch;* G., Si., *güetchka;* D., M., Y., So., *güé;* R., *gouch* (persan, گوش; pehlevi, گوش *góch;* zeñd, گوش *gaocha;* vieux perse, *gaoucha*).

Nez, A., *lout, loutekèch;* D., G., M., *lout;* K., R., Si., *lût;* So., *loutí;* L., *p'ót;* M., *kapo;* Y., *befl.*

Bouche, A., D., G., L., R., Si., Y., *dam;* K., *dám;* M., *dem;* So., *damí* (persan, دهن, دهان; pehlevi دهان *dehán;* vieux perse, *dafan*); M., *zar* (zeñd, زفن *zafan* « gueule »).

Lèvre, D., R., *lléou;* L., *lètch* (persan, لب *lab;* pehlevi, لاپ *lap.* Comp. latin, *labrum;* angl., *lip*, etc.).

Langue (organe et dialecte), dans tous les dialectes kurdes, *zouan* (vieux perse, *izáva;* zeñd, هـزوای *hizva,* هـزوی *hizou;* pehlevi, هوزوان *houzván,* هوزوان *hozván;* persan, زبان *zébán);* L., *lésán* (arabe, لسان *lisán).*

Dents, D., R., *dédán;* M., Y., So., *dödan;* Si., *dégán;* A., G., *déan;* K., *déán;* L., *dénán* (persan, دندان *dendán;* pehlevi, دندان *dandán).* Dans les dialectes kurdes comme dans toutes les langues iraniennes, *dents* est toujours au pluriel, et ce pluriel est usité même pour le singulier, dans le cas où l'on veut préciser une seule dent.

Menton, D.. *tchéna;* R., *tchíná* (persan, چانه; pehlevi, لیچانا *lichaná* « langue »; Comp. chaldéen, לִשָׁנָא); L., *zeñdj* (persan, زنخ *zènèkh).*

Moustaches, K., *sévèl;* Y., *svèll;* G., *süvill;* R., *süüèll;* D., L., Si., So., *süell;* M., *smell;* A., *smil* (persan, سبيل).

Barbe, A., D., G., K., L., R., Si., *rich;* Y., *rí;* M., *rröden;* So., *rönden* (persan, ريش *rich;* pehlevi, ریوس *rích;* zeñd, راسوهـ *raecha).*

Cou, A., K., Si., *möl;* D., *möll;* So., *möli;* R., *mill;* L., *mèll;* M., *ml;* M., *asto;* Y., *stou* (zeñd, ستمان *staman* « bouche, mufle »).

Épaule, A., M., *chanè;* G., Si., *chán;* D., K., R., *chán;* So., *cháni;* L., *kwoul* « bras, haut du bras ».

Bras, A., R., Si., *bal;* L., *ball;* K., *báll;* M., *bask;* So., *match* (persan, بازو « bras », بال « aile »).

Coude, G., A., *nanisk;* D., *kwornaïchk;* Si., *koránesk;* M., *anichk;* L., *mök;* R., *kŋküli;* So., *ajnoï;* K., *areñj* (persan, ارنج).

Main, So.. دسّی *dassi;* dans tous les autres dialectes kurdes, دسّ *dass* (perse, *dastá;* skr., *hasta;* zeñd, زستهـ *zasta;* pehlevi, دست *dast;* arménien, *dastak;* persan, دست *dèst).*

Doigt, M., *khamök;* So., *k'amouk;* A., Si., *klik;* G., *kélik;* L., *k'èlèk;* R., *kölik;* K., *kölèk;* Y., *töli;* D., *eñgnouss* (persan, انگشت; pehlevi, انگوشت *añgoucht;* zeñd, انگوشتا *añgouchta).*

Ongle, K., R., *nakhün;* A., *nakhoun;* So., *nakhüèn;* G., *nakhüd;* M., *ninók* (persan, ناخن; pehlevi انگرـ; vieux perse, *nakha).*

Poitrine, A., *sinek;* G., M., *sink;* Y., *sénk;* Si., *s'ñg;* So., *seiñi;* L., *séná;* D., *sieñ* (persan, سينه; pehlevi, سینهو *sínèk).*

Jambe, A., *arrán;* D., *rran, pé;* K., *pá;* L., *rran;* M., *link;* R., *kwoll;* Y.. *hèt;* So., *rráni* (persan, ران *rán* « cuisse »; zeñd, رانهـ *rána;* pehlevi, ران *rán;* pehlevi, پاذ، پای *paé, páe* « pied »; persan, پا *pá).*

Bas de la jambe, M., *la-ajno-bèrè-jèr*; Y., *tchîp*; G., *ghetch*; L., *jerzani*; A., *maï-tchekèch*; Si., *patchké*; So., *pouzi*; D., *pous*; R., *püz*.

Cuisse, D., K., L., So., *rrân*; M., *rañ*; A., G., Si., *ran*; Y., *hêt* (persan, ران; pehlevi, �‌ﺳﺮﯾﻨﮏ *sarínak*; zeñd, ﺳﺮﺍﻭﻧﻰ *sraoni*).

Fémur, A., *kalam-ou-ran*; G., Si., *kalam-i-ran*; M., *kalam-i-rañ*; R., *khalem-è-ran*; Y., *hast-i-hêt*; D., So., *pécha* « os ».

Genou, A., *zöranièkèch*; K., *zânä*, *zarânü*; Si., *zörani*; L., *záni*; So., *zañüol*; R., *zañól*; D., M., Si., *ajnó*; G., *wijnonw*; Y., *tchôk* (persan, زانو; pehlevi, کیواو *zâ-nouk*; zeñd, ﺑﺎﻧﻮﺩ; skr., *djanou*; grec, γόνυ; latin, *genu*).

Tibia, A., *lüla akakèch*; G., M., *kalam-i-pé*; Si., *kalam-i-pa*; R., *sokhan-è-püz*; Y., *hast-i-tchip* (dialectes kurdes de Turquie, هستان *hestan* « être debout »; persan, استادن *istâden* « se tenir debout »; zeñd, *sta*; latin, *stare*, etc.).

Pied, A., R., Y., *pa*; G., K., L., Si., *pâ*; So., D., M., *pè* (persan, پا; pehlevi; پای *paé*; vieux perse, *pâdha*; skr., *pada*; zeñd, ﭘﺎﺩﺍ *pâd'a*. Comp. racine *pa* dans ﭘﻨﺘﻦ *pañtan* « chemin »; grec, πάτος; slave, *pati*; anglais, *path*; ﭘﺖ *pat* « tomber, s'élancer »; *patere*, πέτωμαι; آپاتيمی *âpatayemi* « s'élancer sur, envahir »; ﭘﺎﺗﻤﻦ *pâthman* « viatique, provisions de route, etc.).

Talon, D., R., *pajné*; A., *pajnek*; Si., So., *pajna*; L., *pachné*; M., *panié* (poutchou, يونده *pounda*; persan, پاشنه).

23. ATTRIBUTS HUMAINS.

Respiration, R., *hénâs*; L., *hâaâsé*; A., *hanasèch*; Si., *hanâssè*; So., *hanasa*; D., *hanâsä*; M., *pchou*; M., R., *nafâs* (arabe, نفس *nafas*).

Parole, G., M., Si., Y., *ksa*; So., R., D., *k'sa*; L., *kösâ*; K., *kösia*; A., *ksé* (zeñd, ﺧﺸﺎ *khsâ* « enseigner, prescrire »; ﺧﺸﺎﺗﺎ *khsâta* « prescrit, d'un ton élevé », part. pas. de ﺧﺸﺎ; vieux perse, *khsan*, *khsnâç* « remarquer »; *khsanâtchâtiy*; persan, شناختن, شناسيدن; skr., क्षण *kshaṇa* « remarquer »).

Langue, dialecte, G., K., Si., Y., So., *zouan*; A., D., R., *zouân*; M., *zöman* (persan, زبان); L., *lésân* (arabe, لسان).

Nom propre, R., *nâm*; L., *nom*; K., *nâo*; Y., *nao*; D., *nàó*; Si., *ndo*; So., *niéó*; G., *nâou*; A., *naw*, *nœ*; M., *new* (persan, نام; pehlevi, ﺍﯾﻢ *nâm*; vieux perse, *nama*).

Rire (verbe), D., *kannín*; So., *kanín*; Si., *kénin*; M., *pé-kénin*; K., *khanín*; X., *khannin*; R., *khouan*; L., *khannídèn*· A., *khoa-körden*; G., *dokanöm* « je ris »; Y., *as akan'm* « je ris » (persan. خنده, خنديدن .

24. MALADIES.

Choléra, R., *wâbá*; L., *wáwâ*; D., *tchawakôlè* (arabe, وبا).

Colique, D., R., *döléchá*; L., *döldadjin*.

Fièvre, D., *téô-lerz* « tremblement de fièvre »; A., *t'aó*; L., *t'aö* (persan, تب).

Lèpre, L., *pîsî* (persan, پیسی *pèsi*; pehlevi, پێچ *pêch*; zeñd, *paesa*; turk, پیس *pis*); D., *granaté*; R., *granètá*.

Rhume, L. R., *hâwâ*; D., *abomöt*.

Blessure, D., L., R., *zâm* (persan, زخم).

Faim, M., *bṛsiéti*; D., *bṛsiélti*; Y., *börtchî*; So., *bṛsi*; Si., *bṛsî*; K., *wörsi*; L., *vössé*; A., *haordi*; R., *aoura* (mazandérâni, *vöchnoï, vachnó, vorsieni, vachoun, böchná*).

Soif, R., *tajná*; D., *tiniéti*; A., *tahneï*; G., *tienökh*; K., *tiani*; L., *téné*; M., *tinouati*; Si., *tínigh*; Y., *tî*; So., *tinäk* (persan, تشنه; vieux perse, *tousná, tarsná*).

Empoisonner, A., *jahr dan* (persan, زهر دادن).

Poison, A., *jahr*; Y., *jáhr*; So., *jah'ár*; L., *jar*; M., *jehr*; Si., *zahar* (persan, زهر *zahr*; pehlevi, زهر *zahar*).

25. ADJECTIFS SE RAPPORTANT À L'HOMME.

Adroit, D., *laïèkh* (arabe, لایق *laièq*).

Aveugle, G., *kour*; M., Si., So., *küèr*; X., *koura*; R., *kôch*; A., *kawr*; D., *kömörr*; L., *poch chikassa* « vue brisée » (persan, کور *kour*).

Boîteux, Si., *chal*; A., D., K., L., M., R., So., *chál*; G., *chèl*; X., *kôl, machallé*; Y., *tôpál* (turk, طوپال).

Bossu, L., R., Y., *kouz*; K., *kouzi*; G., *k'oum*; D., *küèr*; A., M., Si, *kom*; So., *k'uom*; X., *poucht-é-kouzá* (persan, قوز پشت « bossu », قوز, قوژ, کوز « bossu »).

Doux, D., L., R., *tchán*.

Faible, L., *nárm* (persan, نرم); R., *iawach*; D., *éwách* (turk, یواش).

Fort, A., *zôr-dár*; So., *zôr-dar*; Si., *zor-dar*; K., L., *zour-dar*; Y., *zour* (persan, زورمند *zour-mend*, زور *zour* « force, violence »; pehlevi کای *zôr* « pouvoir, force »; persan, *dar*, de داشتن « avoir »); M., *ba-kowèt*; R., *kouèt-dar*; G., *kouat*; X., *rhouvvèt* (arabe, قوّت *qouvvet*).

Gai, A., *khass*; K., *khwèch-hál*; L., *khoachal* (persan, خوشحال); Y., *khoch-kèf*; R., *chaö*; So., *aza*; X., *sardamokh*; M., *khourrá* (persan, خرّم; pehlevi, خۆرم *khôûram*).

Habile, X., *zöreñg* (persan, زورمند *zourmend*; pehlevi, کای *zôr* « force, pouvoir »); L., *kâbil*; R., *kaböl*; So., *khawör*; M., *ghâbèl* (arabe, قابل *qâbèl*); Si., *akel* (arabe,

عاقل *'aqel*); Y., *hàchiâr* (persan, هشیار « intelligent, éveillé »); *hàstowàr* (pehlevi, هستومهرا *hùstobàr* « artisan, ouvrier habile, personne adroite »); A., *whôch*.

Jeune, dans tous les dialectes, *dèr* (persan, جوان).

Laid, D., L., *pìss* (turk, پیس « sale »); R., *khörœ* « laid, gâté » (arabe, خراب).

Maigre, R., *tchûn*; D., *tchûlôèn*.

Malade, malaise, So., *nakhôch;* M., X., *nàkhôch;* Si., *nakhwoch;* R., *nawèch;* A., *nàwèch;* G., *nakouoch;* K., *nakhôèch* (persan, ناخوش); L., *bìmâr* (persan, بیمار *bimar*); Y., *balhal* (persan, بدحال).

Maladroit; les Kurdes emploient l'expression persane ناقابل, mais ils font aussi souvent usage de la négation seulement comme qualificatif. D., R., *n'à* signifie que la personne ou l'animal auquel il se rapporte est dépourvue d'intelligence, d'adresse, qualités si nécessaires dans la vie nomade, et par suite que cet homme ou cet animal est sans valeur.

Triste, A., *khafat-bar;* K., So., *khafadbar;* K., *kamín;* D., R., Y., *khâm;* L., *khéâl;* (pouchtou, غم *gam*, ou غم *gham*); Si., *hâdjèz;* G., *gossè* (arabe, غصّة « chagrin »); X., *mokaddar* (arabe, مكدر).

Vieux, A., D., G., K., L., M., R., Si., X., *pir* (persan, پیر); Y., *kaoun;* So., *k'onn* (persan, کهنه *köhnè*).

26. LA FAMILLE, LES RELATIONS DE PARENTÉ.

Homme, Y., *möröv* « mortel » (vieux perse, *martiya;* skr., मर्त्य; zend, مهرهتا *mareta;* persan, مرد *mèrd*); D., *piaò;* G., *paiaik;* M., *piaw, piœ;* So., *piaw;* A., *piawo;* K., L., R., *piâ;* Si., *piai,* le pluriel de پیاق est پیافان, celui de پیای est پیایان (hindoustani, پیا *piya;* cf., skr., मित्र).

Femme, A., So., *jön;* D., K., L., R., *jen;* G., M., Si., Y., *jin* (grec, γενεά, γένεσις « engendrer »; latin, *genus, generare, generatio;* lithuanien, *gimti* [pass.] « engendrer »; zend, دجایني *djaini* « esprit femelle »; zend, زن *zan* « engendrer »; زاتها *zàtha* « enfantement, naissance, origine »; pehlevi, زن *zan* « femme »; persan, زن *zen* « femme »); le changement de *z* en *j* est fréquent dans les langues iraniennes.

Garçon, enfant, D., R., *mönàl;* So., *mönàl;* Si., *mönat;* M., *möndàl;* K., *mölàl;* G., *zarró;* A., *zœro;* Y., *zàtt;* L., *oïl.*

Fille, A., *mad-é-mönal* « enfant femelle », *kötch;* M., *kötch;* So., *ktch;* R., *körœtché;* Si., *kanichk;* D., *kànichk* (persan, کنیزك; pehlevi, کنیزك *kanízak* « servante, fille, femme, esclave »; zend, *kaïni;* skr., *kanyâ*); D., *dôkh* (persan, دختر *dokhtèr;* pehlevi, تير *dôkht;* zend, دوغدر *doughdhar;* skr., दुहितृ *donhitar;* angl., *daughter*); Y., *khìz* (turk, قز *qcz*).

Famille, A., *jenouian;* D., *jön-ou-mâl;* R., *khizán;* Si., *böghzaré.*

Chef de famille, D., R., *ghoourá* « grand, celui qui est au-dessus des autres membres de la famille »; So., *gowra;* A., *gowró;* Y., *gôrá;* L., *tochmâl;* M., *mazu, mazna;* Si., *mazna.*

Père, So., *bâbá;* Y., *bâbó;* A., *babali;* M., *bab;* L., *bawa;* R., *bâô;* K., Si., *bawk;* G., *baouk;* K., *bâwk* (turk, بابا *baba;* pehlevi, بو abou, racine sémitique; arabe, ابو abou; turk azerbeidjani, دادا *dada;* grec, πάππος « aïeul »); le passage du *b* au *w* est fréquent dans les langues kurdes.

Mère, M., Si., *daïk;* D., *dâék;* So., *daia;* Y., *dâï;* R., *dâé;* L., *da;* K., *dâlek;* G., *dalöka* (zeñd, وسو *dâ, dâité,* aoriste, « créer, enfanter »; pehlevi, ودمرىو *dâitik* « création, nature »); A., *agali* (peut-être doit-on rapprocher ce mot de : pehlevi, سوو *aghar;* zeñd, *aghra;* skr., *agra,* qui signifie « premier »); K., *nana, badji* (turk azerbeidjani, نانا, باجى).

Fils, A., *könatché;* Y., *zalt;* D., L., *kworr;* G., M., Si., *korr;* R., *korra* « un fils »; So., *kourraka* « les fils »; K., *pésèr* (persan, پسر).

Frère, dans tous les dialectes, *börá* (persan, برادر *bradèr;* zeñd, براسمى *brâtar;* skr. भ्रातृ *brâtar;* grec, φράτωρ; latin, *frater;* gothique, *brôthar*).

Sœur, A., Si., Y., *khoïchk;* M., So., *khochk;* K., *khoèchk;* D., *khoéchk;* G., *khoïchök;* L., *khoua, khah* (persan, خواهر *khahèr;* pehlevi, خوار *khâhar,* خوار *khvâhar;* vieux-perse, *hvañhar;* breton, *c'hoar* [*khoar*]).

Grand-père paternel, D., *bâpir;* M., *bapir;* G., *bawa-piaré* « vieux père »; R., Si., *bawa;* L., *bawa kalèn;* K., *bâôká;* So., *bawa é bawa* « père du père » (turk et persan vulgaires, بابا *baba*); A., *tâtèli;* Y., *kâálik.*

Grand'mère paternelle, A., *agha;* D., *da-pir;* « mère vieille »; G., *nana-gowrè* « grand'mère »; K., *nana, bibî;* L., *da-pira;* M., *nanèk;* R., *dada;* Si., *mimk;* So., *ama;* Y., *pirik* « la vieille ».

Oncle, frère de la mère, A., Si., Y., *khâlo;* K., *khâlou;* So., *khala;* L., *hatou;* M., *khâl;* D., R., *lalou;* G., *daï* (turk, دايى *dayi*). Comp. arabe خال.

Oncle, frère du père, A., *mamali;* D., Si., *mâmo;* So., *mama;* R., *mâmou;* M., *mâm;* G., *amou* (arabe, عمّ); L., *tâlá;* Y., *apó.*

Tante, sœur du père, K., *khalè;* Si., خالو *khalo;* Y., خانى *khâti;* R., قالى, قاله *wati, walèh;* So., M., پور *pour;* L., ميمى *mimi;* G., ميمك *mimök;* A., D., *mimka* (arabe, خالة).

Neveu, nièce, K., R., *börâr-zá;* (autres dialectes) *börâ-zá* (du persan, برادر *bradèr* « frère » et زادن *zâden* « naître », « celui qui est né du frère », voir ce mot); L., *khoua-zá;* A., G., Si., *khoïchka-za;* D., K., *khoèchka-za;* So., *khochka-za;* R., *waléé-za* « celui qui a été enfanté par la sœur ». Voir le mot **Sœur**.

Cousin, cousine (persan, *amou-zadé, dokhter-è-amou*) : A., *amo-za, könatché-mamou;* D., *amou-za;* G., *amo-zu, korr-a-amou, güot-a-mamou;* K., L., R., *amou-za;* Si., *amozar;* So., *amo-zá, ktchi-mamou;* Y., *kôr-áp, khiz-áp.* — (Persan, *khále-zade, dokhter-é-khále*) : A., *kourr-a-khalo, könatch-é-pour;* D., *khalo-zá;* G., *korr-a-mimök, güot-a-mimök;* K., *khálou--za;* L., *mim-é-za;* M., *pour-zá;* R., *lalou-zá;* Si., *khálô-zar;* So., *kourr-í-lálo, pour-zá.* Y., *khiz-khál.*

Beau-père, père de la femme, A., *baôk-ö-jen;* D., *bawa-jen;* G., *baouk-ö-jin;* L., *bawa-jen;* R., *báwá-jen;* M., *khazour;* Si., *khazourè;* So., Y., *khazourá* (persan, خَسُر, خَسرو; pehlevi, سم دلسو khousraô; zeñd, سس دلط).

Belle-mère, mère de la femme, A., D., M., Si., So., Y., *khassou;* R., *khassü;* K., *khassüra;* L., *hassüira;* G., *dalök-é-jin.*

Beau-frère, D., L., R., *börá-jen;* A., *jen-börar;* M., Si., *jen-böra;* So., *jin-böra;* G., K., *böra-i-jen* (de *böra* « frère » et *jen* « femme »); Y., *bourá.*

Belle-sœur, femme du frère, A., G., L., M., Si, So., *börá-jen, börá-jin;* R., *jen-börá;* Y., *jin-börá;* D., *jen-i-böra* (de *böra* « frère » et *jin* « femme »). La même expression, *böra-jen,* est employée pour désigner la femme du frère et le frère de la femme; dans le cas où il est indispensable de préciser, on dit *jen-i-böra* et *böra-i-jen.*

Belle-sœur, sœur de la femme, A., Si., *jen-khoichk;* G., *jin-khochek;* D., *jen-khoéchk;* M., *jeñ-khochk;* K., *khoechk-é-jén;* R., *wal-é-jen* (de *khoechk* « sœur » et *jen* « femme »); Y., *baltouz* (بالتوز en turc azerbeidjani); L., *hassüira.*

Vieillard, A., *piran;* G., Si., *piré;* M., *pir;* So., *kaal-é-mér* (perse, *parouviya* « ancien »; zeñd, وسطادلدط *paoiriyô* « en avant »; pehlevi, وی دل *pir* « vieux »; persan, پیر); So., *rrén-spi* « barbe blanche »; D., *rich tcharmouk;* K., *rich-séfid;* L., *rich tchermi;* R., *rich espé.*

Ami, K., R., دوس *douss;* D., *déss;* L., So., *doss;* Si., *döz;* Y., *dz* (vieux perse, *daouchtar;* zeñd, کویی *zouch* « aimer, se plaire à »; کوطدوییس *zaocha;* « bon plaisir »; pehlevi, نردوم *dóst;* persan, دوست).

Compagnon, ami, A., *rafikh;* M , *rafirh* (arabe, رفیق).

27. ARMES.

Massue, A., *gworz* (persan, کورز *gourz;* pehlevi, اڒ *vazar;* vieux perse *vezra*); M., So., *koutak* « gourdin, tronc d'arbre ».

Hache, A., *taor;* M., Si., *tawr;* D., R., *tower;* G., *tawör;* K., *tawar;* L., *taüar;* Y., *taüara;* So., *t'aour* (persan, تبر *tèbèr*).

Couteau, A., *tchakho;* D., L., *tchák'o;* G., *tchakou;* K., *tchágou;* M., Si., *tchako;*

So., *tchâkó* (persan, چاقو); K., *kiard;* M., Si., *kièrt;* R., *kèrd;* Y., *kèr* (persan, کارد; pehlevi, وسلام *kârt;* zend, وسلمرسه *kareta*).

Poignard, A., *khôdjar;* Y., *khandjèr;* K., *khendjèr* (persan, خنجر); D., *kièrd;* K., *kiard;* So., *tchâko* (cf. couteau).

Sabre, A., *chemchér;* D., *chömchèr;* R., *chömchir;* M., *chîr;* So., *chir;* Y., *chour;* G., K., L., Si., *chemchir* (persan, شمشیر).

Fourreau, A., *khlâf;* D., *kèlâf;* K., *rhalâf;* R., *kalâf;* M., *k'alan;* Si., *kélan;* Y., So., *kiélan* (arabe, غلاف).

Lame, A., L., *tikh;* M., *tikha;* Si., *tekh;* So., *teakh* (persan, تیغه *tirhé*); Y., *chölöf.*

Lance, A., D., Y., So., *rröm;* M., *rrâm;* Si., *rrom* (arabe رمح *roumh;* pehlevi, وسدادو *rasnik* « javeline »).

Arc, D., K., So., *kawan;* M., *köwan;* Si., *k'ƿan* (persan, کمان).

Flèche, dans tous les dialectes, *tir* (persan, تیر; pehlevi, مودل *tir;* vieux perse, *tigri*).

Carquois, D., *türkach;* K., *djâ-é-tîr;* L., *djalt;* R., *brazèn;* Si., *kilá;* So., *söfrá* (persan, ترکش *tèrkèch;* pehlevi, مودل « flèche »; وسورمه *kashota* « arc »).

Fronde, M., *kotchakhani;* Y., *kav-kâni;* So., *b'rzá-kâni;* Si., *kelmasik;* D., *bördakâni;* K., L., R., *kálmâ-señ;* G., *kalmasöw;* A., *kalmasöñ;* X., *kalmásen.*

Fusil, A., *tüfeñg;* G., *töfeñk;* M., Si., *t'feñk;* So., *t'feñ;* D., L., R., *tfeñ* (persan, تفنك).

Poudre, A., D., M., So., *derman* « drogue »; G., *baruit;* K., *barüt;* R., *bârüt;* L., *dâri* (persan, باروت).

Balle, M., So., *goulla;* Si., *gouella;* A., *gourölia* (persan, کلوله، کلّه).

Casque, D., *köla-o-khoud;* L., R., *kölâ-o-khoud;* Si., *taz-koulao* (persan, خود، طاسكلاه).

Cuirasse, K., *tchouar-ainè;* M., *tchouar-avena;* Si., *tchouar-aïna* (on sait que les cuirasses persanes et kurdes se composaient de quatre pièces); So., *z'rè* (persan, زره; pehlevi, کرسله *zrâi;* zeñd, کرسلموه *zrâdha*).

Bouclier, M., *matatt;* Y., *môrtal;* R., *aspar* (persan, سپر; pehlevi, سدودل *sapar*); So., *kalkhân;* Si., *kalgan* (turk, قالقان *qalqan*).

28. COSTUME, TOILETTE.

Coiffure, D., L., R., So., *kölâo;* K., *kóláó;* G., *kalav;* A., *k'lav;* Y., *koum* (persan, کلاه).

Peigne, D., K., R., *châné;* A., *chanè;* Si., *chânâ;* So., *chaná;* Y., *ché;* L., *chónâ;* G., *chânew* (persan, شانه).

Bas, G., K., R., *djourw, djouraó*: L., *djouró;* M., *gorévi;* Si., *gorawa;* Y., *ghora;* So., *güèrawa;* D., *güéréüe;* A., *goroé* (persan, جوراب).

Ceinture, L., R., *châl,* G., *châl;* A., *châl, châlâ* (persan, شال; angl., *shawl;* français, *châle,* étoffe du Kachmir); So., *pöjüèn;* D., *pöján, pöjuen;* Y., *pöcht;* M., *pchten.*

Pantalon, L., *chawól;* K., *chdwâl;* D., *chöwâl;* A., R., *chouâl;* Si., *chöüál* (persan, شلوار); Y., So., *der-pé.*

Manteau, A., *aba;* So., *awa* (arabe, عبا); L., *tchoukha* (turk, چوقه « drap »); D., *föredji;* M., *faradji;* R., *föredj* (turk, فرجه).

Habit, G., Si., M., *djil* (persan, جوله, جولۀ; pehlevi, پ لسوم *djolâh*); A., *tchokhora;* D., *bergh;* M., Si., *barg;* R., *ghourar*: So., *bark;* Y., *kendj;* L., *rrakht* (persan, رخت).

Chaussure, M., *kawèch;* L., *k'awech;* K., *kaouch;* G., *kâouch;* D., *k'aôch;* So., *kavèch;* Si., *kôch* (persan, كفش); Y., R., *p'âla;* A., *p'ala.*

Jupon, D., L., *chöwâl;* R., *chouâl.*

Toile, M., *kiatan* (arabe, كتان); D., L., *körass;* K., *karouass, karwass* (persan, كرباس); A., *hallâv;* R., *hallawa* (poutchou, الوان *alwan* « sorte de toile de coton »); M., *djâw;* Y., *djao;* So., *d'aoug;* Si., *djâouk.*

Couverture, A., D., M., *léfa;* K., L., *lâf;* R., *lëïf;* So., *léf;* Si., *lefy* (arabe, لحاف *léhâf*); G., *urghan;* Y., *orçhân* (turk, يورغان).

Collier, A., *galouban;* Si., *galouba* (persan, كلو بند); M., *mäidelek, kirmek;* D., R., *möléwan;* So., *mmöliwan;* L., *mölán;* G., *jirgarden.*

Bracelet, A., *dasbeñ;* So., *dazouend;* K., *dasban;* G., *dassouan;* D., *bazeñ;* R., *bazen;* M., *bazné* (persan, دست بند, بازو بند); L., *sar-dass* (par opposition avec les bracelets qui se portent à la saignée du bras et aux chevilles); Si., *khörkhâl* (arabe, خلخال).

Bague, M., *eñgoustüilé* (persan انكشتر; pehlevi, ongouoto *angoucht;* zeñd, anghouoto *añghouchta*); D., L., R., *kilkowana;* A., *kikouana;* G., *külkouana;* Si., *kulkouâna;* So., *kilkowana.*

Anneau, bague, D., L., M., R., *halrha;* K., *hargha;* Si., So., *halqa;* Y., *khalak* (arabe, حلقه; comp. pehlevi, دلوو *halkon* « moitié, milieu »; chaldéen, חלק).

Boucles d'oreilles, D., *güédara* (persan, كوشواره).

Bouton, A., *dougma;* So., *dögma;* G., *douma* (turk, دوكمه); L., *gou, pulak;* Y., *bech-kochk.*

Épingle, K., *sendjâkh* (persan, سنجاق); Si., *sörintchik;* A., *mekha(?);* So., *lerzan.*

Parfum, odeur, A., *bowèch;* Y., *bin;* So., *abir* (en persan, « flairer » *bôi didán* بوی دیدن « voir une odeur » [Vend., VII, 57(142) : *vénâk havmanît,* littéralement « vous êtes voyant » = « vous sentez », et est glosé *bôi khavîtúnît* = *bôi bínid*]). En kurde, *bin* signifie « odeur » (Justi, *Gramm. kurde,* p. 139; J. Darmesteter, *Études iran.,* t. 1, p. 57).

29. HARNACHEMENT DU CHEVAL.

Bride, D., *łakœ*; G., *larhœ*; M., Si., *larhœ*; So., *lak'aw*; L., *lakhôm* (persan, لجام, لكّام); A., *dian, dianaké*; Y., *dazgin*.

Mors, A., *djölœ*; D., *döana*; G., *dassouw*; K., *djölow* (persan, جلو *djiloou*); M., *dâ-nèh* (persan, دهانه); M., *larhœ*; So., *lak'aw* (persan, لكّام « bride »).

Selle. dans tous les dialectes, *zin* (persan, زین).

30. LA VIE NOMADE.

Tente, A., K., *tchaèr*; G., *tchâghörr* (persan, چادر); D., *dawar*; L., *dawôr*; So., *dowar* (« entourage, enceinte », arabe, دوّار; français, *douar*); A., *waré*; D., *khéwât*; Y., *kon*.

Troupeau, X., *gâl* (persan, كله); Y., *pâss* (pouchtou, پسه; pehlevi, پازین *pâzîn* « chèvre de montagne »; zeñd, پسو *pasou* « troupeau, bétail », de پسو « lier, attacher »); D., *rân*; Si., So., *rrân* (zeñd, اسپا *râni* « offrande »); M., *megal*; A., *hawan*.

Berger, A., So., *chouan*; G., M., Si., Y., *chouân*; D., K., *chouân*; L., *chöân*; R., *tchoân* (persan, شبان; turk, چوبان).

Lait, dans tous les dialectes kurdes, *chir* (persan, شیر; pehlevi, ويدل *chîr*).

Petit-lait, D., *dô*; L., R., *dou* (persan, دوغ *dôrh*; zeñd, وسوده *daouga*; skr., *douh, dougha*).

Lait-caillé, dans tous les dialectes *mass* (persan, ماست).

Crème, D., *to-è-chir*; R., *sèr-chir*; L., *sâr-chir*; L., *kémâ*.

Beurre, A., *kéré, kéréké*; So., *körè* (persan, كره); R., *rouan*; D., *rouân*; L., *rrün*; Si., *rrôn*; G., *rrun-é-kiéré*; Y., *rôn-i-nivichk* (persan, روغن; pehlevi, روغن *rôghan*; zeñd, اسپاهوا *raoghna*).

Fromage, A., Si., *p'anèr*; D., L., R., Y., *panir*; So., *pañir* (persan, پنیر).

Graisse, A., *pim*; R., *pîm*; M., *pîou, pûo*; So., *piou* (persan, پی); Y., *dôn*.

Pain, R., *nân* (comme en persan).

Viande, So., *gôcht*; D., M., Si., *gôcht*; G., K., L., R., Y., *goucht*; A., *ghôcht* (persan, كوشت; pehlevi, نويسع *goucht*).

Laine, A., *pajm* (persan, پشم); D., *khouri*; G., K., R., Si., So., *khori*; M., *khöri*; L., Y., *höri*.

Chemin, A., D., *rrégâ*; M., Si., *rrè-gâ*; So., *rega*; G., *rréâ*; L., So., *rré*; K., *ré* (persan, راه; pehlevi, لسدوه *râs*).

Chasse, A., Si., Y., *natchir* (persan, نخجیر); R., *soup*; M., *rrao*; So., *raw, rœ*; D., *bciani*.

Piège, pour prendre le gibier, A., K., Y., *tala;* So., *t'ala;* L., *tálá;* Si., *tour* (persan, تله).

Pêcher, A., *massœ gourtn;* D., *mâsi görtèn;* G., *masi gertn;* K., *mâhi gördn;* L., *mâhi görtn;* M., *massî grtn,* R., *mâsi görtèn;* Si., *massi ghrtèn;* So., *masî görtèn;* X., *maï görtèn;* Y., *as masî ager'm* « je pêche » (persan, ماهی گرفتن; zeñd, *masya*).

31. LA VIE SÉDENTAIRE.

Terre, terrain, champ, A., *zéüiu;* K., *zaü;* Si., *zévín* (persan, زمین *zèmin;* zeñd, زمه *zema;* pehlevi, زمیک *zamîk;* skr. véd., *jma;* pouchtou, زمین، زمکه *zmaka*).

Champ, A., *kalân;* K., *mohaw, véta;* M., *rikh, djedjout;* D., R., *rrèkh;* L., *rikh:* Si., *djegadjoult;* Y., *chô;* So., *cikioli.* (Les Kurdes mesurent la terre en prenant pour unité, soit la surface qu'un homme peut ensemencer en une journée, soit l'étendue qu'une paire de bœufs peut labourer en un jour. Ils n'emploient les mesures agraires persanes que dans les districts ou ils sont en contact permanent avec les Persans.)

Verger, jardin, D., R., *bag-o mew;* Si., *barh-é méou;* A., *bakha,* G., L., *bakh;* Y., *raz;* So., *rrass* (persan, باغ درختان میوه دار *bagh-e-darekhtan-é-nivèh-dar;* pehlevi, باغ *báe, bág;* باغ *bagh;* باغچه *baghtchä*). Les Kurdes ne possèdent de jardins que lorsqu'habitant des villages ils ont déjà pris les usages et les mœurs des Persans.

Pâturage, D., *rraó* (?); A., *tchouan* (?), de *tchoban* « berger »; M., *mergh;* Y., *merk* (persan, مرغزار); R., *natchir;* Si., *moulk;* So., *tchimen* (persan, چمن).

Rizière, G., *djüé börinj;* M., *tchaitouk djar;* Si., *tcháltouk djar.*

Fossé, A., *djouwá;* G., *djoua;* K., Si., Y., So., *khannak;* M., *khandák* (arabe, خندق; du pehlevi *kandak,* persan, کنده).

Canal, M., Si., *djôgá;* So., *djooga;* D., *djouaga;* A., *djôwá;* G., *djoua;* Y., *djàó;* K., *djoul;* R., *djou* (persan, جوی).

Puits, A., *tchál;* G., *tchál;* M., *bir;* Y., *birkh* (arabe, بِر); So., *tchawana* (persan, چاه; pehlevi, تچاه *tcháh*).

Pioche, A., *kolñ;* D., R., *koleñg;* L., *koleñga;* K., *goleña;* G., *tichew;* M., *pátch;* Si., *patch;* Y., *téwöl, tévöl;* So., *zeñgá* (persan, کلنک).

Pelle, L., *kaftir;* R., *köwuir.*

Bêche, A., K., *bèl;* D., L., *bièll;* G., *bill;* L., *bèll;* M., *piémara;* Y., *marr;* So., *pémarra* (persan, بیل; tâlyche, *pel*).

Joug, A., *nnél;* Si., *néálá;* So., *nétá;* R., *nílè;* Y., *nitt;* M., *nir;* D., *nielá;* M., L., *hüiá;* K., *hua.*

Charrue, A., *gawazn;* Si., *ialakh;* M., *amour;* D., L., Y., So., *djout;* R., *djüft* (persan, جغ *djough;* skr., *yuga*).

Chariot, A., G., *arrawa;* D., *arráwá;* R., *èrráwá;* L., *arrówa;* K., *arrada* (arabe, عرّادة « baliste »); So., *harrawa* (arabe, persan et turk, عرابه); K., *barkich* « qui porte les charges ».

Aire, surface plane destinée au battage des céréales, A., D., R., خرمان *khármán;* L., خرمو *kharmo* (persan, خرمان گاه *khèrmèn-gah*); So., جوخن *djokhèn* (persan, يوغ *youg* « joug des bœufs qui écrasent les épis »); Y., بدر *bédèr* (بيدر « sans porte ». Ces aires sont en effet situées en plein champ et n'ont pas d'enceinte; les Kurdes les nomment ainsi par opposition avec les aires servant au même usage et situées dans les maisons. Il est inutile d'ajouter que cette étymologie populaire est fausse. Ce mot est l'arabe بَيْدَر, pl. بَيَادِر).

Tribulum, instrument employé pour écraser les épis et en faire sortir le grain, D., K., Si., So., چان *tchán;* L., چون *tchon;* Y., كام *kám;* M., *djeñjer;* G., جنجر *djendjar* (persan, ول; arménien, *vèl*).

Récolte, L., *arváwikh;* R., *fölahé* (arabe, فلاحة « agriculture »).

Foin, herbe sèche, A., D., G., K., M., Y., X., *giá;* R., *giaó* (persan, گياه); Si., *k'má*, So., *ló*.

Chaume, G., *kiédan;* K., *louda.*

Paille, A., *kák;* D., *káh;* L., *k'á;* M., *ká;* R., Si., Y., So., *ka;* G., *kiá;* K., *keï;* X., *kamal* (persan, كاه).

Meule de paille, A., *lásá;* D., *zeñdj;* G., *kü-é-kiá;* L., *kágöl;* M., *ka-den, lod-é-ka;* R., *goumè;* Si., *ka-dan;* Y., *malek;* So., *barga.*

Étable, A., *ténöl;* D., *touïlè;* G., R., *tèvilè;* K., *taülá;* Si., *téüélá;* Y., *taoulè;* So., *tévüéla;* D., *töüilè* (persan, طويله); M., *pégha.*

Grenier, magasin, K., *ammar;* Y., *hömar;* So., *homar* (persan, انبار).

Poulailler, A., *liana;* D., *koulánè;* L., *kola-morkhán;* M., *khanotchka-i-mirichkar;* R., *koulánè;* Si., *kouláná;* Y., *hélan;* So., *koulèn.*

Barque, A., *wourdiklön;* G., *bitchük;* K., *kèchti bütchèk;* Si., *kachti* (persan, كشتى); Y., *kaiakh* (turk, قايق); So., *p'tchkala;* M., *gami* (turk, گمى).

Farine, dans tous les dialectes comme en persan, *arb* آرد.

Gâteau, D., L., R., *halouá,* du nom du fruit que les Kurdes mettent dans leurs gâteaux (arabe, حلوا).

Graisse, huile, A., *rrouan;* D., R., *rouan;* So., *rroan;* G,, K., L., *rrün;* M., *rron;* S., Y., *ron;* (persan, روغن; zeñd, راوغنه *raoghna;* pehlevi, روغن *róghan*).

Vinaigre, dans tous les dialectes *sirka* (pehlevi, سرکه *serkeh;* persan, سرکه *sirka*).

Sucre, A., K., *kan;* So., *kañt* (persan, قند); M., *chékr* (persan, شَکَر).

Miel, A., *heñghüèn;* D., *hagüèn;* Si., *haghüèn;* M., *heñghün;* So., *heñgüin;* Y., *heñgöf* (persan, انگبين); R., *assál* (arabe, عسل *'essèl*).

Vin, D., L., R., *chérao;* dans tous les autres dialectes, comme en persan, شراب (mot arabe emprunté).

32. MAISON, VILLAGE, VILLE.

Maison, So., *khanou;* **K.,** *khâné* (persan, خانه; pehlevi, سراو, سراو *khânek*); **D.,** **G., K., L.,** *mâl, mal, mâl;* **M., Si.,** *małł* (arabe, مال *mal* « propriété, bien »); **A., R.,** *iané* (persan, آشيانه *achianèh* « nid »).

Muraille, L., *divar;* **A., R., So.,** *diwâr;* **G., Si.,** *diouar* (persan, ديوار).

Brique séchée au soleil, L., R., *khöcht* (persan, خشت).

Mortier (terre gâchée), **G.,** *kharö;* **K.,** *kharrè;* **M.,** *khwor;* **So.,** *kwor;* **Y.,** *hari;* **Si.,** *aouan.*

Cour intérieure de la maison, A., *iânâ;* **D.,** *ilaouché;* **M., G.,** *hassar;* **K.,** *hássâr;* **R.,** *ilaouch;* **Si.,** *hawch;* **Y., So.,** *haouch* (arabe, كوش).

Bassin (situé dans les maisons persanes au milieu de la cour intérieure de la maison), **A.,** *dèriatché* (persan, دريچه « petite mer »; pehlevi, درياو *dariâv* « mer »; zeñd, درياوون « mer »; skr. véd., *jrayas*); **D., R.,** *haouz;* **L.,** *hoüz;* **M.,** *hawz;* **Si.,** *howz* (arabe, حوض); **M.,** *aster;* **Y.,** *kolatein;* **So.,** *hasseł.*

Chambre, A., *iané;* **R.,** *iânè;* **G.,** *mâl;* **M.,** *dïou;* **Y.,** *ôdà;* **So.,** *k'él;* **D.,** *ilödjèrè,* *otarh* (turk, اوطاق, اوطه).

Porte, A., *dèrgá;* **M.,** *dèrk;* **Si.,** *dṛgá;* **So.,** *dargá;* **Y.,** *déri* (persan, در et درگاه; pehlevi, در *dar;* vieux perse, *douvarâ*); **D.,** *kâpî;* **R.,** *kâpî* (turk, قاپو).

Fenêtre, A., *peñdjèrè;* **So.,** *peñdjèrá* (persan, پنجره); **R.,** *téchâvi.*

Sol de la maison, A., *tawan* (turk, تاوان « plafond »); **G.,** *koutchik-é-farch;* **M.,** *arz-i-khânou;* **So.,** *barł-poch* « dallage, pavage ».

Foyer, A., *kouañg;* **D.,** *kouan-arłör;* **K.,** *kouané;* **M.,** *kouanou;* **R., Si.,** *kouâné;* **L.,** *gouâr;* **Y.,** *koutchik;* **So.,** *arouadjik.*

Cheminée, A., *bokhouari;* **D., L., R.,** *bökhouari;* **Y.,** *bökhari;* **So.,** *bórhari* (persan, بخارى).

Four, A., Si., *tanour;* **D.,** *tènour;* **G., K., L., R.,** *tanür;* **M., So.,** *teñdour* (arabe, تنور; forme turque du même mot, تندور).

Escalier, A., *pilèkana;* **L.,** *pillèkana;* **D., R.,** *pilékan;* **K.,** *p'élá;* **So.,** *p'èlá;* **M.,** *peplikan* (persan, پله, پلكان); **Y.,** *nerdawa* (persan, نردبان).

Échelle, A., *narouan;* **K.,** *p'lla;* **L.,** *pillekana;* **Si.,** *zerdawân;* **Y.,** *pilèkan;* **So.,** *peïdja.*

Plafond, M., *sermitch;* **R.,** *woulaś;* **Y.,** *kiéran;* **So.,** *bön-i-daran.*

Poutre, chevron, So., *hömâl,* dans tous les autres dialectes, comme en persan, *dar* « arbre, tronc d'arbre ».

Terrasse, D., K., L., M., R., *bâm;* G., Si., *eivan;* So., *haïvan;* A., *héwan* (persan, بام; ايوان « portique »).

Village, A., *dé;* K., L., M., Si., So., X., *dèh* (persan, دﻩ *dèh;* perse, *dahyou* « contrée »; zeñd, وسوﯾﻮ *danhou;* pehlevi, ﯾﻮ *dèh*); G., *houz* « maison, assemblage de maisons »; R., *awai* (persan, آبادى *âbâdi* « construction, lieu bâti »); Y., *goun* (ossèthe, *qaou, qavon;* ossèthe dougour, *kaou, kavon*).

Bourg, gros village, A., *kaseb* (arabe, قَصَبَة).

Ville, D., R., *châhr;* M., *châr* (perse, *khchôithra* « pays de Khchathra, royauté, gouvernement »; zeñd, ويطاثﻎﻰ *chôithra* « terre habitée, champ »; pehlevi, ﻚﻮﯾﻭ *chahar;* persan, شهر; pouchtou, كههر *kkhahr*).

Marché, dans tous les dialectes, *bazar* (persan, بازار; vieux perse, *abâtchari* « marché, lieu de réunion »).

Rue, D., *kwalan;* L., *küitchá;* R., *kütchá* (persan, كوى, كوچه).

Château, forteresse, A., *kalat;* D., G., L., Si., *kal'a;* R., So., *kala;* Y., *kál;* K., *kálá* (arabe, قلعة); M., *khsanoubèrèh.*

Palais, L., *amarat;* Si., *amárát;* M., *ambarèt* (arabe, عمارة, prononcé par les Persans *'amárat*); Y., *éwân;* D., R., *iané.*

Ruine, A., *tchólan;* Y., So., *tchüol* « devenu désert »; D., *üèráné;* M., *verana;* R., *wéránè* (persan, ويراﻧﻰ); K., *khárâwá;* L., *khárówá;* Si., *khorawa* (arabe, خرابة).

33. MOBILIER DE LA MAISON.

Trépied, A., *iérá-pa;* D., *sé-kwoutchká;* R., *sé-pá;* So., *sé-pé;* Y., *sé-liñ* (persan, سهﭘﺎﯾﻪ).

Tapis, A., D., G., K., *farch;* So., *farchi* (arabe, فرش); Y., *khâli;* R., *káli;* Si., *kârî* (persan, خالى, قالى; afghan, *gâlai, gâlicha*); M., *mafoureh;* L., *gaüá.*

Vase, diverses sortes de vases de terre et de métal employés par les Kurdes, A., *dafré;* D., *désá;* G., *kaw;* K., *zárf* (arabe, ظرف); L., *dézà;* Y., *tâs* (persan, طاس), *söfr;* So., *kassa* (persan, كاسه).

Plateau, D., L., *madjmá;* D., *sini* (arabe, بجمع, صينى).

Plat, D., *sahan* (arabe, صحن); L., *döüri;* R., *böchkâó* (persan, بوشقاب, venu du turk).

Pincettes, A., K., *makkach;* D., L., R., *makach;* G., *mak'âch;* Si., *mökkach;* So., *mökass* (arabe, مقص); Y., *máchè* (persan, ماشه).

Passoire, D., *kaouür;* L., R., *sáfkör;* So., *safik;* Si., *safkwen* (persan vulgaire, صافكن).

Panier, A., D., G., Si., *sawotá;* M., *sawotè, sawa;* Y., *zaüot;* L., *séüétá* (persan, سبد); K., *zamil* (arabe, زنبيل); So., *tchüngolá.*

Tapis lisse (persan, كَلِم); D., *gölém, barra*; L., *léï*; R., *gölèm*.

Pot, A., *gôzal* (pers., كوزِ); D., K., L., R., Si., *déza*; So., *déza*; M., *dizala*.

Natte, dans tous les dialectes, *hassir* (arabe, حصير).

Lampe, A., M., Si., Se., *tchira*; D., *tchérá*; R., *tchéra* (persan, چِراغ).

Écuelle, A., *kassé*; G., *káchi* (persan, كاسه); Y., *aman*.

Cruche, A., So., *gôzá*; M., *güoza, gouzá*; Si., *gonôzá*; L., *kouïzá*; K., *küzá*; D., *küza*; G., *küzè*; R., *küzá* (persan, كوزه); Y., *djirr* (arabe, جَرّة « jarre »).

Broche, D., R., *zömá*; dans tous les autres dialectes, comme en persan, *sikh* سيخ.

Brasero, A., *meügal*; R., *mañkal*; M., *menk'ali*; G., *menk'ál*; L., *makkal* (persan, منكّل); Y., So., *borhari* (?).

Braise, A., *aghré*; G., *arher*; K., *arhörh* (persan, آذَكَر); D., *sköŧ*; K., *kostia*; L., *möj*; M., *pólou*; Si., *sköll*; Y., *kömèr* (turk, كومُر *kieumur* « charbon »); So., *bözouzk*, *sköll*. Les Kurdes font provision de braise refroidie pour l'hiver.

Plateau de brasero, A., *dàvriè* (arabe, دَوريّة); D., R., *siñi*; G., *jir-meñkál*; K., *jèr-é-mañrhál*; M., *zir-meñk'ali*; Si., *madjim-ha*; So., *jèr* (proprement « dessous », de *zér*, persan, زير « dessous »).

Cuiller, A., *tchamtch*; So., *tchantcha*; R., *tchimtchá* (persan, چمچه); M., Si., *kowtchik*; Y., *káotchik*; K., *kachök* (turk, قاشق).

Berceau, A., D., So., *bechká* (turk, بَشِك); L., *alourké*; M., Si., *malotká*; R., *göf'arè* (persan, كهواره).

Corde, G., *rassön*; L., *rasan* (persan, رسن et ريسمان); A., *neï*; D., *gourèz*; M., *gouriss*; K., *dazik*; So., *dazik*; Si., *dözzik*; R., *wöréz*; Y., *matchir*.

Chaîne, So., *zörè*; dans les autres dialectes, *zeñdjir* زنجير, comme en persan.

34. TRAVAIL.

Travail, G., K., L., M., R., Y., *kar* (skr., *kṛ*; zeñd, کیره *kéré*; pehlevi, ولام *kartan* « faire »; persan, كار de كردن *kerdèn* « faire »; pouchtou, كر *kar*); A., *harmán*; D., *hármán* هارمن; Si., *firman*; So., *frman*; M., D., *ich* (turk, ايش); Y., *chowl* (arabe, شغل *chourhl*).

Tâche, travail à la tâche, A., *b'rieké*; So., *böria* (dialectes de Turquie, بری *biri* « trancher, travailler », du pehlevi, زرلدمی *bouritan, bouridan* « couper »; persan, بُريدن; arménien, ԲՈՒՌՆ; en pouchtou, le même mot كر est employé pour « travail » et « tâche »).

Charge, fardeau, D., *kötch*; dans tous les autres dialectes, comme en persan, *bar*.

·35. TISSAGE, COUTURE.

Métier à tisser, A., *dèsghâ;* K., *daska* (persan, دستگاه *dèst-gah*); G., *tchâl;* So., *patchâl;* M., *aspab-i-djolaï;* So., *pâtchâl* (persan, اسباب جولای *èsbab-é-djoulâhi*).

Rouet, A., *tcharkh;* M., *kharak;* R., *tachi;* Si., *hara;* D., So., *doukh;* G., K., L., *dük* (persan, چرخه).

Fuseau, Si., *doukh;* A., M., *douk;* L., *dük;* R., *dâk* (persan, دوك); D., G., K., *tachi;* So., *tachi.*

Navette, A., D., Si., So., *mako;* K., L., R., *makou;* M., *makouk* (persan, مكو); L., *böchâ.*

Toile, A., *hallâ;* R., *halâwâ* (afghan, *alvän*); D., L., *körâss;* K., *karouâs* (persan, كرباس *kirbâs*); M., *kiatan* (arabe, كتان); M., *djw;* Y., *djao;* Si., *djâouk;* So., *djaoug* (ces divers mots s'appliquent à des tissus différents).

Soie, A., *orechm;* D., *aouréchm;* K., *aôrichóm;* L., *aouréch'm;* M., *avrichem;* R., *aourichim;* Si., *aoréchoum;* Y., *avrichm;* So., *aouréchm* (persan, ابریشم).

Laine, A., *pajm* (persan, پشم); D., *khourî;* G., M., Si., So., *khorî;* K., R., *khori;* L., Y., *hörî.*

Fil, D., *khéata;* G., *khiate* (arabe, خيّط); L., *hatchin;* M., *beñ;* R., *neï;* Si., *bön* (persan, بند *beñd* « lien, attache »); L., *ilatchin;* Y., *tel* (turk, تل « fil de fer »); So., *loka;* A., *dazou.*

Pelote de fil du métier, D., *goulôlâ;* R., *gouloula* (persan, كلوله); M., *golda beñ;* R., *matchir;* G., *ser-é-tachi;* Si., *tachi;* L., *serèk.*

Aiguille, K., R., درزی *dèrzi;* M., *darzi;* L., درزن *dèrzèn;* G., درزن *tèrzèn* (zeñd, ودارذ *darez* « tenir ferme, retenir, attacher »; persan, درزی); A., *gotch* كوچ; D., So., سوزن *soujèn;* Si., سوزن *souzin;* Y., شوزن *choujèn* (persan, سوزن; ossèthe, *soudzin;* ossèthe dougour, *sodjin;* vieux perse, *sousana*).

36-37. INDUSTRIES, OUTILS.

Moulin, A., D., K., L., R., *asiâ;* D., L., M., Si., Y., So., اش *âch* (persan, آسیا, آسیاب).

Meule, L., *sañ-âsiav;* D., *börd-i-âsiâ* (persan, سنك آسیا « pierre de moulin »); R., *ilâr.*

Lime, G., *souana* (persan, سوهان); A., *mourat;* D., ماثرت *mawrèt;* L., *möra, mööra;* So., *môral* (arabe, مبرد *mèbrèd*); R., *souantcha;* M., *brbeñd;* Si., *brban;* Y., *éghâ* (persan أكه *ègiè, èyè*).

Marteau, A., So., Y., K., G., D., *tchakouch;* R., *tchakouich;* Si., *tchakouèch* (persan, چاکوچ); L., *matrakha* (arabe, مطرقة « matraque »).

Manche d'outil, d'arme, etc., Si., K., *dassa;* M., *dast'k;* So., *dassik;* G., *dassök;* A., *dassak;* D., *dousgh* (persan, دسته); L., مشته *möchtèh;* R., *mechta;* Y., *m'chtik* (persan, مشت « poing »).

Scie, A., *möchar;* M., *m'char;* So., *m'châr* (arabe, منشار); Si., *dassara;* R., *dès-sèrè;* Y., *börrek* (du persan, بریدن « couper »); L., *arrá;* D., *arrè* (persan, ارّه).

Enclume, A., *sinan;* K., *sönnan;* Y., *sönnian;* D., *meg-sönân* (persan, سندان); L., So., *dazga;* R., *dazzégâ.*

Charbon de bois, A., *khalouz;* So., *khalous;* Y., *kömèr* (turc, کومر); M., *raji, kha-louz;* L., *zogal;* D., *zoukhâl;* R., *zokhal;* Si., *zökhâl* (persan, زغال).

Ciseaux, D., *mak'âs;* Y., *makkhas;* L., *makhkas* (arabe, مقص); R., *kaitchi;* So., *düèrdè.*

38. MÉTIERS, PROFESSIONS.

Forgeron, A., *asngör;* D., *aseñgör;* G., M., Si., K., *asiñgèr;* So., *asiñghèr;* R., *aseñèr* (persan, آهنگر); Y., *hadat* (arabe, حدّاد).

Cordonnier, A., *saradjé* (?); D., L., *kaoujdouz;* Si., *kôjdôz;* R., *kâouchdouz;* K., *kvchdouz;* So., *kaoch-dörou;* M., *kvehdürou;* Y., *sôldörou* (persan, کفش دوز).

Boulanger, A., *nanoua;* Si., D., K., *nanawa;* R., *nanöwa;* L., *nônawa;* G., *na-nuatchi;* M., *nañkèr;* Y., *förna;* So., *nan-föröch* (persan, نانوا).

Charbonnier, A., *rous-frouch;* M., *raji-froch;* So., *khalous-förouch.*

Maçon, So., *banna* (arabe, بنّا); D., *wosa;* R., *hösá;* A., *diwouar-nèrè* « faiseur de murs ».

Tailleur, Y., *tarzi* (persan, درزی); A., *khiat;* L., R., So., *khéât* (arabe, خيّاط).

Laboureur, A., *djiftiar;* K., *djuftiar;* M., *djütiar;* Si., *djontiar* « celui qui conduit la charrue »; Y., *aköntchi* (turc, اکینجی « semeur »); So., *fala* « ouvrier » (arabe, فلّاح « fellah »).

Muletier, A., M., Si., So., *katartchi* (turk, قاطرجی).

Anier, Y., *ôlakdar.*

39. RELIGIONS, CROYANCES.

Dieu, So., *khoda;* Y., *khodi;* Si., *khoua;* M., *khola;* A., *khoa* (persan, خدا); tous les Kurdes font aussi usage du mot arabe الله.

Démon, mauvais esprit, K., *déon;* A., *déwó* (persan, دیو *déw;* zeñd, *daéva*); A., *djin;* M., *djendoka;* So., *djunôka* (arabe, جنّ).

Ame, vie, G., *hamṛ;* Si., *ham;* So., *amör* (arabe, عمر).

Bonheur, D., R., *bakht-khâs-i;* L., *bakht-boleñg-i* (persan, بخت).

Malheur, R., *bâd-bakht;* D., *bákht-é-khârâïi* (persan, خراب ، بد بختى ، بخت).

Fête, D., R., *djèjn* (persan, جشن).

Mariage, A., *marèch;* D., *zèmawön;* K., *'akt* (arabe, عقد); L., *dâvât* (arabe, دعوات « prières »); M., *màré;* R., *sür* (persan, سور); Si., *zamawèn;* So., *zenmâwan;* Y., *nikah* (arabe, نكاح).

Tombeau, L., *ghoour;* D., G., K., R., So., *kaour;* Si., *kowr;* A., *kaourz* (persan, كور); Y., *terb* (arabe, تربه *tourbè*).

Cimetière, A., *serou-kora;* G., *kaour;* D., *kaoursan;* K., *kaourissan;* Si., *kâvrsan* (persan, قبرستان); R., *mözarsân* (du persan مزارستان); Y., *mörzer;* So., *ziarètan* (arabe, زيارة « pèlerinage »).

40. MUSIQUE.

Musicien, musique, R., *mouzikan;* L., *mözakan* (arabe, موسيقى du grec μουσική).

Tambour, D., M., Si., *tapl;* R., *tapöl;* K., L., *taôl, taöl;* A., M., So., *dahol;* G., *dohoul* (arabe, طبل; pouchtou, *dol*); Y., *daf* (arabe, دنّ « tambour de basque »); G., *balowan.*

Flûte, L., *bellour;* R., *neï* « roseau ».

Guitare, A., *tamour;* L., *tamira;* Y., So., *tamoura* (persan, طنبور).

Bruit, D., *bañg;* L., R., *deñg* (persan, بانك « voix, cri »).

VIII

DU VERBE.

----

1. OBSERVATIONS SUR LES FLEXIONS DU VERBE.

Les verbes kurdes sont peu nombreux. Jadis ils étaient certainement bien plus abondants, mais, de même qu'en persan, la langue s'étant appauvrie, une foule de locutions verbales composées d'un verbe proprement dit et d'un substantif sont venues remplacer les verbes primitifs qui ont cessé d'être employés.

Les verbes kurdes ont des thèmes de formes très variées, comme ceux des langues du même groupe (persan, pehlevi, zeñd). Le plus souvent, c'est en retranchant le suffixe de l'infinitif qu'on trouve le thème, mais souvent aussi la racine se confond avec lui. La 2ᵉ personne du singulier de l'impératif est la forme qui fournit le thème avec le plus de pureté.

Les composés verbaux ont un verbe pour second élément, un préfixe adverbial ou un nom en forme de premier membre.

Parmi les verbes simples, je citerai :

A. *nian*, laisser.	**X.** *tersiàn*, craindre.
K. *sanen*, acheter.	**Si.** *kañdṇ*, creuser.
M. *kṛrín*, acheter.	**L.** *tchönín*, cueillir.
L. *tchín*, aller.	**K.** *kolânèn*, cuire.
M. *ṛroín*, aller.	**M.** *kialan*, cultiver.
R. *llouán*, aller.	**K.** *rakhsin*, danser.
A. *tchörrín*, appeler.	**M.** *pṛsin*, demander.
K. *rasín*, arriver.	**K.** *dèrrín*, dévorer.
A. *yawan*, arriver.	**M.** *koutṇ*, dire.
R. *nichtan*, s'asseoir.	**L.** *wöten*, dire.
Si. *bastṇ*, attacher.	**L.** *hääten*, dormir.
L. *dachtèn*, avoir.	**So.** *rowchan*, éclairer.
K. *sazín*, bâtir.	**M.** *tṛsandṇ*, effrayer.
A. *dörian*, battre.	**R.** *zdín*, enfanter.
R. *djouchian*, bouillir.	**Si.** *jénaftṇ*, entendre.
M. *droouchan*, briller.	**D.** *koujânèn*, éteindre.
K. *chékiàn*, briser.	**Si.** *pehmin*, éternuer.
M. *soutan*, brûler.	**M.** *boun*, être.
K. *fahmín*, comprendre.	**M.** *kṛdṇ*, faire.
M. *droun*, coudre.	**G.** *bastṇ*, fermer.
K. *rásín*, courir.	**M.** *ṛrstṇ*, filer.

M. *touañdṇ*, fondre.
K. *oudien*, fuir.
M. *nalandèn*, gémir.
K. *bakhchîn*, gratifier.
R. *nézanen*, ignorer.
K. *nian*, laisser.
M. *hèchtṇ*, laisser.
M. *avîtṇ*, lancer, jeter.
M. *chtṇ*, laver.
Si. *khouarden*, manger.
R. *gazen*, mordre.
M. *mṛdṇ*, mourir.
M. *grian*, pleurer.
M. *ṛrzin*, pourrir.
Si. *labṛdṇ*, pousser.
K. *sanèn*, prendre.
L. *gŏrtèn*, prendre.
L. *lèsán*, recevoir.
M. *nouarrîn*, regarder.
L. *lakánèn*, remuer.

M. *dèriénan*, retirer.
Si. *kéñin*, rire.
R. *rrizán*, sauter.
M. *zánin*, savoir.
L. *tämoïtèn*, semer.
Si. *gouchin*, serrer.
M. *échan*, souffrir.
Si. *honin*, tisser.
M. *koouten*, tomber.
L. *kwotàn*, tousser.
M. *bṛrin*, couper.
R. *larzán*, trembler.
L. *kwochtèn*, tuer.
M. *hatn*, venir.
Si. *fṛôten*, vendre.
M. *ṛrchtn*, verser.
Si. *ṛrjandn*, verser.
L. *diîn*, voir.
M. *dozîn*, voler.
M. *vistṇ*, vouloir.

et parmi les composés verbaux :

A. *ouaro-nian*, abaisser (laisser bas, vil).
K. *khoudr awŏrdèn*, abaisser (en bas, vil, apporter, conduire).
M. *kaboul kṛdṇ*, accepter (faire complet, satisfait).
R. *bi-èko llouan*, accompagner (avec quelqu'un, aller).
So. *khorit kŏrdèn*, acheter (faire convention de prix [de quelque chose]).
L. *tamám kŏrdèn*, achever (faire complet).
So. *tij kŏrdèn*, aiguiser (faire pointu, coupant).
D. *rrôchèn kerdèn*, allumer (faire de la lumière).
M. *khaber dan*, annoncer (donner la nouvelle).
D. *bañg kŏrdon*, appeler (faire des cris).
Si. *nézik kṛdṇ*, approcher (faire près).
M. *hall-kandṇ*, arracher (faire en l'air).
M. *ragŏrtṇ*, arrêter (prendre la route de quelqu'un).
So. *sor kŏrdèn*, attendre (faire attente).
M. *ziát kṛdṇ*, augmenter (faire beaucoup, rendre plus considérable).
Si. *droust kṛdṇ*, bâtir (faire droit).
M. *lé-dan*, battre, frapper (donner un coup).
M. *brin-dar-kṛdṇ*, blesser (rendre porteur de blessure, de coupure).

D. *helladji kerdèn*, carder.
Si. *bar kṛdṇ*, faire (les ou la) charge, charger.
M. *rraw kṛdṇ*, chasser, aller à la chasse.
So. *garm kŏrdèn*, chauffer (faire chaud, rendre chaud).
M. *hall béjardṇ*, choisir.
So. *awala kŏrden*, faire en premier, commencer.
A. *kaïèm kŏrdèn*, consolider, rendre solide.
M. *khail kṛdṇ*, contenter, rendre satisfait.
K. *dŏrij-bün*, se coucher.
L. *hüal kŏrdèn*, courber, rendre courbe.
R. *gowrè bian*, croître, devenir grand.
Si. *zeraat kṛdṇ*, cultiver.
M. *halparin*, danser.
D. *khouarou hatèn*, descendre (venir en bas).
M. *hall énan*, élever, mener en haut.
K. *bar bassdn*, emballer (attacher, lier la charge ou le ballot).
L. *kŏná kṛdṇ*, enfoncer (faire un trou).
R. *kaour nian*, enterrer (placer au tombeau).
So. *nawour kŏrdèn*, faire l'entourage, entourer dans un cercle.
So. *towao kŏrdèn*, finir, achever, rendre complet.
K. *tamám büèn*, finir, être terminé, mourir.

K. *âô kŗdŋ*, fondre (faire eau, transformer en eau, rendre liquide).
R. *âsèn kouan*, forger (frapper le fer).
Si. *kout dan*, fumer (la terre), donner de la nourriture.
A. *nelka kördèn*, gémir (faire des gémissements).
R. *djoufi kördèn*, labourer (faire le labour, faire le joug).
M. *hall stañ*, se lever, se tenir debout.
R. *idjâré kördèn*, louer, faire location de.
K. *kam bûn*, manquer de, être moins (quelque chose).
M. *dro kŗdŋ*, faire (un) mensonge, ment.r.
D. *ban rroín*, monter (marcher, aller en haut).
K. *nichan daèn*, montrer, donner le spectacle de.
So. *tar kördèn*, mouiller (faire humide).
R. *malé kŗdèn*, nager, faire la nage.
D. *pèdâ boudèn*, naître, être trouvé, être obtenu.
K. *zaïn bûn*, naître, être enfanté.
Si. *lazŋ boun*, être nécessaire.
Si. *helana kŗdŋ*, nicher, faire (son) nid.
M. *ksa kŗdŋ*, parler (faire parole).
R. *bach kördèn*, partager, faire partage de.
L. *mâhi görtèn*, pêcher, prendre du poisson.

M. *win kŗdŋ*, perdre, faire perte de.
R. *hamir kördèn*, pétrir (le pain).
Si. *nuej kŗdŋ*, prier Dieu, faire la prière.
K. *wada dan*, promettre, donner la promesse.
D. *tamé kördèn*, punir, faire la punition, donner une punition.
L. *fikr kördèn*, réfléchir (faire pensée).
M. *djouap kŗdŋ*, refuser, faire réponse (négative).
L. *tamâchâ kördèn*, regarder (faire spectacle).
R. *pŗr kördèn*, remplir (faire plein).
L. *khâôdian*, rêver, voir pendant la nuit.
R. *wichk kördèn*, sécher (faire sec).
D. *bou kéchdn*, sentir, sentir l'odeur.
R. *bou kördèn*, sentir (faire l'odeur).
Si. *djiâ kŗdŋ*, séparer, faire séparation.
M. *khezmat kŗdŋ*, servir (faire service).
L. *pöf kördèn*, souffler, faire souffle.
R. *reñg dan*, teindre, donner la couleur.
K. *tcharkh dan*, tourner.
So. *kârâk kördèn*, transpirer (faire de la sueur).
L. *aô dan*, tromper les métaux (donner l'eau).
L. *péa kördèn*, trouver (faire découverte).
R. *hâli kördèn*, vider (faire vide).
L. *safar kördèn*, voyager (faire voyage).

Dans cette série d'exemples, pris au hasard, les verbes simples sont :

A. *nian*, laisser.
K. *awördèn*, porter, apporter.
M. *kŗdŋ*, faire.
R. *Ilouan*, aller.
M. *dan*, donner.
M. *kandŋ*, creuser.
M. *görtn*, prendre.
M. *béjardèn*, prendre, retirer.
K. *bûn*, être.
R. *bian*, être.
M. *parin*, sauter.

D. *hatèn*, venir.
M. *enan*, conduire, mener.
K. *bassân*, attacher.
M. *stañ*, se tenir.
D. *rroín*, aller.
K. *duèn*, donner.
D. *boudèn*, être.
Si. *boun*, être.
L. *dian*, voir.
D. *kèchan*, sentir, flairer.

En parcourant la liste de verbes qui accompagne ce chapitre, on remarquera que certains dialectes, le moukri entre autres, ont conservé des verbes là où dans d'autres tribus on emploie aujourd'hui des composés verbaux.

Parmi les verbes usités dans les composés verbaux, les plus employés sont : 1° *kŗdŋ* « faire »; 2° *boun* « être »; et 3° *daen* « donner ».

Le premier, correspondant à toutes les idées d'action, entre dans la composition de toutes les locutions verbales qui les expriment.

Le second rend la pensée d'un état, d'une position, de l'absence de mouvement.

Quant au troisième, il correspond à toutes les idées de mouvement ou d'action envers quelqu'un ou quelque chose. Les Kurdes lorsqu'ils frappent disent qu'ils ont « donné un coup », lorsqu'ils fument la terre, ils lui « donnent de la nourriture ».

Quant aux autres composés verbaux, ils correspondent à des idées complexes dont le verbe seul ne rendrait pas exactement le sens; le premier membre du composé tient alors lieu de correctif par rapport au verbe.

Il existe un très grand nombre de verbes pour lesquels il est aisé de distinguer *a priori* si ce sont de véritables verbes ou simplement des composés verbaux; mais pour beaucoup l'analyse est plus difficile, cela tient aux altérations qu'ont subies les composés. Ainsi : **M.**, *hall-staū* « se lever, se tenir debout », s'est transformé en **Si**, *halessan;* **L.**, *horisán,* et enfin en **A.**, *horzán,* dans les districts les moins avancés. De même, **M.**, *nouandèn* « montrer », possède la même origine que **K.**, *nichan-daèn,* et que **D.**, *nichan-dadèn.* L'étymologie seule peut, dans bien des cas, autoriser la décomposition, et ce moyen est bien faible, car, si nous connaissons aujourd'hui un grand nombre de racines iraniennes, il en est aussi beaucoup qui nous échappent, parce que leur valeur primitive se cache dans des composés et n'existe plus que là.

INFINITIF.

L'infinitif des verbes kurdes est généralement formé par l'adjonction des suffixes *ūn, in, en, an;* il n'est, en soi, qu'un nom verbal et s'emploie comme tel avec un complément. Parfois, ce suffixe se place de suite après la racine comme dans **A.**, *ni-an;* **R.**, *ttou-an;* **M.**, *d-an;* **K.**, *b-ūn;* **D.**, *rro-in;* **K.**, *da-en,* parfois aussi il suit les règles du pehlevi et du persan et est joint à la racine par la lettre *t* souvent adoucie en *d*. Exemples :

M., *kṛdṇ;* **M.**, *kan-dṇ;* **D.**, *ha-tèn.* (Pehlevi, ⁧كرفتن⁩ *gâftano;* ⁧بستن⁩ *bastano;* ⁧چدتن⁩ *tchitano;* persan, ⁧رسيدن، كوفتن، خوردن⁩, etc.)

Il est à supposer, étant donnée la fréquence des exemples d'adoucissement que présentent les langues kurdes, qu'à l'origine le *t–d* que nous trouvons en persan et en pehlevi, existait aussi dans les infinitifs kurdes, mais que ce son est tombé par adoucissement.

Quelques rares verbes kurdes forment leur infinitif en *awa, owa,* tels sont :

Si., M. *lékṛdṇowa,* cueillir.	**M.** *honinōwa,* tisser.
Si., M. *koujañdṇawa,* éteindre.	**M.** *dinowa,* trouver.
R., A. *kördenowa,* ouvrir.	**Si.** *dozinowa,* trouver, voler.
Si., M. *kṛdenawa,* ouvrir.	

Pour les verbes ayant le sens d'« ouvrir » (persan, *vâ–kèrdèn*), il est possible d'admettre que le composant *vâ* « ouvert » se trouve placé en suffixe au lieu d'être, comme en persan, situé en préfixe, mais pour les autres il est nécessaire d'admettre la terminaison *owa*, *awa* de l'infinitif dans une classe de verbes kurdes. J'ai d'ailleurs recueilli à Saoudj-boulaq (Moukri) des affirmations absolues à ce sujet, de la part de Seif-eddin khan Serdar dont les connaissances grammaticales étaient assez étendues pour qu'une observation de ce genre ne pût lui échapper. Je reviendrai plus loin sur la conjugaison des verbes en *owa*, *awa*. Ces verbes sont les derniers restes d'une classe jadis beaucoup plus nombreuse qu'aujourd'hui, présentant, semble-t-il, des formes qui jamais n'ont été connues du persan.

PRÉSENT ET FUTUR.

Les verbes kurdes ne connaissent qu'une seule forme pour le présent et le futur. Toutefois lorsqu'il est important de préciser que l'action se passera dans un temps plus ou moins éloigné, le verbe est toujours accompagné d'un déterminatif du temps. Exemples :

M. *aw chow tchi da-khoï*, cette nuit que mange-t-il? (que mangera-t-il ce soir?)

M. *bo tchouni dèï baw ré ivi da darom*, en allant au village je suivrai ce chemin (pour aller au village je suis ce chemin).

Les Kurdes sont si accoutumés à employer le présent pour le futur que toujours ils font usage de déterminatifs et que la précision de la phrase n'en souffre aucunement. D'ailleurs un grand nombre de langues sont dans le même cas et ne renferment pour le futur aucune forme spéciale.

La langue française elle-même ne perd aucune clarté lorsqu'on dit « où allez-vous demain? » au lieu de « où irez-vous demain? ».

En persan, il existe un futur composé de deux mots. Exemple :

خواهم كرد *khahem kèrd*, je ferai,

et cette forme est passée dans le dialecte de Kirmanchahan. Exemples :

Sing.	1.	من خواهم بو	*môn*	*khâhèm bü*, je serai.
	2.	تو خواهی بو	*to*	*khâhi bü*, tu seras.
	3.	اق خواهت بو	*awa*	*khâhat bü*, il sera.
Plur.	1.	هم خواهم بو	*hima*	*khâhîm bü*, nous serons.
	2.	هوا خواهن بو	*hüa*	*khâhîn bü*, vous serez.
	3.	اقان خواهن بو	*awana*	*khâhân bü*, ils seront.

Dans le dialecte de Soleimaniyèh, il existe une autre forme fort curieuse et peut-être très ancienne, mais qui semble s'être complètement éteinte, car je n'en ai rencontré qu'un seul exemple :

Sing.	1.	داية ۋ کم	*dábé*	*bî–kam*, je ferai.
	2.	داية ۋ کی	*dábé*	*bî–keï*, tu feras.
	3.	داية ۋ کت	*dábé*	*bî–kat*, il fera.
Plur.	1.	داية ۋ کین	*(d)ábé*	*bî–kèïn*, nous ferons.
	2.	داية ۋ کی	*(d)ábé*	*bî–keï*, vous ferez.
	3.	داية ۋ کان	*dábé*	*bî–kán*, ils feront.

Mais ces deux exceptions sont uniques. Aussi n'en tiendrai-je pas compte dans l'exposé du paradigme du verbe kurde.

Le présent-futur kurde se forme de trois manières différentes, suivant les dialectes, plutôt que selon les racines des verbes :

1° En faisant suivre le radical simple de la désinence personnelle;

2° En adjoignant au verbe ainsi construit le préfixe persan *ma;*

3° En adjoignant au même verbe le préfixe *da, dé* ou *deï* qui, lorsqu'il survient une négation, fait place au préfixe *na, né* ou *neï.*

Dans tous les cas, le radical est parfois altéré par la désinence pronominale, mais il est toujours aisé de retrouver les formes primitives.

1° C'est dans le dialecte de Kirmanchahan que cette forme est la plus fréquente et la plus pure. Exemples :

Sing.	1.	K.	*niám*, je laisse.	K.	*sázîm*, je bâtis.	K.	*wákam*, j'ouvre.
	2.		*niait,*		*sázît,*		*wákeït,*
	3.		*nièit,*		*sázît,*		*wákeït,*
Plur.	1.		*niaîmèn,*		*sázîmon,*		*wakeîm,*
	2.		*niáïn,*		*sázîn,*		*wákèïn,*
	3.		*nian.*		*sázén.*		*wákwin.*
Racine.	.		*nia.*		*sáz.*		*wa–k.*

Sing.	1.	K.	*bŏrrèm*, je coupe.	K.	*ûchèm*, je dis.	K.	*tchém*, je vais.
	2.		*bŏrrît,*		*ûchit,*		*tchou,*
	3.		*bŏrrèt,*		*ûchéét,*		*tchout,*
Plur.	1.		*bŏrrîmŏn,*		*ûchim,*		*tchímŏn,*
	2.		*bŏrrîn,*		*ûchin,*		*tchén,*
	3.		*bŏrrèn.*		*ûchèn.*		*tchén.*
Racine.	.		*bŏrr.*		*ûch.*		*tch.*

Verbes dans lesquels le radical s'est transformé au contact de la désinence pronominale (dialecte kirmanchahani) :

Sing.	1.	**K.**	*tiam,* je viens, pour	*hatiam.*	**K.**	*dam,* je donne, pour	*dadam.*
	2.		*tièït,*	— *hatièït.*		*dèït,*	— *dadèït.*
	3.		*tèt,*	— *hatèt.*		*dèït,*	— *dadèït.*
Plur.	1.		*tièĭm,*	— *hatièïm.*		*dèïmŏn,*	— *dadèïmŏn.*
	2.		*tièïn,*	— *hatièïn.*		*dèïn,*	— *dadèïn.*
	3.		*tièn.*	— *hatièn.*		*dán,*	— *dadan.*
Racine. .			. . . . .	*hat.*		. . . . .	*dad.*

Le verbe « être », dont la conjugaison est très irrégulière, est aussi fréquemment déformé dans le présent-futur. Le type le plus simple de ce verbe est donné
par le dialecte yézidi. Exemples :

Sing.	1.	*am,* je suis.	pour *am.*		Plur.	1.	*eïn,* nous sommes, pour	*aman.*
	2.	*i,* tu es.	— *it.*			2.	*han,* vous êtes.	— *atan.*
	3.	*a,* il est.	— *a.*			3.	*han,* ils sont.	— *cïan.*

En soleimaniéï, en laki, en moukri et en kirmanchahani, nous trouvons :

Sing.	1.	**M.** *ham, háma,*	**So.** *ham,*	**K.** *ham,*	**L.** *hassem,*
	2.	*heï, háta,*	*huē,*	*haït,*	*hassi,*
	3.	*ha, hèïa, háïèti,*	*has,*	*hass,*	*hass,*
Plur.	1.	*hèïn, hámana,*	*haïn,*	*haïmŏn,*	*hassîm,*
	2.	*heñ, hátâna,*	*han,*	*haïn,*	*hassîn,*
	3.	*han, háïâna.*	*han.*	*han.*	*hassèn.*

Ces formes n'ont rien de commun avec l'infinitif : *boun, béén, bian,* etc., mais
malgré leur irrégularité obéissent à la règle que je viens d'énoncer.

2° Préfixe *ma.* Ce préfixe existe dans le persan moderne et peut n'être qu'un emprunt fait à cette langue, si toutefois le kurde et le persan ne le possèdent pas depuis
les temps les plus reculés.

En persan ﻰﻤﻫ *hèmi* ou ﻰﻣ *mi* sont des préfixes caractéristiques du présent de l'indicatif. Ils donnent généralement au verbe un sens de continuité.

En kurde, les préfixes ﺎﻣ *ma,* ﻰﺎﻣ *mèï,* ﻰﻣ *mi* ont la même valeur qu'en persan.
Ils sont placés devant le verbe qui reste soumis à la première règle. Exemples :

Sing.	1.	**L.** *ma kam,* je fais.	**A.** *(ma) loudm,* je vais.
	2.	*ma kèït,*	*ma lou,*
	3.	*ma keï,*	*ma lou,*
Plur.	1.	*ma kèïm,*	*mŏ lmé,*
	2.	*ma kèïn,*	*mŏ lŏ,*
	3.	*ma kan.*	*mŏ lla.*

Les verbes qui suivent cette règle sont aussi fréquemment déformés. Exemples :

Sing.	1.	**L.**	*maam*, je donne,	pour *ma–dam.*	**L.** *mâm*, je viens, pour	*ma–hâtèm.*
	2.		*meïné*,	— *ma–deïné.*	*mâï*,	— *ma–hâtit.*
	3.		*meït*,	— *ma–deït.*	*mââ*,	— *ma–hâté.*
Plur.	1.		*mèïm*,	— *ma–deïmŏn.*	*mâïm*,	— *ma–hatimŏn.*
	2.		*meino*,	— *ma–deïno.*	*mâino*,	— *ma–hatino.*
	3.		*mean.*	— *ma–déan.*	*mân.*	— *ma–hatan.*
Racine. .			*da.*	*da.*	*hât.*	*hât.*

C'est ainsi qu'on trouve :

    R., **M.**, *mŏrrü*(*m*), je coupe, pour *ma börrü*(*m*); **M.**, **L.**, *mŏchèm*, je dis, pour *ma vŏtèm*, etc.

3° Le préfixe *da*, *dé*, *deï*, joue dans la construction du verbe le même rôle que *ma*, *mŏ*, *mo.* Exemples :

Sing.	1.	**M.** *dakam*, je fais.	**M.** *da rrŏm̃*, je vais.	**M.** *dalem*, je dis.
	2.	*dakeï*,	*da rrŏï*,	*daleï*,
	3.	*daka*,	*da rrouâ*,	*dalé*,
Plur.	1.	*dakeïn*,	*da rroïn*,	*daleïn*,
	2.	*dakán*,	*da rrŏn*,	*dalèn*,
	3.	*dakan.*	*da rrŏn.*	*dalèn.*
Infinitif. .		*krdn.*	*rroïn.*	*koutn.*

Sing.	1.	**M.** *deï–brrom*, je coupe.	**M.** *deï nasem*, je connais.	**M.** *deï kam owa*, j'ouvre.
	2.	*deï–brreï*,	*deï nasi*,	*deï kat owa*,
	3.	*deï–brrèt*,	*deï nased*,	*deï keï owa*,
Plur.	1.	*deï–brrín*,	*deï nasím*,	*deï keïn owa*,
	3.	*deï–brron*,	*deï nasîd*,	*deï kan owa*,
	3.	*deï–brron.*	*deï naseñd.*	*deï kan owa*,
Infinitif. .		*brrin.*	*nasín.*	*krdnawa.*

Quelquefois la contraction, au lieu de frapper le radical, tombe sur le préfixe :

Sing.	1.	**So.** *arrom*, je vais,	pour	*da rrom*,
	2.	*arroï*,	—	*da rroït*,
	3.	*arrüé*,	—	*da rrüé*,
Plur.	1.	*arrüín*,	—	*da rrüimèn*,
	2.	*arrüï*,	—	*da rrüïtan*,
	3.	*arron.*	—	*da rroian.*
Infinitif. .		*rrüin.*		

De même on rencontre :

    D., *aedam*, je donne, pour *daédam*; **D.**, **So.**, *aékam*, je fais, pour *daé kam.*

Nous verrons plus loin que le complément direct du verbe joue un rôle fort important dans la conjugaison. Nous ne devons pas être surpris de le voir remplacer le préfixe *deï* dans les verbes composés :

    M., *lé dan*, frapper, battre, signifie «donner (*dan*) un coup (*lé*)».

Il forme à l'indicatif present :

			au lieu de	
Sing.	1.	*lɜï dedm,*	au lieu de	*lé deï dedm.*
	2.	*lɜï dedeï,*	—	*lé deï dedeï.*
	3.	*lɜï deda,*	—	*lé deï deda.*
Plur.	1.	*lɜï dedoïn,*	—	*lé deï dedoïn.*
	2.	*lɜï dedan,*	—	*le dei dedan.*
	3	*lɜï dedèn,*	—	*le deï dedèn.*

De même nous voyons le préfixe négatif jouer le même rôle :

M. *deï nasem,* je connais.	*neï nasem,* je ne connais pas.
M. *ma ou am,* je suis.	*nf ma,* je ne suis pas.
M. *deï kam awa,* j'ouvre.	*neï kam awa,* je n'ouvre pas.
M. *da rroⁿ,* je vais.	*na rroⁿ,* je ne vais pas.
M. *da kam,* je fais.	*na kam,* je ne fais pas.
Si. *dejm,* je dis.	*nâ ejm,* je ne dis pas.
M. *deï bɼrom,* je coupe.	*naï bɼrom,* je ne coupe pas.
M. *deï leinmowa,* je trouve.	*neï binmowa,* je ne trouve pas.
L. *da tchŏm,* je vais.	*na tchŏm,* je ne vais pas.
M. *da bɱ,* je suis.	*na bɱ,* je ne suis pas.
M. *da lem,* je dis.	*na lem,* je ne dis pas.

Dans le cas d'un verbe composé, le préfixe *deï* ayant déjà disparu pour faire place au régime direct nécessaire au sens du verbe, le préfixe négatif affecte directement la racine que parfois il altere : *leï dedem* devient *leï nadem,* et non *leï nadadem.* Il est même admissible que le radical soit déjà simplifié dans *dadem* et renferme le préfixe du présent *da;* dans cette hypothèse, c'est le préfixe *da* qui céderait la place au négatif *na,* le radical demeurerait *da* dans *dèm.* N'ayant qu'un seul exemple de cette transformation et cet exemple portant sur un verbe dont le thème est *dad* ou *da,* je ne puis trancher cette question dans un sens ou dans l'autre.

On remarquera que ce sont les mêmes verbes pris dans des dialectes différents qui m'ont servi à établir ces lois, et ces dialectes se sont trouvés séparés eux-mêmes dans la classification.

Règle n° 1. Thème + désinence pronominale. Usitée principalement dans le dialecte kirmanchahani, n'est cependant pas étrangère aux autres, So., L., M.

Règle n° 2. Préfixe *ma* + thème + désinence pronominale. Cette règle est fréquente dans le dialecte laki, mais existe dans quelques autres, A., R.

Règle n° 3. Préfixe *da* + thème + désinence personnelle. Presque spéciale au dialecte de Moukri. Cette loi possède quelques rares cas dans les autres dialectes, So., Si., L.

TEMPS PASSÉS.

Dans les langues kurdes comme en persan, les temps passés sont au nombre de quatre : l'imparfait, le prétérit, le prétérit composé et le plus-que-parfait. Cette richesse n'a rien de surprenant, car dans toutes les langues iraniennes nous voyons le passé se présenter sous un très grand nombre de formes.

IMPARFAIT.

L'*imparfait* se forme toujours à l'aide d'un auxiliaire précédant le thème du verbe; la désinence pronominale affecte cet auxiliaire, et non le thème, qui demeure invariablement au participe passé. Exemples :

Sing.	1. **D.**	ام کرت	*am kŏrt*, je faisais;	=	*a–m kŏrt*, j'étais faisant, j'ai fait.
	2.	او کرت	*aŏ kŏrt,*		*a–ŏ kort,*
	3.	ای کرت	*aé kŏrt,*		*a–é kŏrt,*
Plur.	1.	امن کرت	*aman kŏrt,*		*a–man kŏrt,*
	2.	اتن کرت	*atan kŏrt,*		*a–tan kŏrt,*
	3.	ان کوت	*añ kŏrt,*		*a–ñ kŏrt.*
Sing.	1. **D.**	ام دا	*am da*, je donnais;	=	*a–m da*, j'étais donnant, j'ai donné.
	2.	او دا	*aŏ da,*		*a–ŏ da,*
	3.	ای دا	*aé da,*		*a–é da,*
Plur.	1.	امن دا	*aman da,*		*a–man da,*
	2.	اتن دا	*atan da,*		*a–tan da,*
	3.	ان دا	*añ da.*		*a–ñ da.*

C'est ainsi que le dialecte djâfi fournit encore :

ام قوت *am wout*, je disais, j'étais disant, j'ai dit, de *watèn*, dire.

Celui de Sihneh donne un exemple semblable, mais les désinences personnelles y ont parfaitement conservé leurs caractères archaïques et en font le type le plus complet de la formation de l'imparfait.

Sing.	1. Si.	ام قوت	*am wout*, je disais,	=	*a–m wout,*
	2.	ات قوت	*at wout*, tu disais,		*a–t wout,*
	3.	ای قوت	*aï wout*, il disait,		*a–ï wout,*
Plur.	1.	امن قوت	*aman wout*, nous disions,		*a–man wout,*
	2.	اتن قوت	*atan wout*, vous disiez,		*a–tan wout,*
	3.	این قوت	*aïan wout*, ils disaient,		*a–ïan wout.*

L'auxiliaire *a* ne se rencontre que dans les exemples que je viens de citer; on ne le trouve jamais jouant le rôle de verbe isolé, bien que son rôle soit des plus importants dans la grammaire kurde. Il tient lieu des auxiliaires français « être et avoir ».

Dans le cas actuel *a* est isolé avant la racine verbale, mais il arrive aussi, dans les temps autres que le passé, que *a* suit la racine et précède la désinence personnelle ou le thème. Exemples :

نيام *niám*, je laisse, je laisserai,

est composé du radical *ni*, de l'auxiliaire *a*, et de la désinence pronominale *m*.

ناچوم *natchŏm*, je ne vais pas, je n'irai pas,

est composé de *n*, préfixe du négatif, de l'auxiliaire *a*, de la racine verbale *tch* et du suffixe pronominal *ŏm*.

Au présent, l'existence de l'auxiliaire *a* n'est pas sensible, cette voyelle se confondant soit avec les préfixes, soit avec les suffixes, mais à l'imparfait, dans les exemples que je viens de donner, sa présence est parfaitement caractérisée, et bien que dans tous les paradigmes verbaux l'auxiliaire *a* joue un très grand rôle, je n'ai pas cru devoir en tenir compte jusqu'à ce que l'exposé des temps m'ait amené à montrer son évidence.

L'auxiliaire *a* ou verbe normal existe aussi en persan et semble devoir appartenir aux débris d'un temps du vieux verbe pronominal :

Sing. 1. ام *am*, ou م *m*,	Plur. 1. ايم *ím* ou يم *ím*,
2. ای *ï*, ou ی *i*, ou ء *ï*,	2. ايد *íd* ou يد *íd*,
3. د *d*, ou ت *t*, ou است *est*.	3. اند *end* ou ند *end*.

En persan, ce tronçon verbal, pris isolément, n'a aucune signification, comme en kurde d'ailleurs, mais il s'adjoint à toutes les parties du discours, soit conjugables, soit déclinables.

En kurde, le verbe normal ne diffère du persan que par ses suffixes pronominaux; mais alors qu'en persan il fait toujours partie intégrante du mot, en kurde il se rencontre isolé et son existence est mieux prouvée qu'en persan.

Peut-être doit-on considérer l'augment en sanskrit et en grec comme jouant le même rôle, par rapport aux flexions verbales, que l'*a* kurde. Dans ces conditions on aurait :

Sanscrit.....	*áb'aram* = *á–b'ar–am*,	= été + porter + je	= je portais,
Grec.......	ἐφερον = ἐ–φερ–ον,	=	*Idem.* *Idem.*
Sanscrit.....	*áb'aras* = *á–b'ar–as*,	= été + porter + tu	= tu portais,
Grec.......	ἐφερες = ἐ–φερ–ες,	=	*Idem.* *Idem.*
Sanscrit.....	*áb'arat* = *á–b'ar–at*,	= été + porter + il	= il portait.
Grec.......	ἐφερε(τ) = ἐ–φερ–ε(τ)	=	*Idem.* *Idem.*

En zeñd, bien qu'à l'imparfait l'augment soit généralement supprimé, on en rencontre toutefois quelques exemples :

Zeñd. *abavad* = *a—bav—ad* = été + être + il = il était.

a serait l'auxiliaire primitif que je traduis improprement par « été », mais qui n'a aucune relation avec la racine du verbe « être », *bav*.

Zeñd. *as'aṇhad* = *a—s'aṇh—ad* = été + dire + il = il disait ;
— *advaranta* = *a—dvar—an—ta* = été + courir + s + il = ils couraient.

Dans ce cas, la désinence du pluriel précède celle de la personne, de même que nous avons en persan *mirevend*, *mikerdend*, en latin *faciunt*, *dant*, etc., et en français « ils font, ils vont ».

Dans la plupart des cas le verbe auxiliaire normal n'est pas détaché, mais forme partie intégrante du suffixe *d(a)*, *n(a)*, *m(a)*, et se trouve généralement affecté de la désinence personnelle, ce qui augmente encore la difficulté de sa recherche. Exemples :

So. دام کرت *dam kŏrt* = *d—a—m kŏrt*, je faisais (thème کرت *kŗd*).
M. دام ناسی *dam nâsi* = *d—a—m nâsi*, je connaissais (thème ناس *nâs*).
M. دام کوت *dèm gout* = *d—è—m gout*, je disais (thème کوت *gout*).

dam se compose alors du préfixe *d*, du verbe auxiliaire *a* et du suffixe pronominal *m* « je, moi ». Il en est de même pour toutes les personnes.

		So.	M.	M.
Sing.	1.	*dam kŏrt,*	*dam nâsi,*	*dèm gout,*
	2.	*dat kŏrt,*	*dat nâsi,*	*dèt gout,*
	3.	*dé kŏrt,*	*daï nâsi,*	*dèï gout,*
Plur.	1.	*daman kŏrt,*	*daman nâsi,*	*daman gout,*
	2.	*dutan kŏrt,*	*dû ndsi,*	*dutan gout,*
	3.	*déan kŏrt.*	*daïan nâsi.*	*duïan gout.*

D'après la même règle, la particule négative *nam*, *nat*, *neï*, *naman*, *natan*, *naïan* se compose de *n+a+m*, *n+a+t*, etc., *n+a+m+an*, *n+a+t+an*, et donne au verbe toute la valeur qui n'est pas renfermée dans la racine. Exemples :

		M.		M.	
Sing.	1.	*nam nasiou,* je ne connaissais pas.		*nam bŗrí,* je ne coupais pas.	
	2.	*nat nasiou,*		*nat bŗrí,*	
	3.	*nèï nasiou,*		*neï bŗrí,*	
Plur.	1.	*naman nasiou,*		*naman bŗrí,*	
	2.	*natan nasiou,*		*natan bŗrí,*	
	3.	*naïan nasiou.*		*naïan bŗrí.*	

		S.		M.	
Sing.	1.	*nam wout,* je ne disais pas.		*nam bou* ou *bé*, je n'avais pas.	
	2.	*nat wout,*		*nat bou* ou *bé*,	
	3.	*nèï wout,*		*neï bou* ou *bé*,	
Plur.	1.	*naman wout,*		*naman bou* ou *bé*,	
	2.	*natan wout,*		*natan bou* ou *bé*,	
	3.	*naïan wont.*		*nèïan bou* ou *bé*.	

Dans quelques verbes le préfixe *d* ne disparaît pas devant le négatif *n*; *n* n'en conserve pas moins la désinence pronominale, mais les deux semblent être accompagnés de l'auxiliaire, c'est une sorte de redoublement. Exemples :

Sing. 1. **M.** *nam da nasi*, je ne connaissais pas.   **M.** *nam du gout*, je ne disais pas.
     2.   *nab ta nasi*,   *nab ta gout*,
     3.   *neï da nasi*,   *neï da gout*,
Plur. 1.   *naman da nasi*,   *naman da gout*,
     2.   *natan da nasi*,   *natan da gout*,
     3.   *naïan da nasi*.   *naïan da gout*.

Sing. 1. **M.** *nam da körb*, je ne faisais pas.
     2.   *nab ta körb*,
     3.   *neï du körb*,
Plur. 1.   *naman da körb*, nous ne faisions pas.
     2.   *natan du körb*,
     3.   *naïan da körb*.

Le dialecte de Sihnèh fournit un exemple de la transition entre les deux formes : *nam körb* et *nam da körb*; le *d* a disparu et il ne reste plus que le verbe auxiliaire *a*.

Sing. 1. **Si.** *nam a wout*, je ne disais pas.   Plur. 1. **Si.** *naman a wout*, nous ne disions pas.
     2.   *nat a wout*,   2.   *natan a wout*,
     3.   *neï a wout*.   3.   *naïan a wout*.

Dans les verbes composés, l'imparfait se forme d'après la même règle que celle qui régit la formation des négatifs; le complément du verbe prend alors la place du *n* négatif. Exemples :

Sing. 1. **M.** *lém da-bou*, je battais.   Plur. 1. **M.** *léman da-bou*, nous battions.
     2.   *lét ta-bou*,   2.   *létan da-bou*,
     3.   *léï da-bou*.   3.   *léïan da-bou*.

Si le verbe composé devient lui-même négatif, la particule *na* entre dans la composition du verbe; elle est placée entre le régime direct et le radical et demeure invariable. Exemples :

Sing. 1. **M.** *lém na da-bou*, je ne battais pas.   Plur. 1. **M.** *léman na da-bou*, n. ne battions pas.
     2.   *lét na da-bou*,   2.   *létan na da-bou*,
     3.   *léï na da-bou*.   3.   *léïan na da-bou*.

Dans cet exemple, *da* n'est pas un préfixe, mais bien le thème du verbe « battre », se disant dans le dialecte de Moukri : *lé dan* « coup donner »; dès lors, *lém na da-bou* signifie littéralement : « coup-je non donné était ».

PRÉTÉRIT.

Le prétérit se forme en faisant suivre le radical du verbe du suffixe pronominal accentué. Exemples :

Sing.	1. **L.**	*kŏrdûm*, je fis.	**M.** *rróîm*, j'allai.	**R.** *mŏrrîm*, je coupai.
	2.	*kŏrdût,*	*rróît,*	*mŏrríd,*
	3.	*kŏrdû,*	*rróî,*	*mŏrrî,*
Plur.	1.	*kŏrdûmán,*	*rróîn,*	*mŏrrîmán,*
	2.	*kŏrdûtán,*	*rróîn,*	*mŏrrîtán,*
	3.	*kŏrdûân.*	*rróîn.*	*mŏrríchán.*

C'est ainsi que se forment :

A. *bián–mán*, j'eus, je fus (j'avais).
bián–mŏn, j'eus, je fus (j'avais eu).
biá–mŏn, je fus, (j'ai été).
kardèm, je fis.
kardumŏn, je fis (j'avais fait).
D. *dáŏm*, je donnai (j'avais donné).
diảm, je donnai.
watiam, je dis (je disais).
wŏtoum, je dis (j'avais dit).
K. *bŏrím*, je coupai (je coupais).
bŏrûm, je coupai (j'avais coupé).
bûm, je fus (j'étais).
chŏnassûm, je connus (j'avais connu).
datûm, je donnai (j'avais donné).
dảm, je donnai (je donnais).
dachtèm, j'eus (j'avais).
hátŏm, je vins (je venais).
hátûm, je vins (j'étais venu).
moutèm, je dis (je disais).
tchûm, j'allai (j'étais allé).
wá kèrdûm, j'ouvris (j'ouvrais).
watèm, je dis (je disais).
watûm, je dis (j'avais dit).
Si. *woutm*, je dis.
L. *bîm*, je fus (j'étais).
bŏrím, je coupai (j'ai coupé).
hátèm, je vins (je suis venu).
kŏrdèm, je fis (j'ai fait).

L. *kŏrdûm*, je fis (j'ai fait).
mádm, je donnai (je donnais).
mahatèm, je vins (je venais).
makardèm, je fis (je faisais).
matchiám, j'allai (j'allais).
midchtèm, j'eus (j'avais).
mŏrréám, je coupai (je coupais).
mŏtŏm, je dis (je disais).
wŏtm, je dis (j'ai dit).
M. *boûm*, je fus (j'étais).
boûm, j'eus (j'avais).
bouvm, je fus (j'ai été).
darroîm, j'allai (j'allais).
koutm, je dis.
rroîvoum, j'allai (je suis allé).
R. *biám*, je fus.
bŏm, j'eus.
bŏrrîm, je coupai.
dám, je donnai (je donnais).
kŏrdŏm, je fis (j'ai fait).
kardèm, je fis.
mŏrrîm, je coupai.
watèm, je dis (j'ai dit).
A. *arrûîm*, *rrûîm*, j'allai (j'allais).
bougŏm, je fus (j'étais).
rrûîgam, j'allai (j'étais allé).
Y. *tchoûm*, *dachoûm*, j'allai (j'allais).

Les dialectes kurdes, n'étant pas écrits, n'ont pu se conserver aussi intacts que les langues littéraires, telles que le persan; aussi les indigènes emploient-ils fréquemment le même mot pour exprimer des idées quelque peu différentes. C'est ainsi que le prétérit, qui est la plus usitée des formes du passé, remplace souvent le parfait ou le plus-que-parfait. J'ai fait suivre chaque expression kurde de sa traduction rigoureuse, mettant entre parenthèses les acceptions secondaires. On remarquera également que dans ces verbes beaucoup sont devenus irréguliers par suite de l'usage, mais il est facile de les ramener tous à leur forme primitive.

Le dialecte kirmanchahani présente pour le verbe « avoir », thème *dar*, une exception dans la formation du prétérit et de son négatif; le tronçon d'auxiliaire *a* y figure entre la racine du verbe et l'auxiliaire réel *boun* « être », qui est affecté de la désinence personnelle.

Sing.	1.	*dara bûm*	pour *dar-a-bû-m,*	*né ara bûm*	pour	*nè dar-a-bû-m.*
	2.	*dara bût*	— *dar-a-bû-t,*	*nè ara bût*	—	*nè dar-a-bû-t.*
	3.	*dara bû*	— *dar-a-bû-ï*	*nè ara bû*	—	*nè dar-a-bû-ï.*
Plur.	1.	*dara bûmèn*	— *dar-a-bû-imèn,*	*nè ara bûmèn*	—	*né dar-a-bû-imèn.*
	2.	*dara bûn*	— *dar-a-bû-tan,*	*nè ara bûn*	—	*nè dar-a-bû-tan.*
	3.	*dara bûn*	— *dar-a-bû-ïan,*	*nè ara bûn*	—	*nè dar-a-bû-ïan.*

Le négatif du prétérit se forme en ajoutant au prétérit simple le préfixe *na*. Exemples :

Sing.	1.	**M.** *nabom,*	*nabouvm,* je ne fus pas.	*na rroïvoum,* je ne suis pas allé.
	2.		*nabouï,* *nabouvi,*	*na rroïvi,*
	3.		*nabou,* *nabouv,*	*na rroïva,*
Plur.	1.		*nabouîn,* *nabouvîn,*	*na rroïvîn,*
	2.		*nabououn,* *nabouvn,*	*na rroïvõn,*
	3.		*naboun.* *nabouvn.*	*na rroïvõn.*

PRÉTÉRIT COMPOSÉ.

Le prétérit composé dans les verbes kurdes est un temps simple formé du prétérit simple suivi du suffixe *a*, qui, peut-être aussi dans ce cas, joue le rôle d'auxiliaire; on aurait alors :

R. *bûm,* je fus.	*bûm-a,* je fus été, j'ai été.
K. *wâ kerdèm,* j'ouvris.	*wâ kerdèm-a,* j'ouvris été, j'ai ouvert.
L. *wotèm,* je dis.	*wotèm-a,* je dis été, j'ai dit.
M. *krdûm,* je fis.	*krdoum-a,* je fis été, j'ai fait.

a joue ici le rôle de suffixe du passé renforçant cette notion déjà exprimée par le prétérit. Ainsi se conjuguent :

So. *boumá,* j'ai eu (j'avais).	**M.** *krdoumá,* j'ai fait.
K. *bōrîmá,* j'ai coupé.	**M.** *ktoumá,* j'ai dit.
M. *bõrîoumá,* j'ai coupé.	**M.** *nasioumá,* j'ai connu.
K. *bûmá,* j'ai été.	**L.** *tchémá,* je suis allé.
K. *dâmá,* j'ai donné.	**K.** *wâ kèrdémá,* j'ai ouvert.
L. *dámá,* j'ai donné.	**K.** *watémá,* j'ai dit.
K. *hâtémá,* je suis venu.	**L.** *wõtmá,* j'ai dit (j'avais dit).

Fréquemment, la désinence personnelle s'étant contractée dans la composition du verbe, c'est la consonne finale *n* qui est restée de *men, man, mön, amön*, au lieu de l'*m* initiale.

Exemples :

R. *amané*, je suis venu.
A. *bianá*, j'ai été (j'étais).
R. *bièná*, j'ai été.
A. *llouaná*, je suis allé (j'étais allé).
R. *louané*, je suis allé.

Dans les dialectes de Ṣoleïmaniyèh et de Sihnèh, le renforcement de la désinence personnelle s'obtient en lui adjoignant un *g* dans le prétérit simple. Il en résulte que pour le prétérit composé, on obtient :

Si. *woutégma*, j'ai dit. — **So.** *bougöma*, j'ai eu (j'avais eu); *kördigma*, j'ai fait (j'avais fait).

Dans les dialectes laki et kirmanchahani, nous trouvons, au lieu du suffixe *a*, le composé *assa*.

Exemples :

L. *kördemussa*, j'ai fait.
L. *börîmussa*, j'ai coupé.
L. *dâmassa*, j'ai donné; *dâmassa bén*, j'avais donné.
L. *hâtemassa*, je suis venu (j'étais venu).
K. *chöndsimesse*, j'ai connu.

Dans les verbes terminés en *awa, owa*, le suffixe *a* ne pouvant exister comme déterminatif est remplacé par l'infixe *èt* placé entre la désinence personnelle et le suffixe *awa, owa*.

Exemples :

M. *kṛdoumetawa*, j'ai ouvert (*kṛd–oum–et–awa*); *dioumetowa*, j'ai trouvé (*di–oum–et–owa*).

PLUS-QUE-PARFAIT.

De même que le prétérit composé dérive du prétérit simple, le plus-que-parfait n'est autre qu'un renforcement de l'imparfait. Il est beaucoup moins usité que les temps simples et plus particulièrement que le prétérit.

La composition du plus-que-parfait se fait comme celle de l'imparfait, mais on y ajoute le suffixe *a* dont la valeur est de renforcer la notion du passé.

kṛd, kṛt	devient *kṛdoua*.		*bṛrê*	devient *brioua*.
du	— *dada, dawa*.		*kout*	— *k'toua*, etc.

C'est ainsi que nous voyons :

IMPARFAIT.

M. *lém dada*, j'avais battu.	*lem—da.*
M. *lém na dada*, je n'avais pas battu.	*lem na da.*
M. *lém dawa*, j'avais battu.	
M. *lém na dawa*, je n'avais pas battu.	
M. *dam brioua*, j'avais coupé.	*dam brrí.*
M. *nam brioua*, je n'avais pas coupé.	*nam brrí.*
M. *dam ktoua*, j'avais dit.	*dam gout, kout.*
M. *nam ktoua*, je n'avais pas dit.	*nam gout, kout.*
M. *dam boua*, j'avais eu.	*dam bou.*
M. *nam boua*, je n'avais pas eu.	*nam bou.*
M. *dam krdoua*, j'avais fait.	*dam ·kört.*
M. *nam krdoua*, je n'avais pas fait.	*nam kört.*
Si. *dam woutéga*, j'avais dit.	*dam wout.*
Si. *nam woutéga*, je n'avais pas dit.	*nam wout.*

Pour les verbes terminés en *owa*, *awa*, le suffixe *a* ne pouvant être placé à la fin du verbe, on suit la loi du prétérit composé, et devant ce temps on place le préfixe *da*, *dam*, *dat*, *deï*, etc. Exemples :

M. *dam krdouetawa*, j'avais ouvert.
nam krdouetawa, je n'avais pas ouvert.

M. *dam diouetowa*, j'avais trouvé.
nam diouetowa, je n'avais pas trouvé.

L'imparfait prend alors la forme que nous voyons au plus-que-parfait dans les autres verbes. Exemples :

M. *dam krdawa*, j'ouvrais.
nam krdawa, je n'ouvrais pas.

M. *dam diowa*, je trouvais.
nam dádiowa, je ne trouvais pas.

CONDITIONNEL.

Il n'existe pas en kurde de flexion spéciale pour le conditionnel; on l'obtient comme en persan, en faisant précéder le verbe de la conjonction dubitative اگر *ègèr* « si ». Cette conjonction peut affecter le prétérit simple et le prétérit composé seulement. Exemples :

CONDITIONNEL SIMPLE.

A. *ager kardamõn*, je ferais (si je fis).
D. *ager didm*, je dirais (si je dis).
K. *ager börím*, je couperais (si je coupai).
K. *ager hatõm*, je viendrais (si je viens).
L. *ager bím*, je serais (si je fus).
M. *ager rroïvoum*, j'irais (si j'allais).
R. *ager dâm*, je donnerais (si je donnai).

CONDITIONNEL COMPOSÉ.

So. *agèr boumá*, j'aurais eu (si j'ai eu).
K. *agèr bôrímá*, j'aurais coupé (si j'ai coupé).
K. *agèr dâmá*, j'aurais donné (si j'ai donné).
M. *agèr krdoumá*, j'aurais fait (si j'ai fait).
M. *agèr nasioumá*, j'aurais connu (si j'ai connu).
L. *agèr tchèmá*, je serais allé (si je suis allé).
K. *agèr watémá*, j'aurais dit (si j'ai dit).

SUBJONCTIF.

Le subjonctif présent et composé se forme comme le conditionnel, mais au lieu d'employer la conjonction *agèr*, on fait usage de *ké*, *ki*, *ka*, placé devant l'indicatif présent pour le présent du subjonctif, et devant le prétérit pour rendre le subjonctif passé. On dira par exemple :

<table>
<tr><td colspan="2">SUBJONCTIF PRÉSENT.</td><td colspan="2">SUBJONCTIF PASSÉ.</td></tr>
<tr><td>M.</td><td>*ké sazîm*, que je bâtisse.</td><td>D.</td><td>*ké daôm*, que je donnasse.</td></tr>
<tr><td>M.</td><td>*kà wakam*, que j'ouvre.</td><td>D.</td><td>*ké didm*, que je visse.</td></tr>
<tr><td>M.</td><td>*ké tchém*, que j'aille.</td><td>K.</td><td>*ké tchûm*, que j'allasse.</td></tr>
<tr><td>M.</td><td>*ké bŏrrèm*, que je coupe.</td><td>L.</td><td>*ké môrrèdm*, que je coupasse.</td></tr>
</table>

Ce mode, comme d'ailleurs le conditionnel, n'étant pas exprimé par une flexion du verbe, les règles de sa composition rentrent plutôt dans la syntaxe que dans la conjugaison des verbes.

IMPÉRATIF.

En kurde, l'impératif se forme de la même manière qu'en persan; on fait précéder le verbe pris au présent de l'indicatif de la particule *bè*, *bŏ*, بِ. Exemple :

<table>
<tr><td>Sing. 2.</td><td>K. *bŏ-sáz*, bâtis.</td><td>Plur. 1.</td><td>K. *bŏ-sázîm*, bâtissons.</td></tr>
<tr><td>3.</td><td>*bŏ-sázit*, qu'il bâtisse.</td><td>2.</td><td>*bŏ-sazèn*, bâtissez.</td></tr>
<tr><td></td><td></td><td>3.</td><td>*bŏ-sazèn*, qu'ils bâtissent.</td></tr>
</table>

<table>
<tr><td></td><td></td><td>FORME NOUVELLE.</td><td>FORME ANCIENNE.</td></tr>
<tr><td>Sing.</td><td>2. So.</td><td>*bŏ-ró*,</td><td>*bŏ rüit*.</td></tr>
<tr><td></td><td>3.</td><td>*bŏ-roua*,</td><td>*bŏ roua*.</td></tr>
<tr><td>Plur.</td><td>1.</td><td>*bŏ-rüîn*,</td><td>*bŏ rüîmŏn*.</td></tr>
<tr><td></td><td>2.</td><td>*bŏ-rót*,</td><td>*bŏ ruîtan*.</td></tr>
<tr><td></td><td>3.</td><td>*bŏ-rou*,</td><td>*bŏ rouan*.</td></tr>
</table>

Ces deux formes se sont conservées dans le dialecte de Soleimaniyèh; l'un, le nouveau, est défiguré par l'influence persane; l'autre a conservé ses formes archaïques. Quoi qu'il en soit, les altérations n'ont eu lieu que dans les désinences personnelles, la flexion du verbe est restée la même. Ainsi se conjuguent :

<table>
<tr><td colspan="3">IMPÉRATIF.</td></tr>
<tr><td>R.</td><td>*louan*, aller,</td><td>*bŏlá*, va.</td></tr>
<tr><td>L.</td><td>*tchŏn*, aller,</td><td>*bŏtchou*, va.</td></tr>
<tr><td>So.</td><td>*rrüin*, aller,</td><td>*bŏ ró*, va.</td></tr>
<tr><td>K.</td><td>*tchéen*, aller,</td><td>*bŏtchou*, va.</td></tr>
</table>

IMPÉRATIF.

M.	*rróin*, aller,	*bŏró*, va.
K.	*sâzín*, bâtir,	*bŏsdz*, bâtis.
K.	*chŏnâsîn*, connaître,	*benas*, connais.
M.	*brrin*, couper,	*bŏrá*, *bí bŏra*, coupe.
D.	*waatṇ*, dire,	*bi éj*, dis.
L.	*wóton*, dire,	*b–ouch*, dis.
M.	*kontṇ*, dire,	*bŏ lé*, dis.
K.	*woutṇ*, dire,	*bûch*, dis.
Si.	*woutṇ*, dire,	*b–éjá*, dis.
R.	*waten*, dire,	*b–atch*, dis.
R.	*dan*, donner,	*bŏá* pour *bŏdá*, donne.
L.	*daen*, donner,	*béïti* pour *bŏ–deïti*, donne.
D.	*dáïán*, donner,	*bídá*, donne.
K.	*daèn*, donner,	*béïa* pour *bé–deïa*, donne.
M.	*boun*, être,	*bá*, *bŏbá*, sois.
L.	*kŏrden*, faire,	*bŏkèití*, *bŏká*, fais.
M.	*kṛdṇ*, faire,	*b'ká*, fais.
R.	*kerdṇ*, faire,	*bŏ–kara*, fais.
So.	*kŏrden*, faire,	*bi–ká*, fais.
K.	*niân*, laisser,	*bil*, laisse.
M.	*kṛdṇawa*, ouvrir,	*bi–kawa*, ouvre.
K.	*bŏrín*, couper,	*bowor*, coupe.
M.	*dinowa*, trouver,	*bi–biniowa*, trouve.
R.	*áman*, venir,	*bouré*, viens.
L.	*háten*, venir,	*bouri*, viens.
K.	*haten*, venir,	*báo*, viens.

Quand le verbe est accompagné de son régime direct (verbes composés), la flexion est la même pour l'impératif. Exemple :

    M. *leï–bŏ–da*, frappe.

Dans les impératifs prohibitifs, la particule positive *bé*, *bŏ*, *bí* est remplacée par la négation *na*, *neï* ou *ma*. Exemples :

M. *leï na–da*, ne frappe pas.	**M.** *na–biniowa*, ne trouve pas.
M. *na–lé*, ne dis pas.	**M.** *na–ro*, *ma–ro*, ne va pas.
M. *na–ká*, *na keï*, ne fais pas.	**Si.** *méyejá*, ne dis pas.
M. *neï–kawa*, n'ouvre pas.	

Outre cette forme régulière de l'impératif, il n'est pas rare que les Kurdes fassent usage de l'indicatif présent seul; ils suppriment la particule *bŏ*, *bé* et en remplacent le sens par l'intonation de la phrase. Exemples :

A. *k'aro*, fais.	**So.** *bûin*, soyons.	**K.** *ban*, soyez.
Y. *harro*, va.	**A.** *bouá*, soyez.	**K.** *wâká*, *wâ bŏká*, ouvre.
A. *louá*, va.	**L.** *bŏŏrté*, coupe.	**K.** *wâkan*, *wâ bŏkan*, ouvrez.
So. *bouá*, sois.	**L.** *bousi*, qu'il soit.	

PARTICIPES.

Il existe en kurde deux participes qui, tous deux, appartiennent au passé : l'un, le plus simple, le participe passé qui sert à la formation de l'imparfait, et l'autre, le participe passé antérieur [1], qui entre dans la composition du plus-que-parfait.

PARTICIPE PASSÉ,

Le participe passé se forme de diverses manières suivant les dialectes; souventil se compose uniquement du thème du verbe. Exemples :

			NÉGATIF.
K. *chŏnáss*	de *chŏnásîn*, connaître,		*neináss.*
M. *kŏrt*,	de *krdŋ*, faire,		*na kŏrt.*
M. *gout*,	de *koutŋ*, dire,		*na gout.*
K. *wat*,	de *waten*, dire,		*na wat.*
D. *da*,	de *daen*, donner,		*na da.*
M. *bou*,	de *boun*, être,		*na bou.*

Dans le dialecte de Moukri, on fait souvent suivre le participe passé d'un *v*, afin de le distinguer de la troisième personne du singulier du prétérit simple, dans laquelle, souvent, le suffixe personnel *i* est omis. Exemples :

> **M.** *bouv*, été, *nabouv*, pas été; *krdouv*, fait, *na kroudv*, pas fait.

Ou bien on emploie cette troisième personne même du singulier du prétérit simple en lui adjoignant le suffixe *ou*. Exemples :

> **M.** *rrót*, il alla, *rrótou*, allé, de *rróin; narrótou*, pas allé; *ktou*, dit, de *koutŋ*.

Le dialecte ridjabi remplace les suffixes de Moukri par une désinence spéciale *ch*, *ich*, *nich* qui joue le même rôle et devient *s* en kirmanchahani. Exemples :

R. *bŏrianich*, coupé, de *bŏrrîn.*	**K.** *bŏriás.*	
R. *danich*, donné, de *dan.*	**K.** *dás.*	
R. *waténich*, dit, de *waten.*		
R. *kardèch*, fait, de *krdèn.*		

Le participe passé des verbes en *owa* se forme d'une manière très irrégulière. Exemples :

> **M.** *binrawetowa*, trouvé, de *dinowa; krabowa*, ouvert, de *krdŋawa.*

---

[1] Je nomme *participe passé antérieur* un temps qui n'existe pas dans nos langues; il consiste dans le fait qu'il y a renforcement de la notion du passé. Soit, par exemple, le participe passé français «donné»; le participe passé antérieur sera «déjà donné».

En kirmanchahani, ils semblent suivre la règle générale pour ce dialecte.
Exemple :

> *wás*, ouvert, de *krdęnawa* ou *wahrdèn*, ouvrir.

PARTICIPE PASSÉ ANTÉRIEUR.

Le participe passé antérieur se forme en ajoutant au participe passé le suffixe *a*,
é, *i* qui, comme nous l'avons vu, correspond à « déjà été » en français. Exemples :

Y. *rrou, rrû*, allé.	*rroua, rrâi*, déjà été.
Y. *bou*, été.	*biè*, déjà été.
K. *hât*, venu.	*haté*, déjà venu.
R. (*am*), venu.	*ama*, déjà venu.
D. *kört*, fait.	*köriá*, déjà fait.
R. (*lou*), allé.	*loua*, déjà allé.
K. (*börr*), *börf*, coupé.	*böriá*, déjà coupé.
Y.	*harma*, déjà allé.

Dans le dialecte de Moukri, le participe passé antérieur prend parfois le suffixe
owa, *awa* au lieu de *a*, *é*, *i*. Exemples :

M. *brrawa*, déjà coupé (par abré- viation, *briouwa*).	**M.** *lè derawa*, déjà battu.
M. *derawa*, déjà donné (par abré- viation *dawa*).	**M.** *krdoua, krdųa*, fait.
	M. *ktoua, ktwa*, dit.

Je n'étendrai pas plus longuement mes observations sur la conjugaison des verbes
kurdes; il serait aisé d'entrer dans des comparaisons très étendues avec la flexion
des verbes dans les diverses langues iraniennes, mais ce travail m'entraînerait au
delà des limites que je me suis tracées en cherchant à faire connaître seulement
les dialectes kurdes de Perse.

2. LISTE DES VERBES KURDES
RANGÉS SUIVANT L'ORDRE DE LEURS CORRESPONDANTS PERSANS.

آب دادن *âb dâdèn* « tremper (en parlant des métaux) », **D.**, *ao dâdų*; **L.**, *aô daèn*;
R., *ao dan* « donner l'eau ».

ابتدا کردن *èbtèda kèrden* « commencer », **G.**, *eptéda krdų*; **K.**, *eptéda krdèn*; **D.**,
R., *awâl kördèn*; **L.**, *awal kördèn*; **So.**, *awala kördèn*; **A.**, *ser-ou-körden, ser-ou-watų*
(*awal* « premier »); **M.**, **Si.**, *daspé krdų*; **X.**, *boisbimian*; **Y.**, *az awalio hakam* « je com
mence ».

آب‌کردن *âb-kèrdèn* « fondre, liquéfier », **M.**, **Si.**, *touañdṇ;* **L.**, *tüan;* **A.**, *avi kördèn;* **D.**, **R.**, *âô-kördèn;* **K.**, *âô-kṛdṇ;* **So.**, *âv-köran;* **G.**, *avi-dökam* « je fonds »; **Y.**, *az bita-vémo* « je fonds »; **X.**, *takh kṛdèn.*

ایستادن *istadèn* « s'arrêter », **D.**, ویسانی *üèssânen;* **K.**, قیسان *wessân;* **L.**, *haoruissan;* **So.**, *hüéssân kördèn;* **X.**, *oussian;* **A.**, *mödra kördèn;* **M.**, *noustṇ, warkoutṇ;* **R.**, *nich-tan;* **Si.**, *khaftṇ* (persan, نشاندن *nèchanden;* pehlevi, *istatan;* zeñd, سمهو *sta;* vieux perse, *sta*); **G.**, *douassöm* « je m'arrête ».

اجارہ کردن *èdjârè kèrdèn* « louer, faire location de », **A.**, **D.**, **R.**, *idjâré kördṇ;* **L.**, *adjârâ kördèn;* **X.**, *adjâra kṛdèn;* **M.**, باکرہ گرتن *ba krèh gṛtṇ* (persan, کرایه کردن *kèrayè kèrdèn*); **Si.**, *föroukhtèn* (persan, فروختن *fouroukhtèn;* pehlevi, رلسمهو *frokhtan* « vendre »); **M.**, *bo krèh girawa* « loué ».

از سرکرفتنی *èz sèr gérèftèn* « recommencer, reprendre du commencement, de la tête », **A.**, *djinow-ser-ou-watṇ;* **M.**, *dasp-é-kṛdenawa.*

استوارکردن *oustévar kèrdèn* « consolider », **A.**, *kaièm-kördèn;* **M.**, *khaim-kṛdṇ;* **So.**, *k'âim-kördèn;* **Si.**, *mohkam kṛdṇ;* **K.**, *khours kördèn;* **G.**, *mohkam-i-dökam* « je consolide »; **Y.**, *az kâl'm kria* « je consolidai ».

اشنوشہ کردن *èchnouchè kèrdèn* « éternuer », **M.**, **Si.**, *pchmín;* **X.**, *pechmin;* **K.**, *pèch-mín;* **L.**, *pöchmín;* **A.**, *pöjmian;* **D.**, *pöchmá kördèn;* **G.**, *döpímöm* « j'éternue »; **So.**, *anâ-sá kördèn;* **R.**, *ajajki-dan;* **Y.**, *az döbénijm* « j'éternue ».

آشیانہ کردن *âchianè kèrdèn* « nicher, faire son nid », **A.**, *koulana kördèn;* **G.**, *lâné-kördèn;* **X.**, *lânâ kṛdèn;* **D.**, **So.**, *hélâné-kördèn;* **M.**, **Si.**, *hélana kṛdṇ;* **L.**, *tônâ-kṛdèn.*

افتادن *ouftadèn* « tomber »; **A.**, *kaoutan;* **D.**, **So.**, *kaoutèn;* **M.**, *kóoutèn;* **L.**, *katèn;* **K.**, **R.**, **Si.**, *kaftèn;* **G.**, *dökafóm* « je tombe » (ossèthe, *khavün;* ossèthe dougour, *kaoun;* dialectes kurdes de Turquie, *ketin* کتین); **X.**, *réniân;* **Y.**, *az-é paldam* « je tombe ».

آمدن *amèdèn* « venir », **A.**, *amön;* **R.**, *aman;* **D.**, **L.**, *hâtèn;* **Si.**, **M.**, *hâtṇ;* **So.**, *hâ tèn;* **K.**, *hââtèn;* **X.**, *haatèn;* **Y.**, *az evouarṃ* « je viens » (perse, *agmataniy*).

انداختنی *èndakhtèn* « lancer » (pehlevi, سرمهو andâkhtan), **A.**, *förâ dan;* **D.**, *part kördèn;* **G.**, *par kördṇ;* **K.**, قشانی *wechânèn;* **L.**, *awa daèn;* **M.**, اوینی *avitṇ;* **R.**, قوسن *wousèn;* **Si.**, خوستنی *khostṇ;* **So.**, *förâ dan;* **X.**, *aïchtèn;* **Y.**, *az daüèj'ṃ* « je lance ».

اندیشیدن *èndichidèn* « réfléchir, penser mûrement », **A.**, *woch-kördèn;* **D.**, *khèâl-kördèn;* **X.**, *khiâl-kṛdèn;* **G.**, *fikr-kördṇ;* **So.**, *hochk-kördèn;* **Y.**, *az-khéâ-lakam* « je réfléchis, je pense ».

آوردن *âvourdèn* « apporter », **A.**, اقردن *awordèn;* **D.**, **L.**, هاثردن *hâwordèn;* **M.**, **Si.**, بردن *bṛdṇ;* **So.**, *bördian;* **X.**, *bördèn* (ces divers mots dérivent tous de la même ra-cine; zeñd, ربا *bar* « charge, fardeau »; pehlevi, رلسمهو *bourtan;* vieux perse, *bardan;* آوردن se compose du préfixe pehlevi سم *an* ou *ha* qui sert à renforcer la notion et lui

donne une idée d'ensemble et de ورد‌ن, dérivé de رلبم‌ااا par suite du passage
de ب à و).

آهنگری کردن *ahen-geri kèrdèn* « forger, faire le forgeron », A., *asèn-kouan;* D., L.,
R., *âsèn-kouan;* K., M., Si., *asen-koutan;* So., *hassèn-koutan;* X., *makoun;* G., *asen
dökoutm* « je forge »; Y., *az asem dökım* « je forge, je frappe le fer ».

ب

بآب فرو بردن *bè-âb fourou bourdèn* « plonger », A., *war-ao kördèn;* D., *naüi-ao rroin;*
G., *kôm kṛdèn;* K., *jèr-âo tchéèn;* L., *khẉita kördèn;* M., *robṛdṇ, kom kṛdṇ;* R., *ao
łłouan;* Si., *bá-aodá kṛdṇ;* So., *tchal-ao bördèn;* Y., *az hama bönî avé* « je plonge ».

بخش کردن *bèkhch kèrdèn* « partager », A., D., L., R., So., *bach-kördèn;* M., Si.,
X., *bach-kṛdṇ* (persan, باختن *bakhtèn* « jouer »; zeñd, سی *badj* « partager »; رددهم
bakhta « obtenu, survenu, sort »; pehlevi, ردهم‌ااا; skr., *bhâga* « part du destin »;
pehlevi رے; arménien, *bag, bogu* « qui distribue les biens; *bazhanel* « donner en
part »); Y., *az pariwa-rhakam* « je partage ».

بخشیدن *bèkhchidèn* « gratifier, faire cadeau », K., M., Si., X., *bakhchîn;* So., *bakh-
chiân;* Y., *az bakhchîm* « je gratifie ».

بارکردن *bar kèrdèn* « charger », A., G., M., Si., *bar kṛdṇ;* L., So., *bar kördèn;*
X., *bar-kṛdèn;* D., *kwoch kördèn;* Y., *az bar iékm;* M., *kho bar kṛdṇ* « se charger »;
M., *bar k'rawa* « est chargé ».

بار بستن *bar bèstèn* « attacher le paquet, la charge », A., *bar-binian;* K., *bar-bassán;*
So., *bar-bassèn;* G., *bar-douassèm* « j'emballe »; Y., *az bar griégam;* X., *dörass-
kṛdèn.*

بافتن *baftèn* « tisser », X., *bôftèn;* K., *bâfîn* (zeñd, وابدو *vap* « tisser »; pehlevi ردهعری
vâftan); R., *wadan;* A., *hourazian;* M., *honinowa;* Si., *honin.* (D'après A. Pictet
[*Aryas prim.*, t. II, p. 219], la racine la plus ancienne et la plus simple de « tisser » est
skr., *vâ, vê,* que nous retrouvons en kurde dans *wadan;* la seconde, *vap,* est recon-
naissable dans *baftèn, bâfîn;* quant à la troisième, *taksh,* elle existe dans le persan
تاشتن *tachtan.*) D., So., *drous kördèn* « faire droit, juste, apprêter »; Y., *az aïdöroum*
« je tisse »; G., *detchenomeï* « je tisse, je prépare ».

بالا رفتن *bâlâ rèftèn* « monter », A., *ser-é-louan;* R., *ban łłouan;* D., *ban rroin;*
K., *ban tchéèn;* L., *böleng rroïn;* M., *halgaran;* Si., *haltchoun;* So., *ban rruïn;* X., *ban
tchîn;* G., *detchéma ban* « je monte »; Y., *az-î-awrá séram* « je monte ».

بانك زدن *bang zèdèn* « appeler, crier », D., بانك کردن *bañg kördèn;* L., هنا کردن *hánâ
kördèn;* Si., کاوکردن *kaô kṛdèn;* So., بان کردن *bañ kördèn;* A., جورّن *tchörrin;* G., *tchèr-
rèn;* R., *tchérièn;* X., *tcherrin;* خیرانی *khijânèn;* M., بان کشتن *bañ géchtèn* (persan.

بانك « cri »; pehlevi, ونگ vang « bruit, cri »; arménien, ասն, ձայն; — persan, هم
« union, faveur, assistance, aide »; pehlevi, ین an ou han « union »; كاو « cri », dans le
dialecte de Sihnèh, peut être comparé au persan خروشیدن khourôchîdèn et au pehlevi
خروسیتن khrositan « crier »); M., بانگلراڤه bangelrâwa « est appelé » (comp. چرین au
turk چاغرمق tcharhermaq « appeler »).

برداشتن bèr-dachtèn « lever », M., hall-enan; — M., hall estawa « levé » (هل hal,
hil, préfixe indiquant l'idée d'élévation, zeñd, فره fra; pehlevi, هرل hâl).

برزیدن bèrzidèn « cultiver, travailler la terre » (pehlevi, ورزیدن varzitân; persan,
ورزیدن); D., wachanèn; K., wachèn; R., wachnan; L., ôitèn; A., kalan; M., kiałan;
Y., rââkn; X., bour-girtan; So., kchtoukâl(?); M., kelrâñ « être cultivé ».

برگزیدن bèr-guzidèn « choisir », A., hörtchinian; R., örtchinian; X., oourtchanèn;
K., al-tchanèn; L., aördachtèn; M., Si., hałbejardèn; G., aldégérèn; D., khazé görtèn;
So., bôjia kördèn; Y., béjinèn.

بریدن bourrídèn « couper, trancher »; R., börièn; So., böriân; X., K., börin; L., D.,
börrîn; M., Si., bŗrîn; A., bŗrîân; G., douorrömèï « je coupe »; Y., az jédakam « je
coupe » (perse, baren; zeñd, باورثرا baôrithra « fendoir »; pehlevi, بریدن burídan
« couper »; slave, brati; all., bohren; lithuanien, barti).

بستن bèstèn »fermer »; A., G., M., Si., bastn; L., bastön; K., bassân; D., bouassèn;
R., gördèn; So., görtön; X., nian « laisser »; Y., az grééram « je ferme »; M., bas
trawa.

بستن bèstèn « attacher, lier »; A., بندن bèndèn; K., X., بسن bassan; M., Si., بستن
bastn; R., bassèn; L., بسیدن bassídân; So., قایم کردن qaïm kördèn; G., دواسمی douas-
sömeï « j'attache »; Y., از گری کم az gré agam « j'attache » (pehlevi, وستن vastan « attacher, fermer, acquérir, obtenir »; zeñd, بستہ basta « fermé, lié »; vieux perse, basta);
M., بستراڤه bastŗawa « est attaché »; M., kho bastèn « s'attacher ».

بلند کردن boulènd-kerdèn « élever, hausser »; A., holl-gördân; R., höll-gördèn; D.,
hâli-görtèn; Y., hali görtn; So., hali gŗtēn; G., Si., hal-gŗtn; K., hal-ièrtèn, hal-ièr-
dèn; M., hâl-énan; L., aör-dachtèn; M., kho hâl-énan « s'élever ».

بودن boudèn « être »; A., bian, bièn; K., büèn; L., bian; M., Si., boun; R., bièn;
So., bôûn; X., bin; Y., ar hama « je suis ».

بوکردن bou-kèrdèn « sentir »; A., bin-kördèn; K., R., X., bou-kördèn; M., ben-kŗdn;
Si., bô-kŗdn; D., bou kéchân; So., bô kördèn; L., bou-kichasèn; G., bou-dékam « je
sens »; Y., az bín iekam « je sens ».

بیدار شدن bidar choudèn « s'éveiller »; D., hâl-sânèn; L., khawarâ bièn; R., khawa-
rèn.

بیزار شدن bizar choudèn « s'ennuyer »; D., âdjéz-chodèn; L., teñg-hatèn; R., teñg-
aman).

پ

پا شدن *pa-chodèn* « se lever » (pour بر پا شدن « se mettre sur pied »); **D.**, راس بودن *ras-o boudèn* « être droit »; **Y.**, از رادۀ بوم *az-rad-é boum* « je me lève »; **X.**, راس پون *ras-poun* (persan, راست *rast* « droit »; pehlevi, لسووم *râst* « vrai, juste, droit »); **M.**, **Si.**, هل ستن *hall stañ*; **K.**, *hal-essan*; **L.**, *hôrizan*; **R.**, *herizán*; **A.**, *hôrzán* « se tenir levé » (هل *hal, hil*, préfixe verbal indiquant l'idée d'élévation, de mouvement de bas en haut, correspond à zeñd فرا *fra*; arménien, *ur*; ossèthe, *är, ra*; ossèthe doug., *ar, er*; persan, هول *houl*; pehlevi, هول *hôûl* « élevé, haut »; cette particule est usitée en pehlevi devant les verbes avec un sens plus étendu qu'en kurde; persan, استنادن *istâdèn* « se tenir »); **So.**, هلى كرتن *hali görtèn*, هلى كردن *halî-kördèn*.

پائین آمدن *payin âmèdèn* « descendre »; **So.**, *khouaro-hatn*; **X.**, *houar-hatèn*; **K.**, *khouar-hâtn*; **L.**, *khwor-hatèn*; **D.**, *khouarou-hatèn*; **A.**, *waro-aman*; **R.**, *war-aman*; **G.**, *dia-mökhouar* « il descend »; **Y.**, *az-i-b'rjé arôm* « je suis descendu »; **M.**, *dagaran*; **Si.**, *dakchán*.

پائین آوردن *payïn awurdèn* « abaisser, humilier, descendre »; **A.**, قارنیان *waronian*; **D.**, دنیانی *danianen*; **G.**, د نزمین *da nézémîn*; **K.**, خوار نیان *khoâr niàn*; **M.**, نیو کردن *névi krḍn*, دا نواندن *dâ névañden*; **R.**, زمین قاشنی *zamín wachénan*; **Si.**, خوارپو بردیکن *khouario bṛdigèn*; **Y.**, اجخه کردن *aekhe kördṇ*; **So.**, خوار کردن *khouar kördṇ*; **X.**, خوار نین *khouar nian* (zeñd, نی *ni* « conduire, emmener » d'où *nian* « laisser, placer », zeñd, *ava, awa*; pehlevi, *avâs* « en bas », d'où le mot kurde *waro* « en bas »; persan, خوار *khar* « bas, vil »; pehlevi, *khâr* « ivrogne, buveur, homme privé de sa raison, bas, vil »; kurde, *khouar*; persan, بردن; pehlevi, *bordan*, *âwardan*; zeñd, *awabar*, d'où les mots kurdes *bṛdn*, *bṛdigèn* « porter, apporter, conduire », etc.; zeñd, *nydñtch* « ce qui est bas, abaissé »; kurde, نیف « moitié », نیقشكان *niwichkan* « incomplet »; ossèthe, *nouvadoun* « abaisser », d'où le kurde *névañ-den*); « être abaissé », **M.**, نوی بون *névi boun*; « s'abaisser », **M.**, خو دانئاندن *kho da-nouandèn*.

پختن *poukhtèn* « cuire »; **K.**, **X.**, *kolânèn*; **D.**, *kouliàn*; **L.**, *koliàn*; **R.**, *koulian*; **A.**, *gôliàn*; **M.**, **Si.**, *lénan*; **G.**, *djinömeï* « je cuis »; **Y.**, *az ètchékám*; **So.**, *tchécht kördèn*.

پذیرائی کردن *pèzirayi-kèrdèn* « recevoir (quelqu'un) »; **D.**, *lèsañdèn*; **K.**, *lá lé sanèn*; **L.**, *lésán*.

پرسیدن *porsidèn* « demander, s'informer de »; **L.**, *porsidán*; **R.**, *pörsân*; **D.**, *pörsián*; **M.**, *prsin*; **A.**, *wâstèn*; **K.**, *touassèn*; **Y.**, *akhouazèn*; **So.**, *khouastèn*; **X.**, *tchámaoutèn* (persan, خواستن; pehlevi, *khvâçtak*; vieux-perse, *hvâd, hvâçta* « désiré »); **D.**, *talab kördèn*; **R.**, *máoun*; **M.**, *lá kho persin* « se demander ».

پركردن *pour-kèrdèn* « emplir »; **L.**, *pör kördèn;* **R.**, *pṛr kördèn.*

پريدن *pèrîdèn* « voler, comme un oiseau »; **D.**, *förrîdèn;* **K.**, *parrín;* **R.**, *pörrân;* **X.**, *palkichian;* **A.**, **Si.**, **So.**, *báz bördèn;* **G.**, *baz degam* « je vole »; **Y.**, *az baz awam* « je vole » (zeñd, پرینو *perenin* « ailé »; pehlevi, پریدن *parîdan* « voler »).

پوسانیدن *pousaniden* « pourrir »; **A.**, *ptükian;* **G.**, *ganian;* **K.**, *pousiân;* **L.**, *püterkian;* **R.**, *tölian;* **M.**, *rṛzín;* **X.**, *pisian;* **So.**, *pürtkiâ kördèn;* **D.**, *khörao boudèn.*

پنهان کردن *pènhan kèrdèn* « cacher »; **G.**, *pîhani kördèn* (pehlevi, پنوگ *pânèk* « protecteur, refuge, protection »; skr., *pâna;* zeñd, پا *pâ;* persan, پناه); **R.**, *chaardèn;* **Y.**, *chèrön;* **M.**, *châardenawa;* **D.**, *chaardöno kördèn;* **Si.**, **X.**, **A.**, *khaim kṛdēn* (persan, قایم کردن *qayèm kerdèn*); **K.**, *khaièm kṛdṇ;* **L.**, *kâèm kördèn;* **So.**, *khaib-kördṇ;* **M.**, *kho-chaardenawa;* **M.**, *cherrawa* « est caché ».

پیدا کردن *peida-kerdèn* « trouver »; **X.**, *pédâ kṛdèn;* **So.**, *p'eâ kördèn;* **L.**, **R.**, *pea kördèn;* **Y.**, *az pédâ èkâm* (zeñd, پایتیدایه *paitidaya* « trouver »; پایتیشمر *paitis'mar* « se souvenir de, penser à »; پایتیزن *paitizan* « reconnaître, rétribuer »).

پیین دادن *peïn-dadèn* « fumer la terre, donner du fumier »; **A.**, *pecht-dan;* **D.**, **K.**, *kouèt-dan* « donner de la force »; **K.**, *konvèt-dan;* **L.**, *koat-dan;* **X.**, **M.**, **Si.**, *kout-dan;* **So.**, *zôr-dan;* **G.**, *kouwèt-dan.*

ت

تا کردن *ta-kerdèn* « plier, courber »; **A.**, *k'aw krian;* **D.**, **R.**, *kat kördèn;* **M.**, **Si.**, *khad kṛdṇ;* **G.**, *kadi kördèn;* **So.**, *k'al-kördèn;* **Y.**, *az kariékam* « je plie »; **L.**, *tâ-kèrdèn.*

ترساندن *tèrsandèn* « effrayer »; **A.**, *tersan;* **R.**, *tersân;* **So.**, *törsân;* **K.**, *tṛsânèn;* **L.**, *tersanin;* **X.**, *tersanèn;* **D.**, *tersiadèn;* **M.**, **Si.**, *tersandṇ;* **Y.**, *az aïtörsénm* « j'effraie ».

ترسیدن *tèrsidèn* « craindre »; **A.**, **G.**, **M.**, **R.**, *tersân;* **So.**, *törsân;* **X.**, *tersian;* **Si.**, *tṛsian* (vieux perse, *tarç, atarça* « il craignit »; skr., तरस्; grec, τρέω pour τρεσω); **K.**, *törsânèn;* **L.**, *zâlâ-machouelèn;* **Y.**, *az khofôm* « je crains ».

تر کردن *tèr-kerdèn* « mouiller »; **A.**, **So.**, **X.**, *tar kṛdèn;* **G.**, *târi-dekam* « je mouille »; **Y.**, از شیلكم *az-é chilkam* « je mouille »; « être mouillé », **M.**, *tar boun;* « se mouiller », **M.**, *kho-tar kṛdṇ.*

تفو کردن *tèfou kèrdèn* « cracher »; **M.**, **Si.**, *tf-kṛdṇ;* **X.**, *tôouf kṛdèn;* **G.**, *tof-dekam* « je crache »; **Y.**, *az-töv-akm* « je crache ».

تمام کردن *tèmâm kèrdèn* « achever, terminer »; **A.**, تمام کردن *tamâm kṛdèn;* **G.**, *tamâm kṛdṇ;* **L.**, **R.**, **X.**, *tamâm kördèn;* **D.**, *towâo kördèn* تغاو کردن; **K.**, *tawaw kṛdèn* تغاك کردن; **M.**, *tawaw kṛdṇ;* **Si.**, *touâô krdn* توا و کردن; **So.**, *tawaw kördèn;* **Y.**, *tawao kördèn;* « être achevé (mourir) » : *tawaw boun* (hébreu, תָּמַם; arabe, تَمَام; pehlevi, توم; **M.**; *khélas kṛdṇ* (arabe, خلص).

تمام کردن *tèmam kèrdèn* « finir » (verbe actif); **X.**, *tamam-kṛdèn;* **D.**, *taww-kördèn;*

So., *towà-kördèn;* Y., *az-é-tamam kam* « j'en finis »; G., *tamam-i-dökam* « je finis »; تمام شدن *tamam choudèn* « finir » (verbe neutre); A., *tamâm bian;* K., *tamâm. buèn;* M., *tawab boun;* Si., *touâb boun.*

تنبیه کردن *tèmbih kèrdèn* « punir »; A., *chah-kördèn;* D., *tamè-kördèn;* L., *t'amé-kördèn;* M., Si., *tembé-kṛdṇ;* So., *arracha-kördèn;* X., *tamma-kṛdèn;* G., *tammeï-dökam* « je punis ».

تنه زدن *tènè-zèdèn* « poussér, faire avancer »; A., *dömá kördèn;* So., *douâ kördèn;* D., *doua dadṇ;* M., Si., *labṛdṇ;* R., *khöchnan;* X., *sorrânèn;* G., *rad-i dökam* « je pousse »; Y., *az eila ma douawa* « je pousse ».

توی آمدن *touï amèdèn* « entrer »; D., *amétá-chodèn;* L., *dâkhöl-bîn;* R., *té-kölá-bièn.*

تیز کردن *tiz kèrdèn* « aiguiser » K., M., R., Si., So., تیز کردن *tij kördèn;* G., تیزی کردن *tiji kṛdṇ;* A., D., L., *tèj körden;* X., تچ کردن *tetch kṛden* (zeñd, تیژی *tizhi;* pehlevi, تیج *tij* « pointu, pénétrant, rapide »; ossèthe, *tzürkh;* oss. doug., *tchirkh);* M., تیزبون *tij boun* « être aiguisé ».

<h3 style="text-align:center">ج</h3>

جدا کردن *djèda kèrdèn* « séparer »; A., *djèà kördèn;* D., *djiâ kördèn;* K., X., *djiâ kṛdèn;* R., Si., *djiâ kṛdṇ;* G., *souaé-ûökam;* Y., *az djao da katénou* « je sépare »; M., *hall bṛán* « être séparé »; M., *lèk djüè boun* « se séparer »; D., *djiâ-boudèn;* L., *djiâ-bièn;* R., *djiâ-bian.*

جستجو کردن *djoust-ou-djou kèrdèn* « chercher »; A., R., *giélan;* X., *magerdèn;* G., *dégerdèn;* M., *lédjougaran;* Si., *léchüzngaran;* Y., *az ayeröm* « je cherche »; K., *pà-e djour kṛdṇ.*

جنبانیدن *djoumbanidèn* « remuer »; A., *djimönan;* R., *djoumnan;* So., *djouan;* K., *djoumanèn;* D., *djoulanèn;* M., *bözaoutèn;* Si., *tökhandan;* X., *larzanèn;* L., *lakânèn;* G., *tedjimenömèi* « je remue »; Y., *az dâajén'm* « je remue ».

جوشیدن *djouchidèn;* جوشاندن *djouchandèn;* جوش کردن *djouch-kèrdèn* « bouillir »; A., *djôchian;* K., *djüchiân;* R., *djouchian;* D., *djoch kṛdèn;* So., *djôch-kördèn;* G., *de-djouchèm* « je fais bouillir »; L., *madjouchîn;* M., Si., *kolañdèn;* X., *kolânèn.*

جهیدن *djèhidèn* « sauter »; D., *baz-boṇrdèn;* L., *parrin;* R., *rrizán;* A., *baz-bördèn;* K., X., *parin;* M., Si., *bazdan;* So., *börtèn;* G., *daparröm* « je saute »; Y., *az-é-bâzdam* « je saute ».

<h3 style="text-align:center">چ</h3>

چرخاندن *tcherkhandèn* « tourner » (v. n.); K., *tcharkh dan;* X., *tcharkh vordèn;* G., *tcharkh dökam* « je tourne »; Y., *az laba ièkṃ* « je tourne ».

چیدن *tchidèn* « cueillir »; X., *tchinèn;* D., K., L., *tchönîn;* R., *tchönièn;* Y., *tchinèn;* G., *tchinön;* So., *böjnin;* A., *hörtchinian;* M., Si., *lékṛdṇowa.*

ح

حلاجی کردن *helladji-kerdèn* « carder »; **D.**, **L.**, **R.**, comme en persan; **A.**, ' *pejm chané kördèn;* **K.**, *khori chané kördèn;* **M.**, *khouri bechané kṛdṇ;* **So.**, *khouri chana kördèn;* **X.**, *chané niàn;* **Y.**, *az é houri dechkénem* « j'ai cardé »; **G.**, *khori chané dökam* « je carde » (persan, شانه کردن پشم).

خ

خالی کردن *khali kerdèn* « vider »; **So.**, *khâli kördèn;* **X.**, *khali kṛdṇ;* **L.**, **R.**, *hâli kördèn;* **A.**, *tchwol kördèn;* **M.**, *batâťl kṛdṇ;* **G.**, *khâli dökam* « je vide »; **Y.**, *az wâlâ dakam* « je vide ».

خاموش کردن *khamouch kèrdèn* « éteindre »; **G.**, **L.**, **X.**, *khâmouch kördèn;* **So.**, *koujâ kördèn;* **A.**, *kojáa kèrdèn;* **D.**, *koujánèn;* **M.**, *koujañdṇawa;* **Si.**, *koujándṇawa;* **Y.**, *az aï-tamörénam* « j'éteins »; **M.**, *koujanawa* « s'éteindre ».

خبر دادن *khèbèr dadèn* « annoncer, donner la nouvelle »; **D.**, **M.**, **Si.**, خبر دان *kha-bèr dan;* **X.**, خبرکردن *khabar kṛdṇ;* **G.**, خفرکردن *khawar kṛdṇ;* **K.**, *khawar daïèn;* **L.**, **R.**, *khawör dan;* **So.**, *khawar kördèn;* **A.**, *hawar kṛdṇ;* **M.**, خبرکرافه *khaber kiráwa* « est annoncé ».

خدمت کردن *khèdmèt kèrdèn* « servir (en parlant d'un domestique) »; **A.**, **G.**, *khètmat kṛdṇ;* **M.**, **Si.**, *khezmat kṛdṇ;* **So.**, *khezmat-kördèn;* **X.**, *khözmat krdèn;* **R.**, *kzmat kördèn;* **D.**, *kzmat-krdèn;* **L.**, *khölmat kördèn;* **Y.**, *az khazmat ickam* « je sers »; **M.**, *khar-pé-kṛdṇ* « se servir ».

خریدن *khèridèn;* خرید کردن *khèrîd kèrdèn* « acheter »; **L.**, خرین *kharîn;* **M.**, قرین *qṛrin,* کرین *kṛrin;* **So.**, خریت کردن *khorit kördèn* (pehlevi, خریدن *kharidan;* zeñd, خری *khrî;* ossèthe, *alkhanün;* oss. doug., *alkhanoun);* **Y.**, من اخرم *mön aïkhörom* « j'achète ».

خسته کردن *khèstè-kèrdèn* « fatiguer »; **K.**, *chékat kördèn;* **So.**, *mané kördèn;* **X.**, *khassa kṛdèn;* **Y.**, *az westi hama* « je suis fatigué »; **M.**, *kho-mandou kṛdṇ* « se fatiguer ».

خشك کردن *khochk-kèrdèn* « sécher »; **X.**, *khochk-kṛdèn;* **R.**, **A.**, **D.**, **So.**, *wichk-kördeu;* **L.**, *hochk-kördèn;* **M.**, **Si.**, *wichk-kṛdṇ;* **G.**, *wichki-dékam* « je sèche »; **Y.**, *az-zoua-ékamo* « je sèche »; **M.**, *kho-wichk-kṛdṇ* (pehlevi, خشک *khushk* « sec »).

خفه کردن *khèfè-kèrdèn* « étouffer »; **M.**, *khin kandèn.*

خم کردن *khem-kèrdèn* « courber »; **R.**, *kham-dan* « donner de la courbure »; **L.**, *hûâl-kördèn;* **D.**, *lar-kördèn.*

خمیازه کشیدن *khèmiazè-kèchidèn* « bâiller »; **K.**, *khamiazé-kíchân;* **X.**, *khámiazè-ka-chan;* **G.**, *khamiazé-dökichöm* « je bâille »; **M.**, **Si.**, *bavéchik-dan;* **D.**, *baïchk-dadèn;* **A.**, *hanassahor-kéchan(?);* **L.**, *ajâchi-kördèn;* **R.**, *pèchman;* **Y.**, *az baéch tènam'm;* **So.**, *khafat kördèn* « tousser ».

خمير کردن *khèmir-kèrdèn* « pétrir, faire de la pâte »; L., R., *hamir-kördèn;* D., *haüir kördèn;* K., *télanèn;* So., *chèlà kördèn;* X., *mâlin;* Y., *az daï sörm* « je pétris ».

خوابانیدن *khabanidèn* « coucher » (verbe actif); M., *war-khstn.*

خوابیدن *khabidèn* « dormir » (خفتن, خسبیدن); R., *houltèn;* L., *huatèn;* D., *noustèn;* Y., *khouftèn* (pehlevi, خوفتن *khouftan;* vieux perse, hvap, hvafç).

خواب دیدن *khab-didèn* « rêver »; D., *khâô didèn;* L., R., *khâô-diàn;* So., *khaoâwdiàn;* X., *khao-din;* Y., *khaou-dian;* G., Si., *khaou-din;* M., *khaoun-ditn;* K., *lè-khâo-dièn;* A., *warm-dièn.*

خوابیدن *khabidèn* « se coucher »; A., *wouta kördèn;* D., *hala jiàn;* R., *dè-jiàn;* So., *dréjà kördèn;* X., *dörüchbin;* G., *driz-dékichèn;* K., *dörij-bün;* L., *dirijà-bièn;* M., *raostan;* Si., *maks-krdèn;* Y., *az râd zèm* « je me couche ».

خواستن *khąstèn* « vouloir »; L., *khassan* خسن; So., خواستن *khouastèn;* X., حسن *hassèn;* K., نواسن *touassèn;* Y., *az dékhoarzm* « je veux » (zeñd, واه *vas;* pehlevi, خستن *khastan;* pouchtou, *khwa khhawoul*); A., *gérèkmán;* D., *dawa kördèn;* M., *vistn;* R., *maoun;* Si., *gerekboun;* G., *dokho azm* « je veux ».

خواندن *khanden* « chanter »; X., *nakhonnèn;* G., *khouàn;* A., *gorani-watn;* D., *gôraniwoutèn;* L., *gourouni-tchèrin;* M., *gouorani-koutn;* R., *gouréni-watèn;* Si., *gorani-outn;* So., *gorani-kordèn;* K., *awaza khouanèn;* Y., *az dassörim* « je chantai ».

خوردن *khourdèn* « manger » D., K., M., Si., خوآردن *khwardèn, khouardèn;* So., *khouárdèn;* A., واردن *ouardèn;* X., *vouordèn;* L., فردن *wördèn;* R., *wördèn;* G., *doukhomeï* « je mange »; Y., *az aékhom* « je mange » (perse, *hvar;* zeñd, هوار *hvar;* pehlevi, خردن *khortan).*

د

دانستن *danèstèn* « savoir »; A., *záràn;* D., M., Si., So., *zanin;* R., X., *zanèn;* K., *zanessèn;* L., *zanestàn;* G., *dézanöm* « je sais »; Y., *az dazanm* « je sais » (pehlevi, دانچتن *daniçtan).*

داشتن *dachtèn* « avoir » (verbe); X., L., *dachten;* G., *dirèm* « j'ai »; A., *han;* D., *hassian;* M., *hama* « j'ai »; Si., *hassm* « j'ai »; Y., *as hassm* « j'ai »; R., *béèn* (داشتن); pehlevi, داشتن *dâchtan* « tenir, posséder, conserver »; zeñd, وه *dar;* persan, هست *hèst* « il est »; pehlevi, هست *hast.* Le verbe « avoir » et le verbe « être » sont souvent employés l'un pour l'autre dans les dialectes kurdes).

درآوردن *der-âvourdèn* « retirer »; A., *böraordèn;* R., *berawourdèn;* X., *heráourdèn;* M., *der-iénan;* Y., *az-déritéram* « je retire »; G., *dörarémeï* « je retire »; M., *tchöttawa* « est retiré »; M., *rroïnawa* « se retirer ».

درد کشیدن *dèrd-kèchidèn* « souffrir »; A., *èch-krdn;* D., *na-khoch-boun* « n'être pas bien »; G., Si., *jan-kṛdṇ;* L., *dajín;* M., *échan;* R., *bał kördèn;* So., *dèr-kördèn;* X., *mèjian;* Y., *az nakhochem* « je ne suis pas bien ».

درخشيدن *dèrèkhchidèn* « briller »; A., So., *chôlá kördèn* « faire de la flamme »; M., Si., *droouchan;* L., *draôchidèn;* R., *draôchan;* K., *rouchena-i dan* « donner de la lumière »; X., *rouchénan* (pehlevi, ﻟﻮﭼﻰ *rochaní;* zeñd, ﺍﻭﺷﺘﺎﻧﻪ « brillant, lumineux »; ﺍﻭﺷﺘﺎﻣﻴﻪ « brûlant, flamboyant »).

درست كردن *droust-kerdèn* « bâtir, construire » (pehlevi, ﺑﻠﻮﺩﻡ *dorast*); Si., M., *droust-kṛdṇ;* So., *drous-kördèn;* D., X., *drouss-kṛdèn;* R., *drüss-kerdèn;* G., *drüss-i-dökam* « je bâtis »; Y., *az drous-iékam* « je bâtis, je fais droit »; A., *sakh-kördèn* « faire solide »; K., *sâzín* (persan, بناسازى).

دروغ گفتن *dourough-goftèn* « mentir »; K., *droua kördèn;* D., *drô kördèn;* G., *drou kördṇ;* K., *drou watèn* « dire faux »; L., *drou dâèn* « donner faux »; M., Si., So., *dro kṛdṇ;* R., *droou watṇ;* X., *dörou vètèn;* Y., *az drô wâlâkṃ* « je parle faux » (perse, *drouž, dourouj* « mentir »; *draouga* « mensonge »; skr., द्रोघ *drógha;* zeñd, درّوج *drouj*, *drouzh* « mentir », والدروزهوكهدا *drouzhôukhda* « mauvaise parole ». Dans le Zeñd-Avesta, والدج est un esprit démoniaque, génie du mensonge; pehlevi, درّوجيه *drôûjih* « tromperie, fourberie »; cette racine *drouj* se rencontre également dans les langues germaniques, *drañen, trotzen* « pécher », *driugan, trügen* « mentir »).

درّيدن *dèridèn* « dévorer »; A., *derrian;* K., *derrin;* M., Si., *hal-dörín;* So., *zou-khouardèn;* X., *khouarèn* (persan, خوردن *khourdèn* « manger »).

دزديدن *douzdídèn* « voler, dérober »; R., *douzian;* D., *dözí kördèn;* L., *dozzi kördèn* (zeñd, ﻭﺭﻭ *dous'* et ses dérivés; والدوزودانه *douzhdaéna* « celui dont la doctrine est mauvaise »; والدانسورهمه *douzhvars'ta* « mauvaise action », etc.; pehlevi, ﺩﺝ *doj*, ﺩﻭﺩﺝ *dodjd*, ﺩﻭﺯﺩ *dozd* « voleur »).

دفن كردن *dafn-kèrdèn* « enterrer »; L., *daft kördèn;* G., *dafn-i-dökam* « j'enterre »; A., *k'awour kördèn* « faire le tombeau »; D., *khab kördèn;* R., *kaour nian* « placer au tombeau »; Si., *tchâl kṛdṇ;* X., *tchâl kṛden;* M., *dakhabrinan;* Y., *az aïnémâ tṛm* « j'enterre ».

دماغ پاك كردن *demagh pak kerdèn* « se moucher, faire le nez propre »; A., *louto pak kördṇ;* K., *lüt pak kṛdṇ;* So., *lout pâko kördèn;* X., *vâ kṛdèn* « ouvrir »; Si., *lout astrín;* M., *köpoȧstrín;* G., *lütṃ pâk dökam* « je me mouche »; Y., *az befilako pakèch dakam* « je me mouche ».

دوختن *doukhtèn* « coudre »; D., *dourânèn;* So., *douranín;* K., X., *dürânèn;* L., *durónèn;* G., *dürünèn;* M., Si., *droun;* Y., *az aidöroum* « je couds »; A., *wourastan;* R., *ourasèn.*

دور گرفتن *doour gèrèftèn* « entourer »; A., *doour dadèn;* G., *doouré dadṇ;* K., *daour kördṇ;* L., *doour kördèn;* So., *dawour kördèn;* M., Si., *doouré gṛtṇ;* X., *doouri gèrtèn;*

D., *gièdj körden;* **Y.**, *az dór iégéram* « j'entoure »; **M.**, *doouré girawa* « est entouré »; **M.**, *doouré kho görtn* « s'entourer ».

دويدن *dèvidèn* « courir »; **M.**, *liñg-dañ;* **X.**, *râmin;* **R.**, *röman;* **K.**, *râsin;* **A.**, *rŏma-körden;* **D.**, *rrá-körden;* **Si.**, *rá-kṛdn;* **So.**, *rá-körden;* **L.**, *rrá mídèn;* **G.**, *dörassöm* « je cours »; **Y.**, *az dabázm* « je cours ».

ديدن *dídèn* « voir »; **M.**, *dítn;* **A.**, *dièn;* **L.**, *diin;* **Si.**, **So.**, **X.**, *dïn;* **Ď.**, **R.**, *diran;* **G.**, *dünömei* « je vois »; **Y.**, *az döbinm* « je vois » (perse, *vain, dí;* zeñd, واسوب *vaèn,* واي *vin,* ودو وي *di, did;* skr., *didhî;* pehlevi, ددهم *dítan;* ossèthe., *vinoun;* dialectes kurdes de Turquie, دينى *dítèn*).

ر

راحت نشستن *rahat nichèstèn* « se reposer »; **A.**, *rahat-bièn;* **So.**, *rahati-körden;* **X.**, *khassei-görten;* **K.**, *chakati darichén;* **M.**, *mañdoui der kṛdn;* **Si.**, *khohassañden;* **Y.**, *az rahat béböm* « je me repose »; **M.**, *hassawa* « reposé ».

راست آمدن *rast-âmèdèn* « rencontrer »; **D.**, **L.**, *rás-atèn;* **R.**, *râss-aman.*

راضى كردن *razi kèrdèn* « contenter »; **So.**, *râzî körden;* **X.**, *râzi kṛdèn;* **A.**, *rai-kördu;* **G.**, *razi dékam* « je contente »; **Y.**, *az razi ékam* « je contentai »; **M.**, *khaïl-kṛdn;* **M.**, *rázi-boun* « être content, se contenter »; **M.**, *razi körawa* « est contenté, content, satisfait ».

راه رفتن *rah raftèn* « marcher » (pehlevi, رفسن) *raftan*); **A.**, *louá körden;* **D.**, *rréga rroïn;* **K.**, *tchéen;* **L.**, *rréá tchiîn;* **M.**, **Si.**, *ba-ré roïn, ré roïn;* **R.**, *rá körden* « faire route »; **So.**, *rüinów körden;* **X.**, *tchin;* **G.**, *darrom* « je vais, je marche »; **Y.**, *az i b'-réá harm* « je marche ».

ردّكردن *redd-kerdèn* « refuser »; **A.**, **K.**, **Si.**, *djouao-kṛdn;* **D.**, **R.**, **So.**, *djouaó-körden;* **X.**, *djouab-kṛdèn;* **G.**, *djouabé-kṛdn;* **M.**, *djouáp-kṛdn;* **L.**, *djó körden;* **M.**, *djouap-derawá* « refusé ».

رسيدن *rèsídèn* « arriver »; **K.**, راسين *rasîn;* **X.**, *rasin;* **G.**, دراسم *dörassem* « j'arrive »; **D.**, اتن *atèn;* **L.**, *áten;* **A.**, **R.**, *yawan;* **M.**, **Si.**, كيشتن *gëïchten;* **So.**, كاين *gaün* (pehlevi, رسىتن) *rasitan;* zeñd, اسىو), اسوىهم *râs'ta* « allant, allant vite, en ligne droite »; vieux perse, *araçam;* persan, راه « chemin »; كذشتن *gouzèchten* « passer »); **Y.**, از هتمه *az hatma vöra* « je suis arrivé ».

رشتن *rèchtèn* « filer »; **M.**, **Si.**, *rrṛtn;* **L.**, *rröstèn;* **K.**, *rössín;* **X.**, *rissèn;* **A.**, *wach-dan;* **R.**, *wad-dan;* **So.**, *ba körden;* **Y.**, *az-é-barrm* « je file »; **D.**, *badrián;* **G.**, *tachi dékam* « je file ».

رشد كردن *roucht-kerdèn* « croître »; **A.**, *bala körden* « faire en hauteur »; **D.**, *gaourè boudèn* « être grand »; **G.**, *gowra-doum* « je deviens grand »; **K.**, *gáôra büen;* **R.**, *gowrè bián;* **So.**, *gowra boun;* **X.**, *zellá móèn;* **L.**, *kaleñg-bián;* **Si.**, *dèrátn;* **M.**, *brouan, chin boun* « pousser, devenir vert », en parlant des semences.

رفاقت كردن *rèfaket kèrdèn* « accompagner », L., رفقی كردن *rafirki kördèn* « faire compagnie » (de l'arabe رفیق « compagnon »).

رفتن *raftèn* « aller »; G., D., M., رۆین *rroin*; So., *rrüin*; A., *louân*; R., *tlquân*; K., چمین *tchèén*; Si., چون *tchoun*; X., *tchin* (zènd, ادو), ادوماڰ « qui est allé », le thème *ra* s'est adouci en *la* dans la plupart des dialectes kurdes; vieux perse, *chiyou*; zènd, وین *chou*, وینم *chous;* persan, شدن; ossèthe, *tsaoun*, *oudzen*, *soudzeñ;* ossèthe doug., *sodzenej*).

رقصیدن *rèqsidèn* « danser »; A., *raksañ*; K., *rakhsîn*; L., *raks-kördèn;* So., *raks-kördṇ;* Si., X., *samâ krdṇ;* G., *söma kördèn;* R., *samâ-kördèn;* D., *halparka kördèn;* M., *hal-parín;* Y., *az dölâ ez'm* « je dansai ».

روشن كردن *roouchèn kèrdèn* « éclairer »; So., *rowchân;* R., *rouchnâ kördèn;* L., *rouchṇ-kördèn;* K., *rouchna krdṇ;* D., *rôchṇ kördèn;* A., *rotchin kördèn;* G., *rowchini-dékam* « j'éclaire » (vieux perse, *rauc* « éclairer »; skr. रुच *rûc* « lumière, jour »; persan, روز « jour »; grec, ρωξάνη, etc.).

روشنی كردن *roouchèn kèrdèn;* الروختن *efroukhtèn* « allumer »; D., *rrôchèn kèrdèn;* K., *rouchèn kördèn;* L., *rouchta kördèn;* R., *rouchna kördèn;* G., *rouchini dökam* « j'allume »; M., Si., *hall kerdèn;* X., *agör krdèn;* So., *ahrô kördèn* (en persan روشنی signifie « lumineux ». Dans les dialectes kurdes de Turquie, روشنای est « un éclair » et روشنایه est « la lumière »; pehlevi, لوچن *rôchan*, لوچناک *rôtchanâk* « brillant, lumineux »; zènd, ادطابنو *raotchana*, ادطابنون *raotchanh* « lumière, astre, brillant, lumineux »; arménien, ռոշնական *rochnakan*. Cette première série de mots répond à l'idée de « créer de la lumière »; une seconde renferme l'idée du feu : X., *agör;* So., *ahrô*. Les autres mots n'expriment ni l'idée du feu ni celle de la lumière, mais celle de la fumée ou de la flamme qui s'élèvent au-dessus du foyer; M., هال كردن *hall kèrdèn*. Dans un grand nombre de mots kurdes usités soit en Perse soit en Turquie, *hal* désigne l'action de s'élever, de monter; هالكشین « monter, hisser »; هلایین « se lever, soulever ». هل correspond au zènd فراد, à l'arménien աս, à l'ossèthe *är, ra*, au mazandérani هر *har*, qui possèdent le même sens); Y., از یغاكم *az ewâ kam* « j'allume » (از یغاكم signifie mot à mot « je ouvert fais ». L'idée d'ouvrir tenant lieu de celle d'allumer se présente aussi dans les dialectes kurdes de Turquie; فه خستنی *we khosten* « allumer »; فا et فه répondent généralement au sens d'« ouvrir », ex. : فا كردن *wa krdṇ* « ouvrir », فه بون *wé boun* « fleurir, éclore, se délier »).

رنك كردن *reng kerdèn* « teindre »; So., L., *reñg kördèn;* X., *reñg krdèn;* A., G., *reñg dân;* R., *reñg dan;* D., *reñg daèn;* K., *reñg leidighöm* « je teignis »; Y., *az reñ ickam* « je teindrai, je teins » (persan, رنك « couleur, teinture »; skr. *rañga;* pouchtou, *renga-woûl* « teindre »).

ریختن *rikhtèn* « verser, répandre »; X., *richian;* M., *rrchtṇ;* D., *richânèn;* K., *rö-

chânèn; **L.**, *röchônèn*; **R.**, *ridjian*; **Si.**, *rrjandèn*; **So.**, *röjia kördèn*; **G.**, *daréchinömeï* « je verse »; **Y.**, *az-i-börejm* « je verse (zeñd, سرا *ritch* « répandre, vider »; pehlevi, لدسمرا *rikhtan*).

ز

زائیدن *zayidèn* « enfanter »; **X.**, *zahidèn*; **L.**, *zaïdan*; **Si.**, *zagèn*; **K.**, *zaïn*; **R.**, *zâïn*; **M.**, *zan*; **D.**, *bougan*; **So.**, *péá boun* « être trouvé ».

زائیده شدن *zayidèh-choudèn* « naître, venir au monde »; **A.**, *zaé bian*; **K.**, *zaïn būn*; **So.**, *zaïé-boun*; **X.**, *zâi-bin*; **D.**, *peda boudèn* « être trouvé »; **L.**, *péa bîn*; **R.**, *zân*; **M.**, **Si.**, *boun* « être ».

زخم کردن *zèkhm-kerdèn* « blesser, faire une plaie »; **Si.**, *zakhm-krdn*; **A.**, *zââm-kördèn*; **D.**, **R.**, *zâm-kördèn*; **X.**, *ziâm krdèn*; **So.**, *zzâô-kördèn*; **Y.**, *as-i-zakhm lékhâm* « je lui frappai une blessure, un coup » (persan, زخم « blessure »; vieux perse, *zahma* « coup »; pehlevi, کومیرا *zaktaloûntou* « tué, égorgé, mis à mort »); **G.**, *zakhm-dökam* « je blesse »; **L.**, *zéâm-dâsérèn*; **M.**, *brin-dar-krdn* (*brin* « coupure, blessure »; pehlevi, رادسرا *bouridan* « couper »; *brin-dar* « celui qui a la blessure »); **M.**, *kho brin-dar-krdn* « se blesser »; **M.**, *brin-dar-boun* « être blessé ».

زراعت کردن *zèra'èt kèrdèn* « cultiver »; **G.**, *zaraat-krdn*; **Si.**, *zéraat-kerdèn* (arabe, زراعة « culture »).

زیاد کردن *ziâd kèrdèn* « augmenter »; **G.**, **M.**, *ziât krdn*; **Si.**, *ziâ krdn*; **D.**, **L.**, **R.**, *förá kèrdèn*; **A.**, *fröchá kerden*; **So.**, *frater körden*; **Y.**, *az förá dakam* « j'augmente »; **X.**, بیشتر کردن *bichtèr krdèn* (pehlevi, رایو *frâz* « plus, plus fort, plus grand, en plus grand nombre »; persan, بیشتر « plus », adverbe de comparaison).

س

سرزنش کردن *sèr-zènèch-kèrdèn*, نکوهش کردن *nèkouèch kèrdèn* « blâmer, faire des reproches »; **A.**, *motchari-kördèn*; **So.**, *motchiari kördèn*; **X.**, *duchmin dan*; **M.**, *lômâ-krdn*; **Y.**, *az servakht iékm* « je blâmai »; **G.**, *serzanich-i dékam*.

سرفه کردن *sourfè kerdèn* « tousser »; **X.**, *koulkoul krdèn*; **So.**, *k'fá kördèn*; **D.**, *kwoka kördèn*; **A.**, *kokân*; **D.**, *kwokân*; **L.**, *lawotán*; **M.**, *kokhín*; **R.**, *koftân*; **Si.**, *kozín*; **Y.**, *az dékokhoum* « je tousse ».

سرمای زدن *sèrmaï-zèdèn* « geler, avoir froid »; **D.**, *serma khordèn* « manger le froid »; **R.**, *zokhoum bièn*.

سفر کردن *sèfèr kerdèn* « voyager »; **L.**, *safar kördèn*; **G.**, *sefèr dôkam* « je voyage »; **Y.**, *az-i harmá safaré* « je voyage »; **A.**, *khalibi kördèn*; **So.**, *kharibi kördèn*; **X.**, *riga tchin*.

سوزاندن *souzandèn* « brûler »; **D.**, *soutanèn;* **L.**, **M.**, **Si.**, *soután;* **A.**, *sôtán;* **So.**, *sütèn;* **X.**, *sözian;* **K.**, *söziân;* **G.**, *souzen;* **R.**, *souznán;* **Y.**, *chaótin* (vieux perse, *çukhta* « enflammé »; *çutch, çaukhtanaiy* « brûler »; pehlevi, ۱۱۳۵۴۲ *sôkhtan;* (persan, سوختن; zeïd, ۴۵۲۵۶، ۴۳۹۹۴); **M.**, *soután* « être brûlé »; **M.**, *kho-soutandèn, kho soután* « se brûler ».

ش

شخم كردن *chokhm kèrdèn* « labourer »; **L.**, جوفت كردن *djoft körden;* **R.**, *djouft kördèn* « faire le joug » (persan, يوغ *yough*); **G.**, *zraat dekam* « je laboure » (persan, زراعت كردن *zèra'èt kerdèn* « cultiver »); **So.**, زوين كردن *zavín kördṇ* « faire le sol » (persan زمين *zèmin;* pehlevi, ۴۳۴۵ *zamîk;* zeïd, ۶۹۴ *zema;* skr., *jma* « terrain, sol »); **A.**, *k'chtoukál kördèn;* **Y.**, از كشتكال ايكم *az kchtoukál ékam* « je cultive ».

شستن *choustèn* « laver »; **L.**, **R.**, *chächtan;* **X.**, *chourdan;* **D.**, *chötian;* **K.**, *chourdèn;* **M.**, *chtṇ;* **Si.**, *chüorín;* **So.**, *chtèn;* **A.**, *chorian;* **G.**, *düchürümëï* « je lave »; **Y.**, *az eichorṃ* « je lave » (perse, *chousta* « lavé »; zeïd, ۴۳۴۵۶۴۴ *khchousta* « laver », ۴۳۴۵۶۴۴۴۴ *khchaodhanh* « cours d'eau, courant »; pehlevi, ۱۱۳۵۴۲ *chostan* « laver »); **M.**, خو شتن *kho chtṇ* « se laver ».

شكار كردن *chèkar kèrdèn* « chasser, poursuivre le gibier »; **A.**, *rrao kördṇ;* **D.**, *rrao kördèn;* **M.**, *rrav krdṇ;* **Si.**, *rao krdṇ;* **G.**, *chèkar krdṇ;* **L.**, *chèkar kördèn;* **X.**, *chikar kerdèn;* **So.**, *natchir krdṇ;* **Y.**, *az harman natchir* « je fus à la chasse »; **R.**, *kaj-louan;* **M.**, *netchir krawá* « est chassé ».

شكستن *chèkèstèn* « briser »; **X.**, *chèkánèn;* **M.**, *chkañdṇ;* **Si.**, *chkañdèn;* **So.**, *chkán;* **K.**, *chékiàn;* **G.**, *chkénèn;* **Y.**, *chkènen* (vieux perse, *vi-çard* « rompre »; pehlevi, ۱۱۳۵۴۲ *viçaçtan;* persan, گسستن; zeïd, ۴۳۵۶۴۴ *skeñda* « brisure, brisé »; ۴۳۵۶۴۴ « couper, détruire »); **R.**, *hourt-kördèn;* **L.**, *wört-kördèn;* **D.**, *wourt-kördèn* (persan, خرد كردن); **A.**, *mérian.*

شنا كردن *chena-kerdèn*, vulg. *chènoou kerdèn* « nager »; **X.**, *chanó-kerdèn;* **G.**, *chinow-kördèn;* **R.**, **D.**, *malé-krdèn,* **M.**, **Si.**, *mèlè-krdṇ;* **So.**, *malá kördèn;* **L.**, *málè-kördèn;* **A.**, *mölè kördèn;* **K.**, *malia-kördṇ;* **Y.**, *az-e-sóbakarí-ekam* « je nage ».

شنيدن *chènidèn* « entendre »; **L.**, **R.**, **So.**, **X.**, *chönaftèn;* **K.**, *chönáftèn;* **Si.**, *jénaftṇ;* **A.**, *jénaüèn;* **M.**, *bistṇ;* **Y.**, *mön bistia* « j'entends »; **M.**, *bistrawa* « est entendu ».

ص

صبر كردن *sèbr kèrdèn* « attendre »; **X.**, صبر كردن *sabr krdèn;* **K.**, صقر كردن *sár kördṇ;* **L.**, **R.**, **So.**, *sár krdṇ;* **G.**, *sabr dökam* « j'attends »; **Y.**, از صقركم *az i sár ékam* « j'attends »; **A.**, *ta khat kördèn.*

ع

عرق كردن *'èreq-kerdèn* « transpirer »; **So.**, *harak kördèn*; **X.**, *arakh kṛdèn*; **G.**, *arak dōkam* « je transpire »; **Y.**, *mōn khodaš* « je transpire » (perse, *hvaêda*; pehlevi, ‌ܝܘܝ *khochá* « salive »; بوخ *khoi* « sueur »; persan, خوی *khoi* « sueur »; pouchtou, *kkhkrèh ked*).

غ

غرق شدن *rhèrq choudèn* « se noyer »; **K.**, *rhark büèn*; **G.**, *khark boun*; **X.**, *khafa-bin*; **So.**, *könikia boun*; **A.**, *nokhom bian*; **M.**, **Si.**, *khôm-boun*; **Y.**, *az fatésim* « je me noie ».

ف

فت كردن *fout kerdèn* « souffler »; **D.**, *pou-kördèn*; **L.**, *pöf-kördèn.*

فرو بردن *ferou-bourdèn* « enfoncer »; **D.**, *förá-kördèn*; **M.**, *tero kṛdṇ*; **Si.**, *robṛdèn*; **A.**, *sèrawar bördèn*; **K.**, *we nawe kördṇ*; **So.**, *daspé-kördèn*; **X.**, *tchàl-kṛdèn*; **R.**, *kouná-kördèn* « faire le trou »; **L.**, *köná kṛdṇ*; **M.**, *tero-kerawa* « est enfoncé »; **M.**, *kho robṛdn* « s'enfoncer ».

فروختن *feroukhtèn* « vendre »; **L.**, **X.**, *föroutèn*; **M.**, **Si.**, *frótèn*; **D.**, *frótèn*; **K.**, *föraten, förouchèn*; **So.**, *frôchi kördèn*; **A.**, *wouratan*; **R.**, *aourètèn*; **Y.**, *mön aïförouchèm* (pehlevi, ‌ܝܘ‌ܣܗ *frôkhtan*; ossèthe, *feouejkénoun, févejkenoun*; oss. dougour, *faojékanoun*); « vendu »; **M.**, *fröjawa.*

فشار دادن *fèchar-dadèn* « serrer »; **K.**, *fouchar-daèn*; **So.**, *ouchar-kördèn*; **X.**, *khochardan*; **R.**, *woucharèn*; **D.**, *wouchârdèn*; **A.**, *ouchâr-dadèn*; **M.**, **Si.**, *gouchin*; **L.**, *zour-kördèn*; **G.**, *khochari-dögam* « je serre »; **Y.**, *az aïgouéchèm* « je serre »; **M.**, *kho-gouchin* « se serrer »; **M.**, *gouchran* « être serré ».

فهميدن *fèhmidèn* « comprendre »; **K.**, **Si.**, **X.**, *fahmin*; **A.**, *faham-kördṇ*; **R.**, *zaman*; **L.**, *mazânin*; **D.**, *zanidèn*; **G.**, **Y.**, *dézanöm* « je comprends »; **M.**, *tégheichten*; **So.**, *hoch-kördèn.*

ق

قاتی كردن *qâti kèrdèn* « mélanger »; **X.**, *barham-don*; **So.**, *lé-èk drian*; **Si.**, *tékal kṛdṇ*; **R.**, *tikölá kèrdèn*; **M.**, *tékál kṛdṇ*; **L.**, *ièká kördèn*; **K.**, *lé-èk dan* « donner l'un à l'autre »; **D.**, *âméta kördèn*; **A.**, *aüeta kördèn.*

قبول كردن *qèboul kèrdèn* « accepter »; **A.**, **M.**, **Si.**, *qaboul kṛdṇ*; **G.**, *qabouli kṛdṇ*; **X.**, *qaboul kṛdèn*; **D.**, *qaboul kördèn*; **K.**, **R.**, **L.**, **Y.**, *qaboul kerdèn*; **So.**, *k'owl kerden* قغل

كردن (de l'arabe قبول *qaboul;* hebr., קִבֵּל « prendre, saisir » et du verbe كردن « faire »). Usité également dans les dialectes kurdes de Turquie (A. JABA, *Dict.*). قبول كم *kaboul kèm* « j'accepte, je consens »; قبول نكم *qaboul na-kem* « je refuse, je ne consens pas ».

ك

كاشتن *kachtèn* « semer »; A., *pajnan;* X., *pöchkânèn;* L., *tümoïtèn;* K., *tuâm wachanèn;* So., *wochânèn;* R., *wachnan;* Si., *wichannèn;* M., *datchañdṇ;* G., *dètchinōmeï* « je sème »; Y., *az daüejm* « je sème ».

كافتن *kaftèn* « creuser »; D., X., *kannèn;* L., *kanèn;* R., *kènnèn;* So., *kannan;* K., *kanîn;* A., *könnan;* G., *kánön;* Si., *kañdṇ;* M., *hałkañdṇ* (vieux perse, *kan* « fouiller », *kañtanaïy*).

گردانيدن *gerdanîdèn;* گردادلدن *gerdandèn* « tourner » (v. a.); R., *girdan;* A., *khṿil kördèn;* Si., *khoul dan;* So., *khṿol kördèn;* L., *khörd daèn;* D., *sour dadèn;* M., *sorandèn.*

كردن *kèrdèn* « faire »; M., Si., *kṛdṇ;* K., *kördṇ;* X., *kṛdèn;* A., D., L., R., So., *kördèn;* Y., *az iékam* « je fais » (racine *kar* « travail, action de... »; pehlevi, ١١م٩لو *kartan;* zeñd, *kereta* « fait »; vieux perse, *kartanaïy;* skr., *kṛta*).

كشتن *kouchtèn* « tuer »; D., L., *kṿochtèn;* M., *khoktèn, kochtèn;* X., *kouchtan;* G., *kouchèn;* Y., *az-aï-kojṃ* « je tue » (perse, *kôuchtan, koustanaïy;* zeñd, و٩م٩ *kouch;* pehlevi, ١١ع٩لو٩ *kouchtano;* kurde de Turquie, كشتين *kouchtin*); — « être tué », M., *koujran.*

كم مابده بودن *kèm mandè boudèn* « manquer de »; M., Si., So., كم بون *kam-boun;* X., *kiam-bin;* A., *kam-bian;* K., *kam-bün.*

كندن *kènden* « arracher » (en parlant des végétaux); D., كنّن *kannèn;* K., *kanîn;* L., *kanen;* R., *kanan;* M., Si., هلكندن *halkandṇ;* A., هورش كندن *ho rèch kandan;* So., هل كردن *hal körden;* X., كشين *kéchîn, kéchian* (persan, ريشه « racine » dans هورش كندن; vieux perse, *kantanaïy;* zeñd, و٩ *kan:* pehlevi, وائو *kandan;* هل comme préfixe de كندن donne à l'expression un sens d'élévation, de mouvement de bas en haut; كشين est probablement de même origine que pehlevi ١١م٩لو٩و, persan كشنى, et كاشتن « cultiver, semer ». Cette expression, changeant de valeur, exprime chez les Kurdes du Mazandérân l'idée d'arracher les mauvaises herbes avant de semer le grain); G., *dekanōmeï* « j'arrache »; كرّافه *kṛrâwa* « est arraché » (part. pass. de كنّن employé au lieu du part. régulier كنّرافه *kennerâwa*).

كوفتن *kouftèn* « battre »; So., *koután;* A., *döriân;* L., *dâzèrèn;* R., *wanèn;* X., *kochtan* « tuer » (pehlevi, ١١ع٩لو٩); K., M., Si., *lé-dan* « donner un coup »; D., *lal-é daèn;* G., *lèï-digam* « je frappai »; Y., *lé-dakham.*

ك

كذاشتن *gouzachtèn* « laisser »; **A.**, *üéardan;* **D.**, *bögördèn;* **K.**, *niân;* **M.**, *hèchtų;* **R.**, *hasèn;* **Si.**, *danichtèn;* **So.**, *danian;* **X.**, *niâñdèn;* **Y.**, *as haröm* « je laisse ».

كرفتن *gèrèften* « prendre, recevoir ». Les Kurdes n'ont pas de terme spécial pour exprimer « recevoir » : ils prennent, mais ne reçoivent pas. Un serviteur ne dira pas à un autre : « Combien reçois-tu de ton maître? », mais il lui dira : « Combien prends-tu de ton maître? » Presque toutes les langues musulmanes sont dans le même cas.

كرفتن *gèrèftèn* « prendre »; **A.**, *gŏrtan;* **D.**, **L.**, **So.**, **X.**, *görtèn;* **R.**, **Si.**, *girdèn;* **K.**, *sanèn;* **M.**, *hall-grtų, wouar-grtų, saïalèn;* **Y.**, *az é bögöröm* « je prends »; **G.**, *dégéröméï* « je prends »; (vieux perse, *garb;* zeñd, *gerepta* « pris »; skr., गृभ् *grbh,* गृह् *grh;* gothique, *grip*); **M.**, *giran* « être pris »).

كرفتن *gèrèftèn* « arrêter »; **M.**, راهكورتن *rahgörten* (de راه « route » et كورتن « prendre »; prendre la route de quelqu'un, l'empêcher de continuer son chemin; c'est dans le même sens que les Turks disent يول كسمك « couper la route »; pehlevi, ﮔﺮﻔﺘﻦ *greftan* ou *giriftan* « prendre, saisir, attraper, faire un prisonnier »).

كرم كردن *garm kèrdèn* « chauffer »; **So.**, **Y.**, *garm kördèn;* **G.**, *germi dékam;* **Y.**, *az gierm ièkam* (skr., ग्रीष्म *grîchma* « mois de juillet-août », घर्म « chaleur »; vieux perse, *garmapada* « époque des chaleurs »; pehlevi, ﮔﺮﻢ; grec, θερμός pour χερμός; all., *warm;* ang., *warm;* etc.); **M.**, *kho garm krdų* « se chauffer ».

كريختن *gourikhtèn* « fuir, prendre la fuite »; **L.**, *heïváïı;* **M.**, *halatèn;* **K.**, *ouaïèn;* **R.**, *römman;* **X.**, *ramin;* **A.**, *rrŏmá kördèn;* **D.**, *rrâï-kördèn;* **Si.**, *rá-krdų;* **So.**, *rá-kördèn;* **Y.**, *az é khôá chér'm* « je fuis »; **G.**, *térassem* « je fuis ».

كريستن *giristèn* « pleurer »; **M.**, **Si.**, *gridn;* **X.**, *giridn;* **D.**, *girianèn;* **L.**, *göriaèn;* **R.**, *görawan;* **A.**, *göráwán;* **K.**, *giria-krdų;* **So.**, *görœ-kördèn;* **G.**, *dégéröm* « je pleure »; **Y.**, *az-é bögörím* (zeñd, ﮔﺮﺰ *gerez;* ﮔﺮﺰ *garez* « murmurer, se lamenter à haute voix »; pehlevi, ﮔﺮﺰﺷﻨ *garzachna* « plainte », ﮔﺮﺴﺘﺎﻧ *gîrestan* « crier, clameur »; arménien, *kardal*).

كزيدن *géziden* « mordre »; **A.**, *gaz gördan;* **So.**, *gaz gördèn;* **D.**, *gastèn;* **L.**, *gastán;* **M.**, *ghastén;* **R.**, *gazèn;* **Si.**, *ghazin;* **X.**, *görtian;* **K.**, *rhap krdų.*

كفتن *gouftèn* « parler, dire »; **X.**, *vötèn* (pehlevi, ﮔﻔﺘﻦ); **A.**, *k'sá-kardèn;* **D.**, **L.**, **R.**, *k'sà-kördèn;* **So.**, *ksa kördų;* **M.**, **Si.**, *ksa-krdų;* **K.**, *kösiá-krdèn;* **G.**, *rhsé-dökam* « je parle »; **Y.**, *az g'li-ékam* « je parle » (tous ces mots signifient « faire parole », de même qu'en turkoman l'on dit « frapper une parole » : سوز اورمق *söz-vourmagh,* au lieu de سويلمك *söilèmèk*).

كفتن *gouften* « dire »; **A.**, *walèn;* **D.**, *wotèn;* **K.**, *ouatèn;* **L.**, *wötèn;* **R.**, *watų;*

Si., *woutn;* So., *outèn;* X., *vötèn;* M., *koutèn;* G., *dûchöm* « je dis »; Y., *az dövejm* « je dis ».

كَم كردن *gom-kèrdèn* « perdre »; G., L.; Si., X., *goum kördèn;* So., *göm kördèn;* M., *win-kṛdṇ;* A., *bin-kördèn;* Y., *az ounnalakam* « je perds » (persan, گُمان *gouman* « doute »; pehlevi, ‌ﮒﻮﻤﺎﻧﻮ *gumanu,* ﮒﻮﻤﺎﻥ *guman* « doute »); L., R., *goum-bian* « être perdu »; *kho goum bian* « se perdre ».

ل

لرزيدن *larzidèn* « trembler »; M., Si., X., *larzîn;* A., *lerzan;* R., *larzân;* K., *lar-zidn;* D., *lerzîdèn;* So., *larz kördèn;* G., *lelerzèm* « je tremble »; Y., *az doredjefṃ* « je tremble » (pehlevi, ﻟﺎﺭﺯﻳﺘﺎﻥ *larzîtan;* pouchtou, لرزدل *larzedal;* ossèthe, *rouzoun*).

لزوم بودن *lozoum-boudèn* « être nécessaire »; A., G., *lazṃ-bian;* K., *lazṃ-büèn;* M., Si., So., *lazṃ-boun;* X., *wadjé-bian.*

م

مشغول بودن *mèchrhoul boudèn* « s'occuper, s'amuser »; D., *majrhoul boudèn;* L., *machkouch bian;* R., خريك بيان *kharik bian* « être au travail ».

مردن *mourdèn* « mourir »; A., *mördan;* D., K., L., R., X., *mördèn;* So., *mṛdèn;* Si., M., *mṛdṇ;* G., *demerem* « je meurs »; Y., *az mördṃ* « je meurs » (perse, *marka* « mort », *amariyatá* « mourut »; skr., अम्रियत *amriyata;* zeñd, ﻤﺎﺭﻩ *mare;* pehlevi, ﻤﻮﺭﺩﺍﻥ *môr-dan,* ﻤﺎﺭﻙ *mark;* persan, مرﮒ *marg;* « la racine *mar*, comprise depuis le Gange jusqu'au Shannon, est l'une des caractéristiques de l'antique parenté des peuples indo-germaniques » (J. OPPERT, *Inscript. des Achéménides*, p. 55).

ن

ناليدن *nalidèn* « gémir »; G., *nala kördèn;* A., *nelká körden;* X., *analé kṛdèn;* M., Si., *nalañdèn;* Y., *az-analem* « je gémis »; D., *hawar-kördèn;* L., R., *awar kördṇ;* So., *k'aó-kördèn.*

ندانستن *nèdanistèn* « ignorer », A., D., R., Si, نزانن *nèzanèn;* K., نزانسن *nèzânessèn;* L., *nèzânsèn;* M., *nèzânîn;* So., نالنى كردن *nâlani kördṇ;* X., *nömazzanèn;* Y., از نزانم « je ne connais pas, j'ignore » (pehlevi, ﺩﺍﻧﺴﺘﺎﻥ *danistan;* zeñd, ﺯﺍﻥ *zan* « connaître); « ignoré »; M., *nezanirawa.*

نزديك آوردن *nèzdik ávourdèn* « approcher », A., So., نزيك كردن *nazîk kördèn;* X., *nazik kṛdèn;* L., *nazzik kördèn;* D., *nézik kördèn;* M., *nézik kṛdṇ;* R., *nözik kördèn;* G., *nazdik diam* « j'approche, je vois près »; Y., Si., و نزيك از در ى « j'approche (un objet) de moi » (pehlevi, ﻨﺎﺯﺩﻳﻚ *nazdik,* ﻨﺎﺯﺩﻳﺴﺖ *nazdist*).

نزديك شدن *nèzdik choudèn* « s'approcher », D., نزك شدن *nezzik chodèn;* K., نزك بون *nazik bün;* M., *nezik boun;* R., *nazzik bian;* Si., *nèzik boun;* So., *nazik boun;* L., نزك هاتی *nazzik hatèn* « venir près de »; X., *nazik hatèn;* G., *nazdik doum* « j'approche de, je m'approche de »; Y., از پش داهرم *az e pèch dáhárèm;* A., بياوكردن *biao kördn* « faire venue. (Cf. نزديك آوردن.)

نشان دادن *nechán dadèn* « montrer », A., *nichá-dan;* D., *nichan daden;* K., L., *nichan daèn;* R., *nichan dàn;* Si., *nichán dên;* So., *nichán dàn;* X., *nichan dàn;* G., *nichani dögham* « je montre »; Y., *az nichani adam* « je montre ».

نشاندن *nèchandèn* « planter », X., *nichá krdèn;* So., *niá-kördèn;* D., *niá-dèn;* A., *ká-lián;* G., *tchinèn;* K., *wéchánèn;* R., *wachnan;* M., Si., *tchakhhañdèn;* Y., *az-dáátch kièn'em* « je plante ».

نشستنی *nèchastèn* « s'asseoir », D., *nèchtèn* نشتنی; L., *nichtèn;* R., *nichtan* (vieux perse, *nichad;* zeñd, ابناسته *nichasta* « assis »; pehlevi, نچستن *nechastan*).

نگاه كردن *nigah-kerdèn* « regarder », M., *nouarrin;* Si., *rouánin;* R., *dian* « voir »; A., *tamachá kördèn* « faire spectacle »; So., *tömáchá kördèn;* X., *támáchá krdèn;* M., *da-khôr-ouánin* « se regarder »; M., *teif'r-k'rawa* « regardé ».

نماز كردن *nèmaz kèrdèn* « prier, faire la prière », A., *némá-krdn;* G., *namás-krdn;* X., *nömás-krdèn;* R., *namas-wañdèn;* K., *nömas-kördèn;* L., *namas kördn;* So., *nöüèch krdèn;* D., *nüèj kördèn;* M., Si., *nüéj krdn;* Y., *az-nüéja-kam* « je prie ».

و

وا كردن *va-kèrdèn* « ouvrir », X., *vá-kèrdèn;* K., L., *wá-kördèn;* D., *woulw-kördèn;* A., *kördénowa;* R., *kerdénowa;* M., Si., *krdenawa;* So., *bölw kördn;* Y., *az-é-wakam* « j'ouvre »; G., *aoukömeï* « j'ouvre ».

وعده كردن *vè'èdè kèrdèn* « promettre, donner parole », A., *wáá-kördèn;* K., *wada-dan;* L., *véá-dáèn;* M., *pé-karar-dan;* R., *wádé-dan;* So., *waa kördèn;* X., *váá-krdèn;* Y., *az wáddá eadéme* « j'ai promis »; G., *wadeï-dégérm* « je promets ».

ه

هديگررا بوسيدن *hèm-digèr-ra bougidèn* « s'embrasser, embrasser », X., *bôouch-krtèn;* G., *bawich-kèrdèn;* D., *bawach-görtèn;* Si., *bawach grtn;* M., *dabawach-grtn;* R., *bagal-kördèn;* So., *bahal-kördèn;* L., *bakhal-görtèn;* A., *bal-kördèn;* Y., *az égirma páchöl* « j'embrasse »; M., *dabawach* « embrassé ».

هراه رفتنی *hem rah rèftèn* « accompagner », A., لواه كردن *llouá kèrdn* (*llouá* pour راه) « faire route », قيك روين *vé ièk rroïn* « marcher avec quelqu'un » (pehlevi روی

« avec »); G., ثرى دورم *wé ri douroum* « j'accompagne, avec (un) route je marche »; M., اث ليك چيّن *aw liek tchéèn* « aller avec (quelqu')un »; برةكل كوتن *be rèh gal kooutèn* « battre, fouler le chemin avec (quelqu'un) »; R., بيك لّوان *bi-èkó llouan* « avec (quelqu')un, marcher » (لّوان pour رّوبن); Si., لكّرجون *legertchoun*; Y., از ڤيك ازّوبم *as w-ieko arroîm* « je marche avec (quelqu')un »; So., بيك كردن *bá ieko körden* « faire (route) avec (quelqu')un ».

ى

ياد داشتن *iad-dachtèn* « se souvenir », A., *hoch kördèn*; K., *wahür-khössèn*; L., *vira-wourdèn*; M., *labir-boun*; R., *iaèm-köftèn*; So., *akköl-kördèn*; X., *iddourdèn*; Y., *az-khédl-akamou* « je me souviens »; G., *leagé-dökam* « je me souviens ».

بسنى ﺦ *yékh-bèstèn* « geler, se transformer en glace », A., *sawol kördèn*; G., *iakh-kördn*; M., *saholl bastn*; Si., X., *iakh-krdèn*.

IX

ADVERBES. — PRÉPOSITIONS. — CONJONCTIONS.

1. ADVERBES.

Ainsi, Y., So., هم *ham;* A., هن *han;* M., يش *ich;* Si., ةﻭ *oua, wa,* X., *bán* بن (persan, هكچنين; pehlevi, يپم *amat* « ainsi », يپﺍوﺍ *hamgounak* « de la même façon »; zeñd, يروﻭﻭ *hama* « égal, entier, chaque »; pehlevi يپ *ham* « union, concomittance »; — pehlevi, سوﻭ *áigh* « ainsi, à savoir »; ةﻭ est employé dans les dialectes kurdes de Turquie).

Alors, A., تخﻗ ﺍ *a wakht, a wakhtá;* D., تخﻗ نﺍ *an wakht;* G., *wakht;* K., تخﻗوﺍ *áó wakht;* M., *a wakhti;* R., تخﻗ ﺍﺩ *dá wakht;* Si., تخﻗتر *wakhteter;* Y., So., *ao wakht;* X., *a zaman* (persan, تقﻭ نآ).

Assez, dans presque tous les dialectes, سب *bès, bas;* So., X., *bass;* Y., *woss* سوﻕ (persan, سب; pehlevi رﻭ *ras* « beaucoup, plus, très, grandement »; vieux perse *vaçiy* « à plaisir »).

Autant que, A., *har-tchn;* G., S., *hartché;* X., *hartchi;* So., *tchan;* R., *a-kŏré* (persan, دنﭼرﻫ *har tchend;* pehlevi, دﻫ *har* « chaque », دﻫﭼ, دﻫﭼ *tchand* « combien », دﭼ *tché* « aussi »).

Bien, A., Si., *khas;* D., K., L., R., X., *kháss;* M., So., *tchák* (persan, صاﺥ درﻣ *mèrd-i khas* « un bon homme »; arabe, صاﺥ « propre, pur »).

Comment, A., *tchaní;* D., *tchälóèn;* G., *tchitw;* M., *tchilon;* So., *tchulón;* R., *tchún;* Y., *tchilon;* Si., *bŏ-djouá;* X., *tchétóour* (persan, روطﻣﭼ).

Lentement, A., G., R., Si., *iáwàch;* K., *iaouach;* X., *iaouóch;* D., *ewach;* So., *wessaor;* L., *narm* « mou »; M., *bas-sabr, iáwàch;* Y., *sabr* (turk, شﺍوﻳ *iavach;* arabe, ربﺹ *sàbr*).

Toujours, Y., تخاﻗ رﺣ *har wákht* « tout temps »; X., هشﺣ *hamicha;* So., *dáïm* ميﺍﺩ; A., ميﺍﺩ رﺩ *dar-dáïm* (persan, زﮔرﻫ; perse, *hakaramsiy* « une fois »; zeñd يروﻭﻭ *hama* « égal, entier »; pehlevi, ﻖﻟوﺩﻭ *hakartch,* يپﺩﻭر *hamichak;* persan, هشيﻫ *hamichèh;* arménien, Ꮀ ‎ *hamak,* Ꮀ *ham,* *am*).

Mal, L., *píss* (turk azerbeidjani, پیس « mauvais »; turk osmanli, پیس « sale »); R., *khörầô* « gâté »; (arabe, خراب).

Moins, A., R., *kamtar*; D., L., X., *kamtèr*; G., K., M., Si., So., *kamtṛ*; Y., *hönnöktèr* (persan, کنتر; pehlevi, کم *kam* « peu »; persan, کم; zeñd, کمنه *kamna*; perse, *kamana*).

Non, A., *nömôw*; K., Si., So., *nà-khèr*; D., G., L., M., R., *nà*; X., *nià* (vieux perse, *naiy*; skr., नेद् et dans toutes les langues indo-européennes).

Oui, comme en persan.

Personne, A., *kassèw*; K., Si., So., M., *kassék* (persan, کس); R., *ütch-ka*; X., *hitch-kà* (persan, هیچکس).

Peu, A., *koutchéô*; X., *kiam*. Dans tous les autres dialectes, comme en persan کم (vieux perse, *kamana*; zeñd کمنه *kamna*; pehlevi, کم *kam*).

Peut-être que, A., *bachkm*; M., *reñga*, *bachkm*; R., *ga-heñd*; Si., *balkim*, *balkà*; So., *k'é*; X., *magiar* (persan, مگر, بلکه).

Plus, D., R., *förètèr*; L., *förатèr* (ossèthe, *fouldàr*).

Pourquoi, A., *paétché*; R., *pé-i-tchi*; X., *ara-tchàr*; G., *araïtché*; K., *arrâ-é-tchüä*; L., *arrô-tchà*; D., M., So., *bô-tchî*; Si., *bou-tchà*; Y., *tchèrrà* (persan, چرا).

Quand, dans tous les dialectes, *ké*, *keï* (persan, کَ, کِ; pehlevi, که *ké*; vieux perse, *kadha*; ossèthe, *ghâdj*, *ghou*).

Tout, G., *hamök*; M., *hamou*; Y., *hamô*; So., *hamouí* (persan, هم, هه; perse, *ham* « avec, ensemble », *hama* « tout », *harouva* « tout »; zeñd, هاورواته *haourvatât*; persan, خوردد *khordad*; pehlevi, سلام, سپو *humak*, سپوه *hamé*, سپ *ham*; pouchtou, امانی *amani*); X., *kol* کول; L., *kvoll* (arabe کل; pouchtou, کول *koul*); A., کورده *gördé*; D., *gicht*; K., *gècht*; R., کوش *göch*; S., کوشتی *göchti*; M., *serpàk*.

Vite, rapidement, D., *zou* زو; R., زو *zü*; L., زوی *züi*; dans les autres dialectes, *zout* (persan, زود).

2. PRÉPOSITIONS.

Après, D., G., K., L., Y., *bè'èd*; X., باد زون *bâdà zün*; M., لاپاشن *làpàchan*; A., دمای; *dömaé*; interrogatif, *tché dömaé*; R., جوشن *djö choun*; Si., *akhör*; So., *lé douaï* (arabe, بعد; vieux perse, *paça*; pehlevi, پس *pas* « après », skr., *paçca*; latin, *post*; lithuanien, *paskui*).

Avant, X., اول *avval*; Si., *awol*; A., ول *walé*; L., ور *var*; So., *börlé*; D., *bàr*;

G., *wèrdèm;* K., *noua* « nouveau » (arabe, أوّل « premier, qui est en avant »; chald. ,
אוּלָא; pehlevi, اولس *avla;* — pehlevi, ردىس; zeñd, پسمدوپ *patich;* persan, پیش).

Pour, A., *pé-tché;* R., *pè-ï;* D., G., *araï;* K., L., *arraï;* M., *bó, boéá;* Si., *bo-awá;*
Y., *ji-mörá* (persan, بدى, بِ; pehlevi, پت *pat;* zeñd, *paiti;* vieux perse, *patiy*
« vers »; grec, πότι, περί, skr., प्रति).

3. CONJONCTIONS.

Aussi, D., همچنو *hamtchinô;* A., چنى *tchew;* G., چنىنى *tchénow;* K., هرچنو *har-
tchino;* M., وَ *wa, oua;* Si., هروَ *har-wa;* Y., *har-wá;* R., *pass* « après »; So., *tchülón;*
X., *adi* (persan, هم; pehlevi, چ *tcha*, چە *tché* « aussi », هم *ham* « aussi », همه *hama* « tout », هر *har* « chaque, chacun »; وَ se rattache peut-être au pehlevi أي *vad*
« jusque »; chaldéen et hébreu עד).

Si, A., *ahör;* K., *aïèr;* L., *agaï;* G., *agèr;* X., *djiar, dgiar* (persan, آگر; vieux
perse, *hakaram* « une fois »).

DEUXIÈME PARTIE.
LANGUES ET DIALECTES DU NORD DE LA PERSE.

AVERTISSEMENT.

Le grand désert salé qui occupe toute la partie centrale du plateau persan
fut un obstacle qui arrêta pendant quelque temps la marche des tribus iraniennes au cours de leur migration vers l'occident. Devant cette immense
plaine dépourvue d'eau, d'herbe et de tout ce qui est indispensable à la vie
des nomades, les hordes se séparèrent en deux branches : l'une, par le Kho-
rassân, gagna les fertiles régions de l'Hyrcanie et s'avança presque jusqu'à
l'Araxe en longeant la mer; l'autre, s'infléchissant vers le sud, chemina le
long de la chaîne bordière du plateau, occupa les pays actuels de Kirman,
de Chiraz et d'Ispahan; elle descendit jusqu'au golfe Persique. Cette région
devint la Perse proprement dite, celle d'où sortirent plus tard les Achéménides et les Sassanides, celle où de nos jours encore on parle le plus pur
persan.

Quoique étroitement apparentés aux tribus du sud, les Iraniens du nord
semblent par quelques dialectes (le tâlyche entre autres) avoir présenté, avant
la séparation, des différences notables; mais ces caractères tendent aujourd'hui
à disparaître, ils s'atténuent de plus en plus dans le Mazandérân et le Ghilân
par exemple, par suite des relations fréquentes avec les Iraniens du sud qui,
mieux doués, plus développés que ceux du nord, ont pris depuis bien des
siècles une influence prépondérante sur le plateau persan.

J'ai séparé les dialectes kurdes des langues persanes parce que, par la grammaire comme par le vocabulaire, le kurde offre un groupe spécial très net
qu'on ne saurait considérer comme un patois du persan. J'ai parlé d'abord
des langues kurdes, parce que je considère ces peuples comme étant les pre-
miers Iraniens venus en Perse, comme les précurseurs de la grande invasion.

Je n'entrerai pas ici dans le détail des raisons qui me font ainsi penser,
le lecteur en rencontrera à chaque page en feuilletant mon travail; je me

contenterai de faire observer combien les tribus kurdes sont homogènes, tant par leur parler que par leurs coutumes, et combien peu de rapports il y a entre les Persans et les Kurdes; tous deux se considèrent comme étant d'origine différente et se haïssent profondément.

Au nord, perdus vers le milieu de la grande chaîne du Caucase, vivent les Ossèthes, eux aussi appartenant à la grande famille iranienne. Les Ossèthes ont peut-être fait partie de la même migration que les Kurdes, peut-être aussi sont-ils encore plus anciens; leur langage est resté franchement iranien et s'est conservé dans ses formes les plus archaïques. Les peuples qui environnent l'Osséthie, parlant des langues anaryennes, n'ont eu que peu d'influence sur le parler des nouveaux venus parmi eux.

Je n'ai pas eu le loisir de rechercher les analogies qui existent entre l'ossèthe et le talyche, mais je suis porté à croire qu'elles sont plus nombreuses qu'entre les autres dialectes persans et l'ossèthe; peut-être doit-on voir là un lien de parenté, et au talyche la trace du passage des Ossèthes.

Le *mazandérâni* est parlé dans les montagnes du nord de l'Iran et dans les plaines basses du littoral Caspien, entre Asterâbâd à l'est et la limite de Tünékâboun à l'ouest; jadis il s'étendait plus au sud sur le plateau jusqu'aux environs de Reï, mais depuis que les Kadjars ont établi leur siège à Téhéran, le mazandérâni s'est trouvé refoulé par le turk et le persan pur.

Comme il arrive toujours dans les pays de montagnes, chaque vallée formant un territoire bien défini, les dialectes du mazandérâni sont très nombreux. Dans la plaine même, suivant les localités, il existe des différences notables. J'ai relevé les dialectes de Rehneh, d'Amol, de Barfrouch, de Semnon, de Kelarsak, de Koudjour et de Tünékaboun, afin de faire mieux sentir ces variations; mais il en existe une foule d'autres qui porteraient à vingt-cinq ou trente les dialectes mazandérânis.

La limite orientale de ce dialecte est, je l'ai dit, située près d'Asterâbâd; là le mazandérâni est en contact avec le turkoman et le persan. Au sud, il en est de même vers Semnon, Chahroud, Téhéran et Kazvin. Dans ces derniers pays, le turkoman est remplacé par le turk azerbeidjâni, dialecte plus connu des linguistes sous le nom de turk de Tiflis ou tatare du Caucase.

De même que le mazandérâni, le *ghiléki* présente lui aussi un grand nombre de dialectes. A Recht, il est moins pur qu'à Leñgéroud ou Lahidjàn et qu'à Minaré-bazar. Recht est un grand marché; c'est en même temps le point d'arrivée de la voie maritime entre Astrakan, Bakou et la Perse, et le terminus de toutes les routes du nord-ouest de l'Iran. On comprend aisément que, par suite du séjour prolongé des étrangers dans la ville, le dialecte indigène se soit sensiblement modifié.

Le ghiléki et le mazandérâni sont deux dialectes très voisins entre eux et très proches du persan classique; leur étude ne présente qu'un intérêt tout secondaire. Il n'en est pas de même du *tâlyche* qui, enfermé dans les montagnes situées au sud de la plaine de Moughan, n'a dans ces derniers siècles, depuis l'invasion des Mogols, eu de relations qu'avec les Turks. Plusieurs mots touraniens se sont, il est vrai, introduits dans ce dialecte iranien, mais, en général, les formes semblent être restées plus pures qu'au Ghilan et au Mazandérân.

Nous ne savons pas d'une manière précise quels peuples habitaient l'Azerbeidjân avant la venue des Turks. J'ai tout lieu de croire que ces populations étaient kurdes. Ce fait, s'il vient à être prouvé, expliquerait la présence, dans le dialecte tâlyche, des intonations et des termes kurdes qu'on y rencontre souvent.

Je n'ai pas cherché à relever complètement le *turkoman des steppes de l'Atrek*, me contentant d'en signaler un assez grand nombre de mots, afin de montrer que cette langue joue le rôle d'intermédiaire entre le djagathaï et le turk de l'Azerbeidjân.

Le *turk azerbeidjâni* est trop connu pour que j'en parle; c'est cette langue qui, dans le nord de la Perse et le Caucase, sert le plus au voyageur. J'en ai fait grand usage au Ghilan et au Tâlyche, la préférant au persan pour le relevé des dialectes. Son caractère touranien, tout différent de celui des parlers que j'avais à étudier, me mettait à l'abri de bien des erreurs. Car les gens auxquels je demandais les renseignements et qui, dans la plupart des cas, étaient parfaitement illettrés préféraient souvent me répéter le mot persan que

je leur demandais dans leur langue plutôt que de faire effort de mémoire;
avec le turk comme intermédiaire, cette cause d'erreur se trouvait écartée.

Les principales langues sporadiques des pays dont je viens de parler sont
le *dary*, langue des Guèbres de Téhéran, dialecte curieux par ses archaïsmes
qui le rapprochent du pehlevi, le *beñgèchi*, langue afghane, le *djougi* et le
gooudari, dialectes de nomades qui, comme les bohémiens de nos pays,
circulent sans cesse allant de ville en ville, et le *khodjavendi*, langue des Kurdes
déportés au Mazandérân. Je donnerai, en tête de chacun de ces dialectes, une
courte notice renfermant tous les renseignements que j'ai été à même de
recueillir sur ces diverses tribus.

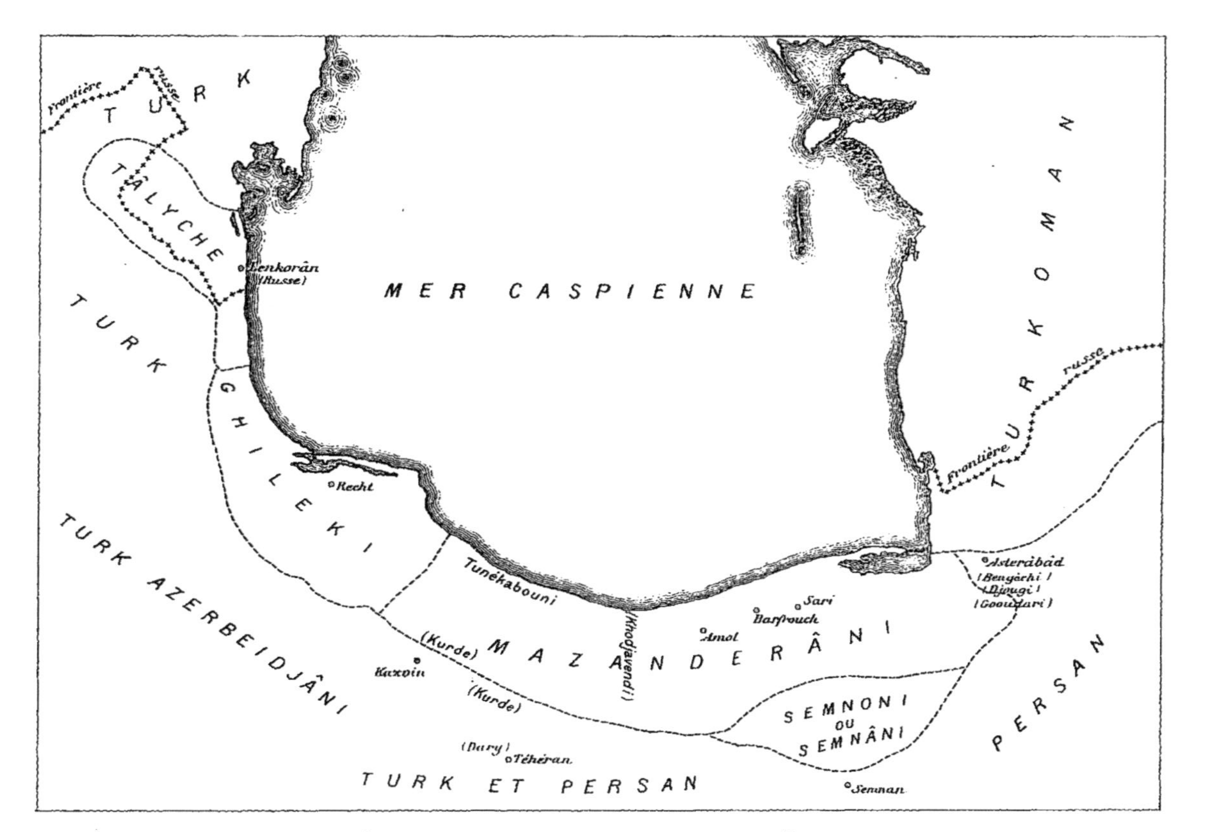

LANGUES PRINCIPALES DU NORD DE LA PERSE.

I

DIALECTES MAZANDÉRÂNIS ET GHILÉKIS.

	DIALECTES			
	DE REHNEH.	DE BARFROUCH.	DE SEMNON.	D'AMOL.
1. Ciel	oscamoun	asman	osman	
2. Terre	béna	zamin	zamin	
3. Soleil	ofta	aftap	aftô	
4. Lune	mah	má	má	
5. Étoile	sétara	sittarch	sittarch	
6. Comète	s. dômoldar	s. doumbolédòr	s. doumbolédòr	
7. Vent	vâ	vò	vò	
8. Brouillard	tárik bâya	douman	mé	
9. Pluie	vârich	vârèch	vôrèch	
10. Neige	varf	varf	var	
11. Grêle	trik	tchogark	tchègerk	
12. Glace	yakh	yakh	yakh	
13. Poussière	gaïrtch	gart	gart	
14. Nuage	mè	abr	abr	
15. Tempête	vadagot	toufañ	toufañ	
16. Éclair	alp	bark	bargh	
17. Tonnerre	rattô-bark	kôrè	kôrè	
18. Foudre	rattô-bark	rat	rad	
19. Jour	rouz	rouz	rou	
20. Matin	sûb baïè	soub	hérèn	
21. Soir	chañ baïè	némâchoun	chûm	
22. Nuit	chou	chou	chó, chou	
23. Aujourd'hui	rouzôya	am-rouz	â-rou	
24. Hier	dirouz	dirous	izî	
25. Avant-hier		païrouz	parî	
26. Demain	farda	frda	hérèn	
27. Après-demain		pchra	parèn	
28. Après après-demain		pirou	pachtôrèn	
29. Printemps	baïa, bâhâr	bahâr	bahâr	
30. Été	taous	tabôssoun	tovestoun	
31. Automne	païss	poïss	p'oïss	
32. Hiver	zemessoun	zémassoun	zémestoun	
33. Feu	tach	tach	âtèch	
34. Fumée	dî	dî	dî	dî
35. Flamme	bôland	alò	alaò	aloukh
36. Braise	tach-sôrkbaïè	tach	tach	sorkhè-tach
37. Cendre	khòk	kalèn	hokester	kelheñ
38. Eau	ou	ou	oon	ou
39. Source	tchachma	tchichmè	tchachmô	
40. Source chaude	giarmou déréna	ab-i-garm	garmou	
41. Ruisseau	tchèlou	roud	roud	

MAZANDÉRÂNIS.			DIALECTES GHILÉKIS.	
DE KÉLARSAK.	**DE TÜNÉKÂBOUN.**	**DE KOUDJOUR.**	**DE RECHT.**	**DE MINARÉ-BAZAÏ.**
	ûssömân			osmoun.
	zémin			.....
	aftâb	khor		oftòb.
	móh			mò.
	sôtârè		söttard	,sorâ,
	doum sitarèh			sora-dûma-dor.
	bad			vó.
	mèh	mèh	má	khör.
vàröch	koulâk	ouàchan	vàran	vàröch.
	varf		varf	var.
	tégèr		t'cñgar	tôngör.
	ièkh			.....
mèh	khák	gardè-dûdû	khak-bâzî	khok.
	ahör	mèidr		khör.
	divañni			vâ-röch.
	barkh			houria-tòsön.
	rad		gorkh	.....
	tarmi,	ouóchàn		göra-khöna.
	rouz			.....
sôhû-i-sar	sop		sub'-isár	söbi.
nömâchiter-i-sar	asr			marhrébi.
chó	cháp	chó	chò	cháv.
in-rouz	em-rouj			.....
	dö-rûss			.....
	par-rouz			.....
	fardá			.....
passabâ	pas-fardá			.....
	passim fardá			.....
	bóhór			.....
	tabistân		tabössán	taböstoun.
	païz			pòïz.
	zémessân		zamössan	zemestoun.
tácl	tach	aïr		otach.
dî	dûd	dûdû		dou.
	bál		cholè, àtèch-é-bal	òtach.
sörkh babéa	bour		sorkhá-âtèch	tchikil.
khok	gárt	khoud-é-khò	khakessèr	khók.
ó	av			ov.
				tchéma.
				.....
kiöh		hán	koutchou-ròkhanaï	.....

IMPRIMERIE NATIONALE.

| | DIALECTES | | |
	DE REHNEH.	DE BARFROUCH.	DE SEMNON.	D'AMOL.
42. Rivière		roud	roud	
43. Fleuve	tcha	roud	roud	
44. Torrent	lá	saïl	sél	
45. Inondation	lá, bavŏrda	toghian	toghian	
46. Lac	dériâtché	ennoum	âb-ō-noun	tchâl
47. Golfe		khôlitch		
48. Île	khochkŏ	tapé		kŏlé
49. Mer		daria, dèriou	daria	
50. Place, lieu	hana	attédjó	djó	
51. Ici	indjé	indjà	indjó	
52. En haut		holâ	jóour	
53. Partout	hardjaï	ham-hédjá	ham-hédjá	
54. En bas	bourin, poïn	poïn	jiri	
55. Vers (ad.)	oumbvar	var	taraf	
56. Près de				
57. Loin	dèr	dir	dŭr, dir	
58. Dans	darim, darè	dár	dar	
59. En face de	palibazou	rouhôrou	roubôrou	
60. Sur, près de	indjaniñga	bōlâ	joour	
61. Montagne	kouh	kouh	kouh	
62. Colline	tappa	kétî	kōtî	
63. Butte	tappa, kŏtti	kotî	tappè	
64. Vallée	darè	darè	darè	
65. Trou	sōlàh	tchôlè	go, gout	
66. Prairie	sabzokborè	sahra	sahra	sahrá
67. Désert	tchelou	sahra	sahra	
68. Marais		til, batlaq	gèl	
69. Forêt	vèchá	vèchá	djengèl	nessoun, vèchá
70. Nord	pechpōghébè	patchbōghéblè		
71. Sud	kèblè	khèblè	kèblè	
72. Est	aftâb darbi hamouen	ofta darbimou	machrekh	
73. Ouest	aftâb fōrou boudèn			
74. Droite	rossō-dass	rossé vàr	rossè var	
75. Gauche	tchabō-dass	tchap	tchap	
76. Côté, direction				
77. Environs	dourakŏrni	dòour-var	dōourè	
78. Blanc	espé	espè	esbî	
79. Noir	siou	siouh	siàh	
80. Bleu	kaoud	âbî	ōbî	
81. Rouge	serkh	sèrkh	surkh	
82. Violet	djégiri			

MAZANDÉRÂNIS.			DIALECTES GHILÉKIS.	
LE KÉLARSAK.	DE TÜNÉKÂBOUN.	DE KOUDJOUR.	DE RECHT.	DE MINARÉ-BAZAR.
		djouædō		rövor.
	roud khona		rôkhanaï	
	lâ.			
	lahavòr		koulák.	
	mördâv	mûrcî	sâl.	
	koul		àpitch	
	damon			
	dâria			
	samt			djà.
	indjâ			
	hardja		hardja	
djérè	djir		bé-djir	
var	itkia, outkia		râ	
	nèzzikh		mibördjâ	
dèr	dür			
dèlè	dölâ		mian	
roularrou	roubörou			
djourrî	bölâ		boudjor, mibördjâ	
	kouh			
kót	tappa	kötî	pouchtö	bandi-sar.
beïdarè	darè			dara.
sal ra	sahra	...		
chenè	djalf		katöla, batlakh	tchüloft.
brïn	djengel, biâvon		djeñgèl	
kèblè	khèblè		khaboulá	
mèchrèb	magrech		aftâb-dörâmèt	
			khouroup	
ràs	ross			
tchâp	tchap			
var	itkia		ató	adim.
dourè	athrof			
espé	ispi			ispé.
	ghir			siôh.
kabout	âbî		norhrâbi	kaou.
	sourkh, krmez		sorkh	ssörr.
	mòhr			

	DIALECTES			
	DE REHNEH.	DE BARFROUCH.	DE SEMNON.	D'AMOL.
83. Vert	savz	sabz	sabz	
84. Jaune	zard	zart	zárt	
85. Poids	señ	señk	señk	
86. Pierre	señ	señk	señk	señg
87. Galet		kolbé señk	kholbé señk	
88. Argile		ghèl	ghèl	
89. Boue	thil	eñgou	eñgou	
90. Sel	nemèk			
91. Marbre		marmar	marmar	
92. Albâtre		espé-marmar		
93. Chaux	âhòk	ahák	ohák	ahák
94. Plâtre	gartchi	gadj	gèrètch	gatch
95. Soufre		gûgûrt	gougart	
96. Ambre jaune	kêh-ravo	karaba	kaharévos	
97. Bitume		zift	zift	
98. Jaspe		iachm	iachm	
99. Cornaline		aghik	aghik	
100. Agate	aghik	babaghouri	babaghouri	
101. Turquoise	firouzèh	pirouzè	pirouzè	
102. Grenat		seïlan	seïlan	
103. Métal	lavé	ma'den	maden	
104. Or	tölá	töla	töla	tölá
105. Argent	nogra	noghra	noghra	noghrá
106. Cuivre	mirs	mis	mis	mès
107. Étain	rhali	ghal	ghal	rháli
108. Bronze	béreñdj			mafräkh
109. Fer	ahèn	ahèn,	ahèn	
110. Fonte	tâl	tchödàn	tchûdan	tchodán
111. Acier	poulat	polat	poulad	
112. Aimant		aheñ-roubá	aheñ-roubà	
113. Zinc		tûtia	tûtia	
114. Laiton		piroñdj	böreñdj	
115. Mercure		djivâ	djivà	
116. Renard	roubo, louos	roubâ	roua	
117. Chacal	chól	châl	charhal	
118. Ours	má	khörs	khörs	
119. Sanglier	khi	khi	khi	
120. Lièvre	khargouch	khargouch	khargouch	
121. Hyène	kavoutar			
122. Martre	dalè	dalè	dalè	
123. Souris	gal	gal	mouch	

MAZANDÉRÂNIS.			DIALECTES GHILÉKIS.	
DE KÉLARSAK.	DE TÜNÉKÂBOUN.	DE KOUDJOUR.	DE RECHT.	DE MINARÉ-BAZAR.
	sábz			savz.
	zart			zart.
	par-señg		par-señg.	
	señg	koutchök		sönk.
			señg-è-khâl.	
	ghöl		ghilè	
	tül			
	nèmök	khoua		nèmèk.
	marmar			
	espé-marmar			
	ähäh			ohak.
gartch	kártch			
	gögèrt			gougourt.
	ghir			
	naghin			
	förouza			
	ma'den			
	télâ			töló.
	noré			nögrá.
mö-ss	mörs	mörs		mörs.
ghäli	ghálié	qali	rhalaï	rháloï.
	ahîn			ohin.
	avdiouch			
	foulòt			
	roubá			lipós.
	cháal		cháál	chól.
khourk	áï	ál	khörs	khörs.
	khouk	khü	khouk	khou.
	khargouch	ko-richk	khargouch	harouch.
	köflâl		kèflâlèchâl	
	chink		sümmürká	gourá.
görzö	körzè	gal		

	DE REHNEH.	DE BARFROUCH.	DE SEMNON.	D'AMOL.
				DIALECTES
124. Rat	tachi	gal	mouch	
125. Chevreuil	ahou	arhou	ahou	
126. Mouflon	ichkar	bouz-ou-kouhi	bûz-û-kouï	
127. Cerf	gou kouhi	gav-ou-kouhi	gav-ou-kouï	
128. Daim		arhou	ahou	
129. Gazelle		arhou		
130. Lion	chér	chir	chir	
131. Tigre	babr	bâbr	bâbr	
132. Léopard	paleñg	paleñk	paleñk	
133. Chat-tigre	chir-kétá	görk	vargh	
134. Loup	vörk	gourk	gou-solá	
135. Taupe				
136. Chauve-souris				
137. Terrier	kölî	kölî	kölî	
138. Mâle		nar	nar	
139. Femelle		mâdé	mô	
140. Animal				
141. Queue	dom	dôm	dûm	dam
142. Crinière	yal	yâl	yôl	yál
143. Galop		tcharpachné	tcharpachné	
144. Oiseau	parendè	parendè	parendè	
145. Bec		tekdor	tûk	
146. Aile	houz	bál	alé	
147. Plume	par	par	par	
148. Nid	lûná	kölî	kölî, bar	
149. OEuf	morganá	mourgana	tokhm-ô-môr	mörgana
150. Aigle	allé	oghab	oghab	
151. Vautour	allé	kar-kass	kèr-gèss	
152. Hibou	tchouk-tchouk	djokht	djorhd	
153. Chouette	chol	pit-é-kölè	pit-è-kölè	
154. Corbeau			kolârh	
155. Caille	kaki	vardè	vardè	
156. Perdrix	kouk	kabk	kabk	
157. Perdrix royale	kabk-ó-déri	söilèm	kapk-é-dèri	
158. Perdrix des rochers	ahio	tcihou	tcihou	
159. Francolin	derròtj	darraj		
160. Pigeon	kaboutar	koutèr	koutèr	
161. Hirondelle	tcheltchélà	tchèltchèlá	tchèl-tchèl	
162. Moineau	mitchká	choukroum	sennoun	
163. Rossignol	boulboul	bûlbûl	bûlbûl	
164. Alouette	chûna-khobbin	hout-hout	houd-houd	

MAZANDÉRÂNIS.			DIALECTES GHILÉKIS.	
DE KÉLARSAK.	DE TÜNÉKÂBOUN.	DE KOUDJOUR.	DE RECHT.	DE MINARÉ-BAZAR.
houchkól	loás	—	—	achköl.
chûklió	âhou	ghâ-kif	âhous.	pörzá.
—	—	—	boz-ou-koui	—
—	kobouz	—	gâboundj	gañz.
—	—	—	âhous.	—
—	—	—	—	—
—	chir	—	chir	—
—	bábèr	gouri	babör	bavr.
—	paleñg	—	—	—
—	—	—	—	—
—	vörk	—	gourg	vark.
—	—	—	—	—
—	—	—	—	—
véhèr	louká	—	kholá	khöl.
—	nar	nir	kál	nér.
—	madé	páz	—	ousseñt.
—	—	—	—	—
—	dom	—	—	doum.
—	yâl	—	—	yol.
—	dòv	—	—	—
pareñdè	pareñdè	—	—	havoï.
tik	touk	—	tük	tök.
—	ból	—	—	ból.
par	par	—	—	mou.
kouli	loná	—	fâká, láná	louna.
morgouana	mourgana	bilkiá	—	morgoná.
dâl	aténá	álò	áloukh	alökh.
—	—	—	karkas	kerguz.
kach-kérèk	zâkht	pitikilj	róoufontin	kourarhorhou.
kourvi	kûrbî	—	—	—
—	—	—	—	—
vardè	vóchoum	—	chölökhénou	gouchom.
konk	zarètch	—	kabk	kavot.
—	ko-kórk	—	—	—
—	—	—	—	—
—	—	—	—	zarrádj.
—	kaboutar	kaoutör	kobtár	kafter.
tchel-chélá	tchilchilèk	—	hadji-hadji	—
mitchkékhó	malidjé	malédjouk	tchichni	moutch.
boulboul	boulboul	—	boulboul	—
hot-hot	chônébössaré	—	cháná-böséró	chouna-bassar.

ÉTUDES LINGUISTIQUES.

	DIALECTES			
	DE REHNEH.	DE BARFROUCH.	DE SEMNON.	D'AMOL.
165. Pie				
166. Bécassine	dordé tūñ	outchélik	outchélik	
167. Canard	sikó	sikhã	sikhã	
168. Héron	ouisák	moïkhôr	moïkhôr	
169. Cigogne	hadji-lak-lak	lakh-lakh	larh-larh	
170. Tortue d'eau			lokpoucht	
171. Tortue de terre		qabaz		
172. Lézard	gourŏchkou	sousmar	sousmar	
173. Grenouille		vák	vazèkh	
174. Poisson	môhi	mâhi	môhi	
175. Serpent	mar	mâr	mâr	
176. Vipère	afi	afi	afi	
177. Ver de terre				
178. Sangsue	kannou	zálou	zálou	
179. Scarabée				
180. Cloporte				
181. Abeille				
182. Mouche	mahas	marhaz	magas	
183. Moustique	pachè	pachè	pachè	
184. Chenille				
185. Papillon	pèrpérî	parvânè	parvôna	
186. Puce	kèk	kèk	kik	
187. Pou				
188. Fourmi	medjilō	melidjè	melidjè	
189. Sauterelle				
190. Scorpion	agrap	agrèb	arhrèb	
191. Araignée	eñkaboût	cñkaboût	routèïl	
192. Crabe de terre				
193. Bœuf	gou	gou	gó	gou-gōzá
194. Vache				
195. Buffle	varzó	gâmich	gàmûch	varzō
196. Bufflesse	magnou			
197. Mouton		gûsfeñd	gûsfeñd	
198. Brebis	mèch	mich	mich	
199. Agneau	varrè	varrè	varrá	
200. Chèvre	hōz	bèz	hōz	bèz
201. Cheval	asp	asp	asp	asp
202. Jument				
203. Poulain				
204. Mulet	kater	khōtōr	astèr	khotōr
205. Âne	khar	khâr	khòr	khar

MAZANDÉRÂNIS.			DIALECTES GHILÉKIS.	
DE KÉLARSAK.	DE TÜNÈKÀBOUN.	DE KOUDJOUR.	DE RECHT.	DE MINARÉ-BAZAR.
tchilikh	avlakou	tchilik	ab-khopûl	
siká	bili	sikò	ourdèk	ourdak.
	gabèr		tchóvin	rhór.
	darkoutöm		hadji-láklák	
	áblakou		áblákou	lokapecht.
		kiúbaz		
kharmarak	kèr-mor	marmälik	tütchár	kö, öli.
pirvás	vazokh		gozka	rhouz-rhà.
máhi	môhi			mòï.
mahr	mòr		lèñti	lèlèñti.
'afi	avi			
	ajik			
khànnou	zálou	zálou		zala.
	gòougirgardèn			
	pötál			
			sombour	
mahès	mághás			mèch.
	lál		chûhóz, pünèch	pounèch.
parvèna	vörvörè	förför	rhourhañkhanèï	zizò.
	söboul		söboul	
maläljá	malijak, pütür	midjilá	pout'ár	kòpouch.
	agrab			ghöröjdam.
khorthán		keñghöli	lábédán	köpouli
ghó	varzá	ghà	vazzà	várzè.
lèrhà	mádé-gav	magña	gàv	gó.
gouzich	gámich		gámüch	gómich.
	mádé-gámich		madé-gàmuch	
gousseñd	gosseñd	p'az		gousseñd.
mich	mich	moïn		
varrïkó	varrè	ouèrk		várá.
bóz	bouz	bozin	bóz	böz.
asp	asp		asp	
	gùtèr		khatèr	rhotör.
khà	khar		oulákh	

	DIALECTES			
	DE REHNEH.	DE BARFROUCH.	DE SEMNON.	D'AMOL.
206. Chameau	chötör	chötör	chötör	
207. Chien	sak	sák	sèk	
208. Lévrier		tâzi	tâzî	
209. Chat	bomchi	bomchî	pichi, rouá	
210. Coq	tôlà	télà	harissé	
211. Poule	körk	kerkh	kiark	
212. Oie	gaz	qaz	rhôz	
213. Faucon	bôz	châhin	chôhin	
214. Arbre	dòr	dar	dòré	dar
215. Bois	bémö	héma	hîzöm	hèmá
216. Racine	richá	rîcha	richè	richá
217. Sève				
218. Tronc d'arbre	dòr	dâr-é-beñ	bikhé-dòri	dar-é-beñ
219. Écorce	körât	poust-ó-dâr	poust-è-dòr	dar-pous
220. Branche	khál	chákha	chákha, dori	dar-é-tchélé
221. Épine		tâli	tâli	
222. Bourgeon		goñtché	khountchè	
223. Feuille	valk	valk	valghi	valk
224. Bouton de fleur	khál-balabour	chékoufä	chökoufä	khoumtché
225. Fleur		göl	vèl	göl
226. Buis	char	chemchát	chamchát	chèmchát
227. Chêne	èlvôli	mouzi	mouzi	mouzî
228. Frêne	valik	valik	válik	válik
229. Myrte	endjili	yoss	yoss	yoss
230. Ormeau	vars	oudjà	oudjâ	oudjá
231. Peuplier	kaboudö	espédar	echpé-dar	espè-dar
232. Peuplier de Tauris	tourzi	tabrizi	tabrizi	tabrizi
233. Platane	tchénar	tchônâr	tchönar	tchônâr
234. Saule	fèk	bit		fèk
235. Blé, froment		gañdèm	gündüm	
236. Chanvre		kanap	kanèf	
237. Chardon		keñgèl	keñgèl	keñgèl
238. Coton	pammá	pambè	loukká	
239. Cresson				
240. Fraisier				
241. Herbe à chameaux				
242. Maïs	makka	koukañdam	zorrèt	koukañdam
243. Menthe		nana	nanâ	oudji
244. Oignon	pias	pias	pias	
245. Orge	djò	djo	djûò	
246. Ortie		gazná	gazéna	gazèná

MAZANDÉRÂNIS.			DIALECTES GHILÉKIS.	
DE KÉLARSAK.	DE TÜNÉKÀBOUN.	DE KOUDJOUR.	DE RECHT.	DE MINARÉ-BAZAR.
chöför	chötör	.....	.....	.....
sák	sákoutö	sé	sakoutö	spá.
.....	toulló	.....	.....	.....
.....	putchá	pöchú	pitchá	pichi.
talá	tölà	kölac-ir	.....	soukla.
körl	körk	khóouk	.....	kark.
.....	gház	.....	chálákht	chölakht.
gouch	rhouch	.....	vachèk	bóz.
dàr	dàr	dar	dàr	dòr.
himá	hima	.....	himá	.....
richè	richè	rich-i-dar	.....	richá.
.....	.....	.....	.....	.....
gha	kólóft	ghöouarè	pillé	koulouss.
poust-é-dâr	dar-pouss	tököli-dár	dar-è-poust	dòri-poust.
parobál	khál	.....	khúl	kholá.
táli	tif	.....	.....	ti.
.....	.....	.....	.....	.....
valk	válk	gölá	valk	liv.
.....	gól	.....	.....	goul.
gol	goul	.....	.....	.....
chahr	chîchàr	.....	kich	kichádòr.
.....	.....	.....	.....	.....
.....	idsaman	.....	.....	.....
.....	.....	.....	.....	.....
.....	.....	.....	házát dar	.....
espi-dar	séfid-dar	.....	pálát	ispia-dòr.
tévarzin-dàr	tàbrizi-dàr	.....	.....	.....
.....	tchinàr	.....	.....	viá-dòr.
.....	bid	.....	.....	.....
.....	gállám	.....	geñdam	.....
.....	kiánaff	.....	kánáf	.....
.....	.....	.....	chálékola	.....
pambá	pambà	.....	.....	pambá.
.....	aptèrè	.....	balarh-oti	zorom.
.....	vareñgou	.....	.....	.....
.....	.....	.....	.....	.....
mrkö	möka-boudj	lúlù	mökàbidj	moutchá.
.....	khanèch	.....	biná	.....
piès	pias	.....	.....	piöz.
.....	djò	.....	.....	.....
ka-zéna	gházöná	.....	gèrzéna	gazéná.

	DIALECTES			
	DE REHNEH.	DE BARFROUGH.	DE SEMNON.	D'AMOL.
247. Poivre				
248. Riz	dûná	donnè	vérendj	binj, dounōñ
249. Ronce		tamachk	tamachk	tamachk
250. Rose, rosier				
251. Roseau		lalé	lâlé	tchikh
252. Trèfle		charvèt		chârvèt
253. Violette		bénaptché	benafché	bénaptché
254. Champignon				
255. Fruit	mivō	mivè	mivè	
256. Noyau		hessé	hassa	
257. Abricot	chennák	zard-alou		zardâlou
258. Amande	badam	badam	vèlm	bâdâm
259. Cerise	gilass	alvâlou	alvá	gilâss
260. Coing	hé	bèh	ambèh	bèh
261. Concombre	khiar	khiar	joouroun	khiar
262. Courge				
263. Figue	èndjil	eñdjil	eñdjil	eñdjil
264. Framboise	tamachdûná	tamachdouna	tamachdounâ	tamachdounâ
265. Gland	chirkhocht	mouzí	mouzû	mouzi
266. Grenade	anar	anâr	anar	anar
267. Marron	valik	chabalout		valik
268. Melon	kolōk	kharbouzè	kolek	kharhōzè
269. Nèfle	kōnass	kônass	kōnass	kōnass
270. Noisette	fönnok	fondok	fndok	fondok
271. Noix	arhouz	arhouz	youzi	arhous
272. Olive				zeïtoun
273. Orange	portokhál	portokhâl	portokhâl	portokhâl
274. Pastèque	hennouná	khounnounè	heñdèvânè	handévâná
275. Pêche	chaftolou	pèchmâlou	pôlou	pechmali
276. Pistache				
277. Poire	golâbi	goulâbi	golâbi	golâbi
278. Pomme	sé	sé	sib	sè
279. Prune	morgouhâli	hâlî	halbouk	alî
280. Raisin	eñgnir	eñgir	eñgîr	eñgir
281. Corps				
282. Cadavre				
283. Peau	poust	poust	poust	
284. Sang	khin	khoun	khin	
285. Os				
286. Veine				
287. Tête	sâr	sâr	sâr	

MAZANDÉRÂNIS.			DIALECTES GHILÉKIS.	
DE KÉLARSAK.	DE TÜNÉKÀBOUN.	DE KOUDJOUR.	DE RECHT.	DE MINARÉ-BAZAR.
douna	dona		bõdj	börz, já.
óskilin	tamouchdoná		tamách	
lalé	lalé		lalò	lala.
vanorchè	bõnáchè			michin.
	gouch-é-dar			
	miva			
essikhá	hassi		tochk	hastá.
chikellátá	chillèk			
	bàdám			
	alvalou			
	tütch			bî.
	kheiar			
	oñdjil		oñdjil	
tama-htouna	tamõch	tamachtouna	válèch	börr.
mazim	bòlou		boulout	chinolák.
anar	anar			anor.
kharmozè	kharbouzè			
kõnáss		kõnõss	konáss	fõtõr.
	giláhòz			
arhoz	arhoz	rhélarïouss	arhous	vouz.
	portokhal			actõlou (?)
	hindòná			khoñdina.
háli	hálü			kharou.
hámerou	khoutch			gõlòvi.
sép	assi			sif.
	alou		kholã	
	eñgour			
	póst			
	khoun	khãn		
k'alleh	k'allé		k'a:la	kalla.

	DIALECTES		
	DE REHNEH.	DE BARFROUCH.	DE SEMNON.	D'AMOL.
---	---	---	---	---
288. Crâne	assékho	essékhó	östökhou	
289. Cheveux	mî	mî	mî	
290. Cerveau	makhs	mags	mags	
291. Front	pichânî	pichânî	pichânî	
292. Sourcil	böfrá	abrou	abrou	
293. OEil	tchöch	tchèchm	tchàch	
294. Oreille	gouch	gouch	güch	
295. Nez	véni	vönî	vönî	
296. Bouche	douhoun	dogoun	zöndj	
297. Lèvre				
298. Langue				
299. Dents	dannoun	dandoun	dandoun	
300. Menton				
301. Moustache	mî, sébil	sébil	sébil	
302. Barbe	rich	rich	rich	
303. Cou	gès	gèrdèn	gériá	
304. Épaule				
305. Bras	bâl	ból	ból	
306. Coude	alaskin	alaskin	merfar	
307. Main	dass	peñdjé		
308. Doigt	eñgnis	engous	engoucht	
309. Ongle	nakho	nâkhoun	nâkhoun	
310. Poitrine	siné	siné	siné	
311. Jambe	liñ	link	link	
312. Bas de jambe	lingèrdan	pé	peï	
313. Cuisse	roun	rañ	roun	
314. Fémur	hastéko	essékä		
315. Genou	zenni	zanou	zanou	
316. Tibia		kalem-é-pä	kalem-é-pé	
317. Pied	pañ	link	peï	
318. Talon				
319. Respiration	hanassa	nafaz	nafès	
320. Parole		harf	hekót	
321. Dialecte		zéboun	lessoun	
322. Nom propre	noum	noum	noum	
323. Rire				
324. Choléra				
325. Colique				
326. Fièvre				
327. Lèpre				
328. Rhume				

| MAZANDÉRÂNIS. | | | DIALECTES GHILÉKIS. | |
DE KÉLARSAK.	DE TÜNÉKÂBOUN.	DE KOUDJOUR.	DE RECHT.	DE MINARÉ-BAZAR
assékl ó				kölo.
gissö	gissö, mū		sar-é-mou	mou.
	marhz	tass	k'all-ó-marhz	
söl-ó-sar	pichánî			pichni.
hiréfé	avourou			avram.
	tchèchm	tchò	tchòm	tchèm.
	gouch	gûtchkà		
föuì	dömókh	lût	dömákh	vini.
	dahan			dan.
	gâz	dian	gâz	rhóz.
	sömbil			sömbèl.
rich	rich			
	gardan			
	douch	chan		dūch.
bâl	bâl	bâl	bâl	ból.
bâlék n	baleskūn	kournessik	ūchkob-kounâ	ból-achkouf.
	dass			dass.
eñgou cht	eñgoucht	kölūk		eñgöchtá.
nakhⁱūd	nákhoun			meñgö.
siné	siné			siná.
liñg	leñk		kilá	pó.
	sâkh		achpál	pó-echmil.
rón	rón		kilè	roun.
	bázoul		rhâlámâ	khoch.
zanou	zanou	oujni		zounou.
	achpál		sakh	
pa	pa			pó-toun.
			pá-bouz	pó-kūna.
	nèfèz			
rháp	gâb		ghâb	ghâf.
záfⁱn	zébán			zömoun.
	nâm		nâm	noum.

	DIALECTES			
	DE REHNEH.	DE BARFROUCH.	DE SEMNON.	D'AMOL.
329. Blessure				
330. Faim		vôchnoï	vachoun	
331. Soif		tôchnoï	tachoun	
332. Empoisonner				
333. Poison				
334. Adroit	khortchák	bôkömol	bôkömol	
335. Aveugle	kour	kour	kour	
336. Boiteux	lengōnö	leñg	choul	
337. Bossu	khouzdörnö	gouzdor	rhouz	
338. Doux				
339. Faible				
340. Fort		palvoun	pahlévoun	
341. Gai	kharadōma	mást	mást	
342. Habile				
343. Jeune				
344. Laid				
345. Maigre				
346. Maladif	na-koch	na-khôch	na-khôch	ná-khoch
347. Maladroit				
348. Triste			zòif	
349. Vieux		kökná	korhna	
350. Homme	mard	âdám	mird	âdám
351. Femme	zinnâ	zennâ	djaniké	zönná
352. Enfant, garçon		vatché	zòïk	
353. Fille	kidjá	kidjà	dôt	kidja
354. Famille		ayal	ayol	
355. Chef de famille		gât	nassim	
356. Père	babò	pér	piar	pièr
357. Mère	nana	mòr	meï	mòr
358. Fils	peçèr, riká	péçer	peçer	vatché
359. Frère	börör	börör	barér	
360. Sœur	khokhèr	khokhör	khok	khokhèr
361. Grand-père paternel				
362. Grand'mère paternelle				
363. Oncle maternel				
364. Oncle paternel				
365. Tante paternelle				
366. Neveu, nièce				
367. Cousin, cousine				
368. Beau-père				
369. Belle-mère				

MAZANDÉRÂNIS.			DIALECTES GHILÉKIS.	
DE KÉLARSAK.	DE TÜNÉKÂBOUN.	DE KOUDJOUR.	DE RECHT.	DE MINARÉ-BAZAR.
vachnó.	böchná.		vichtá.	vechirma.
tachna.	tachné.		hárârèt.	tochirémá.
	zahr.			
	zöreñk.			
kour.	kour.			
tchölâkh.	kôl.		chál.	tchölókh.
rhòz.	kôzè-poucht.			rhouzön.
	rhouvát.		pourzour.	rhovát.
kéf.	mast.			
			sàfàm.	
khastá.	na-khôch.		bi-màr.	na-khouch.
	konú.			
adam.	àdam.		âdam.	odam.
zènrá.	zún.	jön.	zennaï.	jélák, jenák.
vètchè.	batchiá.	zàrou, khorr.	djarhlá, réï.	zouá.
	kidja.	dot.	koz.	kiná.
	ayál.		zônakan.	
gatè, gat.	raïs.		pilet'hár.	
piar.	bahá.	baouk.	p'ér.	dada.
momé.	maré.	daïk.	m'àr.	nana.
rikè.	pôçar.			
hörer.	höráré.	brà.	hörár.	böró.
khokhèr.	ka, khoré.		khakhòr.	bör-vörazó.
gatè-búbâ.	baba.	khambâ.	baba.	bàbà.
nana.	nana.	nana.	nana.	mámá.
kakou.	khálou.		daü.	khólou.
	amou.		amou.	amou.
menkhú.	máchöl.		khala.	
	pôçar-zé.		börar-zá.	
	machoulza.		am-pôçèr.	
	pia-zen.		p'er-zeñ.	
	zen-mor.		zeü-màr.	

| | DIALECTES | | |
	DE REHNEH.	DE BARFROUCH.	DE SEMNON.	D'AMOL.
370. Beau-frère				
371. Belle-sœur				
372. Belle-sœur				
373. Vieillard		moussem	pir	
374. Ami	dous	douss, rafèk	rafirh	
375. Compagnon	rafirh	rafèk	rafirh	
376. Massue	tavarzin	thopouz	töpouzè	
377. Hache	tour	tour	tövèr	
378. Couteau	tchago	tchago	tchaékhô	tcharhó
379. Poignard	khandjá	khendjar	khandjèr	
380. Sabre	chemchir	chemchir	chimchir	
381. Fourreau	kâláf	kalaf	rhalof	
382. Lame	tèkh	tikhé	tigé	
383. Lance	nizá	naizè	neizè	
384. Arc	tirkiaman	tir-kamoun	tir-kamoun	
385. Flèche	tchou	tir	tir	
386. Carquois		tarkách	tarkách	
387. Fronde	kolaseñg	kolb-é-señg	kölé señg	
388. Fusil	töfeñk	töfeñk	töfeñk	
389. Poudre	barout	barout	barout	
390. Balle	gûlila	goulila	gûlla	
391. Casque	kolakhout	khout	khout	
392. Cuirasse	zèrrè	tcharaïnè	tcharaïnè	
393. Bouclier	sépar	sépèr	sépèr	
394. Coiffure	kölâ	kolá	kolá	
395. Peigne	chûná	chûná	chûná	chouná
396. Bas	djörab	djèrèb	djûràb	
397. Ceinture	kamarbeñd	kamar, châl	kamar, chól	
398. Pantalon	chalvôr	chalvár	chouól	
399. Manteau	âbò	âbâ		
400. Habit	khabó	rakht	hâlëï	
401. Chaussure	tchar	kouch	làl	
402. Jupon				
403. Toile				
404. Couverture	douatch	lahaf		
405. Collier		gerdanban	gériébèn	
406. Bracelet		dasbeñd	daspeñd	
407. Bague		eñgouchtèr	eñgouchtir	
408. Anneau, bague	halgá	halgá	halgá	
409. Boucle d'oreille				
410. Bouton		dögmè	tökhma	

MAZANDÉRÂNIS.			DIALECTES GHILÉKIS.	
DE KÉLARSAK.	DE TÜNÉKÂBOUN.	DE KOUDJOUR.	DE RECHT.	DE MINARÉ-BAZAR.
	böror-zen		zeñ-börár	
	zen-khakhor		zeñ-khakhôr	
	zèn-böror			
	pir-é-márt			pira-merd.
	doust			
	ralikh			
kouták.				
touar.	tvòr		tôr	távár.
tchágou	tchàgou			tcharhhou.
khandjar	khandjál		kardá	
chemchir.	chomchir.			
rhálák.	rhálèff.			
	tikh			
	neï		pich-dar.	
	kiaman.			
tir.	tir.			
	sèdèg		tir-khana.	
kalvà-seng.	gala-señg	kalmà-sen	rhfla-señg.	tchárá.
töfeñk.	töfeñk			
barout.	barout.			
goulla.	goulilá.			
			zèzè.	
	sabèr.			
	koláh.			kōló.
chona.	chôna.		chana.	chouna.
	djörouf.		djûrouf.	gouravé.
	kamar.			
	tomman.			chövôr.
	húbà.			havoï.
bakht.	rakht.		rarht.	chéká.
dohardî.	tchárôkh.			
dátek.	láhàp.			
	gerdànbeñd.			loukbeñd.
	bazébeñd.	mirou		bozbeñd.
eñgouchtár.	engouchtar.			eñgochtoli.
tághlä.	halghá.			
	dögmá.			dégéma.

| | DIALECTES | | | |
	DE REHNEH.	DE BARFROUGH.	DE SEMNON.	D'AMOL.
411. Épingle.............	señdjâ...............	señdjâ.............	señdjâ...........	....
412. Parfum, odeur.......	....	atr.................	atr...............	....
413. Bride..............	kamtar.............	khamtōr...........	khamtèr...........	khamtōr.........
414. Mors..............	dahan..............	dáhâné.............	dahâné...........	dáháné..........
415. Selle..............	zin................	zin................	zin...............	zin.............
416. Tente.............	tchodōr...........	tchadṛ.............	khèïmè...........	....
417. Troupeau..........	....	gallè.............	galli.............	....
418. Berger............	tchapoun...........	tchapoun...........	tchapóoun.........	....
419. Lait..............	chir...............	chir...............	chèt.............	khir, chir.......
420. Petit lait..........	....	....	....	....
421. Lait caillé.........	....	....	....	môss...........
422. Crème............	....	....	....	....
423. Beurre............	karé...............	karé...............	karé.............	....
424. Fromage..........	....	peinir.............	peinir.............	pandir, zour.....
425. Graisse...........	pî................	pî................	pî...............	....
426. Pain.............	....	....	....	....
427. Viande...........	goucht.............	goucht.............	goucht...........	goucht..........
428. Laine............	....	....	....	....
429. Chemin...........	râ................	râ................	rèï...............	....
430. Chasse...........	chékar.............	chékar.............	chékór...........	....
431. Piège............	....	talé.............	tálé.............	....
432. Pêcher (pêche)......	....	....	....	....
433. Terre, terrain.......	....	....	....	....
434. Champ...........	zamin.............	zamin.............	zamin............	....
435. Verger...........	bôgh.............	bagh.............	raz.............	barh...........
436. Pâturage..........	koudortchál.........	tchâk.............	....	dácht..........
437. Rizière...........	....	....	....	
438. Fossé...........	kélá.............	partchin...........	partchin...........	partchin........
439. Canal...........	kèlá.............	kèlá.............	köllâ............	....
440. Puits...........	tchá.............	tchilou............	tchia............	....
441. Pioche..........	kölañg............	kharvás...........	kalañ............	koleñk........
442. Pelle...........	bel.............	bil.............	bil.............	fiè...........
443. Bêche..........	bèl.............	fiè.............	parrou...........	rhiarvos.......
444. Joug...........	rassan...........	djit.............	djilk............	....
445. Charrue..........	djôftakan...........	hèzál............	hèzál............	....
446. Chariot..........	arraba, takht........	arrâbé............	demrhol...........	arrâbè........
447. Aire............	....	khèrman...........	khormèn..........	....
448. Tribulum..........	....	lóch.............	louch............	....
449. Récolte..........	....	....	....	....
450. Foin............	vâch.............	alèf.............	alèf.............	....
451. Chaume..........	....	gèlgoui............	gèlgoui...........	gèlgoui........

MAZANDÉRÂNIS.			DIALECTES GHILÉKIS.	
DE KÉLARSAK.	DE TÜNÉKÁBOUN.	DE KOUDJOUR.	DE RECHT.	DE MINARÉ-BAZAL.
sendjâ	sendjakh			darzön.
			khoch-bou	khoub-boudá.
	djilow		djûlô	dahna.
				.....
zin	zin			.....
tchâdör	tchadèr			.....
	kammé		gallé	rama.
kourt	kalèch			choumouna.
chir	chir			chöt.
				.....
				.....
karé	karé			rouan.
	pánic			.....
pî	pî			pi.
				.....
goucht	goucht			.....
				.....
	rah	riá		ró.
chéker	chikâr			chökór.
gartèn	kit			mochk.
				.....
				.....
azzâl	kâdjimö		gèrbâs	.....
	bôkh			bokh.
	tchâk		baktchö	dacht.
bûndj	châlik		djó	bödjór.
kilèh	djou			.....
kilèh	djou	ärü	âb-rô	rôbór, dárhán.
	tchâ		tchâ	tchó.
kalar	kalcñt			khölik.
pil, bel	bèl			.....
hel	kèrbáz			.....
djèñ	djöt		ló	kovöl.
	gadjömá		kâbol	khölik.
				.....
kharmon	kharmon		tûmdjár	.....
	lochk			.....
				.....
vóch	vóch	giá		liv.
dassé	dassé		lépouchî	kölách.

	DIALECTES			
	DE REHNEH.	DE BARFROUCH.	DE SEMNON.	D'AMOL.
452. Paille	ká	kiámal	haîréman	khâ
453. Meule de paille	vòch	hâló	tir, hâló	haló
454. Étable	tavilè	kōloum	tavilèh	kōloub
455. Grenier, magasin		boldjò	jóouroun, kiè	boldjô
456. Poulailler		kōlî	kōlî	
457. Barque		lōkmè	lōkmè	lotká
458. Farine				
459. Gâteau				
460. Graisse, huile	raon			
461. Vinaigre				
462. Sucre	chékhar	chakèr	chakèr	chákèr
463. Miel	assal	assel	assèl	assèl
464. Vin				
465. Maison	khana	séré	khièm	sōbré, khûné
466. Muraille	difâr	kát, divôr	dazor	kát, divôr
467. Brique crue				
468. Mortier		asp-é-gál	espi-gèl	asp-è-gál
469. Cour de maison		sérépich	aîot	sérépich
470. Bassin	háouz	haous	haouz	houz
471. Chambre	khòné	khána	kiè	khònè, khânè
472. Porte	dár	dar	dar	dar
473. Fenêtre	daridjé	daridjé	daridjé	daridjé
474. Sol de maison		bonoñ	bozzin	bōnoñ
475. Foyer	tanir	kōlō, khâlésî	kólô	kōlō
476. Cheminée	bokhârou	bokhârî	bokhorî	
477. Four				tendir
478. Escalier		pōllōkhoun	pallékhoun	pōllōkhoun
479. Échelle		koti	merdévoun	koti
480. Plafond	boum	sakhf, boum	booumi	boum
481. Poutre, chevron		palvár, kōrfō	tir, chásm	kōrfō, palvâr
482. Terrasse		sèfō	sōfé	pōcht-é-boum
483. Village	dè	dè	dè	dú
484. Bourg	kaçab	khaçabè	khaçab	gâté-dé
485. Ville	chár	châr	chaar	chár
486. Marché	bazar	bazar	vajar	
487. Rue			rù	
488. Château, fort	kōló	khalé	khalé	kal'a
489. Palais	emarat	amarat	amarat	chahesséré (?)
490. Ruine		kadim	kadim	
491. Trépied		dézénoun	sépaiè	dèzénoun
492. Tapis	khâli	khâli	rhâli	

MAZANDÉRÂNIS			DIALECTES GHILÉKIS	
DE KÉLARSAK.	DE TÜNÉKÂBOUN.	DE KOUDJOUR.	DE RECHT.	DE MINARÉ-BAZAR.
kamal	koloch		sératchiná	saratchina.
kimĕ	koumá		kétâm	
kôlom	tôlá			
	bom			
koul	lâné		mourrhaña	khoumá.
	lotká			loutkâ.
				ordá.
				rouan.
	rorhan			
	kañt			rhõñt.
	assal			assal.
khoñú	khôná	mâl		k'á.
	dîvâr			
gôl	gôl			
	aiât		sál	
assa kh	hoouz			
	khônè			kú.
	dár			bár.
	peñdjèrè		dartchá	pindjara.
señg farch	señg-farch			señga-bast.
	kilé		âtèch-kôlá	kilarhó.
	kaltchâl		kôlá	
				toñdour.
	pöllikhân			
kâlt	serdi	khâti	sardi	sõrdi.
hom	sáf		hôm	kassár.
tir, halá	tir		vàchán, télambár	dòr, koup.
évón	évón	âlûm		boum, tadjalé-sár.
mahallè	máhállè			dî.
	gatŏ máhállè		pilé-cháhr	
chahr	chahr			
bâzar	bâzár			
qal'a				
	imârèt			
kharabé	kharabé			kharòvá.
	söleñgé			
	farch			ló.

	DIALECTES			
	DE REHNEH.	DE BARFROUCH.	DE SEMNON.	D'AMOL.
493. Vase	khap	kassa, zarf	khassé	douri, záf
494. Plateau	lok	lok	lok	
495. Plat		touah	tabákh	
496. Pincettes	máchá	máchá	embour	
497. Passoire		awkach	alimkèch	
498. Panier	tchapí	tchapí, jábá	loulé, jábá	loulè, jábá
499. Tapis-lisse				
500. Pot	lavé, doureïkhó	dig, galif, djerí	galif, djérí	
501. Natte	koup	hassir	hassir	khoup
502. Lampe	tchélé	pissous	pissous	
503. Écuelle	lavé	kassá	kassa	
504. Cruche	ourédé, thoñ	ourédé, gōmé	khanót, goulé	
505. Broche	sekh	sikh	sikh	sirkh
506. Brasero	magal	mañgal	mañgál	
507. Plateau de brasero	madjmá	zir-mañgali	zir-mangali	
508. Cuillère		katché	tchōmtchá	katché
509. Berceau	gâré	gâré	gâré	gârè
510. Corde	rassan	rèsmoun	rassoun	
511. Chaîne	zeñgil	zeñgil	zeñdjir	zèlfin
512. Travail	kar	khar	voch	
513. Tâche (travail)		makhtá	marhátá	
514. Charge, fardeau	bar	bòr	ráz	
515. Métier à tisser	djûlaï	kargaï	kargâ	
516. Rouet		tchál	tcharkh	tchál
517. Fuseau		dik	douk	dik
518. Navette	makou	makou	mákou	
519. Toile	kharvâs	kharvâs	vachiná	
520. Soie	abrichō	abrichán	dourichem	
521. Laine	douort	pachm	pachm	
522. Fil	tâ	qatch, nakh	djujémoun	
523. Pelote du métier		dassî	dassî	dassi
524. Aiguille	dèrzó	souzèn	darzoun	
525. Moulin		arsíou	ar	
526. Meule	señg	señg-arsiou		
527. Lime		soan		
528. Marteau	tchakouch	tchakoutch	tchakouch	
529. Manche d'outil	tàchá	dastñ	dastō	
530. Scie	harrá	ara	ara	arré
531. Enclume	tchou	señdoun		
532. Charbon de bois	zignol	zogál	zogal	zoghál
533. Ciseau	gáz	gòz	gòz	

MAZANDÉRÂNIS.			DIALECTES GHILÉKIS.	
DE KÉLARSAK.	**DE TÜNÉKÀBOUN.**	**DE KOUDJOUR.**	**DE RECHT.**	**DE MINARÉ-BAZÁR**
kassö	zarf		kâçö	bokhchov.
mâchö	mâchö	mökhach		
	sóf		sömá-pâlán	pòtil.
jabá	zábil, sává		zébîl	
giskö	kourapátch			dizá.
kóp	kóp	koup	kûntorá	
tchirakh	tchirakh			tchirà.
kassé	kâssé			tâss.
dûrezká	goulé			doul.
bölisz	mil			
	mañgál			möngól.
madjmá	madjmá			
katché	kaliss		málárhà	malorhá.
giaré	garé			govoro.
rassan, tâ	lâfön, richté	thâl	lâfañd	rassañt.
zendjir	zeñdjir			
	kór			kór.
	makhtá		rhat'i	mökhtá.
	bâr			hòr.
patchál	patchál			dúzgó.
tchál	tcharkh		tchál	tchara.
dik	dük	dükh	tûni	dük.
makou	mákou			
kátan	kátan		djouma	
abrichoum	abrichoum			
nil	páchm		pachmá	
là, rákh	richtò		röchtá	
	táp			
darzán	darzèn			darzan.
	asià			
	sokhán			
	tchákouch			
	dassé		doummú	dastá.
arré	arré		arrè	ara.
	söndon			
zignól	zogäl			
			gâzán	

DIALECTES

	DE REHNEH.	DE BARFROUCH.	DE SEMNON.	D'AMOL.
534. Forgeron	aheñgèr	aheñgèr	aheñgèr	
535. Cordonnier	pinèdûz	kouchdotch	laloké-dertchî	
536. Boulanger	nounévâ	nounva	nounvó	
537. Charbonnier	zingalouch	zogalrouch	zorhali	
538. Maçon	banná	banna	bennà	
539. Tailleur	khaîat	khèiát	khaîot	
540. Laboureur	varzigèr	zoré	bòlè	
541. Muletier	katṛdjou	kâtṛtchi	kâtèrtchi	
542. Ânier			oulakhtchi	
543. Dieu	khodah	khodâ	khodâ	
544. Démon		cheithan	cheithoun	
545. Âme, vie	djávoun	oumr	oumr	
546. Bonheur				
547. Malheur				
548. Fête				
549. Mariage		aroussî	aroussî	
550. Tombeau	gàbèr, kaver	gour, gabèr	rhabèr	
551. Cimetière		sarrouzè	sarrouzè	
552. Musique				
553. Flûte				
554. Guitare				
555. Bruit				
556. Ainsi				
557. Alors		on vakht	oun-vakht	
558. Assez	vassö	ressènè	ressé	
559. Autant que	hamiannè	tchannie	tchakhadèr	
560. Bien	khorrá			
561. Comment	tchitchi	tchitchi	tchitchi	
562. Lentement	iavach	àroum	àroum	
563. Toujours	hèmichi	hámichè	hamichè	
564. Mal				
565. Moins	kam	kam	kastr	
566. Non	ná	ná, khaer	ná, khèr	
567. Oui	hò, bálé	balè, aré	bali, aré	
568. Personne	itch-kas	hitch	hitch	
569. Peu	kam	kam	kamî	
570. Peut-être que	magiar	balki	balki	
571. Plus				
572. Pourquoi	tchéo	tetchi	tchitchi	
573. Quand	vakht	vakht	vakht	
574. Tout	hamatchi	döröst, hamöch	döröst	

| MAZANDÉRÂNIS. | | | DIALECTES GHILÉKIS. | |
DE KÉLARSAK.	DE TÜNÉKÂBOUN.	DE KOUDJOUR.	DE RECHT.	DE MINARÉ-BAZAR.
.....	tségâl.	.....	.....	séghöl.
.....	pinèkdouz.	.....	.....	.....
.....	nonvà.	.....	.....	nounavo.
zingâkan.	zogalgir.	.....	zorhâli.	zorhôli.
.....	tchinákach.	.....	khané-gilzan.	.....
.....	khaïat.	.....	.....	.....
zòré.	zore, zémî.	.....	bidjèr-kar.	varzigár.
.....	kátörtchi.	.....	.....	rhôterchi.
.....	.....	.....	.....	.....
khodâ, allah.	allah, khoda.	.....	.....	khôdà.
.....	cheithón.	.....	.....	.....
.....	omör.	.....	.....	.....
.....	.....	.....	.....	.....
.....	.....	.....	.....	.....
.....	.....	.....	.....	.....
.....	oroussî.	.....	arrousi.	arrûsi.
gabèr.	gabèr.	kaour.	ghour.	.....
.....	gabörsán.	.....	mazar.	.....
.....	.....	.....	.....	.....
.....	.....	.....	.....	.....
.....	dambók.	.....	.....	doriá.
.....	.....	.....	.....	.....
.....	djor.	.....	alo.	.....
o-zaman.	o-zaman.	.....	o-vakht.	.....
vass	bast.	.....	vassa.	.....
.....	hartchi.	.....	.....	.....
.....	khoch.	.....	.....	.....
.....	nassèl.	.....	tokhm.	.....
iavâ-h.	iavâch.	.....	iavâchè.	.....
.....	daïmú.	.....	hamichèk.	.....
.....	.....	.....	.....	.....
kam.	kamtar.	.....	épitché.	.....
ná, khèr	na, khèr.	ná.	ná.	.....
balé, aré.	balé, aré.	.....	ahan, balé.	.....
hètch.	hitch-kas.	.....	nèsá.	.....
kol.	kam, koul.	.....	izérú.	.....
.....	balkiá.	.....	balk.	.....
.....	.....	.....	.....	.....
.....	bôraïtchi, tchi.	.....	tchélé.	.....
itiá.	kèï.	.....	akeñ.	.....
.....	hámöch.	.....	hama.	.....

DIALECTES

	DE REHNEH.	DE BARFROUCH.	DE SEMNON.	D'AMOL.
575. Vite, rapidement	zoutarokhan	zout	zout	
576. Après	bad	báat	bad	
577. Avant		awèl	övvél	
578. Pour	inen, téchá	vòssé	ré	
579. Aussi	hamatchi	bozam	bozam	
580. Si	böstchoum	agèr	agèr	
581. Abaisser	páïn-biordan	daptounien	daftounien	
582. Accepter	tchan	kaboul haken	khâbil katchen	
583. Accompagner	böham ròchounian	böham bourdèn	hömdige bachitchen	
584. Achever	khölas baïn	tamoum hakṛdèn		
585. Acheter	tchañrouchoun	bakhrien	baïrintchen	
586. Aiguiser	tejo kṛdèn	tetch-hakṛdèn	tiz-katchen	
587. Aller	bouren	bourden	bachien	
588. Allumer	bassouzen	rouchen-hakṛdèn	rouchen kartchen	
589. Annoncer	khabörodan	khaber-hakṛdèn	khabör hakerdèn	
590. Apporter	baart-voun	biaren	baïtèn	
591. Approcher	pich biorden	nazzik-biordèn	ütchtün kordèn	
592. S'approcher	nazzik-bian	biamitchén		
593. Arracher	darbourdèn	bakönessen	bespördèn	
594. S'arrêter	haressan	heressâhèn	bechtitchèn	
595. Arriver	homahen	boulèn	barussièn	
596. Attacher	davan	demon-senièn	betchas-bötchachien	
597. Attendre	höressan	sabrikèn	sabr-katchèn	
598. Augmenter	bolotar kṛdèn	ziât-hakṛdèn	ziât-katchèn	
599. Avoir	hakörnèn	bökhassèn	kartchèn	
600. Bailler	dohoun lotchèn	khénim körtchèn	kherim körtchèn	
601. Bâtir	bösözèn	bösâten	bösôtèn	
602. Battre	kouchtân	baktinin	bökaïtèn	
603. Blâmer	naounearkachten	takzib-hakṛdèn	takzib-katchièn	
604. Blesser	zakhm kèrdèn	zakhm hakèrdèn	zakhm-katchèn	
605. Bouillir	badûchîn	djûch hédâhèn	djich kartchièn	
606. Briller	soudennèu	tölalou-hakṛdèn	tölâlou katchèn	
607. Briser	bechkassèn	zâïè hakṛdèn	zôïè kartchèn	
608. Brûler	bassouzèn	bassoutèn	bassoutchèn	
609. Cacher	tersidorân	dertchèn	dertchèn	
610. Carder	chouna hâkṛdèn	chouna-kṛdèn	chouna katchièn	
611. Chanter	bakhoun	hazoun-baoutèn		
612. Charger	borokan	bar-hakṛdèn	bôr-ketchèn	
613. Chasser	chökar hakṛdèn	chékar bourdèn	chikar béchichtein	
614. Chauffer	garm hakṛdèn	garm-hakṛdèn	garm kartchièn	
615. ¶Chercher.	kharchièn	bagressen	bagherdetchèn	

| MAZANDÉRÂNIS. | | | DIALECTES GHILÉKIS. | |
DE KÉLARSAK.	DE TÜNÉKÀBOUN.	DE KOUDJOUR.	DE RECHT.	DE MINARÉ-BAZAR.
zoul	zout			
	badazoun			
	pieh			
	tchèï		k'élé	
	digar		dé	
	agiar			
adjer-bichtan	banan		bihianin	zamin-bönan
	khaboul kerdèn		khaboul-konan	
	hamrâ bachion		hamza-choan	
tamañ kṛdèn	tamoum bavean		tamam-koudan	tamam-hakörden
bakhrian	kharidan		bigir-nan	bökhörán
ted-hakṛden	tiz-hakourdan		tidja-koudèn	
	bachiou		choan	
tach-hakṛden			végranen	
khevar-khakounin	khabar kṛdèn		khaber-a-koudan	
babördèn	babördan			
	nazzik-akkhoutin		nazdik-koudan	
	nezzik-bokhourdin		nazdk-choon	
bakôchièn	bakôchian		pakôchèn	
bessan	bassin		issádèn	
bamessin	baressian		faressèn	
	dabössin			
	avsoule bakhon		sabré-koudan	
	khéli dakonnan		bichter-koudan	
	bödachtán			
	alakèch bökachion		aoudi-kichien	
ba-atèn	bösâtèn			
bakoutönian	bakoutan			
	fach dadan			
	zakhm-kerdan		zakhm-koudan	
bapötèn	bapötin			
	roouchen booudin		roouchan-koudèn	
böchkönian	böchkassán		chökénèn	
bassoutèn	bassoután			
kuîm kerdèn	khaïm ha kerdan		penhan-koudan	
	chönô hazian		voulov-koudan	
bokhàn	bakhonnîn		bokhan	boukhoun
	bâr kṛdan		bâr-koudan	
	chikar kṛdan		chikar-koudan	
	garm dakhitin		garmha-koudan	
	bamötán		vamakhtan	

| | DIALECTES | | |
	DE REHNEH.	DE BARFROUCH.	DE SEMNON.	D'AMOL.
616. Choisir	barinèn	djeda hakṛdèn	siva kartchèn	
617. Fermer	davönen	lâ bazouèn	ló bökhoutén	
618. Filer	batoussen	tobazouèn	toubaditchén	
619. Finir	asoudo-bain	tèmoum hakṛdèn	tamoum hartchèn	
620. Fondre	téhèn	ou-hakṛdèn	ô-kartchén	
621. Forger				
622. Fuir	batédjen	farar-hakṛdèn	bóou-ritchèn	
623. Fumer la terre	zour kerdèn	piand-hakṛdèn	paind hakertchièn	
624. Geler	yakh-bakṛdèn		yakh kartchièn	
625. Gémir	kach-bakördèn	émâlà bakördèn	benaléchèn	
626. Gratifier		bébakhchièn	bébakhchièn	
627. Ignorer	vada khelafèn	nadounessèn	manazönoun	
628. Labourer	kelo kounin	kèl-hakṛdèn	bess-berdèn	
629. Laisser		sar-hédâbèn	vel-ketchèn	
630. Lancer	bazounnèn	daptounièn	déporténièn	
631. Laver	bachouridèn	bachössèn	bachöchtèn	
632. Se lever	paressán, öressèn	eva-bourdèn	djóouri-bachitchèn	
633. Louer (location)	tchañkrédèn	kiraïé-hakṛdèn	kérî-katchèn	
634. Manger	bakhronèn	bokhordèn	khordèn, vàkhourdèn	
635. Manquer de	qasrah-kṛdèn		gaz-kartchèn	
636. Marcher	hourdèn	rah-bourdèn	reï-bachitchèn	
637. Mélanger	béhambözen	baraham-bazouèn	baham-koutchèn	
638. Mentir	dörünazèn	dörouk-baouten	dörou-batchèn	
639. Monter	bolovourdèn	bâlá-bourdèn	jöli-babördèn	
640. Montrer	bavièn	söràk-édâhèn	nichoun-körtchèn	
641. Mordre	sakbaïtèn	ghozbaïtèn	baïtchèn	
642. Se moucher	vônî-baïtèn	vèni-pok-hâkṛdèn	vènî-pok-kertchèn	
643. Mouiller	khisbadèn	nam-hédâhèn	nam-haditchèn	
644. Mourir	hámorèn	hámördèn	hamortchèn	
645. Nager	oueroudjarèn	chönou-hakṛdèn	chönou-katchèn	
646. Naître	böchtanen		bazetchéchèn	
647. Nécessaire		zarour dâchtèn	zarour-dörèn	
648. Nicher	baghèchbián	köli-hakṛdèn	dèbechtèn	
649. Se noyer	kark-baïèn	khark-baïèn	khark babitchèn	
650. Ouvrir	péokan	va-hakṛdèn	vô-kartchèn	
651. Parler	harf-bakchièn	harf-bazouèn	baoutèn	
652. Partager	takim-hakṛdèn	takim-hakṛdèn	taxim kartchièn	
653. Commencer	sarörîn	saraïten	sarau-ditchèn	
654. Comprendre	böfamèn	böfamessen	böfamitchèn	
655. Consolider	khoem kṛden	chamedoen	chamâ-ditchèn	
656. Contenter	râzi baboun	râzi-bayèn	râzi-katchèn	

| MAZANDÉRÂNIS. | | | DIALECTES GHILÉKIS. | |
DE KÉLARSAK.	DE TÜNÉKÀBOUN.	DE KOUDJOUR.	DE RECHT.	DE MINARÉ-BAZAR.
	goultchin haoudin		outchèn	
davestan	dabetan		dabastan	
	baressin		rachtán	
	drüss habourdán			
	tagh-bakourdán		ab-koudan	
	bakoutōnián		tchakouch-zéen	
	bouridán			
	zour dagoudin		rhourbha koudan	
			iakh-zéen	
	néfrim-bōkhounin		analè-koudan	
	bōbakhchièn		bōbakchièn	
nadčnèn	nōdanissen		nanōn	
	bourbaïtan			
bóoï zachtan	boukzachtán		haï-banan	
	tovbadán		óghadan	
bachourdau	bachoustán		bōchoussan	
péressán	vōressán		virichtan	
hádjčrá-hakṛdèn	idjàré-bakhourdin		hidjaré-kounnan	idjarè-bōkhōrán.
bakl ourdèn	bakhourdán		khama-bon	
	kōm-baoudèn			
	béchin		châan	
	chōlo-hakṛdèn			
	dorou-booutèn			
	djor-bechin		boudjor-choan	
	nichan-badán			
bazennan	baghozzián		ghachtan	
	vini-baghirèn		dōmarh-para-koudèn	
	tár-hakourdán		tèrha-koudèn	
bauōrdèn	bámōrdan			
	sinab-booudin		chinò-koudèn	
	bōtchièn		zaan	
	khanòm		lazim-boan	
	fakch-hakourdin			
	khafa-bakoután		démōrdèn	
	vaz-bohoudán		hakoudan	
batên	bōgoután			
	takhm bakourdán		khōsmetha koudan	
	sadéni bokhourdèn		iptida-koudan	
bōfamōssèn	bōfamessen			
	kam-boudîn		rhaima-koudan	
	réza-kōrdèn		razi-koudan	

	DIALECTES			
	DE REHNEH.	DE BARFROUCH.	DE SEMNON.	D'AMOL.
657. Se coucher	bokhossen	bakhōtèn	bōkhooutchèn	
658. Coudre	baoutchèn	badoutèn	badoutèn	
659. Courir	bourdōtèn	tèn-bourdèn	tōn bachitchèn	
660. Cracher	tōſſanèn	touf-bazouèn	tif katchèn	
661. Craindre	tarsen			
662. Creuser	bakanessèn	bakōnessèn	bakendetchèn	
663. Crier, appeler		sédá bazouèn	sédá katchèn	
664. Croître	haressèn	gad-baïèn	goouz-bebitchèn	
665. Cueillir	batchin	patchian	bètchizîdan	
666. Cuire	hapénèu	hapōtèn	pepetèn	
667. Cultiver		kèl-hakṛdèn	ghavzédèn	
668. Danser	kolaghuin	bozî hakṛdèn	vôgi katchèn	
669. Demander	rafékhèn	hapersièn	vopōrsitchèn	
670. Déplacer, remuer		bahambazouen	hōmkoutèn	
671. Descendre	païn-bimouèn	païn-biamouèn	jiri-bachichtèn	
672. Dévorer	vachnan	gordé hédahèn	kourt-kartchèn	
673. Dire	bakchinèn	baoutèn	bôtèn	
674. Dormir	bokhannèn	bidar-hakṛdèn	vichor-kartchèn	
675. Éclairer	rouchounakan	sou-hedâhèn	sou-katchèn	
676. Effrayer	batōrsîn	tars-hedahèn	tars-hoditchèn	
677. Élever	balakanen	sar-bechtèn	sar-enditchèn	
678. Emballer	djam-konèn			
679. S'embrasser			boussé-katchèn	
680. Enfanter	vatchièn	mamahi hakṛdèn	ghôbôlé kètchèn	
681. Enfoncer	bakhtèn	farou hakṛdèn	fōrou-kṛdèn	
682. Entendre	bechmōsnèn	bechtoussèn	bechnûtchèn	
683. Enterrer	tchalbakoun	dáfen-hakṛdèn	dafn-katchèn	
684. Entourer	dourrō baïtèn	doour-baïtèn	derou-booutèn	
685. Étreindre	bôchkassèn	khamouch hakṛdèn	bôkochtièn	
686. Éternuer	échnof-kṛdèn	echnafè hakṛdèn	èchnivè kartchèn	
687. Être	bâiin	dayen	d'abitchèn	
688. Faire	kṛdèn	hâkṛdèn	hâkōrtchèn	
689. Fatiguer	khassob baïn	kassi-baïèn	khasta vabitchièn	
690. Pêcher	môhi-baïrtèn	môhi-saït-hakṛdèn	môhî baïtchèn	
691. Perdre	goum-kṛdèn	goum-bakōrdèn	vikatchèn	
692. Pétrir	khamir-hokṛdèn	khamir-baïtèn	khamir baïtèn	
693. Planter	tōkerdèn	dékachtèn	dékochtchièn	
694. Pleurer	bōrma-kṛdèn	bermé-hakṛdèn	bōrmè-baidjèn	
695. Plier	tä-hakṛdèn		to-hokertchèn	
696. Plonger		gouté bakṛdèn		
697. Pourrir	kharab-boun	kharàb-hakṛdèn	kharáb kartchièn	

| MAZANDÉRÂNIS. | | | DIALECTES GHILÉKIS. | |
DE KÉLARSAK.	DE TÜNÉKÂBOUN.	DE KOUDJOUR.	DE RECHT.	DE MINARÉ-BAZAR
	dôrâz boubèn			
bédoutèn	baoutan			
dou Lakṛdèn	dob booudèn			
	fölik-bouchandin		tọfha-koudèn	
batarsian	batörsian		tarsian	
	bakendèn			
dad hakṛdèn	aokhannèn			
baressian	gat-bounan		choan	
batchiàn	batchián		bitchen	
bapôtèn	bapôtan		böfakhtan	
zamin-bakorèn	zémi-bökachtön		zeraat koudan	bö-korèn.
sama-hakṛdèn	rakhs bakonnön			
bakhassîn	khaenan		bokhastan	
	bölá-kerdan			
	djir-bowan		bidjir-amon	
	fou-bourdan		tûn-khordan	
	baghoutan			
bavrian	varössèn		tchourt-zéen	
batörsian	batörsian		tersânèn	
	baïtàn		osaan	pighôtán.
	bakourdán		droustha koudan	
	khochäïtán		harhala-giftan	
	bözassan		hazáan	
tchol badonnan	förou bakhourdön			gil-bödan.
bechaoussèn	bichtavoussan		bechtavassan	
	davou kṛdan		dafn-koudan	
	alkhé kṛdan		dòrha-koudan	
	dökhchénîn		khamouchâ koudan	
öchmafah-hakṛdèn	sabör-bazèn		sabz-zéen	
davéan	dâbán			
hakṛdèn	hakourdön		koudán	
	vakötán		khastö kondan	
	mâhi-begirèn		mahi-giftan	
föna-hakṛdèn	baïèr-bökhoudin		avvirahon	
	tchikh-bázán		khamir-giftan	
	banichastin			
hörma-hakṛdèn	giria-bakourdán		girié-koudan	
	la-bakourdán		döchkenen	
	förou-kertán		ab-djira-koudan	
bapistèn	babûstèn		böbö-khostán	

	DIALECTES			
	DE REHNEH.	DE BARFROUCH.	DE SEMNON.	D'AMOL.
698. Pousser, avancer......	tani-nazîn............	djek-hédahèn.........	djëk-haditchèn......	....
699. Prier Dieu..........	namâs kṛdèn..........	....	doû kartchèn.......	....
700. Promettre..........	égrorbirèn...........	hárf-hedahèn.........	lèsoun haditchèn....	....
701. Punir..............	bâzán..............	hàdèb-hákṛdèn.......	hadèb katchèn......	....
702. Recevoir...........	kaboul hakördèn......	kâboul-hàkèn........	kâbil kartchèn......	....
703. Recommencer........	ounkörkokan.........	sarnîtèn.............	sarnîtèn...........	....
704. Réfléchir...........	dûchûnmèk..........	hâli-baïèn...........	hôli-kartchèn.......	....
705. Refuser.............	....	na'khossèn..........	managhèn..........	....
706. Regarder...........	echnîn.............	hâréchièn..........	nià-katchèn........	....
707. Se reposer..........	asoudô-boun........	rahat-hakṛdèn.......	....	....
708. Retirer.............	bakachîn...........	bakéchièn..........	boudjèn..........	....
709. Rêver.............	....	....	....	....
710. Rire..............	khandabhakerdèn......	khandab-hakṛdèn......	bèkenditchèn.......	....
711. Sauter............	pidagrèn...........	bapöressèn..........	porrech-kartchèn....	....
712. Savoir............	dounessán..........	dounessèn...........	nézounèn..........	....
713. Sécher............	khochka-kṛdèn.......	khochk-hakṛdèn.......	khochkh-katchièn....	....
714. Semer............	dökharièn..........	dèkochtèn..........	dèkochtchèn........	....
715. Sentir............	....	bou-hakṛdèn........	bou-kartchèn.......	....
716. Séparer...........	....	djédâ-hakṛdèn.......	sivâ-katchièn.......	....
717. Serrer............	föcharé-dán.........	föchar-hédâhèn.......	féchar-haditchièn....	....
718. Servir............	....	khètmèt-hakṛdèn......	khaïmet-katchèn....	....
719. Souffrir...........	zamat-bakéchîn.......	héréssàhèn..........	bechtitchèn........	....
720. Se souvenir........	....	yöï-biordèn........	yëï-biordèn........	....
721. Teindre...........	böchkassèn.........	reñg-hakṛdèn........	reñg-kartchèn......	....
722. Tisser............	booaftèn...........	bövaftèn...........	böváftèn...........	....
723. Tomber...........	òft-bièn...........	béné-bakördèn.......	boukhourtchèn.....	....
724. Tourner..........	dagartèn..........	tchar-khaïtèn........	bégirditchèn.......	....
725. Tousser..........	köl-kṛdèn..........	kölech-hakṛdèn.......	soflé-katchièn......	....
726. Trancher, couper.....	bavrièn...........	babrièn...........	bavrintchèn........	....
727. Transpirer........	arak-hakṛdèn.......	arak-hakṛdèn........	arak-kartchièn.....	....
728. Trembler.........	bátörsian..........	larz-hakṛdèn.........	larz-katchièn......	....
729. Trouver..........	pedahakṛdèn.......	deyzi-hakṛdèn........	bèdörditchèn......	....
730. Tuer.............	bakochtèn.........	....	bökochtichèn......	....
731. Vendre..........	baroutèn..........	baroutèn..........	beïroutèn........	....
732. Venir............	bioumèn..........	biamouèn..........	biamitchèn.......	....
733. Verser...........	bapötèn..........	bachennièn........	dèpàtèn..........	....
734. Vider............	khali-hakṛdèn........	khôli-hakṛdèn........	khôli-katchèn......	....
735. Voir.............	badièn............	badièn............	haditchèn........	....
736. Voler (voleur).......	désia-kṛdèn.........	....	....	....
737. Voler (oiseau).......	....	paraîtèn...........	par-gitchèn.......	....
738. Vouloir..........	böchchoun.........	formach hakṛdèn.....	farmech-kartchèn....	....

| MAZANDÉRÂNIS | | | DIALECTES GHILÉKIS | |
DE KÉLARSAK.	DE TÜNÉKÀBOUN.	DE KOUDJOUR.	DE RECHT.	DE MINARÉ-BAZAR.
......	kachinèn......	......	bōzán......	.....
......	vadé bōdàn......	......	namas-koudèn......	.....
......	......	......	vadé-dan......	.....
......	també boourdèn......	......	tembi-koudèn......	.....
haïtennen......	baïtèn......	......	pégiſtan......	vighéran.
......	douvarèn......	......	......	.....
......	fikr-hakourdán......	......	fikir-koudèn......	.....
......	......	......	djewab-koudèn......	.....
......	nià-kourdèn......	......	nigâ-koudèn......	.....
khassaï-oaïran......	vakhtōu......	......	mañdi-é-gadan......	.....
......	derbiardin......	......	......	.....
......	khab-badián......	......	khâb-déen......	.....
bakhanissán......	bakhōnessán......	......	khandé-koudèn......	.....
hapōrseanan......	bapōressán......	......	bōdjestan......	.....
donessèm......	dònōn......	......	......	.....
......	khochk-bakourdèn......	......	khochkhâ koudèn......	.....
bakochtǝn......	bākachtán......	......	......	.....
......	bou-kounán......	......	bou-kounen......	.....
......	sivà-boudin......	......	sivâ-koudan......	.....
......	fouchar-badan......	......	fōchar-badan......	.....
......	khatmet-hakṛdèn......	......	khadmet-koudan......	.....
......	fōriât-kounnau......	......	dard-kounen......	.....
......	iat-biardèn......	......	......	.....
......	reñg-kṛdèn......	......	reñg-dan......	.....
......	botin......	......	......	.....
bakōtèe......	bakōtán......	......	kōſtán......	.....
......	barkartán......	......	vagardistan......	.....
koulkoml-hakṛdèn......	koulkoul-bazèn......	......	khos-koudèn......	.....
bavriam......	bahian......	......	vá-béèn......	.....
......	arakh-booudin......	......	arakh-koudèn......	.....
......	tap-baoudèn......	......	......	.....
pédà-kṛrdán......	peda-kourdán......	......	......	.....
......	bakouchtán......	......	kouchtan......	.....
baroulam......	bafürtán......	......	bōfrouchan......	bōkrachán.
bimàn......	biàn......	......	amon......	.....
......	fokoudin......	......	fokoudan......	.....
......	khali-booudin......	......	khâli-koudan......	.....
......	badián......	......	dièn......	.....
bapōressèn......	borètèn......	......	......	.....
......	......	......	......	.....
......	hissán......	......	hissan......	.....

DIALECTES

	DE REHNEH.	DE BARFROUCH.	DE SEMNON.	D'AMOL.
739. Voyager	sefar-krdèn	rah-bourdèn	reï-bachitchèn	
740. Un	yak	attâ	i	áttá
741. Deux	dö	dettó	dö	dötá
742. Trois	sè, sö	sétó	hèïrè	sölú
743. Quatre	tchöhar	tcháartó	tchòr	tcháartá
744. Cinq	peñdj	peñdjtó	peñdj	peñjtó
745. Six	chèch	chichtó	chách	chichtó
746. Sept	háft	háftó	haft	haftó
747. Huit	hácht	hachtó	hacht	hachtó
748. Neuf	nû	nottó	no	nôthá
749. Dix	dah	dahtó	dást	datá
750. Onze	yâzdâ	yazzaló	idást	iazzaló
751. Douze	dèvâzdâ	dévazzató	dödást	dovazzato
752. Treize		sizdathó	hirdást	sizdathó
753. Quatorze				
754. Quinze				
755. Seize				
756. Dix-sept				
757. Dix-huit				
758. Dix-neuf				
759. Vingt	bist	bistó	vis	bistó
760. Vingt et un	bist-iák			
761. Trente	sî	sîtó	sî	sitó
762. Quarante	chéhèl	tchéhèltó	tchéhèltó	tchéèltó
763. Cinquante		poñjató	peñdjató	pendjató
764. Soixante	chass	chaastó	chaastó	cháastó
765. Soixante-dix	haftad	haftattó	haftattó	haftattó
766. Quatre-vingts	hachtad	háchtattó	hachtattó	hachtattó
767. Quatre-vingt-dix	navad	navattó	nawattó	navattó
768. Cent	sad	sattó	sey	sattó
769. Deux cents	dou-vis	dévistó	dö-sey	devistó
770. Cinq cents		poun-sattó	peñdj-sey	poun satló
771. Mille	hézôrtá	hèzôrthó	hézôrthó	hèzorthó
772. Dix mille		da-hèzôrthó	dást-hèzôrthó	dá-hèzorthó
773. Cent mille		sad-hèzôrthó	çey-hèzôrthó	sad-hèzorthó
774. Quart		kiarpará	tchorèk	kiar-para
775. Moitié	nisp	nèsp	nessou	nesp
776. Tiers		sôttöpara	sôtchörèk (?)	sôttö-para
777. Premier				
778. Second				

MAZANDÉRÂNIS.			DIALECTES GHILÉKIS.	
DE KÉLARSAK.	DE TÜNÉKÂBOUN.	DE KOUDJOUR.	DE RECHT.	DE MINARÉ-BAZAR.
....	sávár-booudin..........	....	safar koudan..........	.....
attà..........	yèk..........	yéki..........	ilá..........	i.
dŏta..........	do..........	douan..........	dûtá..........	do.
sètá..........	so..........	syan..........	sŭtá..........	sé.
tchóortà..........	tchéor..........	tchouar..........	tchahartá..........	tchohor.
peñdjtà..........	peñdj..........	pendj..........	peñjtá..........	piñj.
chèchtá..........	chich..........	chach..........	chichtá..........	chach.
haftà..........	haft..........	haft..........	haftá..........	haf.
hachtà..........	hècht..........	hacht..........	hèchtá..........	hacht.
nòtà..........	noñ..........	nŏ, nîa..........	nótá..........	ná.
dahtá..........	dá..........	dá..........	da'tá..........	dá.
yoztà..........	yóouzè..........	yazdé-danà..........	yàzda'tá..........	ionzá.
dŏzzè..........	dóouzè..........	douanza-danà..........	dovàzdatá..........	donzá.
....	sinzè..........	....	sizdatá..........	sinzá.
....	tchahardè..........	....	tchahardatá..........	tchordá.
....	poñzè..........	....	poñzdatá..........	pounzá.
....	choñzè..........	....	choñzdatá..........	chounzá.
....	hivdè..........	....	hivdatá..........	hévdá.
....	hicbdè..........	....	hichdatá..........	héjdá.
....	nûzdè..........	....	nûzdatá..........	nisdá.
....	bist..........	bistaná..........	bistá..........	bist.
....	bist-i-ièk..........	....	bisté-yektá..........	bist-iák.
....	sì..........	sitana..........	sìtá..........	.....
....	tchéhàl..........	....	tchéhèltá..........	.....
....	peñdjà..........	....	pûñdjàtá..........	.....
....	chást..........	....	chastá..........	.....
....	haftàt..........	....	havtattá..........	.....
....	hachtât..........	....	hèchtattá..........	.....
....	navat..........	....	navattá..........	.....
....	sát..........	....	sattá..........	.....
....	dévist..........	....	douvistá..........	.....
....	poun-sát..........	....	ponsattá..........	.....
....	hàzàr..........	....	hazartá..........	.....
....	dá-hàzàr..........	....	da-hazartá..........	.....
....	....	....	....	.....
....	tchârèk..........	....	tchârèk..........	.....
....	nèsp..........	....	i-nemá..........	.....
....	sŏtati-ièki..........	....	sŏta-ita..........	.....
....	tvelso..........	....	yékoum..........	.....
....	doioumdjŭ..........	....	duyoum..........	.....

	DIALECTES			
	DE REHNEH.	DE BARFROUCH.	DE SEMNON.	D'AMOL.
779. Houx				
780. Épine blanche				
781. Sureau	fermouni			
782. Sapin		kâdjè	kartchèk	kâdjé
783. Oranger		portokhal	portokhal	portokhalé-dar
784. Noyer		arhouzè-dar	yûsé-dar	gèrdou
785. Lilas	yassaman	liliki-dar (?)		
786. Laurier-rose	sag-gol	kharzalé	kharzalé	kharzalé
787. Cyprès	salb	sour	sour	sour
788. Cornouiller	zèlzèlák	sörkhadar	sörkhà-dòr	zalzolák
789. Acacia	körât	körât	körât	körât
790. Hièble		palheñm		palheñm
791. Fougère		kièmás	tchiémas	kiémás
792. Épinards		samar		
793. Jonc		gâli	gàlim	
794. Liane				
795. Lierre	djèrgatö	dardous	dordous	
796. Lizeron		kiakimar	katimor	kiákimâr
797. Mouron				
798. Mousse	akhouz-dor	kacheñm		kacheñm
799. Thym		engiroum	pitönèk	eñgiroum
800. Âne sauvage	gour-khár	gour-khár	gour-khár	
801. Fouine	chól	señdjab	señdjab	
802. Écureuil	vôchá	achnèk	roussèk	
803. Chardonneret	señg-è-tchar	tchâlokhass		
804. Faisan	tireñg	tireñk	tireñk	
805. Merle	tikâ			
806. Outarde	ohou-barrè	saharoï		
807. Chat-huant		tchouk	tchoukâ	
808. Eider	cheñ			
809. Bécasse	valvokhzam	aïâ (?)	aïâ (?)	
810. Poussin	nimtché	djudja, djennikha	djûdja	
811. Crapaud	siouvak	siouvak	siah-vazak	
812. Limaçon	tachî	lisak	lissèk	
813. Limace		pîchîl	péchil	
814. Coquille		sadaf	sèdèf	
815. Vide	kissò	khalî	khôli	
816. Large	déraz	pahnoï	förah	
817. Amer	tal	talkh	talkh	
818. Beau		marhboul	khoïrè	
819. Bon	khora	khoré	khoïrè	

| MAZANDÉRÂNIS. | | | DIALECTES GHILÉKIS. | |
DE KÉLARSAK.	DE TÜNÉKÂBOUN.	DE KOUDJOUR.	DE RECHT.	DE MINARÉ-BAZAR.
	djûz.			
	konass (?).			
	djâlî.			
			khar-zahrè.	
	salmō-dar.			sifâ-dòr.
fék.	giarémá.			
kéràt.	léliki, kōrât.	tchaftá.	léléki.	sörha-dor.
massák. kàch.	tchōmâs.		souf.	
	akkns.		li, touroup.	soup.
	eskélim.			
lou.	valgom.	assōlmar.	lōchk.	ráz.
	kōrkōséravoch.			
kachōm.	tchátch.	kachōm.	tchètchè.	kétch.
	pétinik.			
	chál-pōchté.	chañk.	chañk.	
	sembūrū.	chœñg.	dálú.	sembourá.
	gargaoul.		tūrūñg.	türk.
	tikô.		ghichpát.	nesperr.
	av-koladj.		aou-bōrè.	
			p'ár.	mörgâbi.
gèbèr.	sarèt.	aviá.	kéfât.	
tchiniké.	tchïmkō.		kitká, zilá.	kidjá.
	vachvōzé.			sūlasár.
lakon.	ròp, sandal.		kâpūch.	
	sendjil, rôp.		ràb.	
	khalî.		bochkhà.	téï.
gouchàt.			koulouft.	
tálé.	tál.		zarkh.	tél.
khàr.	khoudjir.			
khob.	khâss.			

	DIALECTES			
	DE REHNEH.	DE BARFROUCH.	DE SEMNON.	D'AMOL.
820. Carré		tchargouché.	tchargouché.	
821. Dur				
822. Facile	âsoun.	âsoun	òsoun.	
823. Gâté	bapissè.	bapîss	poussîdè.	
824. Grand	gât.	gât.	gôouz.	
825. Gros.	tchakh.	dèrètch	gôouz.	
826. Léger	sabŏk.	sabèk.	sabok.	
827. Long.	hŏlan.	derazî.	deroz	
828. Lourd	señgin	señgin	señgin	
829. Mauvais	bat.	bat, nâbout	zoiò, bát.	
830. Mou		narm		
831. Neuf, frais	tozou	nou	nóou	
832. Plein				
833. Petit	koutchik.	koutchik	kassin.	
834. Propre	pòk, khoup	pòk	pòk	
835. Pointu	hara.	touk-dar.	tuk.	
836. Rond.		gerdé.	gùrt.	
837. Plomb.	sŏrp.	sourp.	surp.	sorp, sèlp
838. Tambour.		thabèl	thabèl,	
839. Sable		vòzî.	vòzî.	
840. Tour de bois.		nŏfòr.	nŏfòr.	nŏfòr.
841. Soucoupe		baîò.	bôdiè, khŏda.	
842. Hotte		koulèh	koulèh	
843. Bouteille de terre		teñgh	durcïkó.	
844. Latte de roseaux		lalŏ.	nèï.	lâlŏ.
845. Bol, soucoupe		pokhchòp.	pokhchòp.	
846. Jarre		dechoun.	dechoun.	
847. Bougie, chandelle	souokan	mim.		
848. Bouquet		pârè.		pâró.
849. Tas de riz		kannî.	kannî.	
850. Mur de jardin	khèl-khèt	tchapèr	tchâté.	
851. Haie				
852. Peigne (pour toile)		makou.	makou	
853. Morceau, pièce		tikè, partchà	tiké	
854. Campement		khorèdjó	khoïrédjó.	
855. Toit		pocht-ŏ-boum.	pècht-è-bóoum.	
856. Je, moi	meñ.	man.	man.	
857. Tu, toi	tŏ.	tou.	tŏ.	
858. Lui, elle	ò	vù.	jou.	
859. Nous.	âma	âma	hémó.	
860. Vous		chŏma	chémó.	

| MAZANDÉRÂNIS. | | | DIALECTES GHILÉKIS. | |
DE LÉLARSAK.	DE TÜNÉKÂBOUN.	DE KOUDJOUR.	DE RECHT.	DE MINARÉ-BAZAR.
tcháar-lountch				
khaïm	sarhat		dûtchik	sakht
	ason			zóát
	zab			bimasraf
gát	gátö			pillá
koloft	koloft			rhoïm
	sabouk			söbök
	dörâz		döraz	
señgin	señgin			
	bat			bat
naharm	nakhm		tchéléká	
	tâzé		djévañ	tozá
macht	mácht			viárá
	koutchik			jüká
	pâk, tamiz		témiz	pokiá
tèdj	tèdj		tidj	törî
	görl			
	self	soup		rhourrhouchom
	nogârè	dôl		nogorá
vâzik	cheñk		rik	fourch
népór	télar	nöpâr		
chám	chám			
könör	pardö			ramöch
	porè			
boum- -sar	bozöleñg			
man	mèn			
	tò			
à	on		an	
má	iamá		hamâ	
	chöma			

| | DIALECTES | | | |
	DE REHNEH.	DE BARFROUCH.	DE SEMNON.	D'AMOL.
861. Ils, elles		ounhâ	ounhá	
862. Mon, ma	mé, mŏná	mé	mé	
863. Ton, ta	téchá	té	té	
864. Son, sa	vŏnichá	véné	joubou	
865. Notre		amé	hemoyè	
866. Votre	chŏmé	chémoyé		
867. Leur	vèchouné	jiné		
868. Quoi	tchitchi	tchitchi		
869. Qui	téchá	ché	ké	
870. Chaque	harkor	har-kŏdou	har-kŏmîn	
871. Celui-là, celle-là	oun	vŏrè	enilè	
872. Celui-ci, celle-ci	in	intô	enî	
873. Ceci, ce, cet	in	intô	enî	
874. Combien	tchán	tchañd	tchañd	
875. Jamais	hidj-vakht	hèch-vakht		
876. Encore	hanouz			
877. Tel, telle	eñtŏrî			

1. DIALECTE DE REHNEH.

bŏrou mé-pich, viens ici !
bakhéréni, as-tu mangé ?
ou bakhrim, je bois de l'eau.
ahourŏ bakhouchtăm, j'ai tué un chevreuil.
sard-ŏ, il fait froid.
ra sakht ŏ, le chemin est difficile.
in dé gat ŏ, ce village est grand.

indj hanich, assieds-toi ici !
am chou bŏrou indjá, reviens ce soir !
kŏrk djou bakhré, le poulet mange l'orge.
asp bourdŏ ou bakhré, mon cheval boit.
sak gŏsban assŏkhŏ bŏkhŏrda, le chien mange
    l'os du mouton.

2. DIALECTE DE BARFROUCH.

darhŏ dir é, les arbres sont loin.
rikŏ, indjè bŏrou, enfant, viens ici !
déhé seréhŏ espé hassè, les maisons du village
    sont blanches.
dŏ sahat ou khormè, à deux heures je boirai de
    l'eau.

Amŏl kharab biè ou-hédjá, Amol a été détruite
    par l'eau.
morgha dar-e-bold darénè, les oiseaux perchent
    sur les arbres.
mardemoun darhá vŏrinnene, nos hommes cou-
    pent les arbres.

MAZANDÉRÂNIS.			DIALECTES GHILÉKIS.	
DE KÉLARSAK.	DE TÜNÉKÂBOUN.	DE KOUDJOUR.	DE RECHT.	DE MINARÉ-BAZAR.
	onha		achan	
mŏné	mal-i-mö		mi	
tŏné	mal-i-tou		ti	
vŏné	mal-i-oun		on	
	mal-i-mâ		am-é-mâl	
	mal-i-tan		chimiá-mâl	
	mal-i-chan		achéná-mâl	
	keï		tchó	
ki	ké			
	har-yek		hart'a	
	on		on	
	in		an	
	in			
	tcheñd			
	hètch		hitch	

mahihá ouiè darimmè, les poissons vivent dans l'eau.

lotkè ouiedjá poïni chounè, le bateau descend avec l'eau.

durhaè pich chounè, allons aux arbres !

darhaïè vossé ou vénà, il faut de l'eau pour les arbres.

in dárhè gâti hassè, haut comme ces arbres.

sèrè tchouïè djá bössatŏmè, la maison est bâtie avec des arbres.

EXEMPLES DE DÉCLINAISONS.

Nominatif....	*ou*, l'eau.	*dar-hô*, les arbres.
Vocatif......	*ou*, eau.	*dar-hô*, arbres.
Génitif......	*ou-é*, de l'eau.	*té-dar-hô*, des arbres.
Datif........	*ou-édjá*, à l'eau.	*dar-hô-ré*, aux arbres.
Accusatif.....	*ou*, l'eau.	*dar-ré*, l'arbre.
Instrumental.	*ou-édjá*, par l'eau. / *ou-essar*, sur l'eau. / *ou-édarim*, dans l'eau. / *ou-édjá*, avec l'eau.	*dar-haïe*, par les arbres. / *dar-hô-é-bálá*, sur les arbres. / *dar-è-délé*, dans l'arbre. / *dar-edjá*, avec l'arbre.
Locatif......	*ou-é*, à l'eau. / *ou-é*, pour l'eau.	*dar-e-pich*, à l'arbre. / *dar-ha-è-vossè*, pour les arbres.

EXEMPLES DE CONJUGAISONS.

Verbe *bakŏnessèn* « arracher ».

Infinitif........ *bakŏnessèn.*	Infinitif négatif........ *nakŏnessèn,*
Participe présent. *bakŏnièn.*	Participe présent négatif. *nakŏnièn.*
Participe passé... *bakŏnessè.*	Participe passé négatif... *nakŏnessè.*
Participe futur... *bakŏnesseni.*	Participe futur négatif... *nakŏnessèni.*

INDICATIF.

AORISTE.

Sing. 1. *bakŏnèm.*
    2. *bakŏnî.*
    3. *bakŏnné.*
Plur. 1. *bakŏnîm.*
    2. *bakŏnîn.*
    3. *bakŏnend.*

IMPARFAIT.

Sing. 1. *kanessèmè.*
    2. *kanessi.*
    3. *kanessè.*
Plur. 1. *kanessèmî.*
    2. *kanessèni.*
    3. *kanessènè.*

PLUS-QUE-PARFAIT.

Sing. 1. *bakŏness bimè.*
    2. *bakŏness bit.*
    3. *bakŏness biè.*
Plur. 1. *bakŏness bimî.*
    2. *bakŏness bini.*
    3. *bakŏness binè.*

PRÉSENT.

Sing. 1. *kammé.*
    2. *kanni.*
    3. *kanné.*
Plur. 1. *kammî.*
    2. *kannéni.*
    3. *kannenè.*

PRÉTÉRIT.

Sing. 1. *bakŏnessèmè.*
    2. *bakŏnessî.*
    3. *bakŏnessè.*
Plur. 1. *bakŏnessémî.*
    2. *bakŏnessénî.*
    3. *bakŏnessénè.*

FUTUR.

Sing. 1. *bakŏnessèn khâm.*
    2. *bakŏnessèn khânî.*
    3. *bakŏnessèn khané.*
Plur. 1. *bakŏnessèn khammi*
    2. *bakŏnessèn khannî.*
    3. *bakŏnessèn khannèi*

CONDITIONNEL.

COMPOSÉ.

Sing. 1. *bakŏness bimè.*   *ager bakŏness bouhâm.*
    2. *bakŏness bit.*   *ager bakŏnnî.*
    3. *bakŏness bibou.*   *ager bakŏnnè.*
Plur. 1. *bakŏness bimî.*   *ager bakŏnnîmè.*
    2. *bakŏness binî.*   *ager bakŏnnînè.*
    3. *bakŏness binè.*   *ager bakŏnnènè.*

NÉGATIF.

ager nakŏnnes bouham.
ager nakŏnnî.
ager nakŏnnè.
ager nakŏnnîmè.
ager nakŏnnînè.
ager nakonnènè.

SUBJONCTIF.

PRÉSENT.

Sing. 1. *véné bakŏnem.*   Plur. 1. *véné bakŏnîm.*
    2. *véné bakŏnî.*   2. *véné bakŏnnîn.*
    3. *véné bakŏnnè.*   3. *véné bakŏnend.*

<table>
<tr><td colspan="2">PRÉTÉRIT SIMPLE.</td><td colspan="2">PRÉTÉRIT COMPOSÉ.</td></tr>
<tr><td>Sing.</td><td>1. aïkoch bakŏness boum.
2. aïkoch bakŏness bíbouí.
3. aïkoch bakŏness bíbou.</td><td>Sing.</td><td>1. aïkoch bakŏness bíboum.
2. aïkoch bakŏness bouhi.
3. aïkoch bakŏness bou.</td></tr>
<tr><td>Plur.</td><td>1. aïkoch bakŏnní bím.
2. aïkoch bakŏness bíboun.
3. aïkoch bakŏness bouhèn.</td><td>Plur.</td><td>1. aïkoch bakŏness bím.
2. aïkoch bakŏness bíboun.
3. aïkoch bakŏness bouhèn.</td></tr>
</table>

IMPÉRATIF.

<table>
<tr><td colspan="2">PRÉSENT.</td><td colspan="2">NÉGATIF.</td></tr>
<tr><td>Sing.</td><td>1.
2. baken.
3. bakŏnnè.</td><td>Sing.</td><td>1.
2. naken.
3. nakŏnnè.</td></tr>
<tr><td>Plur.</td><td>1. bakŏnním.
2. bakŏnnínè.
3. bakŏnnèn.</td><td>Plur.</td><td>1. nakŏnním.
2. nakŏnnínè.
3. nakŏnnèn.</td></tr>
</table>

VERBE *kouchtè baïèn* « être tué ».

<table>
<tr><td>Infinitif.............</td><td>kouchtè baïèn.</td><td rowspan="2">Condit...</td><td>simple...</td><td>agèr kouchtè baïboum.</td></tr>
<tr><td>Participe passé ....</td><td>kouchtè baïè.</td><td>composé.</td><td>agèr bakoucht bouhèm.</td></tr>
<tr><td rowspan="6">Indicatif.</td><td>aoriste........</td><td>kouchtè bouèm.</td><td rowspan="3">Subjonct.</td><td>présent..</td><td>kè bakouch baouèm.</td></tr>
<tr><td>présent.......</td><td>kouchtè bou-nè.</td><td>prét. s..</td><td>khocht kouchtè baïboum.</td></tr>
<tr><td>imparfait......</td><td>kouchtè baïloum.</td><td>prét. c..</td><td>khocht bakoucht bíboum.</td></tr>
<tr><td>prétérit.......</td><td>kouchtè baïmé.</td><td rowspan="2">Impératif</td><td>présent..</td><td>bakouch baou.</td></tr>
<tr><td>plus-que-parfait.</td><td>bakouch bín è.</td><td>p. proh..</td><td>bakouch naou.</td></tr>
<tr><td>futur.........</td><td>bakouch boı mè.</td></tr>
</table>

VERBE *baïèn* « être ».

INDICATIF.

<table>
<tr><td colspan="2">PRÉSENT.</td><td colspan="2">PRÉTÉRIT.</td><td colspan="2">FUTUR.</td></tr>
<tr><td>Sing.</td><td>1. hassŏmé.
2. hassí.
3. hassè.</td><td>Sing.</td><td>1. bímè.
2. bíí.
3. biè.</td><td>Sing.</td><td>1. boumè.
2. bouní.
3. bouné.</td></tr>
<tr><td>Plur.</td><td>1. hémí.
2. héní.
3. héné.</td><td>Plur.</td><td>1. bímí.
2. bíní.
3. bínè.</td><td>Plur.</td><td>1. boumí.
2. bounèni.
3. bounènè.</td></tr>
</table>

IMPARFAIT.

<table>
<tr><td>Sing.</td><td>1. baïn è.
2. baïní.
3. baïè</td><td>Plur.</td><td>1. baïmí.
2. baïní.
3. baïnè.</td></tr>
</table>

CONDITIONNEL.

PRÉSENT.

Sing. 1. *agèr man baouèm.*
2. *agèr to baouî.*
3. *agèr o baoué.*
Plur. 1. *agèr má baouîm.*
2. *agèr chŏmá baouîn.*
3. *agèr onhá baouèn.*

COMPOSÉ.

Sing. 1. *agèr man baïmé.*
2. *agèr to baïni.*
3. *agèr o baiè.*
Plur. 1. *ager má baïmî.*
2. *agèr chŏmá baïni.*
3. *agèr onhá baïnè.*

SUBJONCTIF.

PRÉSENT.

Sing. 1. *kè bouèm.*   Plur. 1. *kè bouîm.*
2. *kè boui.*   2. *kè bouîn.*
3. *kè boué.*   3. *kè bouend.*

IMPÉRATIF.

Sing. 1.   Plur. 1. *bouîm.*
2. *baou.*   2. *bouîn.*
3. *boué.*   3. *bouend.*

3. DIALECTE SEMNONI.

dŏringal dir-é, les arbres sont loin.
vachki bió mogal, enfant, viens ici !
dekia esp-er, les villages sont blancs.
dŏ sa'at digè ó mŏkhoroum, dans deux heures, je boirai de l'eau.
Amŏl óou epi kharab bébitchî, Amol a été détruite par l'eau.
morghá dimé dárin niestèn, les oiseaux sont sur les arbres.

mirdemoun dári mavrînen, les hommes coupent les arbres.
mahî óvin dèlè vági mikŏran, les poissons vivent dans l'eau.
lŏtka ŏvin dèlè diméjiri méchou, le bateau descend avec l'eau.
dáringal machou, allons aux arbres !
en dŏr góouz, haut comme cet arbre.
kià chouîn pi bessŏtchèn, la maison est bâtie avec des arbres.

Sing. 1. *dartchèm*, j'ai.   Plur. 1. *humá darim*, nous avons.
2. *tū dardèch*, tu as.   2. *chèmá darin*, vous avez.
3. *jŏ dertchir*, il a.   3. *joun darend*, ils ont.

me dèrtchèm, j'ai eu.

4. DIALECTE TÜNÉKÂBOUNI.

daréchán khéli dour án, les arbres sont très loin.
batcha indjá bŏrŏ, enfant, viens ici!
in mahallé khané-chou séfidèn, les maisons de ce village sont blanches.
hèr dou sa'at ab khorémé, toutes les deux heures, je boirai de l'eau.
Amol kharab bŏvassè âb-idouni, Amol a été détruite par l'eau.
kouchichon dari-sèr darènd, les oiseaux perchent sur les arbres.
adamichon dar kittŏrènd, les hommes coupent l'arbre.

mahichon av-dŏlè zendáhánd, les poissons vivent dans l'eau.
lotká ab-ŏ-dèlè djiri chouná, la barque descend avec l'eau.
darissè bichim, allons aux arbres!
darichan ab vanè, il faut de l'eau pour les arbres.
darichan kat bŏbèi, haut comme les arbres.
in khanè drüss hakourdènd dar-hemzá, la maison est construite avec des arbres.

5. DIALECTE GHILÉKI DE RECHT.

dar hama bouland a, les arbres sont loin.
darhla aï biá, enfant, viens ici!
dé khaman hama séfid a, les maisons du village sont blanches.
dou sa'at dé chámá, je partirai à deux heures.
ab amé dé kharab bŏkoudŏ, l'eau a détruit tout le village.
mourg dar-e-sar nichtè, les oiseaux sont sur les arbres.
adaman darhá vèbénéda, les hommes coupent les arbres.
mahian ab-ŏ-mian amrŏ nŏkounèdá, les poissons vivent dans l'eau.
lotka ab-ŏ-sŏr agir choandère, la barque descend avec l'eau.
bitchim dar-é-djŏr, allons aux arbres!

dárán ab khokhadá, il faut de l'eau pour les arbres.
a khando á dáran hamŏga dádá, cette maison est haute comme ces arbres.
khané ba dáran bŏkŏftéda, la maison est bâtie avec des arbres.
mi sar dard kouni, j'ai mal à la tête.
im chŏ tché khorimi, que mangerons-nous ce soir?
im chŏ khéli bŏkhouftámá, j'ai très bien dormi cette nuit.
heivanan bar bŏkhounim, khahèm bichim, il faut charger les bêtes afin que nous partions.
dè vá bŏcham a ra bŏcham, en allant au village je suivrai ce chemin.
koichí, où vas-tu?
djäkoiaí, d'où viens-tu?

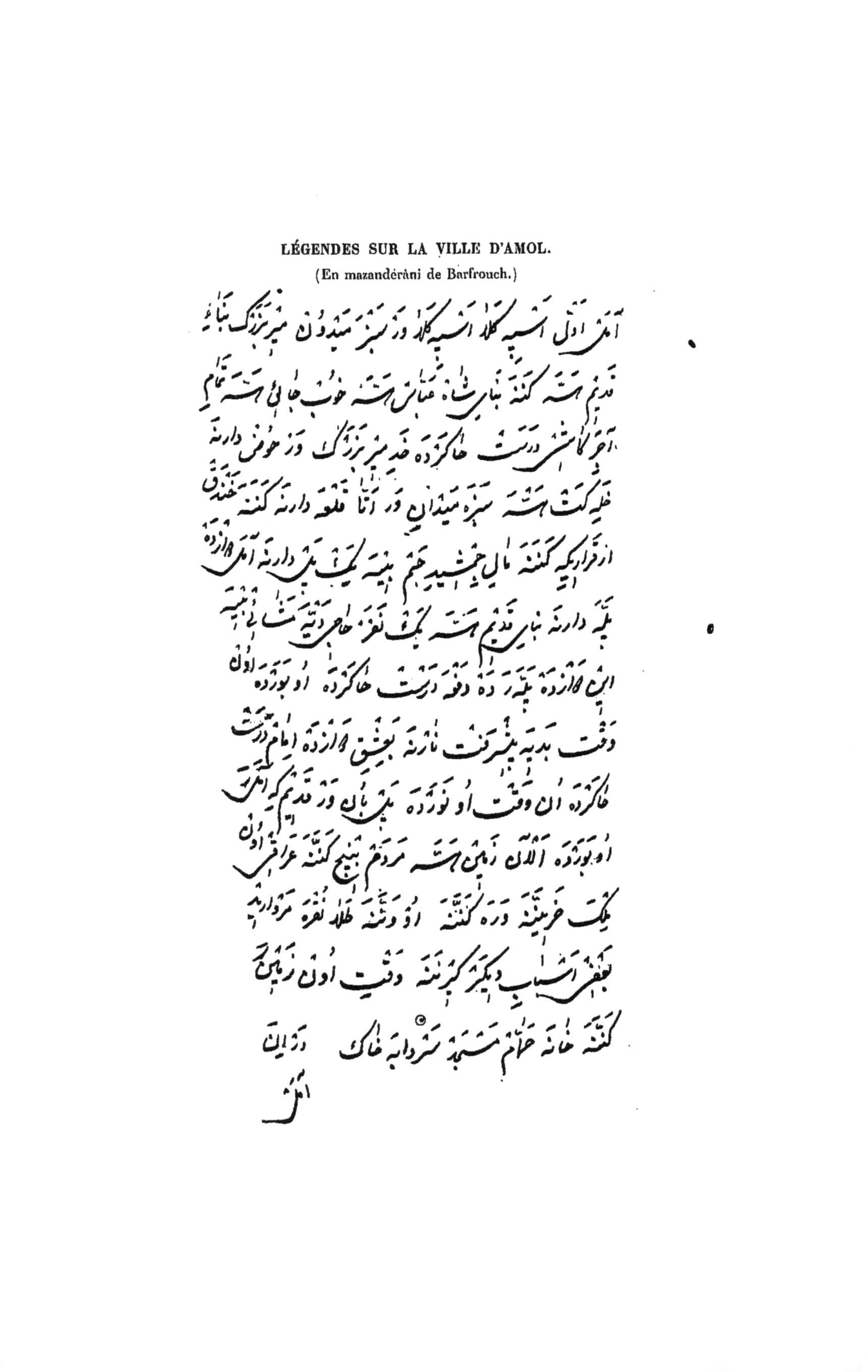

LÉGENDES SUR LA VILLE D'AMOL.

(En mazandérâni de Barfrouch.)

آمده یا این کنند دارنه کاریکنه از آجز هنسه سته تا

کنبه دارنه آتاکت هسه دوتا لوهکت هسه کنبه

دور در هرجاره کنه آجز در این آجز درست دراپ

آنا مستهه دارنه از قدیم هسه مستهد امام حسن مشهور

هسه آمده سته دفعه او بوزده ایلین مستهد در او نوزده

آلان که خشت که زمین رنگ خشت بنزن خلیه

کنه معلوم هسه سته دفعه آمده او نوزده آمد

کت شهر بنیه آتا سر آمده سلهاز بنیه طرف

بنیه جنوب آمده آنش زه بنیه شمال آمده حال

مغرب بنیه یا این آمده جهارشنبه یازار دارنه

قدیم آمده غلیکت بنیه جهارشنبه روز اوان

یازار کردنه اشبنه در در کنه جهارشنبه یازار

جهار ترن امام زاده آمده کت آتا امام زاده ابراهیم

آتا سیده سترن آتا نبی رقیه آتا امام زاده علی

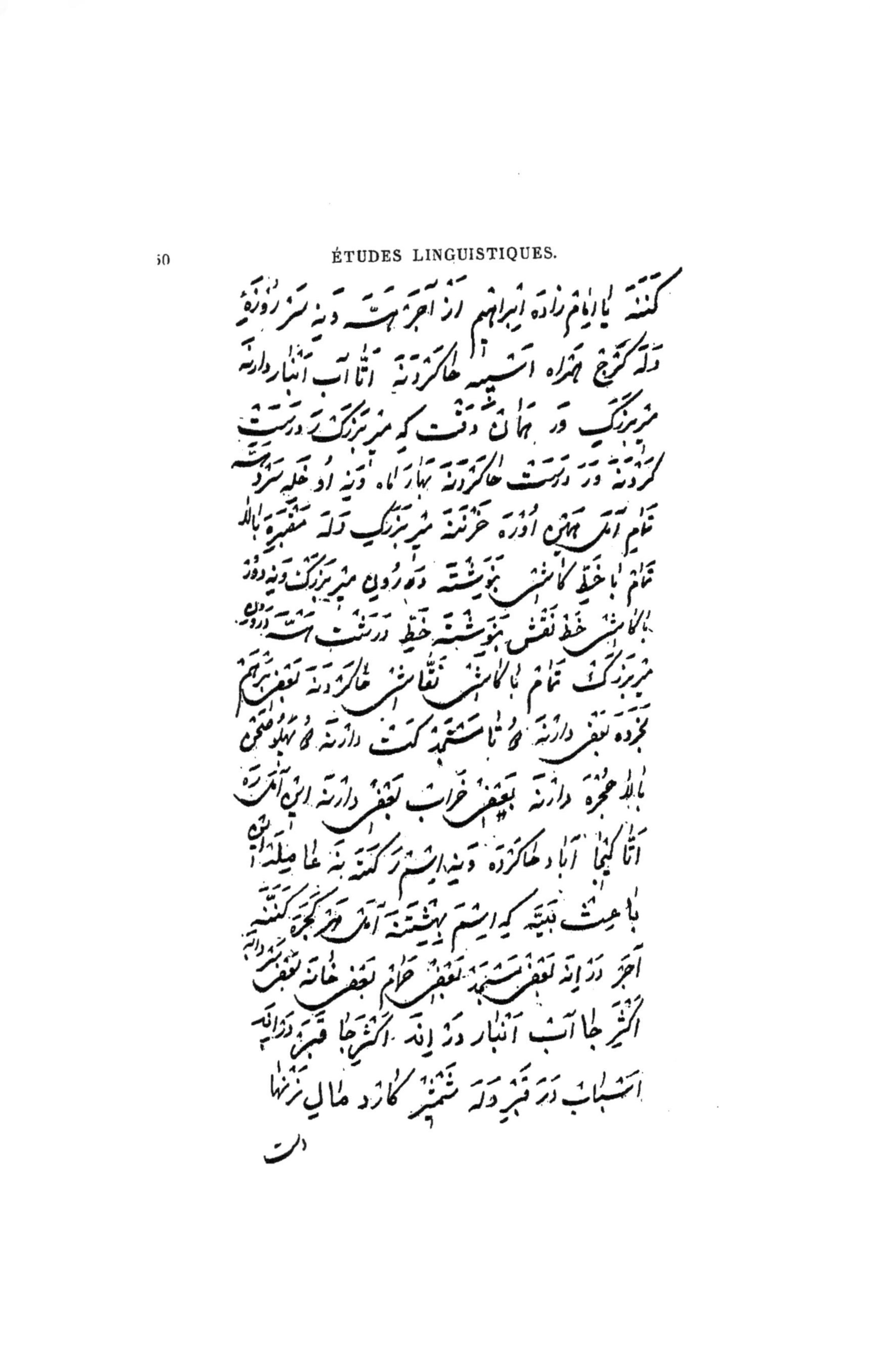

دشت نبید طلا نفره دراینه نهرکش آمکر جادرست کنه
زمین کننه خشت درا اینه جادرست کننه آنا
باغشاه دارنه آمکر رنديم و باغشاه نبیه
نارنج منگلبانت همه جوبره دانشته اناسال
سربا خاکرده دار همّر خشک خاکرده
آلان مردم وره بانغ کننه اوّل آمک
مصله دارنه قدم گا و خیمّ هّه کننه
دار کننه همه جهاز شنبه شو خیمّ اینه نماز
خونننه اینم نفیش کننبد آمکر هّت محب دالغاماش
غالماه نبنه حالگاه موز قالن صاحب درزخانه
مغرب الانا قالن لامیر انوسف مان انکله ونوکرس
دولت قوینو کمت روس مدینت باری اقلی حاجب آنا
منشی سرکار مطلن اینت دار غاله انکله نحریه نانت
نباریخ حویم شنهر جوالی الاولی ۱۳۰۷

(En mazandérâni de Barfrouch.)

حکایات سابقه بارفروش

بارفروش اول مشهور بیه بنا بارفروش ده که همه جا جنگل بیه
آستونه و شهها بن آب آنان بیه اصل ننها قدیم
آمل و ساهای بیه خود امنشونه لله جانی او دامنه
درمیان او آنا جا نبه بیه مردم که امیونه و شنیشه
ملایینه که آتا خله کلله سران نبه جمعه ته لمان قات
کردنه مردم همه شیه خد لخنه کتنه جمیه و اتیه
انیجه کلله جمهیه نا انکه آتا مردیه خونا نبه که
انیجه انستونه ته مردم که بشنونشته بنمونه دانی
جز فنی بساتنه کمر مردم این دوه و نشیمیو
جم بیه خذ بساتنه انوقت مثاه که بلایه
مردم جم بنیه خذ بساتنه و این جفنه دننه
حکردنه مثاه ته این قبر سر کندنه بساته
وفنه نومر بهشتنه کلله مشهد این قبر باب کاه
در هره ده سال پیش ده سست حکرینه
اول بابل همین شنهر تله بیه مردم که کم
جنه

خنه جم بینه لسانته بابلر بوته دنه بیرونی

قرا هل انه الوقت اینجه باشاه نیاشته وی

در عهد شاه عباس حکم بیته سره میدانی

اتا عمارت لساقنه عمارت دور ور یکننه

بابل او بیان دنه عمارت دور ور او دوشنه

ونه نور بهشتنه دنک جال اول که هونی او

نوشنه دتک جال دلهسر اتا عمارت دکم لساقنه

هفته تا میل میل دهست حکرته ند ونه بالدره اتل

اتا دهست عمارت لساقنه عمارت که تموم

بیه الوقت ونه دور ور او دوشننه

وقت که خواشنه بوره ال عمارت دلنو

داشتنه دایم او دله دبیه نو سوار بینه

شینه ال عمارت اللک ال عمارت همه

خراب بیه همون حفده تا میل بو نسه سنه

میل دون ور شهت هضنا سال بینی اتا

بِیَه ناوَشتُون اَن حِلوُهامی او خَلیه مَتْرَدی بِیه آسا

اَن کابِبانِ مِرو تِرهَتم تَجْرَد مِنَه مَرو دِرَمَنتْ حَکَردَنَه

آساهَه نِساله مِتَه مَروَت او وَتَنَه مَردیم حَلوُطا هَمَه

دَنَه مَسقُون او شِونَه تا بِتاک مَردم هَمَه اَن حَلوُهاء

اُویَه خَزَنَنَه خَلیه بَنَردَهتَه بِالغِردُش نَزدیکی اَفرُه

اَتّا مَصَلاهَم دَارَنَه هَروَفتْ واَرَمی کَرَدَه

بِیَنّاهِ مِشونَه اَل مَصَلا اَتّا خَلیه مَردَم وَنِدَهراه

شوونَنَه الکُجَه تَمانِ خوَنَنَه واَرَمی کَنَّه بِالغِردُش

اَتّا مَسقُد دَارَنَه که مالِ نَدیم هَتَّه وَنِه لُؤَم کَنَّه

مَقبَرِ اَلخاشنَه اَن مَسقُدِ لَبسانَه دَسَه

دَفعَه لَبسانَنَه وَنِه فِلَرکَج بَیِته خاشنَه که

قِبلَه راست دَتَه بِیانَند نَشولَنتَنَه اَحرَنَّه

بِهِشتَنَه سَه جِهانِ رودِ که بِکَنِشتَه بَد بِنَه وَتْ

دَوازدَه نا لایِیها هِه لَبسانَه وَنِه قِبلَهَم اَنَّه

راشت هَتَّه که مِی نَتَر نَزَنَنَه هَم کَنَّه که اَنَّه

دوازده لابير دوازده امام كاه بهشته لبنا نده
فيله ماست دنه يموه بالغروش اتا يهودى مله
دائه نه هفتا هشتا خانه لوته ده مبت سال
بيش اتا عراق مردى غريب بيه بمو تا برويش
منزل حكرده اتا كما نشته فقير نته اتا نكه
كله پيشه براق اتا يهودي جا نجر بيه سنه كما
واشه نشه منزل كه بوته د عراق ته ونه كما نه
مانع هته كما ونه بير هه دتا جه بوه دنه يهودى
محله انه ده خيال بيه كه يهودى يهار سريك من
نونه دله بوه دن نشه ده سه نه يهودى هه نسا
نشه كما سه ده سالى حكرته بقنه نم نشه
ده سه هه نسا به به ونه كما بنرون
نمو سر ده ون ونه كما نه انه انه
كنه فنه ان يهودى سه ده لوه نده بلا به

يعُودْيها وَيهْ كيپاهْ لوُ نَتَنَه دوُنَدِي كيپاهْ نَتَنَه
كيپاهْ دَهْ مِيرَنَه كيپاهْ دوُشْ هَيتَه اَنْ سَرْها
بِيرُونْ بِيارَهْدَه نوَرْدَه مِيهْ مَنْزَلْ وَيهْ مَنْزَلْ
هَمْ مَسْجِدْ كالمَّرْ سِكَ بِيَه نا مَنْزَلْ نوَرْدَه كيپاهْ
وَنْ وَرْ وَوَيهْ دُهوُنْ وَرْ خوُنْ اِنَه هَتا بَنَه

كيپاهْ بِهِشْتَه كيپا نَمَرْدَه مَرْدَمْ اَنْ سِنُو جِمبْتْ جِكْرَوَنَه
مَدَنِيَه يَعُودْيها كيپاهْ بِه حوُدْ بِكوُشْنَه فِرِداَسوَرْ
هَمَ بِالفَرُوشْي خُمْ هَيِنَه يُكِسِرْ دَكِلِيتَه يَهوُدْي
دَلَه اَنْ سَواحِي نا نِها وَقْت جِهانْدَه بَعَرْ
نَهْ مَرْد يَهوُدْنَه بِكوُشْنَه هَرْجِرْ دانِشْتَنَه
نَا شْنَه هَمَرَ نا بَلغ حِكْرَوَنَه وَمشُوبْ
مَرِحَسْنَه رَ نَنْشي جِدانَه دايِنالْ يَهوُدْيَه
هَمُونْ وَيهْ سَرِ دَلِه وَيهْ لَهانْ رَ لَفْظَ نَوَنَه
دايِنالْ وَيهْ دَلَه دَبِيِنَه نَنْشي جِدانَه هَرْجِرْ
وَرَ

وسه كتنه يم پيل كمه دمه كته مه كتكه دله دمه اخر

سرقه ندا يهوديها انى بتر سينه همه خزان كردنه

لوردغه مقدم سرخنه دكلنه انه ترسى كتنه

اما مسلمان بنمى بقنه هفت هشت ماه مملك

بنه مسلمون هاهم و شونه وعده كتنه

تا اننكه سباه حكم حكرد كهر كسى مال وبل

يهوديها لوبردنه بس حدنى ازدلوت

مامونه بنمو اولى سر بشمان حكردهمد سره ده تمه

بيت تمه تاصه نمه هينه كتنه تا

جهل هزار تمه سر بشمان هينه يهوديها

لله بنه كه و شوه تلمك حكرده ندانيها

كه مسلمون بنه اى بنمونه لوردنه يهود

بنه آسا يهوديها بسرخنه خونى از احر

بسانه همه كج جا استه كارث حكره نه

اللك حمه تجا هت كننه يش ان هوهتى انا مزدى تيه

ونه نومر كننه قاسم على آبادى و لوطمى وكله تشق

بيه مير زا مشيع دتيه ونه ر مان نه سردت بيه قاسم

على آبادى ونه نولت بيه مردم همه ونه جا نرسينه

شو شيه مردم دا مر دا دا نه كته ملوك مته نبل

حو مت خامه مردم ان نرسى وا بيل داد ونه اسم

بر ونه للا انه مردم اذ دست و تنك بيمونه ثالانليه

شان ده يميى الا دله با قروش بيمو قهاه قلى خان

الهاق منزل حكر ده اتا شو اين قاسم على بادى

عرق مجر د بيشه خواتون ونه داشته شيه ونه

سرى اتا مسيى لاله والى داشته شيه شيه منزل

قاسم على بادى افرا دارهجى اتا مسنك بيته

بر وه مسيى مى ستى نبر د مشان ده حكم حكر ده

نوسى كه گلما قاسم على بادى خامه هزار مزكه شو

بر وه قاسم بيتنه بيا نه ده مشان ده ر حصل تيمى

مشان ده خامه بكونيه قاسم منهوبون بيمونه جها صى   دانه

II

DIALECTES TÂLYCHES.

		DIALECTES TÂLYCHES	
		DE KERGÂN-ROUD.	DE LENKORÂN.
1	Un	i.	i.
2	Deux	dö	doou.
3	Trois	haïè.	sćou.
4	Quatre	tchóhó	tchóhou.
5	Cinq	péñdj	peñj.
6	Six	chách	chah.
7	Sept	háft.	háft.
8	Huit	hácht.	hacht.
9	Neuf	ná	nàv.
10	Dix	da	dâ.
11	Onze	yonzá.	dâ-vö-i.
12	Douze	daodö	dâ-vö-dö.
13	Treize	da-o-hèié	dâ-vö-sé.
14	Quatorze	da-o-tchóhó	dâ-vö-tcho.
15	Quinze	da-o-peñdj	dâ-vo-peñj.
16	Seize	da-o-chach.	dâ-vö-chach.
17	Dix-sept	da-o-haft	dâ-vö-haft.
18	Dix-huit	da-o-hacht	dâ-vö-hacht.
19	Dix-neuf	da-o-ná	dâ-vö-ná.
20	Vingt	vist	vis.
21	Vingt et un	vist-ö-i.	vist-i-î.
22	Trente	si.	sî.
23	Quarante	tchöl	tchél.
24	Cinquante	péñdjö.	peñdjou.
25	Soixante	chèst	chess.
26	Soixante-dix	haftót.	haftô.
27	Quatre-vingts	hachtót	hachtô.
28	Quatre-vingt-dix	navat.	núvé.
29	Cent	sat.	sâ.
30	Deux cents	dö-sat	dö-sâ.
31	Cinq cents	peñdj-sat	peñj-sâ.
32	Mille	hiázó	hazó.
33	Dix mille	da-hiázó.	dâ-hazó.
34	Premier		iglá.
35	Second		döglá.
36	Moitié	nim.	p'oa.

		DIALECTES TÂLYCHES	
		DE KERGÂN-ROUD.	DE LENKORÂN.
37	Quart	tchouak.	tchouakh.
38	Tiers	ïünnim.	sia-da-i.
39	Homme	ôdam.	mérd.
40	Femme	jèn.	jén.
41	Enfant	hõrdąn	arbõl.
42	Garçon	zouá.	zouâ.
43	Fille	kélá	kiná.
44	Père	dádá.	p'ö.
45	Mère	náná.	moa.
46	Frère	bouá.	boéli.
47	Sœur	hó.	dódó-hová.
48	Grand-père	bóbó.	baba.
49	Grand'mère	mamá.	iola-nana.
50	Oncle		põchton.
51	Neveu	bou-hazó	nava.
52	Cousin	amou-zouá	mâmou-zouá.
53	—	khalá-zouá.	khalá-zoua.
54	Cousine	amou-kélá.	âmou-kiná.
55	—	khalá-kélá.	khalá-kina.
56	Tante	khalá.	khalá.
57	Beau-père	dadá-jõn	.....
58	Cheval	asp.	âsp.
59	Âne	há.	h'á.
60	Bœuf	võchá.	négó.
61	Vache	khâz.	zañdagó.
62	Buffle	gómich.	giamich.
63	Bufflesse	motchá-gomich.	.....
64	Chèvre	põz.	bõz.
65	Mouton	pass.	p'ass, niá-p'ass.
66	Brebis		miá-p'ass.
67	Agneau	ván.	vá.
68	Chevreuil	meskhil.	.....
69	Mouflon	kou-pass.	.....
70	Cerf	gañz.	kûdjà-gó.
71	Daim	meskhil.	.....
72	Lion	chir.	chir.
73	Loup	váâgh.	nétchî.
74	Chacal	charhol.	charhôl.
75	Chien	õssbá.	sõp'á.
76	Renard		rõvoss.
77	Ours	khõrs.	h'õrss.

		DIALECTES TÂLYCHES	
		DE KERGÂN-ROUD.	DE LENKORÂN.
78	Cochon	khoug	khouk.
79	Sanglier	khoug	khouk.
80	Lièvre	aouch	hávouch.
81	Hyène	káftôr	.....
82	Fouine	....	pôrsökh.
83	Écureuil	dálá	.....
84	Souris	môrá	môrá.
85	Rat	môrá	mandjárá.
86	Chat	pichik	k'ötö.
87	Aigle	lochkhrour	kâdjir.
88	Vautour	kargass	.....
89	Faucon	bóss	bochak, bôz.
90	Oie	kház	bát.
91	Héron	khorkhorí	aliñg.
92	Canard	möv	m'ouv.
93	Faisan	vichá-souk	rhonch-kâk.
94	Perdrix	....	zjáj.
95	Perdrix royale	hour-kéklik	.....
96	Outarde	....	kalokoun.
97	Caille	....	vordö.
98	Pigeon	kafté	kâfté.
99	Bécasse	nioucht	kiavalá.
100	Bécassine	rédá	köjik.
101	Alouette	kakoïlá	chona-papou.
102	Merle	siömak	siö-kijja.
103	Coq	souk	sûk.
104	Poule	kàk	kâk.
105	Hirondelle	palessö	pariskilè.
106	Hibou	....	lô-rour.
107	Chouette	cháva-kidjá	poussin-kach.
108	Moineau	....	kümekdjá.
109	Serpent	môr	môr.
110	Vipère	môr	gûrzá.
111	Araignée	manzál	.....
112	Lézard	môrá-tchatchoul	kerteñ-kèlô.
113	Fourmi	moutchák	moujouna.
114	Sangsue	zâlö	zâlö.
115	Poisson	môï	mouî.
116	Oiseau	kidjá	kijjá, vè.
117	Puce	kék	kôk.
118	Limaçon	keñchékèlá	.....

		DIALECTES TÂLYCHES	
		DE KERGÂN-ROUD.	DE LENKORÂN.
119	Grenouille	vázèk	vázàkh.
120	Tortue	kassö	kassö.
121	Crapaud	vázèk	vázàkh.
122	Mâle	niá	niá.
123	Femelle	moñ	mouá.
124	Poussin	kidjá	kârha-kíjjá.
125	Papillon	rédá	. . . . .
126	Moustique	moutchak	moutchèk.
127	Mouche	mouz	sisañg.
128	Raisin	eñgòr	añgö.
129	Poire	khôtch	ambouiadó.
130	Pêche	. . . . . .	hñli.
131	Pomme	séf	sèf.
132	Grenade	ánó	anó.
133	Orange	. . . . . .	khaïsi.
134	Prune	aou	. . . . .
135	Cerise	gölioss	giloss.
136	Framboise	börr	göldik.
137	Figue	eñdji	iñdji.
138	Gland	bálou	báliládó.
139	Maïs	bobomoutchá	maka-gandöm.
140	Nèfle	zéèr	seradó.
141	Amande	bodám	bodomadó.
142	Noisette	fudokh	föndökha-dó.
143	Melon	khabzá	iémich.
144	Pastèque	heñdio	zémöstouni-dó.
145	Noix	viûz	tinékha-dó.
146	Concombre	khaïo	khia.
147	Coing	bî	bib.
148	Arbre	do	dó.
149	Tronc d'arbre	kotûkh	k'anda-dó.
150	Branche	kholua-do	dó-göniá.
151	Feuille	livá	livá.
152	Bouton (fleur)	khoumtchá	zizá.
153	Mousse	oumbour (?)	ambour (?).
154	Buis	kichá-dó	chimchór.
155	Platane	tchénoá-dó	teinoua-dó.
156	Fleur	völ	völ.
157	Peuplier	ispiá-dó	karharha-dó.
158	Saule	viá-dó	viá-dó.
159	Cyprès	sövölá-dó	soufá-dó.

		DIALECTES TÂLYCHES	
		DE KERGÀN-ROUD.	DE LENKORÀN.
160	Peuplier blanc		séfi-dó.
161	Ormeau		sió-dó.
162	Chêne		pálilá-dó.
163	Acacia	lélékiá-dó	kandūlá-dó.
164	Lierre	dordous	kafalá.
165	Cornouiller		tinérhá-dó.
166	Écorce	do-a-poust	lū.
167	Racine		touch.
168	Paille	sŏmá	sŏmá.
169	Foin	alaf	alaf.
170	Fougère	lapoun	vèl.
171	Violette	vanouchá	mam̃bouīnè.
172	Menthe	nano	pouīná.
173	Roseau	nalè	léná.
174	Liseron, mauve		p'allik.
175	Ortie	gazaná	gazaná.
176	Oignon	piòz	pioz.
177	Riz	bŏrz	bŏrz, chaltūk.
178	Jonc	tidjá-álèf	pouch.
179	Bourgeon		gŏtkhá.
180	Épine blanche		séfi-glá.
181	Épine noire		sió-glá.
182	Cresson	bolarh-òti	zòm.
183	Plâtre	gadj	gádj.
184	Chaux	ohák	aheñk.
185	Pierre	két	sŏkh.
186	Or	tŏlé	télé.
187	Argent	nŏgá	nagú.
188	Cuivre	mŏss	mŏss.
189	Fer	òsoun	ossŏu.
190	Plomb	self	silf.
191	Bronze	bŏreñdj	bŏreñdj.
192	Étain	rháléī	rhalaċ.
193	Fonte	oftová	dūgmá.
194	Métal	madan	
195	Soufre		koudjirt.
196	Bitume	zŏft	
197	Mercure		djivè.
198	Acier	pouló	pouló.
199	Agate		harhŏkh.
200	Cornaline	babarhouli	

		DIALECTES TÂLYCHES	
		DE KERGÀN-ROUD.	DE LENKORÀN.
201	Ambre jaune	ostá	.....
202	Sel	nŏmik	nimik.
203	Eau	ov	ôv.
204	Lait	chŏt	chŏt.
205	Viande	goujd	goujd.
206	OEuf	oua	mogoná.
207	Fromage	p'èni	p'ani.
208	Miel	eñgiviñ	añgiviñ.
209	Sucre	kheñd	khand.
210	Village	dí	dî.
211	Vase	kháb	piolá.
212	Muraille	divó	divó.
213	Maison	k'á	k'à.
214	Château	khálá	.....
215	Palais	imorát	.....
216	Couteau	kordá	tchákhou.
217	Peigne	chouná	âstá.
218	Bêche	hilik	pál.
219	Pioche	k'öliñk	.....
220	Scie	ará	ará.
221	Bois	izŏm	izŏm.
222	Charbon de bois	zŏvél	zévèl.
223	Poids	.....	tàzŏ.
224	Cruche	douá	hŏmbá.
225	Pot	dizá	.....
226	Poutre	t'l	chálmon.
227	Four	t'anou	t'andû.
228	Fumée	dou	dûavil.
229	Flamme	otách	chálá.
230	Braise	otách	zil.
231	Cendre	khók	khók.
232	Panier	safá	sava, zambil.
233	Broche	bŏzk	bŏsk.
234	Bassin	.....	hòni.
235	Lac	mŏrdof	.....
236	Forêt	vichá	vichá.
237	Verger	miva-bòkh	bokh.
238	Chariot	arabá	.....
239	Bride	laom	larhom.
240	Mors	laom, dana	dana.
241	Queue	doum	dûm.

		DIALECTES TÂLYCHES	
		DE KERGÂN-ROUD.	DE LENKORÂN.
242	Ciel	osmoun	ossmoun.
243	Terre		khok, zámin.
244	Soleil	háchî	hachi.
245	Nuage	mèh	ostoua.
246	Vent	vó	vó.
247	Tempête	kölök	voch.
248	Foudre		ava-goura.
249	Éclair	rhourrö	ava-vou.
250	Tonnerre	hörr	.....
251	Brouillard	mèh	ö'rr.
252	Pluie	kölok	koullouk.
253	Neige	vá	và.
254	Grêle	ta-rhörs	ta-rhörs.
255	Glace		bia.
256	Torrent	saïl	tá.
257	Inondation	saïl	ou-wais.
258	Canal	ovaro	djü.
259	Puits	tchol	tchol.
260	Fleuve	rou	rou.
261	Rivière, ruisseau	rou	rou.
262	Désert	vichá	kavchan.
263	Montagne	rhöiá	bañd.
264	Colline	tapa	.....
265	Ravin	dúa	kavüol.
266	Chemin	ró	ró.
267	Nuit	chav	chañgo.
268	Jour	roudj	rüj.
269	Tête	sú	sú.
270	Crâne	k'alla-astá	ostá.
271	Cerveau	mazgh	mazgh.
272	Front	tchakout	tchakout.
273	Cheveux	zèlf	mou.
274	Nattes de cheveux	gissa	.....
275	OEil	tchach	tchach.
276	Oreille		gouch.
277	Nez	vöni	vöni.
278	Bouche	ghav	ghav.
279	Dents	dandoun	dandoun.
280	Cou	rhöi	köï.
281	Bras	hol	kach.
282	Coude	nindjana	növendjiana.

		DIALECTES TÂLYCHES	
		DE KERGÂN-ROUD.	DE LENKORÂN.
283	Main		dost.
284	Épaule		âm.
285	Doigt	eñgichtá	eñgöchtá.
286	Poitrine	sína	.....
287	Genou	zounou	zoñö.
288	Jambe	potcha, leñgh	leñk.
289	Pied	p'o	.....
290	Sang	khoun	khoun.
291	Peau		poust.
292	Cuisse	roun	ròn.
293	Bas de la jambe	leñgh	leñk.
294	Fémur	hastá	.....
295	Tibia	hastá	.....
296	Talon	pèchna	pochna.
297	Habit	olát	olát.
298	Coiffure	k'ölö	kölo.
299	Brasero	meñrhal	.....
300	Plateau du brasero	mödjmá	.....
301	Pincettes	mochá	.....
302	Cheminée	kiá	.....
303	Foyer	kiá	.....
304	Plafond	boun	bòn.
305	Tapis	olat	.....
306	Casque	dabölrhá	.....
307	Poignard	khámá	kama.
308	Sabre	gordá	.....
309	Arc	kamoun	ti-kamö.
310	Flèche	tir	tir.
311	Fourreau	rhön	mala.
312	Lame	tia	tilá.
313	Lance	nizá	nizá.
314	Hache	t'avá	t'ava, tavarzink.
315	Massue	gourz	pokoun.
316	Cuirasse	geïm	gém.
317	Fronde	sopañt	kiéñd.
318	Plume	mou	p'or.
319	Aile	kách	kach.
320	Feu	ôtách	ôtách.
321	Environs	athrof	görd.
322	Dieu	khódó	rhadó.
323	Âme, vie	amör	.....

| | | DIALECTES TÂLYCHES | |
		DE KERGÁN-ROUD.	DE LENKORÀN.
324	Poussière	gart	gard.
325	Ami	doust.	dŭst.
326	Chasse	chikor	ôv.
327	Travail	kó.	kó.
328	Sable	fŏch.	khŭch.
329	Tombeau		khavz.
330	Lune	òvóchm	ochŏm.
331	Fruit		gŏlmŏl.
332	Nom	noum.	nóm.
333	Tâche	moukhtaï	harjam-ko.
334	Matin	sŏh.	safa.
335	Soir	char.	chávè.
336	Hiver	zŏmŏstoun.	sort (?).
337	Printemps	ava-sór.	hârt.
338	Été	tovoustoun.	ava-sor.
339	Automne	pôïz.	pòz.
340	Étoile	ouldouz, ŏstouá.	âstoua.
341	Couverture	léèf.	léf.
342	Manteau	àbó.	bôlŏchna.
343	Pantalon	chŏló.	chavoulo.
344	Anneau	halrha	
345	Bague	añgŏchtá	añgŏchtá.
346	Bracelet		bozgou.
347	Collier	rhiábeñd	kŏioza.
348	Bouton	dougma	pŭlak.
349	Aire	khámán.	khaman.
350	Tribulum	vál.	vál.
351	Passoire	pazzeñ	pôlo-pârzeñ.
352	Épingle	sŏñdjakh	
353	Lampe de terre	tchôô.	tchò.
354	Cuiller de bois	kétchá, malorhá	ketchá.
355	Berceau	gófii.	gòfé.
356	Rouet		tchoua.
357	Fuseau	donk	dŭk.
358	Natte de paille		tŏmoun.
359	Chevron, poutre	dacheñdá	châlmoun.
360	Sol de la maison	kaï-dala	kaï-dala.
361	Trépied	sé-lingá	kiá (?).
362	Toit	houna-pècht	kaï-bòn.
363	Grenier	k'a-sa	kŏrèch.
364	Chambre	k'a.	outòkh.

		DIALECTES TÂLYCHES	
		DE KERGÀN-ROUD.	DE LENKORÀN.
365	Porte.	bá	ba.
366	Fenêtre.	peñdjara	peñja.
367	Trottoir, terrasse.	öspou	tchar-paï.
368	Piège.	móchk (?)	t'ala.
369	Tour de bois.	koutoum	bolo-khona.
370	Chaume.	li, kölach	lékh.
371	Meule de paille.		dũa.
372	Cour de maison.	so	aivoun.
373	Fossé.	djou	khandakh.
374	Mortier, terre.	göli	vés.
375	Argile.	zèrdá-göli	vòna.
376	Galet.		sökh.
377	Escalier.	sõrt	
378	Rizière.	bodjor	tũk.
379	Panier.		safa.
380	Corde.	röchtá	jiá.
381	Ficelle.	tó	röchtan.
382	Épine.	tiá	tia.
383	Charge, fardeau.	bó	bó.
384	Galop.	voité	iũrrhá.
385	Toile.	haló	haló.
386	Tambour.		dap.
387	Guitare.	sóz	t'añbia.
388	Marais.	battakh	khöl.
389	Noyau.	douná	
390	Vinaigre.		sirké.
391	Esprit, démon.	dõzd	chaiatin.
392	Chef.	iol	iòl.
393	Poison.	margömouch	
394	Famille.	köflèt	kèlfat.
395	Cimetière.		rhav, turbá.
396	Ruine.	kháròbà	kharòbò.
397	Plage.	dèio-khano	diñgh.
398	Parfum.	tchoka-bou	bournoti.
399	Carré.	tchóhò-gouchá	tcho-gouchá.
400	Cercle.	dorá	loua.
401	Vieillard.	piá-mérd	piá-mérd.
402	Parole.	gaf	sökhan.
403	Faim.	véchi	váchi.
404	Soif.	téchi	táchi.
405	Bec d'oiseau.	tök	

| | | DIALECTES TÂLYCHES | |
		DE KERGÂN-ROUD.	DE LENKORÂN.
406	Poulailler	sî	kâk-sî.
407	Orient		hachi-vochta.
408	Occident		hachi-hécha.
409	Sud		khŏbla.
410	Démon	chaïthoun	chaïtoun.
411	Langue, dialecte	ziūn	zévon.
412	Bazar	bozór	vójôr.
413	Moulin	áa	ossio.
414	Blé	rhandŏm	kandŏm.
415	Farine	ourda	....
416	Cigarette		pios.
417	Champ	choum	kou (?).
418	Haie	pértchiu	.....
419	Nid	louna	louna.
420	Terrier	hŏl	iatakh.
421	Joug	gî	giv.
422	Charrue	hich	hich, gôsan.
423	Marteau		tchakŏt.
424	Trou		hami.
425	Écuelle		loka.
426	Beurre	káá	sisaka.
427	Graisse	pî	pi.
428	Huile	rouan	sūa, rūan.
429	Place, endroit	vŏra	zamin.
430	Ongle	nañgŏz	nangŏz.
431	Chaussure	machoï, douveñdi	chŏm.
432	Bas	gouavé	gouiavé.
433	Ceinture	khaïch	kchti.
434	Moustache	pŏrh	bŏrh.
435	Sourcil	bŏa	bàv.
436	Laine	pachmá	pachma.
437	Fil	tó	tokh.
438	Coton	pambà	pamba.
439	Soie	aïvichim	âvouchèm.
440	Métier à tisser		kar-khoná.
441	Navette	makouk	makouk.
442	Enclume	sendoun	pokin.
443	Ciseau	póz	t'ava.
445	Lime	sokhoun	michôr.
445	Aiguille	dazzan	dazzán.
446	Tente	tchódŏ	tchóda.

		DIALECTES TÂLYCHES	
		DE KERGÂN-ROUD.	DE LENKORÂN.
447	Pâturage	tchiman	alaf-avrè.
448	Troupeau	sourou	gàlá.
449	Berger	gáláoun	gàlávoun.
450	Boulanger	nounaon	nûn-apat.
451	Forgeron	òsouna	osnarha.
452	Laboureur	gitáon	kitaka.
453	Cordonnier	machoï-ders	chŏmdŭch.
454	Tailleur	dèrzi	.....
455	Maçon	banno	ûstokh.
456	Charbonnier	zŏvélach	zivin-aka.
457	Poudre	bòrout	k'aèch.
458	Balle	goullá	gŭllá.
459	Source	h'ouni	oni.
460	Comète	doumina-oustouá	pona-èstpé.
461	Manche d'outil	doumá	dŭma.
462	Cruche	doua	.....
463	Pièce, morceau	tiká, pouá	bòkh.
464	Mariage	vâïá	váiá.
465	Caleçon	khòmi-chavló	khòmi-chavló.
466	Ceinture en étoffe		lifá.
467	Pointe des chaussures		pitá.
468	OEillets des chaussures		dŏvò-lá.
469	Tunique		akhlŏkh.
470	Oseille sauvage		sŏvŏkh.
471	Crabe de terre		gŏñgèl.
472	Grelot		zañg.
473	Aulne		razdó.
474	Cornouiller		mañbour.
475	Bouton d'or		zarda-tité.
476	Schiste		tatola-sŏkh.
477	Herse		tchapa.
478	Tique de chien		gijà.
479	Soleil (fleur)		hachi-kordèch.
480	Agrafe		dŭgmè.
481	Navette		vŏléla.
482	Socle de charrue		gòsan.
483	Poignée de charrue		havañdá.
484	Lacet de chaussure		chŏmabañd.
485	Pain		nûn.
486	Maison		k'á.
487	Bordure		nâl.

| | | DIALECTES TÂLYCHES | |
		DE KERGÂN-ROUD.	DE LENKORÂN.
488	Trou, fenêtre		peñjá.
489	Étagère		ráfá.
490	Poutre de plafond		chalmon.
491	Mouron		ruana.
492	Pissenlit		chétîô-liv.
493	Guimauve		p'alik.
494	Absinthe sauvage		kâzilár.
495	Papillon de nuit		lillépé.
496	Cuiller de bois		kétchú.
497	Limace		ròp.
498	Bonnet d'homme		kōlô.
499	Chemise d'homme		chaï.
500	Pantalon d'homme		châvlô.
501	Cordon		châvló-veñd.
502	Chaussette		gouavè.
503	Bissac		kördjin.
504	Sac		hagbá, tûmá.
505	Foulard, mouchoir		dasta-khòn.
506	Habit de laine		tchōkhô.
507	Étoffe de pantalon		pambá-chol, chol.
508	Étoffe de chemise		vavouá.
509	Étoffe d'habit		chol.
510	Tente de feutre		tchodōr.
511	Jupe		kamarchin.
512	Caraco		tchakbañ, harkhlōkh.
513	Turban		p'alō.
514	Collier de perles		gioza.
515	Boiteux		tcholákh.
516	Aveugle	kou	kour.
517	Bossu	rhouz	ȧmǫun.
518	Large	hóo	havouj.
519	Long	dōrôz	dōròss.
520	Léger	sōvōk	sōvōk.
521	Lourd		rhòn.
522	Grand	yóòl	yòl.
523	Petit	gōss	gada.
524	Gros	sōráf	sōráf.
525	Pointu	bíz	tig.
526	Vieux	chōndōr	konú.
527	Neuf	tózá	tojá.
528	Facile	rouát	khaiot.

		DIALECTES TÂLYCHES	
		DE KERGÀN-ROUD.	DE LENKORÀN.
529	Mauvais		bát.
530	Bon	tchok	é.
531	Vide	t'ai	taé.
532	Plein	zî	p'our.
533	Beau		rétchin.
534	Rouge	sŏ	sŏ.
535	Noir	sió	sió.
536	Blanc	ispi	sépi.
537	Jaune	záárt	zârt.
538	Bleu	kaó	kâvou.
539	Vert	kaó	kâvou, hâvz.
540	Violet	válách	pouta.
541	Habile	ouchiour	arhŏlmañd.
542	Mou	náám	nañm.
543	Dur	bárk	sŏkht.
544	Fort	khovvét	zŭdó.
545	Amer	èll	tèl.
546	Propre	sóf	pouïséï.
547	Gâté	fŏstá	chin.
548	Gai	mást	.....
549	Triste	békéf	kéfigni.
550	Malade	nokhách	nokhèch.
551	Si	balkam	chot.
552	Sur, près de	bàásá	sapé.
553	Alors	avakht	.....
554	En face de	nabana	.....
555	Pour	baó	jè-da.
556	Après	pècho	sord.
557	Avant	awal	novada.
558	Pourquoi	tchó	tchó.
559	Comment	tché-chtá	chèm.
560	Quoi	tchi-chtá	tchi-tché.
561	Dans	dŏlada	dŏlada.
562	Loin	douaro	duiarŏ.
563	Près	pŏñt	nèzè.
564	Vers	va	toun.
565	En bas	djié	srŭè.
566	Ainsi	hŏnghŏn	nŏvaè.
567	Quand	tché-vakht	isatada.
568	Peu		néz.
569	Personne	hichkass	tŏkich.

		DIALECTES TÂLYCHES	
		DE KERGÂN-ROUD.	DE LENKORÂN.
570	Peut-être que		balka.
571	Bien	tchok	khachouma.
572	Chaque	har-gèlà	hok-haé.
573	Partout	har-vōrá	hâ-baké.
574	Tout	hamma	di.
575	Aussi	kaini, dáa	dáa.
576	Toujours	hamma-vakht	.....
577	Moins	kam	kam.
578	Non	ni	nöz.
579	Oui	ho, bali	balé.
580	Droite		rosta.
581	Gauche		tchap.
582	Lentement	hostá	hostá.
583	Combien		tchañdè.
584	Jamais	hitch-vakht	zû (?).
585	Assez	vassé	éghát.
586	Autant que	tchanan	rük.
587	Aujourd'hui	ōm-roudj	am-rûj.
588	Hier	zina	zina.
589	Avant-hier	païna	païná.
590	Demain	sōvdan	mâchki.
591	Après-demain	péchiou	païtena.
592	Après après-demain	pechmatiou	pâchó.
593	Cette nuit	om-rouchañgo	am-chañgó.
594	Je, moi	as	áz.
595	Tu, toi	tō	tō.
596	Lui, elle	a	há.
597	Nous	ama	amanimoun.
598	Vous	chōmá	chōmanioun.
599	Ils, elles	aé	vé.
600	Mon, ma	tchō-mōn	tché-moné.
601	Son, sa	ochtōn	ōchténó.
602	Ton, ta	tchád	tchaié.
603	Notre	tchamá	tchamané.
604	Votre	chōmá	chōmané.
605	Leur	tchaon	tchavouna.
606	Celui-ci, celle-ci	in	ōmè.
607	Celui-là, celle-là	a	avè.
608	Qui	tcháa	ki.
609	Cultiver	vōra-rouniè	git-kardé.
610	Achever	pégaté	pégaté.

| | | DIALECTES TÀLYCHES | |
		DE KERGÀN-ROUD.	DE LENKORÁN.
611	Élever	orastaé	bōna-bapé.
612	Abaisser	djiè-bōna	bōna-bajié.
613	Acheter	khōria	bavordé.
614	Vendre	khōaté	bavoté.
615	Louer	idjara-obé	kiré-gaté.
616	Accepter	khaboulō-obé	rōzich.
617	Recevoir	ōstaé	sajōné.
618	Enfoncer	zamigaè	sarjou-kardé.
619	Se reposer	rouatōb	dinjbéé.
620	Chanter	hañdé	hañdé.
621	Commencer	bino-bōká	bino-kardé.
622	Recommencer		tojù-kardé.
623	Annoncer	sōkhan-ōté	khaba-doué.
624	Entourer	rosté-oté	ihâtè-kardé.
625	Ignorer	nōmazouni	nōzné.
626	Demander	piaè	khabar gaté.
627	Souffrir	mañdé	mañdé.
628	Prier Dieu	mamâs-oté	namoj-ouaté.
629	Se lever	p'é-béé	rost-bé.
630	Augmenter	voiè-kardé	ziat-kardé.
631	Laisser	vardoé	davouordé.
632	Refuser	niápiámé	né-pié.
633	Appeler	hilè-kardé	vañ-kardé.
634	Charger	bó-pènoiè	bo-pénoé.
635	Chasser	chikòr-chéé	néitch-kàrdé.
636	Pêcher	mōī-gaté	mōhi-gaté.
637	Fermer	dabasté	bosté.
638	Être nécessaire	pia-é	lazim-bé.
639	Naître	zandé	zañdé.
640	Enfanter	zandé	zañdovenié.
641	Gratifier	bakchié	bakchée.
642	Servir	khoullou-kardé	koullouk-kàrdé.
643	Embrasser	va-ogáté	dass-gaté.
644	Contenter (Se)	rozi-bé	ròzi-béo.
645	Retirer	dáa-khorié	okournié.
646	Craindre	samié	tarsée.
647	Sentir	bou-kardé	bou-kardé.
648	Voler (oiseau)	parée	parée.
649	Courir	voité	vité.
650	Attacher	datchighié	bosté.
651	Regarder	dadiachté	dia-kordé.

| | | DIALECTES TÀLYCHES | |
		DE KERGÀN-ROUD.	DE LENKORÂN.
652	Punir.	tambi-kardé.	tambô-kordé.
653	Réfléchir.	sadarhi-nié.	sáadagénié.
654	Pousser.	takhou-doó.	försönié.
655	S'arrêter.	p'é-bé.	aichté.
656	Se coucher.	h'ôtá.	génié.
657	Séparer.	djóô-kardé.	djóô-kardé.
658	Enterrer.	dafn-kardé.	dafné-kardé.
659	Vider.	tai-kardé.	taèli-kârdé.
660	Rire.	söríé.	söré.
661	Mentir.	dou-oté.	dû-voté.
662	Tourner.	gordonnié.	kordé-nié.
663	Voyager.	rôchéo.	safa-kardé.
664	Marcher.	chéé.	chéé.
665	Verser.	vi-kardé.	é-kardé.
666	Gémir.	zaré-miché-bâho.	bou-kardé (?).
667	Attendre.	osoudá.	sabr-kòrdé.
668	Blesser.	iára-jaé.	iara-kòrdé.
669	Approcher.	pön-kardé.	néz-béc.
670	S'approcher.	pön-chéé.	néz-boé.
671	Perdre.	giñ-kardé.	giñ-kârdé.
672	Consolider.		moakam-kârdé.
673	Bâtir.	kakh-amardé.	ka-kârdé.
674	Plonger.	ovo-bou-chéé.	ovi-dela-chéé.
675	Nager.	ov-da-nichti.	sûnon-kardé.
676	Briller.	rouchni-kardé.	zikh-kandé.
677	Éclairer.		rouchni-kardé.
678	Éteindre.	daköchté.	
679	Trembler.	lérziáé.	larzénié.
680	Manquer de.	kam-obé.	kam-bée.
681	Effrayer.	torsounié.	tòrsénié.
682	Danser.	douch-kardé.	raks-kârdé.
683	Blâmer.	dovié.	doujmon-doué.
684	Mélanger.	iadé-jaé.	bayandi-jaé.
685	Cacher.	nioun-kardé.	nio-kardé.
686	Promettre.	vada-doé.	vada-doué.
687	Accompagner.	iadöná-chéé.	diandé-chéé.
688	Comprendre.	famié.	zönéé.
689	Se souvenir.	iodouardé.	iodvardé.
690	Se tuer.		öchtan-köchté.
691	Tisser.	vaté.	bôflé.
692	Teindre.	röng-doé.	rang-kardé.

		DIALECTES TÂLYCHES	
		DE KERGÂN-ROUD.	DE LENKORÂN.
693	Monter	péé-chéé	saâ-pé-ché.
694	Descendre	djié-chéé	sarû-chéé.
695	Filer	vâté	richtéé
696	Sécher	höchk-kardé	hich-kàrdé.
697	Mouiller	hiss-kardé	tar-kardé.
698	Labourer		ghit-kardé.
699	Nicher	louna-khamardé	loua-gâté.
700	Choisir	paï-do-kardé	vojnié.
701	Éternuer	sahr-onördé	élich-néé.
702	Cracher	tou-kardé	tû-kardé.
703	Se moucher	vöni-môlié	vönû-fön-kardé.
704	Tousser	hass-kardé	ékréé.
705	Transpirer	áhák-kardé	ak-kòrdé.
706	Geler	houz-jaé	bia-kardé.
707	Chauffer	gam-kardé	tat-kardé.
708	Bouillir	gölo-mönié	gölé.
709	Pourrir	houé-hadó	pou-kârdé.
710	Fumer la terre	pain-vi-kardé	sölé-kârdé.
711	Planter	do-jae	nöchañ-dé.
712	Arracher	pévaté	pévàté.
713	Serrer	vigaté	é-gaté.
714	Partager	bakch-kardé	bâkch-kârdé.
715	Emballer	kham-ardé	düz-kârdé.
716	Manger	hardé	hârdé.
717	Arriver	rassié	rassié.
718	Mordre	gâté	dandouni-gâté.
719	Trancher	börié	börié.
720	Battre	jaé	jaé.
721	Plier	dapöchté	vi-kardé.
722	Trouver	vindé	vindé.
723	Montrer	nichoun-doé	nicho-doué.
724	Laver	chouchté	chöchtéé.
725	Chercher	vindé, kardié	dia-kordé.
726	Croître	iol-héé	yôl-héé.
727	Allumer	otach-datchié	ötach-gâté.
728	Fuir	voîté	vité.
729	Brûler	souté	sûté.
730	Semer	kachté	kachté.
731	Avoir	davlat-mand (?)	hest-héé.
732	Vouloir		hâmoué.
733	Mourir	maardé	mordé.

		DIALECTES TÂLYCHES	
		DE KERGÂN-ROUD.	DE LENKORÂN.
734	Parler.	saaglamich (?).	vé-voté.
735	Venir.	oumaé.	ôméé.
736	Cuire.	paté.	pâté.
737	Apporter.	pégáté.	pégaté.
738	Faire.	kardé.	kardé.
739	Entendre.	masié.	mâsséé.
740	Lancer.	vaandé.	khañdé.
741	Dévorer.	vibardé.	rara-hordé.
742	Être.	béé.	béé.
743	Sauter.	vachté.	vachtéé.
744	Cueillir.	tchiáé.	tchönié.
745	Savoir.	zounié.	zönéé.
746	Coudre.	dachté.	dûtéé.
747	Voir.	vîndé.	vîndéé.
748	Aller.	chéé.	chéé.
749	Briser.	ééchté.	arèchtéé.
750	Dormir.		dalorzénié.
751	Creuser.	kandé.	pörié.
752	Fondre.	ov-kardé.	ôv-kardé.
753	Pleurer.	báámié.	ba-méé.
754	Prendre.	staé.	saé.
755	Ouvrir.	o-kardé.	ó-kardé.
756	Dire.	oté.	vôté.
757	Trouver.	vindé.	païdo-kardé.
758	Finir.	rakhié.	ko-dûz-kardé.
759	Remuer.		loknié.
760	Rire.	sörié.	
761	Tomber.	vigénié.	èmé
762	Fatiguer.	lessié.	hörd-béé.
763	Pétrir.	gâté.	bayandé-jaé.
764	Se noyer.	tassié.	tasséé.
765	Bailler.	véén-djûa.	gavindja-kordé.
766	Rêver.	khov-vindé.	hâñ-vindé.
767	Carder.	chouna-jaé.	chona-mijáé.
768	Forger.	jaé.	timo-kardé.
769	Aiguiser.	titch-kardé.	tij-kardé.

1. DIALECTE TÂLYCHE DE LENKORÂN.

dóoun dŭá rôou, les arbres sont loin.

hŏrdan io boï, enfant, viens ici !

di kañ sep in, les maisons du village sont blanches.

dŏ sa'at bà pechta bachèm, je partirai à deux heures.

di ôvi kharôb bá, le village a été détruit par l'eau.

kijân doé buchó nŏchtan, les oiseaux sont sur les arbres.

adamoun dôï bôriédan, les hommes coupent les arbres.

môïoun ôvi delada hunak kordedan, les poissons vivent dans l'eau.

lotka dé ôvi sárô chédá, le bateau descend avec l'eau.

ba dooun bechamoun, allons aux arbres !

ba dooun ov lâzim é, il faut de l'eau pour les arbres.

im ka den doui bana iañden, cette maison est haute comme ces arbres.

ka dé añdj ba [añdj, arbres coupés], la maison est bâtie avec des arbres.

saañ dajé da, ma tête me fait mal.

im chañgo tchich bákâch, que mangeras-tu ce soir ?

am chañgo tchok hétam, j'ai très bien dormi cette nuit.

ba heivanoun bô jaé luzim é bô p'ôié, il faut charger les bêtes pour que nous partions.

bô dí chiádá diá rôï bachèm, en allant au village je suivrai ce chemin.

ba ké chèdèch, où vas-tu ?

tchi kió oumèdèch, d'où viens-tu ?

EXEMPLES DE CONJUGAISON DES VERBES.

babéé « être »; *béé* « été ».

Sing. 1. *az im*, je suis.
    2. *tŏn ich*,
    3. *a vé*,
Plur. 1. *amam imoun*,
    2. *chŏman ioun*,
    3. *navé damoun*,
      avó nin.

Sing. 1. *az babem*, je serai.
    2. *tŏnan babich*,
    3. *a babi*; *uvaiñ bubé*.
Plur. 1. *amam bábémoun*,
    2. *chŏma bâbé*, *chŏman babion*,
    3. *navé bachémoun*,
      avouan babeni.

Sing. 1. *mô doua*,   = *az hest bim*, j'étais.
    2. *nlŏ s'aa*,   = *tŏnan hestbich*,
    3. *av hestpé*,   = *avan hestpé*,
Plur. 1. *ama vaïbimoum*,   = *ama hestbimonn*,
    2. *chŏma vaïbimoun*,   = *chŏma hestbioun*,
    3. *tchañ kaspimoum*,   = *avôn hestbin*.

bamordéé « mourir ».

Sing. 1. *as bamordem*, je meurs, je mourrai.
    2. *tŏn bamordèch*,
    3. *avan bamordé*,

Plur. 1. *ama bamordémoum*,
    2. *chŏma bamordé*,
    3. *avon bamorden*.

hardéé « manger ».

Sing.	1. *az baham*, je mange.
	2. *tŏnan báhách*,
	3. *avam báhá*,
Plur.	1. *ama báhámoan*,
	2. *chŏma báhắŏ́i*,
	3. *avouan báhór*.

Sing.	1. *mŏ hárdá*, j'ai mangé.
	2. *tŏnan hárdá*,
	3. *ayan hárdá*,
Plur.	1. *amanan hárdá*,
	2. *chŏma hárdá*,
	3. *avouán hárdá*.

Sing.	1. *az bahordem*, je mangerai.
	2. *tŏ bahordèch*,
	3. *avam bahordé*,
Plur.	1. *amanan bahordémoun*,
	2. *chŏma bahordéïoun*,
	3. *avouan bahorden*.

bŏriéé « couper »; *bŏria* « coupé ».

az babŏriem, je coupe.

az bŏriamé, j'ai coupé.
tŏ bŏria, tu as coupé.
aï bŏria, il a coupé.

az babriémi, je couperai.
tŏnan babrièch, tu couperas.

2. DIALECTE TÀLYCHE DE KERGÀN-ROUD.

dohé doua roïn, les arbres sont loin.

kŏrdan io oué, enfant, viens ici!

dî kaké isbin, les maisons du village sont blanches.

dŏ souat ba péch bachim, je partirai à deux heures.

dî khárŏbŏ obé bé ov, le village a été détruit par l'eau.

kidjáhé dŏo-sen, les oiseaux sont sur les arbres.

mérdhé dŏoun babŏrinko, les hommes coupent les arbres.

mŏïé ovo delada iáchamich minabŏko, les poissons vivent dans l'eau.

lotká ovoná djiéko bachŏ, le bateau descend avec l'eau.

dŏoko bŏchám, allons aux arbres!

dŏouno ov lazim-é, il faut de l'eau pour les arbres.

am ká tchem do osso iol-é, cette maison est haute comme ces arbres.

am ka tchouna kamardaé, cette maison est bâtie avec des arbres.

tchŏmŏ sa kobadadji, la tête me fait mal.

am rouch chañgo tchitchich baart, aujourd'hui, au soir, que mangeras-tu?

am rouch chañgo tchokim khotá, aujourd'hui, à la nuit, j'ai bien dormi.

haivounoun bŏpénoé chée, il faut charger les bêtes afin que nous partions.

bu dî bom roua bachimé, en allant au village je suivrai ce chemin.

kiochko bachŏ, où vas-tu?

tchŏkonichko bama, d'où viens-tu?

CONTES EN LENKORÂNI.

(Tâlyche.)

تباریخ یوم جمعه و شانزدهم ماه ذیقعده سنه ۱۳۰۱ و از چه اهل طلاب حجره و نشستیم
و مشهدی امین کربلائی فرج اهالی ادی چمیر کر خاهش کر دیشی که مستید در مرقان مقرب الخاقان فرنگ
چمی کوش رکنی طالش ملوشش پلیه شیر و ازان اودیم بچی خدمت جنب خدمتده نیشندیم و از مستید
در مرقان که مقرب الخاقان بو بیمنشیس حاموبا ملوتی نن بو مونو کنی کاغذ به طلوشی بنوشت
و می و بنیدیمیر که کلی عربه نوشته و کلی فارسی نوشته و کلی کیلکه کی نوشته و منشتی هم بلی
نوشتمی او میم و بیدیمیر که به میتم شهر لانکونی اطرو فده سوخته مردم و ارچه حاجی احدی سواد بابا جی
شهر لانکون بو بواشد چا در محرم مبارکیش قوروشیش کار ذکه دستگوش هیستیر
و خیلی تماشا کردمیر و خیلی دمیرنش چوکه صحبت کاردیش و به نیش خد شومه دوشی و خیلی
ایشتنی چوکه او دمی و خوش صحبت و بیفت هشت کیلکه نوکرش هستاب و خیلی
چوکه قو نی نقش هستیس بی و به نیش حاموبا چهل سور بیی رشتی سنی و می بسر عرض
کردمیر به بیر چمی سنی حاو د جغده سور و به نیش حاموبا چی چیز ری و نشیده حاو د
جغده سوری عرض کاردمی جناب مستید در مرقان حا چی بسیر ده عرض بیکم و به نیش
حاموش اشی چی ماندی اوش و عرض کردم عربی ماندم و حاموش اشی فارسی ماند عرض
کردم بلی ما ندمی و چی می کو خیلی لعنت کر دیش سؤال و به جمه جواب دمی و به
نیشیس با اگر اله حاموش و به نشی ده و دی طالش به تی چیح بر و تی عرض کردم
طلبه به وه تی و به نیشش حاموش اشی اول چی ماندی عرض کردم اول قران و چی به چقتون
کتاب گلستان و چی به چقتون جامع عباسی و چی به چقتون ترسل و نصاب
و چی به چقتون حافظ و چی به چقتون تنبیه الغافلین و چی به چقتون کتاب تاریخ
نادری و کتاب ابواب و چی به چقتون شرح امثله و به نیش و وتی چه کی
فالصه شب عرض کردم امه چی یارادان خان طالش اکثی اود میون

وبه نیبش وَوَّتری یارادان خان چه که نزد وأو عرض کردم چه میر اسماعیل خان ر

نزو وأو وَّتشر رعیت چه یارالانر یا غیر عرض کردم چه پادشاهر فرملین

چه یارالانر وها موأشر ممین یارالانر چان کیله برش هستر عرض کردم بغیر

از اشیتسر منعت کیله میر مهدر خان و نیرشاو لخان و میر علی محمد خان و

میر آقا خان و میر حسن خان و میر علی قد خان و میر لطفع خان وها مو اشر

آقا آز وزرش ثر عرض کردم با همیسر شیر و میر تقر خان طالش یکج جر آموأز

و و میر تقر خان چه آشتا را کوش ولا سیت همینر و چا ننده نراین شش

همیتسر وها موثر یارالالان خان منر چاند مو اجب هتتر شر عرض کردم پر

قدر نروند نیم د تا خیبا موأ بش هیتکر والیژ ان ها موثر یارالالان چه کونیر

در فلعر رفتور کا وُ عرض کار در میر خیبا چو که رفتور کار ده والیژن ها موثر

لانگو فوورر بوب که میر عرض کار د مر ها جبر عیا کبر و ها جبر میر آقه و ها جبر عبار اتسر

و ها جبر میر زَ ما در و ها ابر اهد و ها جبر ابو طالب واقه عیا کبر و ها موثر شیر جو کم

مشور ها ثنک و عرض کار و دیمر ملو مسلم و اُمستو شریف و لریژن ها موثر

لانگو نه دْ جان کیله اوَّن کیله همیکر عرض کار د دیمر ها جبت کیله و ها موثر شر کون

کیله چو که عرض کار دیمر جمه ببته ییندرسته چه کین والریژان ها موثر شر بالبایْن

دیبیون سته کون در چه که عرض کار دیمر ها جبسته لانگو کن والریژن ها موَّ

شر جان کیله در هیبکر اوقوذ عرض کار دیمر در هیمیکر ها موثر شر جوُل

نفسر بپه وت بو مولز عرض کار دیمر و لروان کرده نَ شلو و نوَّ ودر

و لیدر کامه ذکت مشوروکت مد دیب رز جبیدر و سیه وون شقوله

مکر کموشه ووَن سوته مر حر و کا کلونه شقه له کوژه بو ته

وارد دمی موثر طلبون همه اومیدِ بسا عتشون نمشو کار در و حباب سید

و هر قان اینز کو غدیم نوشتر بیشتر خدمت توقع کار دم الشد کر ها رج

بو بو منِ عفو بکه جمپر در دست ایم بشید است اصاحبِ اختیارش

خداوند عالم بهتر توفیق بد ضیع زحمتیم کشه در انشد درسِ تم

فشد کم ایم نوشته هر چند طولش هج فارس انهرست

III

DIALECTES DARY, KHODJAVEÑDI, BENGÉCHI, DJOUGI, GOOUDARI.

1. DIALECTE DARY DE TÉHÉRAN.

Le dialecte *dary* est la langue des Guèbres de la Perse; il diffère notablement dans les divers districts où se sont maintenus les Mazdéens après les persécutions musulmanes. Les colonies les plus nombreuses sont aujourd'hui celles de Kirman et de Yezd dans le Fars. Dans cette province, qui fut dès la plus haute antiquité le centre le plus important du Zoroastrisme, le dialecte de Yezd a été étudié par F. Justi (*Ueber die Mundart von Jezd*). D'autres colonies existent, quoique peu nombreuses, dans l'Azerbeidjan et aux environs de Téhéran, où les Guèbres possèdent quelques villages. Je n'ai noté que le dialecte de Téhéran dont Manouktchi a bien voulu me donner lui-même les éléments.

Le dary est très voisin du persan; il renferme encore une foule de mots et de formes qui le rapprochent du pehlevi. Ce fait s'explique très simplement si l'on songe que la langue de la littérature sacrée des Guèbres est encore aujourd'hui le pehlevi. Aux Indes, là où se réfugièrent les Zoroastriens après la conquête musulmâne, le gouzerati a, dans la plupart des cas, remplacé le pehlevi, bien que l'ancienne langue des mages soit encore comprise du clergé.

Ciel, *ôsemân.*
Terre, *bôm, zèvin.*
Soleil, *to, khor.*
Lune, *mô.*
Vent, *vôz.*
Brouillard, *mâkh.*
Pluie, *bouroun.*
Neige, *vafeh.*
Grêle, *tögars.*
Glace, *yah'.*
Poussière (verbe), *valmoun.*
Nuage, *avr.*
Tonnerre, *ôsemañ–gouress.*
Foudre, *drakch, bark.*
Jour, *roudzj.*
Matin, *sooubi.*
Soir, *passîn.*
Nuit, *chôw.*

Hier, *hèzè.*
Demain, *herdou.*
Feu, *tachi.*
Fumée, *dîz.*
Flamme, *halô.*
Braise, *hô–sôt, khôtériè.*
Cendre, *khôtériè.*
Eau, *ôv.*
Ruisseau, *djoup.*
Rivière, *roud.*
Fleuve, *roud–è–mazd.*
Inondation, *sèl, mad.*
Lac, *gavè–hô.*
Golfe, *kalidj.*
Île, *djèzirè.*
Ici, *mounè.*
Partout, *hariou.*
En bas, *gô.*

Vers (ad.), *in.*
Loin, *dir.*
Dans, *bar.*
En face de, *dévourè ham.*
Sur, près de, *na.*
Montagne, *kâ.*
Colline, *tall.*
Prairie, *martâ.*
Plaine, *djoulgâ.*
Désert, *sahrô, viouban.*
Droite, *roust, zévîn.*
Gauche, *tchap.*
Environs, *chiar.*
Blanc, *sévîd.*
Noir, *siou.*
Violet, *djigéri.*
Bleu, *ôbî.*
Poids, *vaz'n.*

Boue, *dèl.*
Chaux, *ohâk.*
Plâtre, *gartch.*
Soufre, *gougard.*
Ambre jaune, *kharŏbó.*
Jaspe, *iachm.*
Agate, *akih, lal.*
Turquoise, *pirouza.*
Métal, *khâa, madani.*
Or, *téli.*
Argent, *nokra.*
Cuivre, *mis.*
Étain, *halëbi.*
Bronze, *bëreñdj.*
Fer, *ohân.*
Fonte, *tchoudân.*
Acier, *poulout.*
Aimant, *ohan-robo.*
Zinc, *rouh.*
Laiton, *mis-vór.*
Mercure, *djivá.*
Père, *pezèr.*
Mère, *mozèr.*
Frère, *bŏrdouzèr.*
Sœur, *khor.*
Fils, *pour.*
Fille, *dout.*
Femme, *youn.*
Homme, *mard.*
Cheval, *aspé.*
Mulet, *khôtèr.*
Âne, *khar.*
Bœuf, *goinèr.*
Buffle, *goumich.*
Chèvre, *borzè.*
Bouc, *borzè-nèr.*
Eau, *óv.*
Lait, *chir.*
Viande, *goucht.*
OEuf, *khaiá, khiá.*
Fromage, *pénir.*
Miel, *assel.*
Sucre, *chékar.*
Raisin, *raz.*
Poire, *mezva.*
Pêche, *cheftŏli.*
Pomme, *sóv.*
Grenade, *nour.*

Prune, *ŏulou.*
Abricot, *héli.*
Cerise, *gilouss.*
Figue, *endjir.*
Gland, *boulout.*
Amande, *vozim.*
Noisette, *fendôk.*
Melon, *chiour.*
Pastèque, *hendi, zomtchi.*
Noix, *youz.*
Concombre, *iavolenk.*
Village, *dë.*
Bourg, *kassébè.*
Vase, *zārf.*
Mur, *zoïr.*
Citadelle, *kalha.*
Palais, *kèza, khada.*
Peigne, *chŏrounè.*
Couteau, *tchagou.*
Bêche, *barda.*
Pioche, *kalvñ.*
Scie, *iroudja.*
Bois, *izmè.*
Charbon, *zogôl.*
Poids, *vaz'n.*
Cruche, *sóbouzè, tüñg, bèlou-
rou.*
Pot, *diz.*
Four, *tŏnir.*
Fumée, *diz.*
Flamme, *halò.*
Braise, *hó-sôt, khotérié.*
Cendre, *khotérié.*
Panier, *zembil.*
Bassin, *hâvzé.*
Lac, *gâwèho.*
Verger, *bô.*
Arbre, *drakht.*
Tronc d'arbre, *tena.*
Branche, *chôkh.*
Feuille, *par.*
Bouton, fleur, *gontchá.*
Prairie, *marta.*
Mousse, *khourt* (?).
Myrte, *mourt.*
Platane, *tchenour.*
Peuplier, *sevidor.*
Saule, *viz.*

Cyprès, *sevri.*
Ormeau, *norvèn.*
Frêne, *har-har.*
Acacia, *agagi.*
Laurier rose, *djämbŏk.*
Nénuphar, *nilofar.*
Lilas de Perse, *yoss.*
Cornouiller, *zogol* (?).
Écorce, *poust.*
Racine, *rècha.*
Paille, *há.*
Foin, *olap.*
Chariot, *uroda.*
Selle, *zin.*
Crinière, *youl.*
Malade, *nókoch.*
Plomb, *sorb.*
Chemin, *trich.*
Tête, *sŏrà.*
Crâne, *sórà, togamba.*
Cerveau, *mags.*
Front, *brä.*
Cheveux, *miz.*
OEil, *tchach.*
Oreille, *goch.*
Nez, *pouz.*
Barbe, *rèch.*
Bouche, *saq.*
Dents, *dendoun.*
Cou, *mol.*
Bras, *baï.*
Coude, *domŏdn.*
Doigt, *pendja.*
Poitrine, *sinè.*
Genou, *zoni.*
Jambe, *po.*
Pied, *pâ.*
Sang, *khin.*
Peau, *poust.*
Habit, *rakh, djoul.*
Coiffure, *kala.*
Poignard, *kourd, dechna.*
Sabre, *tiy.*
Cimeterre, *dechna.*
Carquois, *kich.*
Fourreau, *kŏlóf.*
Pique, *niza.*
Hache, *tóvèr.*

Massue, *gourz.*
Bouclier, *sèpèr.*
Cuirasse, *djochan-baktar.*
Fronde, *fëlâkhan.*
Brebis, *mèché.*
Agneau, *vèra.*
Chevreuil, *hö-hi.*
Cerf, *gô-köûi.*
Lion, *chir.*
Tigre, *bâbr.*
Léopard, *palëng.*
Chacal, *chagal.*
Chien, *sövè.*
Renard, *rouba.*
Lévrier, *sövè.*
Onagre, *gouré-khar.*
Cochon, *valchu.*
Hyène, *kouplar.*
Lièvre, *kargouch.*
Martre, *sämour.*
Fouine, *khéz.*
Souris, *mouchka.*
Rat, *mouske-korma.*
Chat, *mali.*
Chameau, *oustör.*
Aigle, *okhab, saïn.*
Vautour, *kar-kass.*
Faucon, *baz.*
Oie, *gâz.*
Eider, canard, *hourdaq.*
Cigogne, *lak-lak.*
Héron, *mahi-gir.*
Perdrix, *kiarghé.*
Caille, *khoti.*
Francolin, *dorradj.*
Pigeon, *koubtèr.*
Bécassine, *saraï* (?).
Alouette, *sana-sar.*
Rossignol, *boulboul.*
Merle, *gondjès-siah.*
Hirondelle, *perestèk.*
Hibou, *zakhi.*
Chouette, *djag.*
Chat-huant, *koukouvè.*
Coq, *khourouch.*
Poule, *kiark.*
Perdrix grise, *tèou.*
Aile, *bal.*

Serpent, *mour.*
Vipère, *afi.*
Araignée, *kerating.*
Lézard, *sous-mar.*
Fourmi, *mourtchá.*
Sangsue, *djalou.*
Poisson, *mohi.*
Crapaud, *gôk.*
Limaçon, *kirmé-drakti.*
Limace, *kirmi-djëngal.*
Un, *ieki.*
Deux, *dô.*
Trois, *sée.*
Quatre, *tchôour-tô.*
Cinq, *pendj-tô.*
Six, *chach-tô.*
Sept, *haf-tô.*
Huit, *hech-tô.*
Neuf, *nouh-tô.*
Dix, *deh-tô.*
Onze, *yôz-da-tô.*
Douze, *devoz-da-tô.*
Vingt, *vis-tô.*
Vingt et un, *vis-tô-iéhi.*
Trente, *sy-tô.*
Quarante, *tchèïl-tô.*
Cinquante, *pëndji-tô.*
Soixante, *chas-tô.*
Soixante-dix, *hap-tô-tô.*
Quatre-vingts, *hach-tô-tô.*
Quatre-vingt-dix, *nèvèd-tô.*
Cent, *sal tô.*
Deux cents, *dou-vis-tô.*
Mille, *hézour-tô.*
Premier, *efté-dô.*
Deuxième, *douyoum.*
Troisième, *seyyoum.*
Dixième, *dahomou.*
Cinquantième, *pëndjom.*
Centième, *sadhom.*
Manger, *khartmoun.*
Arriver, *hômahëñ.*
Mordre, *gâchtmoun.*
Trancher, couper, *bridmoun.*
Battre, piler, *kouchtan.*
Trouver, *dîkhou.*
Montrer, *néchan-den.*
Laver, *chouriden.*

Chercher, *modika* (?).
Croître, *savzen.*
Allumer, *rouch-kartmoun.*
Fuir, *vaacht-voun.*
Brûler, *soot-voun.*
Semer, *kach-voun.*
Avoir, *dourt-voun.*
Mourir, *mart-voun.*
Parler, *voot-voun.*
Venir, *omoz-voun.*
Cuire, *paacht-voun.*
Porter, *baart-voun.*
Faire, *kart-voun.*
Entendre, *achnoft-voun.*
Lancer, *venas-voun.*
Dévorer, *khaart-voun.*
Sauter, *gacht-voun.*
Cueillir, *tchèd-voun.*
Savoir, *zonod-voun.*
Coudre, *daacht-voun.*
Voir, *diz-voun.*
Aller, *chood-voun.*
Briser, *mart-voun.*
Dormir, *esterdhat* (ar.).
Vendre, *rout-voun.*
Creuser, *kiaft-voun.*
Pleurer, *schaakartmoun.*
Prendre, *graft-voun.*
Ouvrir, *vokart-voun.*
Dire, *vout-voun.*
Cacher, *penhoun-kart-voun.*
Trouver, *dikartvoun.*
Feu, *tachi.*
Oui, certes, *bálè.*
Facile, *khochoul.*
Environs, pays, *chiar.*
Finir, *khof-voun.*
Jour, *rouz.*
Ceci, ce, cet, *moè.*
Ici, *mounè.*
Dieu, *khodou.*
Mauvais, *bad.*
Sur, près de, *na.*
En face de, *devouré-ham.*
Pour, *téraf.*
Après, *ba'd.*
Propre, net, *pouk.*
Gâté, pourri, *pisôda.*

Nouveau, frais, *toudjià.*
Vide, *khouli.*
Âme, vie, *djoun.*
Remuer, déplacer, *djomboz-voun.*
Comment, *tchètour.*
Quoi, *tché-tchî.*
Poussière, *khak.*
Dormir, *khof-voun.*
Bon, *khib.*
Dans, *bar.*
Loin, *dir.*
Vite, bientôt, *zî.*
Peut-être, *chouet.*
Tomber, *oft-voun.*
Vers, *in.*
En bas, *gô.*
Quand, *ko-iou.*
Personne, *kié.*

Peu, *kèmok.*
Boue, *dèl.*
Fatigué, *monna.*
Lune, *mé.*
Habile, *croksch.*
Peut-être que, *maga.*
Fruit, *mwa.*
Nom, *noum.*
Bien, *khèbun.*
Moitié, *nespi.*
Chaque, *hartchi.*
Partout, *har-iou.*
Aussi, même, *ham.*
Tout, *hamu.*
Encore, *hèni.*
Droite, *roust, révîn.*
Non, *nou.*
Part, tâche, *nasîb* (ar.).
Je, moi, *mé.*

Tu, toi, *tâ, tou.*
Lui, elle, il, *o.*
Mon, ma, *mou.*
Ton, ta, *tou.*
Son, sa, *hin.*
Celui-ci, celle-ci, *in.*
Qui, *ké.*
Pour, *brou-i.*
Hier, *hézé.*
Demain, *herdou.*
Lentement, *ouesto, gonesto.*
Combien, *tcheñ-to.*
Assez, *bou.*
Autant que, *tchantou, tchéradé.*
Tuer, *kouch-voun.*
Être tué, *kouchté-béilà.*
Pétrir, *vetchleineñ.*

EXEMPLES DE DÉCLINAISONS.

Nominatif...	*redjan,* le bourbier.	*redjenha,* les bourbiers.	*youl,* le héros.	*youlhân,* les héros.
Génitif.....	*moul è redjan,*	*moul é redjenha,*	*moul è youl,*	*moul é youlhân,*
Datif.......	*vi redjan,*	*vi redjenha,*	*vi youl,*	*vi youlhân,*
Accusatif....	*bou redjan,*	*bou redjenha,*	*bou youl,*	*bou youlhân,*
Vocatif.....	*ey redjan,*	*ey redjenha,*	*ey youl,*	*ey youlhân,*
Ablatif......	*az redjan.*	*az redjenha.*	*az youl.*	*az youlhân.*
Nominatif...	*chiar,* la ville, les en-	*chiarân,* les villes, les en-	*dèh,* village.	*dèhout,* les villages.
Génitif.....	*moul è chiar,* [virons.	*moul è chiarân,* [virons.	*moul è dèh,*	*moul è dèhout,*
Datif.......	*vi chiar,*	*vi chiarân,*	*vi dèh,*	*vi dèhout,*
Accusatif....	*bou chiar,*	*bou chiarân,*	*bou dèh,*	*bou dèhout,*
Vocatif.....	*ey chiar,*	*ey chiarân,*	*ey dèh,*	*ey dèhout,*
Ablatif......	*az chiar.*	*az chiarân.*	*az dèh.*	*az dèhout.*

EXEMPLES DE CONJUGAISONS.

Infinitif, *kenezvoun* « arracher ».

INDICATIF.

PRÉSENT.

Sing. 1. *vikŏné kanè.*   Plur. 1. *vikenim kanîm.*
2. *vikŏni kané.*   2. *vikenid kanîd.*
3. *vikena kana.*   3. *vikénend kaneñd.*

IMPARFAIT.

Sing. 1. *mokanem mŏ–kamoud.* Plur. 1. *mokanîm mo–kamoud.*
    2. *mokani de–keñ.*   2. *mokanîd do–kènoud.*
    3. *mokané che–keñ.*   3. *mokanend cho–kènoud.*

PLUS-QUE-PARFAIT.	PRÉTÉRIT.	FUTUR.
Sing. 1. *boan cho kenoud.*	Sing. 1. *mé–kenouza.*	Sing. 1. *kané.*
2. *boid do kenoud.*	2. *de–kenouza.*	2. *kani.*
3. *bo cho kenoud.*	3. *chè–kenouza.*	3. *kanid.*
Plur. 1. *boi mo kenoud.*	Plur. 1. *mo–kenouza.*	Plur. 1. *kanîm.*
2. *boid do kenoud.*	2. *dou–kenouza.*	2. *kanîd.*
3. *bœud cho kenoud.*	3. *cho–kenouza.*	3. *kanoñd.*

CONDITIONNEL.

PRÉSENT.	PASSÉ.
Sing. 1. *mo–kénoud.*	Sing. 1. *agar mo kenaboud.*
2. *de–kénoud.*	2. *agar dè kenaboud.*
3. *chè–kénoud.*	3. *agar chè kenaboud.*
Plur. 1. *mo–kénoud.*	Plur. 1. *agar mo kenaboud.*
2. *do–kénoud.*	2. *agar do kenaboud.*
3. *chio–kénoud.*	3. *agar chio kenaboud.*

SUBJONCTIF.

PRÉSENT.	PASSÉ.	PLUS-QUE-PARFAIT.
Sing. 1. *kè–vèkènè.*	Sing. 1. *kouchki mikenoud.*	Sing. 1. *kouchki mikenabo.*

IMPÉRATIF.		IMPÉRATIF NÉGATIF.	
Sing. 1.	Plur. 1. *vékénim.*	Sing. 1.	Plur. 1. *nakénîm.*
2. *vékén.*	2. *vékénid.*	2. *nakén.*	2. *nakénid.*
3. *vékénu.*	3. *vékénèn.*	3. *nakéna.*	3. *nakénèn.*

hany- kenezvoun, continuer d'arracher.

2. DIALECTE KHODJAVEÑDI.

Les Khodjaveñds sont des Kurdes établis au Mazandérân, dans le district de Kélárdách, depuis cent cinquante ans environ; ils furent déportés par le Gouvernement
persan, et habitaient autrefois, suivant leurs propres traditions, dans le pays situé
entre Kazvin et Gherrous. Ils sont aujourd'hui cantonnés dans la vallée du Sèrd-é-
Roud et vivent mélangés avec les Mazandérânis.

Les villages khodjaveñdis de Kélárdách portent les noms suivants :

Lâhou.	Tūidárá.	Kolémé.	Sargá.
Hasseñgkif.	Váliâbâd.	Kiáp'ar.	Samañ.
Gérèkapas.	Vahé.	Kiálák.	Sennór.
Valvâl.	Mōkâroud.	Garèk.	Banafchédi.
Mōkâ.	Bazar-i-Sfr.	Charharkouh.	Señg-é-Sárèk.
Roudbarèk.	Tapkołâ.	Tâlitchâl.	Pėikōłâ.
Mèdjıl.	Pichambour.	Aspeñkōłâ.	Chârhi.
Houdjábŏït.	Dōrâkách.	Peïkōłà.	Giavitár.
Avidjan.	Vâlèt.	Tavarsóou.	Sar-è-gâ.
Talitchâl.	Darzédèh.	Kalé-nó.	Kiálák.
Kourd-mahállá.	Kourditchâl.	Largán.	Bikōłâ.

Chacun de ces villages renferme environ de 40 à 50 maisons, ce qui porte à 15,000 âmes environ la population kurde du district de Kélárdách.

La race kurde, tout comme le langage, s'est très atténuée dans ce milieu différent comme climat du Kurdistan, et par suite du contact des Mazandérânis, les usages sont devenus les mêmes chez les deux peuples et la religion chiâ a fini par remplacer presque entièrement les croyances de la secte Daoudi[1] à laquelle appartenaient les Khodjaveñds avant leur venue au Mazandérân.

Par ses formes grammaticales, comme par beaucoup de termes de son vocabulaire, le khodjaveñdi appartient au groupe kurde des langues iraniennes, mais depuis un siècle et demi le vocabulaire s'est fort altéré et est aujourd'hui empreint de l'influence mazandérânie, comme on en peut juger par les listes qui suivent :

Un, *ièk.*	Quatorze, *tchârdá.*	Quatre-vingts, *hachtâb.*
Deux, *douán.*	Quinze, *pâñzá.*	Quatre-vingt-dix, *návèb.*
Trois, *seián.*	Seize, *caoñzá.*	Cent, *sab.*
Quatre, *tchouar.*	Dix-sept, *hivdá.*	Deux cents, *dou–vis.*
Cinq, *pañdj.*	Dix-huit, *hichdá.*	Cinq cents, *poñ-sab.*
Six, *chách.*	Dix-neuf, *nouzá.*	Mille, *hézór.*
Sept, *háft.*	Vingt, *ṗiss.*	Deux mille, *dou–hézór.*
Huit, *hâcht.*	Vingt et un, *piss-ièk.*	Dix mille, *dá-hézór.*
Neuf, *nō.*	Trente, *sî.*	Premier, *ièkoum.*
Dix, *dá.*	Quarante, *tchél.*	Second, *dóyoum.*
Onze, *idzzá.*	Cinquante, *peñdjá.*	Moitié, *nèsm.*
Douze, *douázzá.*	Soixante, *cháss.*	Quart, *tchârèk.*
Treize, *ziadá* [2].	Soixante-dix, *háflâb.*	Tiers, *siâñ–ieki.*

[1] Pour les Daoudis, le roi David est le grand prophète; Jésus-Christ et Mahomet ne sont que des prophètes secondaires. Le culte de cette secte est un mélange de pratiques israélites et musulmanes jointes à de nombreuses superstitions.

[2] Il est d'usage chez les Persans de ne jamais prononcer dans les comptes le nombre « treize » et de le remplacer par *ziát* « plus » ou par « douze et un ».

Homme, *ádm.*	Ours, *khórs.*	Grenouille, *kourbarhá.*
Femme, *ján.*	Sanglier, *khü.*	Tortue, *lákou.*
Enfant, *dil.*	Lièvre, *khargouch.*	Crapaud, *mátchókoul.*
Garçon, *kourr.*	Hyène, *chèm-chát.*	Mâle, *nar.*
Fille, *détt.*	Martre, *sambourá.*	Femelle, *má.*
Père, *póouá.*	Écureuil, *dalè.*	Poussin, *djüdjik.*
Mère, *dóouá.*	Souris, *mich.*	Papillon, *chóóparr.*
Frère, *bérd.*	Rat, *gál,*	Moustique, *pachá.*
Sœur, *khiár.*	Chat, *pichi.*	Mouche, *magaz.*
Grand-père, *póouá-góourá.*	Chameau, *chätèr.*	Raisin, *eñgür.*
Grand'mère, *mimí.*	Aigle, *kara-rhouch.*	Poire, *golábi.*
Oncle (1), *mámou.*	Faucon, *rhouch.*	Pêche, *hálou.*
Oncle (2), *hálou.*	Oie, *kház.*	Pomme, *séf.*
Neveu, *bórár-za.*	Cygne, *rhou.*	Grenade, *ándr.*
Cousin(1), *kourr-è-mámou.*	Cigogne, *hadji-lák-lák.*	Prune, *aloutchá.*
Cousin(2), *kourr-è-hálou.*	Héron, *espithán.*	Abricot, *zárdálou.*
Cousine(1), *détté-mámou.*	Canard, *bólf.*	Cerise, *gilárhóz.*
Cousine(2), *dett-è-hálou.*	Faisan, *tóreñk.*	Framboise, *támouchtáná.*
Nièce(1), *dett-è-bórar.*	Perdrix, *kóouk.*	Figue, *eñdjil.*
Nièce(2), *khiar-zá.*	Perdrix royale, *kiábk-é-dári.*	Olive, *zeitoun.*
Tante, *kholá.*	Outarde, *áhou-bárrá.*	Gland, *mázi.*
Beau-père, *póou-é-jéñ.*	Caille, *vardá.*	Maïs, *mégiunnam.*
Belle-mère, *jéñ-dóouá.*	Francolin, *dórádj.*	Nèfle, *koness.*
Beau-frère, *jdñ-bórá.*	Pigeon, *kiaboutár.*	Amande, *bádám.*
Belle-sœur, *jéñ-khiár.*	Bécasse, *giábár.*	Noisette, *feñdókh.*
Cheval, *asp.*	Bécassine, *áhou-tchilik.*	Melon, *kharmézá.*
Mulet, *khátèr.*	Alouette, *kiak-é-boutbout.*	Pastèque, *heñdóváná.*
Âne, *khar.*	Rossignol, *bólbül.*	Noix, *arhouz.*
Bœuf, *gáv.*	Merle, *sérát.*	Concombre, *khiar.*
Vache, *gáv-má.*	Coq, *khorous.*	Coing, *bé.*
Buffle, *gáá-mich.*	Poule, *mórr.*	Arbre, *dár.*
Bufflesse, *gáá-mich-é-má.*	Hirondelle, *tchèltchélá.*	Tronc d'arbre, *koulouft.*
Chèvre, *béz.*	Hibou, *kouribi.*	Branche, *kiál.*
Mouton, *páss.*	Chouette, *iárhou.*	Feuille, *válk.*
Brebis, *mich.*	Perdrix grise, *teïhou.*	Bouton de fleur, *goul.*
Agneau, *várká.*	Moineau, *k'och.*	Mousse, *káchöm.*
Chevreuil, *áhou.*	Serpent, *mahr.*	Buis, *cháhr.*
Mouflon, *mich-é-khoutch.*	Vipère, *háfi.*	Platane, *tchénár.*
Cerf, *giavár.*	Scorpion, *aghráb.*	Fleur, *goul.*
Daim, *djeïrán.*	Araignée, *kartán.*	Peuplier, *van.*
Lion, *chir.*	Lézard, *karou-mahr.*	Saule, *bit.*
Tigre, *chir.*	Fourmi, *malüdjá.*	Cyprès, *salp, sour.*
Léopard, *paleñk.*	Sangsue, *kanou.*	Sapin, thuya, *djál.*
Loup, *gourk.*	Poisson, *mahf.*	Peuplier blanc, *tábrizi.*
Chacal, *tcharhál.*	Oiseau, *pareñdè.*	Orme, ormeau, *nárbeñd.*
Chien, *sák.*	Puce, *kik.*	Frêne, *ódjá.*
Renard, *rouá.*	Limaçon, *zeïhou.*	Acacia, *vórgdu.*
Lévrier, *tází.*	Limace, *miañ-bañt-é-mor.*	Lierre, *valgóm.*

Cornouiller, *khormá.*
Écorce, *dâr-pouss.*
Racine, *richè.*
Paille, *kamál.*
Foin, *giá.*
Fougère, *valgoum.*
Violette, *bènavchá.*
Roseau, *kámich.*
Chardon, *chirkeñgálák.*
Ortie, *gázènd.*
Oignon, *piás.*
Riz, *bôriñj.*
Jonc, *akiáz.*
Chanvre, *kétân.*
Plâtre, *gátch.*
Chaux, *áhák.*
Pierre, *koutchèk.*
Or, *tálá.*
Argent, *nográ.*
Cuivre, *môrs.*
Fer, *áhin.*
Plomb, *sirp.*
Bronze, *sim.*
Laiton, *birindj.*
Étain, *kálèi.*
Fonte, *avtchouch.*
Métal, *madan.*
Zinc, *toutiá.*
Soufre, *gougört.*
Bitume, *zèft.*
Mercure, *djivá.*
Acier, *poulát.*
Turquoise, *pirouzèh.*
Agate, cornaline, *aghik.*
Nacre, coquille, *saduf.*
Sel, *khoud.*
Eau, *àou.*
Lait, *chir.*
Viande, *koucht.*
OEuf, *khá.*
Fromage, *pannir.*
Miel, *assal.*
Sucre, *khán.*
Ville, *cháhr.*
Village, *má'álá.*
Bourg, *má'álá zél.*
Vase, pot, *zárf.*
Muraille, *difár.*

Maison, *mól.*
Château, fort, *kal'á.*
Couteau, *tchárhou.*
Peigne, *choná.*
Bêche, *bél.*
Pic, pioche, *kólañ.*
Scie, *arra.*
Bois, *hèzm.*
Charbon, *zórhál.*
Poids (mesure), *koutchèk.*
Cruche, *kûzá.*
Pot, *déz.*
Poutre, *tir.*
Four, *tannür.*
Fumée, *dû.*
Flamme, *aghôr.*
Braise, *krmös.*
Panier, *sabát.*
Broche, *sikh.*
Bassin, *haouz.*
Lac, *môrdóou.*
Ile, *djazirè.*
Forêt, *djeñgèl.*
Jardin, *bôrh.*
Cendre, *balám.*
Chariot, voiture, *arródá.*
Selle, *zin.*
Bride, *lakhóm.*
Mors, *dahanf.*
Crinière, *kákoul.*
Queue, *dom.*
Ciel, *assômann.*
Terre, *zamin.*
Soleil, *aftáb.*
Nuage, *abr.*
Vent, *vá.*
Tempête, *bád-ou-bourañt.*
Foudre, *bán-é-kû.*
Éclair, *barkh.*
Tonnerre, *rát.*
Brouillard, *mé.*
Pluie, *váchán.*
Neige, *viár.*
Grêle, *tégir.*
Glace, *iakh.*
Inondation, *round-khané iráti.*
Golfe, *tôkál.*
Canal, *kilá.*

Puits, *tchá.*
Fleuve, rivière, *roud khaná.*
Vallée, ravin, *dèrè.*
Plaine, *sahrá.*
Montagne, *küh.*
Colline, *goulou goummá.*
Ravin, vallon, *djál-dèrè.*
Chemin, *rigá.*
Nuit, *chô.*
Jour, *rouj.*
Tête, *sár.*
Cerveau, *markz.*
Front, *tôl.*
Cheveux, *müh.*
OEil, *tchám.*
Oreille, *gouch.*
Nez, *pôt.*
Barbe, *rich.*
Bouche, *dam.*
Dents, *diáñ.*
Cou, *môl.*
Bras, *bál.*
Coude, *korom-i-bál.*
Main, *dás.*
Épaule, *chón.*
Doigt, *môtchôk.*
Poitrine, *siná.*
Genou, *zánou.*
Jambe, pied, *pá.*
Sang, *khûn.*
Peau, *pous.*
Cuisse, *rán.*
Bas de la jambe, *chárák.*
Talon, *korom-i-pá.*
Habit, *rakht.*
Coiffure, *kéló.*
Brasero, *mèñgál.*
Plateau du brasero, *madjmá.*
Pincettes, *marhoch.*
Cheminée, *bokharf.*
Foyer, *k'alá.*
Toit, plafond, *balá-khané.*
Tapis, *khálí.*
Chaîne, *zeñdjil.*
Poignard, *khañdjál.*
Sabre, *chamchir.*
Arc, *tir-kiámán.*
Flèche, *tir.*

Fourreau, *k'álàf.*
Lame, *tirhá.*
Lance, *néï.*
Hache, *távoèr.*
Massue, *kotèk, tchoup.*
Bouclier, *sópár.*
Cuirasse, *zéré.*
Fronde, *kálá-señg.*
Plume, *p'ár.*
Aile, *bál.*
Feu, *aghèr.*
Environs, *dóour.*
Dieu, *khódá.*
Âme, vie, *omr.*
Poussière, *gurt.*
Ami, *dous.*
Chasse, *chikár.*
Travail, *kár.*
Sable, *vázik.*
Tombeau, *kœrè.*
Lune, *mañgh.*
Fruit, *mívá.*
Nom, *nam.*
Travail à la tâche, *kár-i-zèel.*
Matin, *sóp.*
Soir, *iáouárá.*
Hiver, *zómóssan.*
Printemps, *bahar.*
Été, *távoussán.*
Automne, *p'áïz.*
Étoile, *sóttárá.*
Couverture, *liháf.*
Manteau, *ábá.*
Pantalon, *chaouol.*
Anneau, bague, *halrhá.*
Bague, *eñgouchtár.*
Bracelet, *dastbeñt.*
Collier, *gerdanbeñt.*
Bouton, *pülèk.*
Aire, *kharmon.*
Tribulum, *lochk.*
Passoire, *abkach.*
Épingle, *señdjá.*
Échelle, *káti.*
Lampe, *tchérakh.*
Cuiller, *mólarha.*
Berceau, *gáhváhra.*
Rouet, *tcharkh.*

Fuseau, *dük.*
Natte, *hássir.*
Chevron, poutre, *tir.*
Sol d'une maison, *koutchit-chiná.*
Trépied, *sópáiá.*
Toit, *bán-é-mal.*
Grenier, *bálá-kháné.*
Chambre, *otárh.*
Porte, *k'ápi.*
Fenêtre, *peñdjèrè.*
Cour, terrasse, *aïvân.*
Piége, *tálá.*
Étable, *téálá.*
Tour de bois, *thallór.*
Chaume, *átrá.*
Meule de paille, *kimá.*
Cour, *haïót.*
Fossé, *kilá.*
Mortier (terre), *harré.*
Argile, *harré-sérich.*
Galet, *koutchèk.*
Escalier, *káti, pillá.*
Rizière, *zéraïtka.*
Panier, *sábál.*
Corde, *láfön.*
Ficelle, *tál.*
Épine, *t'hálí.*
Vase, boue, *harré.*
Charge, fardeau, *bór.*
Galop, *marrámé.*
Toile, *kètán.*
Tambour, *tónuak.*
Guitare, *tár.*
Marais, *lapóo.*
Noyau, *tîm.*
Vinaigre, *sirkia.*
Esprit, démon, *djènn.*
Chef, *sèr-kár.*
Poison, *zuhr.*
Famille, *áïl-gál.*
Cimetière, *kavóressân.*
Ruine, *khárábé.*
Plage, *lab-i-daria.*
Parfum, *khoch-bou.*
Carré, *tchárdjáná.*
Cercle, *górt.*
Barque, *lotka.*

Vieillard, *pir-é-mèrd.*
Parole, *kóssá.*
Respiration, *nafas.*
Faim, *vórsénî.*
Soif, *ténî.*
Poulailler, *láná.*
Démon, *cheït'an.*
Langue, dialecte, *zouán.*
Marché, *bázár.*
Moulin, *asiœ.*
Blé, froment, *kannem.*
Farine, *árt.*
Cigarette, *papórous.*
Bougie, *cham.*
Haie, *könár.*
Nid, *láná.*
Terrier, *köná.*
Joug, *djèt.*
Charrue, *házál.*
Marteau, *tchákouch.*
Trou, *köná.*
Écuelle, *kásé.*
Beurre, *kari.*
Graisse, *pti.*
Huile, *rün.*
Place, endroit, *djá.*
Ongle, *nakhoun.*
Chaussure, *doveñdi.*
Bas, *djiróo.*
Ceinture, *kiámar-beñt.*
Moustaches, *süöl.*
Sourcils, *töl.*
Laine, *müh.*
Coton, *pammé.*
Soie, *áourouchám.*
Métier à tisser, *natchál, kár-báfî.*
Navette, *mákou.*
Enclume, *sennou.*
Ciseau, *kalam.*
Lime, *sóhón.*
Aiguille, *darzèn.*
Tente, *tchádör.*
Pâturage, *tchiáman.*
Troupeau, *rama.*
Berger, *kálóch.*
Boulanger, *nánévá.*
Forgeron, *ahingal.*

Laboureur, *bourgir*.
Cordonnier, *dôbâni-dûr*.
Muletier, *katôrchi*.
Maçon, *bânnâ*.
Charbonnier, *zorhâli*.
Fusil, *tôfeñk*.
Poudre, *bârout*.
Balle de fusil, *goulila*.
Source, *tchechmâ*.
Comète, *settarèh-dômdâr*.
Manche d'outil, *dassâ*.
Cruche, *lá*.
Pièce, morceau, *tikâ*.
Mariage, *săr*.
Boiteux, *machallé, kôl*.
Aveugle, *kourâ*.
Bossu, *poucht-é-kouzâ*.
Large, *péhna*.
Long, *dôrûj*.
Léger, *sôôk*.
Lourd, *sñgin*.
Grand, *zél*.
Petit, *kontchék*.
Gros, *koulouft*.
Pointu, *tidj*.
Vieux, *pir*.
Neuf, *djaïl*.
Facile, *sabók*.
Mauvais, *bâd*.
Bon, *khâs*.
Vide, *khâli*.
Plein, *p'èr*.
Beau, *káchéñk*.
Rouge, *qôrmôz*.
Noir, *si*.
Blanc, *tcharmi*.
Jaune, *zurd*.
Bleu, *ôbi*.
Vert, *sóouz*.
Violet, *mánáptchei*.
Habile, *zôreñg*.
Mou, *narm*.
Dur, *káèm*.
Fort, *rhouvvèt*.
Amer, *téal*.
Propre, *pâk*.
Gâté, *kharab, záiá*.
Gai, *sardamokh*.

Triste, *mokaddar*.
Malade, *nâ-khoch*.
Si, *agiar*.
Alors, *á zaman*.
Sur, près de..., *sèr*.
En face de..., *rû-da-rü*.
Pour, *ará akorá*.
Après, *bed-az-ûn*.
Avant, *avval*.
Pourquoi, *urá tchár*.
Comment, *tché-tôour*.
Quoi, *tchâ, tchá biá*.
Dans, *nâm*.
Loin de..., *dûr az...*
Près de..., *nâzzik á...*
Vers, du côté de..., *lá*.
En bas, *houâr*.
Ainsi, *bâñ*.
Quand, *kéï*.
Peu, *kiam*.
Personne, *hichkâ*.
Peut-être que..., *magiar*.
Bien, *k'tás*.
Chaque, *har-yèk*.
Partout, *koldjá*.
Tout, *kol*.
Aussi, *adi*.
Toujours, *hamichâ*.
Moins, *kamter*.
Non, *nâ*.
Oui, *balé, arré*.
Droite, *râss, rássâ*.
Gauche, *tcháp*.
Lentement, *iáouoch*.
Jamais, *hitch*.
Combien, *tchán*.
Assez, *báss, báss-á*.
Autant que..., *hár-tchi*.
Aujourd'hui, *em-rouj*.
Hier, *dûkâ*.
Avant-hier, *p'érakâ*.
Demain, *sop*.
Après-demain, *do-sop*.
Après après-demain, *sé-sop*.
Cette nuit, *em-chôou*.
Je, moi, *mèn*.
Tu, toi, *tô, lôn*.
Il, lui, elle, *ává*.

Nous, *ámá*.
Vous, *khoumá*.
Ils, eux, elles, *dhná*.
Mon, ma, *ôn-é-mèn*.
Son, sa, *ôn-i-ává*.
Ton, ta, *ôn-é-tô, ôn-é-tôn*.
Notre, nos, *ôn-i ámá*.
Votre, vos, *ôn-é-khoumá*.
Leur, leurs, *ôn-é-dhná*.
Celui-ci, celle-ci, *i*.
Celui-là, celle-là, *á*.
Qui, *ki*.
Cultiver, *bour-girtán*.
Achever, *tamañ-krdèn*.
Abaisser, *khouar-nian*.
Acheter, *sannèn*.
Vendre, *fôroutèn*.
Louer, *adjárá-krdèn*.
Accepter, *kâboul-krdèn*.
Recevoir, prendre, *gôrtèn*.
Enfoncer, *tchál-krdèn*.
Se reposer, *khássè-i-gôrtn*.
Chanter, *makhonnèn*.
Commencer, *bóis-bimián*.
Annoncer, *khabar-krdèn*.
Entourer, *dooari-gortèn*.
Ignorer, *nômazzánèn*.
Demander, *tchamáoutèn*.
Prier Dieu, *nômás-krdèn*.
Se lever, *raspoun*.
Augmenter, *bichter-krdèn*.
Laisser, *niândèn*.
Répondre, *djouâb-krdèn*.
Appeler, *tchèrrin, khijanèn*.
Charger, *bâr-krdèn*.
Chasser, *chikár-krdèn*.
Pêche, *mdî-gôrtèn*.
Fermer, *nian*.
Être nécessaire, *vadjé-bièn*.
Naître, *zdhî-bièn*.
Enfanter, *záhidèn*.
Récompenser, *bakhchín*.
Servir, *khôznab krdèn*.
Embrasser, *bôouch krtèn*.
Contenter, *rázi-krdèn*.
Retirer, *hérdourdèn*.
Craindre, *tersián*.
Sentir, *bou-krdèn*.

38

Voler (oiseau), *palkichián.*
Courir, *ramin.*
Attacher, *bassán.*
Regarder, *tamacha krdèn.*
Punir, *tammá krdèn.*
Réfléchir, *khial-krdèn.*
Pousser, *sorrânèn.*
S'arrêter, *oussián.*
Se coucher, *dörüchbin.*
Séparer, *djiá-krdèn.*
Enterrer, *tchâl-krdèn.*
Vider, *khâlî-krdèn.*
Rire, *khannin.*
Mentir, *dörou-vétèn.*
Tourner, *tchârkh-vordèn.*
Voyager, *rigá-tchin.*
Marcher, *tchin.*
Verser, *richián.*
Gémir, *analé krdèn.*
Attendre, *sabr krdèn.*
Blesser, *ziam-krdèn.*
Approcher, *nâzik-krdèn.*
S'approcher, *nâzik-hatèn.*
Perdre, *goum-krdèn.*
Bâtir, *drous-krdèn.*
Nager, *chánô-krdèn.*
Briller, *ronchènan.*
Éteindre, *khamouch-krdèn.*
Trembler, *larzin.*
Manquer de . . ., *kiám-bin.*
Effrayer, *tersânèn.*
Danser, *sámd-krdèn.*
Blâmer, *dächmin-dan.*
Mélanger, *barham-dôn.*
Cacher, *khaïm-krdèn.*
Promettre, *vádá-krdèn.*
Accompagner, *gardièktchin.*
Comprendre, *fahmin.*
Se souvenir, *iádaourdèn.*
Se tuer, *oujá-kouchtán.*

Tisser, *bôftèn.*
Teindre, *reñg-krdèn.*
Monter, *bán-tchin.*
Descendre, *honár-hátèn.*
Filer (fil), *rissèn.*
Sécher, *khochk-krdèn.*
Mouiller, *tár-krdèn.*
Nicher, *láná-krdèn.*
Choisir, *ôourtchanèn.*
Éternuer, *pechmin.*
Tousser, cracher, *tôouf-krdèn.*
Ouvrir, *vá-krdèn.*
Tousser, *koulkoul-krdèn.*
Transpirer, *arakh-krdèn.*
Geler, *iákh-krdèn.*
Chauffer, *garm-krdèn.*
Bouillir, *kolânèn.*
Pourrir, *pisián.*
Fumer la terre, *kout-dan.*
Planter, *nichá-krdèn.*
Arracher, *kéchián.*
Serrer, *khochar-dán.*
Partager, *bach-krdèn.*
Emballer, *dörus-krdèn.*
Manger, *vouôrdèn.*
Arriver, *rásin.*
Mordre, *görtián.*
Trancher, *börîn.*
Tuer, *kochtán.*
Plier, *gerddnèn.*
Trouver, *pedá-krdèn.*
Montrer, *nichan-dán.*
Laver, *chour-dán.*
Chercher, *magèrdèn.*
Croître, *zellá-bin.*
Allumer, *dghör-krdèn.*
Fuir, *ramin.*
Brûler, *sozián.*
Semer, *pöchkdnèn.*
Avoir, *dáchtèn.*

Vouloir, *hassèn.*
Mourir, *mördèn.*
Parler, *vötèn.*
Venir, *háatèn.*
Cuire, *kolânèn.*
Porter, *bördèn.*
Faire, *krdèn.*
Entendre, *chönaftèn.*
Lancer, *aichtèn.*
Dévorer, *khouárèn.*
Être, *bièn, bin.*
Sauter, *parrin.*
Cueillir, *tchînèn.*
Savoir, *mazanèn.*
Coudre, *dürânen.*
Voir, *dîn.*
Aller, *tchin.*
Briser, *chékânèn.*
Dormir, *khátèn.*
Creuser, *makannèn.*
Fondre, *takh-krdèn.*
Pleurer, *girián.*
Prendre, *görtèn.*
Ouvrir, *vá-krdèn.*
Dire, *vötèn.*
Trouver, *peïdá-krdèn.*
Finir, *tamam-krdèn.*
Remuer, *larzánèn.*
Chanter, *khannin.*
Tomber, *rémián.*
Lasser, fatiguer, *khassá-*
Pétrir, *málin.*
Se noyer, *khufa-bin.*
Bailler, *khamiaze-kichán.*
Rêver, *khaó-din.*
Carder, *cháné-nian.*
Forger, *mákoan.*
Aiguiser, *tetch-krdèn.*

EXEMPLES GRAMMATICAUX.

a. Les arbres sont loin, *darigál dir èn.*
b. Enfants, venez ici ! *oïlgál bouré irá.*
c. Les maisons du village sont blanches, *im mahallá malgálian tcharm ián.*

d. Je partirai à deux heures, *har dö sâ mièrèm.*
e. Amol a été détruite par l'eau, *Ámöl bi áou ziad bi.*

f. Les oiseaux sont sur les arbres, *khouchkhanè ban-é-dâr hassé.*

g. Les hommes coupent les arbres, *adémián dâré móréni.*

h. Les poissons vivent dans l'eau, *mahinan dou zenn iá.*

k. Le bateau descend avec l'eau, *lotká ram-è aou várá khouárá matchoui.*

l. Allons aux arbres ! *ban-é-dâr bètchimi.*

m. Il faut de l'eau pour les arbres, *dârigál dou gárák hassi.*

n. Les arbres sònt hauts, *dârigál zél bin-a.*

o. Cette maison est bâtie avec des arbres, *im malgala drûs kördenná gardé dâr.*

3. DIALECTE BENGÉCHI.
(LANGUE DES AFGHANS D'ASTERÀBÀD.)

Suivant leur chef Áli-nour, les Beñgéchis sont originaires du district de Korma, à cinq jours à l'est de Kaboul.

NUMÉRATIFS CARDINAUX.

Un, ايوه, يو *eivá, io* (afgh., يَو *yau*).

Deux, دوه *doua* (afgh., دوَه *dvah*).

Trois, درى *dré* (afgh., درى *dre*).

Quatre, خَلور *tsalvour* (afgh., خَلُور *tsalœr*).

Cinq, پنزه *peinza* (afgh., پِنڅه *pindsah*).

Six, شپك *chpek* (afgh., شپَر *chpazh*).

Sept, اووه *ôouá* (afgh., أُوَه *ovah*).

Huit, اته *ata* (afgh., اَتَه *atah*).

Neuf, انه *ana* (afgh., نه *noh, nah*, نو *no*).

Dix, لس *las* (afgh., لَس *las*).

Onze, ايوهلس *eivo-las, volas* (afgh., يَوَلَس *yaolas*, يَوَّلَس *yavlas*).

Douze, دوهلس *douôlas* (afgh., دوَهلَس *dvahlas*, دولَس *dolas*).

Treize, ديارلس *dearlas* (afgh., دَيارلَس *diarlas*).

Vingt, شل *chál* (afgh., شِل *chil*).

Trente, ديرش *dèrch* (afgh., دِيرش *dèrch*).

Quarante, خَلويخت *tsalûèkht* (afgh., خَلويبنت *tsalvecht*).

Cinquante, پينزس *peinzoss* (afgh., پَنڅوُس *pandsos*).

Soixante, شپينته *chptè* (afgh., شپِينَه *chpetah*; persan, شصت *chèst*; bal., سي گست *sai gist*).

Soixante-dix, شپينه و لس *chpet-o-las* (afgh., أُويَا *avia*; persan, هغتاد *hèftad*; baloutchi, سي گست و ده *saigist-ou-dah*. Par la formation des nombres 70 et 90, la langue bengéchi se rapproche plus du baloutchi que du pouchtou et du persan).

Quatre-vingts, اتیا *atea* (afgh., اَتیَا *atia*; persan, هشتاد *hèchtad*; bal., چیارگست *tchyargist*).

Quatre-vingt-dix, لس و اتيا *atéa-o-las* (afgh.,
نَوى *nave*, نَو *nav*; persan, نود *nèved*; bal.,
چيارگست‌ده *tchyargistdah*).

Cent, صل *sál* (afgh., بسل *sil*, چِسل, صَل *sil*,
sal).

Deux cents, صل دوه *dva sal* (afgh., بسل دوَه
dvah sil).

Cinq cents, شله پنزه *peinzé chalá* (afgh.,
بسل پنڅه *pindsah sil*).

Mille, زر *zarr* (afgh., زر *zar*).

Dix mille, زرلس *las-zara* (afgh., زرلس *las-zar*).

Cent mille, زرصل *sal-zara* (afgh., زرسل *sal-
zar*).

NUMÉRATIFS ORDINAUX.

Premier, يوده *iodé* (afgh., ورنبَى *vṛunbai*).

Second, دوده *dvadè* (afgh., دوَيَم *dvayam*).

Troisième, دردِه *dridi* (afgh., درِيَم *dreyam*).

Dixième, لسته *lasti* (afgh., لَسَم *lasam*).

Centième, سلده *saldi* (afgh., سِلَم *silam*).

Millième, زرده *zardi* (afgh., زَرَم *zuram*).

NUMÉRATIFS FRACTIONNAIRES.

Moitié, نِم *nim* (afgh., نِم *nim*).

Quart, چوربك *tchorak* (afgh., څَلوَرَم *tsaloram*;
persan, چهاريك *tchehar-ièk*).

Tiers, درملكه *driamleka* (afgh., درَم *driam*;
persan, سەيك *sé-ièk* [mot hybride pouchtou-
persan]).

Père, *pölár*.	Poire, *biou*.	Village, *kaleï*.
Mère, *adé*.	Pêche, *cheftalou*.	Bourg, *star-kaleï*.
Fille, *khoré*.	Pomme, *meülá*.	Vase, *koundöl*.
Fils, *zoié*.	Grenade, *onolink*.	Muraille, *katava*.
Frère, *ourour*.	Orange, *portoukhal*.	Maison, *khouna*.
Sœur, *ourour louri*.	Prune, *boulbouli*.	Château, *galé*.
Femme, *khadza*.	Abricot, *mandata*.	Fort, *galé*.
Homme, *salaï*.	Cerise, *albölon*.	Palais, *moleiñ*.
Cheval, *ouáss*.	Framboise, *mamisdana*.	Peigne, *egmenza*.
Mulet, *katchar*.	Figue, *inzar*.	Couteau, *pichkuouza*.
Âne, *khar*.	Olive, *kang*.	Bêche, *ioum*.
Bœuf, *khodskaé*.	Gland, *pörgi*.	Pioche, *lichá*.
Buffle, *makha*.	Marron, *kouanzè*.	Scie, *arrö*.
Chèvre, *ouozá*.	Maïs, *déouôr*.	Bois, *largaï*.
Eau, *ôbö*.	Amande, *bödam*.	Charbon, *skorè*.
Lait, *chóvié*.	Noisette, *posta*.	Poids, *konleï*.
Viande, *ouakha*.	Melon, *kharbouza*.	Cruche, *galaï*.
OEuf, *ouoïa*.	Pastèque, *hendouala*.	Pot, *katava*.
Fromage, *panèr*.	Noix, *ouagez*.	Poutre, *tir*.
Miel, *bögéna*.	Concombre, *budreng*.	Four, *talór*.
Sucre, *gouala*.	Coing, *biou*.	Fumée, *doud*.
Raisin, *añgour*.	Ville, *char*.	Flamme, *lumbö*.

Braise, *ouór.*
Cendre, *éré.*
Panier, *sabata.*
Broche, *sikh, sakhta.*
Bassin, *dend'.*
Lac, *khadeñg.*
Île, *ouata.*
Forêt, *djeñgal.*
Verger, *bogh.*
Arbre, *ouáná.*
Tronc d'arbre, *ouara-vana.*
Branche, *chokha.*
Feuille, *poñli.*
Bouton de fleur, *gôlteï.*
Prairie, *sahra.*
Mousse (végét.), *pakhpakh.*
Buis, *chemchót-largaï.*
Myrte, *terkonleï.*
Platane, *senór.*
Fleur, *goual.*
Peuplier, *spídar-largaï.*
Saule, *madjnoun-vouàlá.*
Cyprès, *sour-largaï.*
Écorce d'arbre, *pötakhé.*
Racine, *ouili.*
Paille, *bouz.*
Foin, *ouakhö.*
Chariot, *terddé.*
Selle, *zin.*
Bride, *kaïza.*
Mors, *kaïza.*
Crinière, *yál.*
Queue, *lakèï.*
Malade, *bimar.*
Plâtre, *ouók.*
Chaux, *ahók.*
Pierre, *koñleï.*
Marbre, *marmar.*
Or (métal), *sörözar.*
Argent, *spinzar.*
Cuivre, *mosti.*
Fer, *krakeï.*
Plomb, *soulb.*
Bronze, *stargo, daouá.*
Étain, *ghálèï.*
Fonte, *tchudan.*
Métal, *madan.*
Aimant, *stalé lokaku.*

Zinc, *halabi.*
Soufre, *geugördzi.*
Bitume, *ziftri.*
Mercure, *djévá.*
Acier, *kháteïl.*
Turquoise, *pirouza.*
Cornaline, *aghikh.*
Ambre jaune, *lesmandaé.*
Ciel, *asnan.*
Terre, *znöka.*
Soleil, *ouredz.*
Vent, *báiré.*
Tempête, *toupani.*
Foudre, *balk, tandr.*
Éclair, *balk.*
Tonnerre, *kourigi.*
Brouillard, *tidré.*
Pluie, *chägira.*
Neige, *ouovra.*
Grêle, *galèï.*
Glace, *iakh.*
Torrent, *toé, thoé.*
Inondation, *thálé.*
Canal, *lakhtaé.*
Puits, *qouiou.*
Fleuve, *thoé.*
Rivière, *vélö.*
Montagne, *khar.*
Colline, *tapö.*
Ravin *durré.*
Chemin, *liara.*
Nuit, *chpa.*
Jour, *ouredz.*
Tête, *sar.*
Crâne, *aldouké.*
Cerveau, *moghsé.*
Front, *thönda.*
Cheveu, *vekhta.*
Œil, *starghé.*
Oreille, *khouigouna.*
Nez, *peza.*
Barbe, *gira.*
Bouche, *chandé.*
Dents, *khokhouna.*
Cou, *ourmeg.*
Bras, *láss.*
Coude, *tseñgela.*
Doigt, *gouaté.*

Poitrine, *sina.*
Genou, *zangoun.*
Jambe, *pkhé.*
Pied, *pkhá*
Sang, *väini.*
Peau, *postaké.*
Habit, *djámá.*
Coiffure, *khräili.*
Pincettes, *tadjgir.*
Cheminée, *bokhari.*
Foyer, *naghárái.*
Plafond, *bom.*
Tapis, *parch.*
Chaîne, *dzindzir.*
Jambe (haut), *adoum.*
Jambe (bas), *aldoukèï.*
Fémur, *zenghoun.*
Tibia, *litchaé.*
Moineau, *mighaé.*
Poignard, *tchále.*
Sabre, *tourá.*
Arc, *lindé.*
Flèche, *ghrèché.*
Carquois, *dzoè.*
Fourreau, *téka.*
Lame, *sarr.*
Lance, *niza.*
Hache, *tabr.*
Brebis, *khadza.*
Mouton, *narr.*
Agneau, *vrdé.*
Chevreuil, *chouká.*
Cerf, *ghu.*
Daim, *ahou.*
Gazelle, *pösé.*
Lion, *chouvdè.*
Tigre, *babr.*
Léopard, *paleñg.*
Loup, *livö.*
Chacal, *gédarr.*
Ronce, *uilini.*
Violette, *bénaoucha.*
Roseau, *neï.*
Chien, *spué.*
Renard, *skoun, chkoun.*
Lévrier, *tözi.*
Ours, *iaga.*
Sanglier, *khouk.*

Lièvre, *soge.*
Martre, *dalô.*
Fouine, *ourledzi.*
Écureuil, *achnik.*
Souris, *mouch, mingâk.*
Chat, *pichó.*
Chameau, *oukk.*
Aigle, *bokha.*
Faucon, *tapous.*
Oie, *ghaz.*
Eider, *gon.*
Cigogne, *laklak.*
Canard, *lik, mourghâbäi.*
Faisan, *toureñg.*
Perdrix, *kab.*
Caille, *ourladza.*
Pigeon, *kaftara.*
Bécasse, *tchèlgourdé.*
Alouette, *kokouli.*
Rossignol, *boulboul.*
Merle, *yöndaretz.*
Hibou, *bokha.*
Chouette, *chöparak.*
Coq, *khorouss.*
Poule, *tcharga.*
Plume, *par.*
Aile, *vazar.*
Serpent, *meñgour.*
Vipère, *apidè.*
Scorpion, *lötök.*
Araignée, *djelá.*
Lézard, *tatrè.*
Poisson, *mohidè.*
Puce, *vourigi.*
Limaçon, *ebliss.*
Limace, *malakh.*
Feu, *ouôr.*
Environs, *tcharégart.*
Jour, *ouredz.*
Âme, vie, *oumôr.*
Poussière, *ghardvachou.*
Ami, *yör.*
Chasse, *khịkor.*
Orient, *tsamlastou.*
Travail, *gor.*
Butte (tépé), *ouortakhei.*
Sable, *aghareg.*
Tombeau, *kabr.*

Lune, *mér.*
Fruit, *mâlâ.*
Côté, *yo.*
Droite, *kin pala.*
Matin, *bölov ziri.*
Soir, *makhom.*
Pièce (morceau), *tsoutikidi.*
Hiver, *jamèï.*
Printemps, *bohor.*
Été, *tabestan.*
Étoile, *stourëh.*
Pantalon, *rógh.*
Bague, anneau, *gouti.*
Bracelet, *lismandàe.*
Collier, *ögèi.*
Bouton, *khôtëi.*
Enfant, *olouké.*
Grenouille, *tchündekhè.*
Tortue, *chouftàtàe.*
Aire, *djövouassa.*
Passoire, *oubotalik.*
Plateau de bois, *khanak.*
Soucoupe, *kondol.*
Hotte, *tchoñlèkaï.*
Panier, *zembil.*
Pot (pour le lait), *ouandà.*
Échelle, *anderpàïà.*
Lampe de terre, *damogaï.*
Cuiller de bois, *kouachaga.*
Berceau, *tsarkh.*
Rouet, *tsarkhà.*
Fuseau, *kata voua.*
Chevron (poutre), *godarra.*
Grenier, *khoourè.*
Porte, *var.*
Fenêtre, *pendjörá.*
Mur, *divâl.* ·
Étable, *böskhana.*
Tour en bois, *tôtor.*
Mortier (terre), *kelkh.*
Argile, *yélèss.*
Rizière, *ahicha.*
Épingle, *stana.*
Mer, *daria.*
Jonc, *dôlt.*
Bourgeon, *ghôtëï.*
Épine, *aghzàe.*
Ficelle, *lañghnà.*

Charge, fardeau, *oaaràe.*
Toile, *khom.*
Tambour, *dhôl.*
Marais, *khakhdè.*
Noyau, *zölè.*
Esprit, fantôme, *pirèiou.*
Chef, *amir.*
Poison, *zar.*
Famille, *oulkäe.*
Cimetière, *kabrounà.*
Ruine, *kharabzoè.*
Parfum, *boui dèkèi.*
Moustique, *söyè.*
Mouche, *chöparak.*
Carré, *tsalouor kouendj.*
Rond, *khouend.*
Barque, *teradа.*
Vieillard, *zour sölèï.*
Parole, *kissà.*
Respiration, *nafas.*
Faim, *ouagàï.*
Soif, *tagàï.*
Bec (d'oiseau), *khoumat.*
Mâle, *nardè.*
Femelle, *khadzà.*
Mariage, *ouaddè.*
Occident, *voual vaïdou.*
Nord, *chamal.*
Sud, *kheblè.*
Langue, dialecte, *ouamölkà.*
Manger, *ioukhourà.*
J'arrive, *raghlèlom.*
Je mors, *khoule vèlègom.*
Trancher, *prèkà.*
Je bats, *oneiom.*
Plier, *noghouallè.*
Trouver, *oupeeyà.*
Montrer, *vourtakà.*
Laver, *proinzà.*
Chercher, *jolà.*
Croître, *störigi.*
Allumer, *ouosidzi.*
Fuir, *terchou.*
Brûler, *vouas voualou.*
Semer, *voua karalou.*
Choisir, *bièl kölou.*
Vouloir, *ouilà.*
Vieux, *zalà.*

Neuf, *tozi.*
Mourir, *marchou.*
Parler, *kessi-vákd.*
Je viens, *raghlom.*
Cuire, *malèpakhaka.*
Porter, *ouarè khestalò.*
Faire, *oud mökölatou.*
Entendre, *vouri dali moudi.*
Lancer, *ou mich talou.*
Dévorer, *zalzalou khourà.*
Être, *onach oualò.*
Sauter, *ouratalò.*
Cueillir, *chökaouà.*
Savoir, *péëyom.*
Couds (je), *ouaëgandam.*
Voir, *ouomölédalò.*
Vais (je), *tsam.*
Briser, *oumoukhourdze oualò.*
Vends (je), *khartskom.*
Creuse (je), *prékom.*
Fonds (je), *dakam.*
Pleure (je), *jálom.*
Prendre, *ouamökhestou.*
Ouvre (j'), *rendzam.*
Dis (je), *kissokom.*
Cacher, *ouènessà.*
Trouve (je), *péëyom.*
Oui, *ouia, tsadiae.*
Facile, *badré.*
Si, *lor-üé.*
Aujourd'hui, *nanourètz.*
Cette nuit, *bigaté chpà.*
Finis (je), *vourtakam.*
Alors, *agha ouakht.*
Ceci, *dalokhè.*
Mauvais, *bad.*
Sur, près de, *makhè.*
En face de, *rochà.*
Après, *ouakht akhol.*
Propre, *poködè.*
Gâté, *ouroust.*
Avant, *otombaï.*
Vide, *tèch.*
Bon, *khaloukhè.*
Remuer, *yatkölò.*
Pourquoi, *vèli.*
Comment, *kallaou.*
Quoi, *nehayom.*

Gai, *mast.*
Ris (je), *khouandom.*
Dans, *ouarkidi.*
Loin, *biaia.*
Beau, *khesaalé.*
Rouge, *seur.*
Noir, *tör.*
Blanc, *spindè.*
Jaune, *zerdè.*
Violet, *chendè.*
Tomber, *oualbédou.*
En bas, *khous.*
Tel, telle, *dakhpaloch vou.*
Quand, *zémana.*
Personne, *tchóké.*
Peu, *lök.*
Fatiguer (?), *estaré chou.*
Habile, *khassalaï dé.*
Peut-être que, *tsöouïïoum.*
Nom, *tchonké.*
Chaque, *yo.*
Partout, *yo dzoè.*
Tout, *aaïdu.*
Aussi, *roghto.*
Toujours, *alaïda vakht.*
Moins, *lay.*
Non, *nichtodi.*
Tâche, *tsomo derkölè.*
Je, moi, *zö.*
Tu, toi, *tö.*
Lui, elle, *rôchè.*
Mon, ma, *armodè.*
Ton, te, *artotsödè.*
Son, se, *modè.*
Gauche (la), *tchapala.*
Celui-ci, celle-ci, *dakhloakhè.*
Celui-là, celle-là, *agha.*
Qui, *raoualeghè.*
Hier, *jaroun.*
Demain, *sabötà.*
Lentement, *ourou.*
Jamais, *bivakhtadè.*
Combien, *tsodè.*
Assez, *derzè.*
Autant que, *du tsoudi.*
Pétrir, *ouimögà.*
Mou, *maindà.*
Fort, *zöraouardè.*

Crapaud, *khartcheñg.*
Amer, *tikhtè.*
J'ai faim (?), *ouayaichmom.*
J'ai soif (?), *tagaichmom.*
Bailler, *ouametzkaralou.*
Rêver, *khoumovalidalou.*
Cultiver, *oumvouèlà.*
Achever, *ouachou.*
Élever, *askmoukladou.*
Abaisser, *kouz mékéklo.*
Acheter, *khartz mouko.*
Vendre, *vermöklella.*
Louer, *zlö khaterdjam chou.*
Accepter, *starech ouala.*
Enfoncer, *ou mandalo.*
Se reposer, *zolembatchou.*
Chanter, *sandari ouïa.*
Commencer, *ouamöni oualo.*
Recommencer, *ouamöni (?) ouè-
nesso.*
Annoncer, *tchatör kabur verko.*
Entourer, *tchoourè gardekà.*
Ignorer, *napeeyo.*
Demander, *zialé wakao.*
Souffrir, *takiamo vouerdu.*
Prier (Dieu), *daouá mouokröla.*
Se lever, *patsà.*
Augmenter, *dir mova krölö.*
Laisser, *prémokhölò.*
Refuser, *naghoualò.*
Crier, appeler, *raymökò.*
Charger, *burbörkò.*
Chasser, *haika tsou.*
Pêcher, *muhi ouenessa.*
Fermer, *makhè patka.*
Être nécessaire, *pokor mödè.*
Naître, *nañktchouo.*
Enfanter, *ouaïnessu.*
Gratifier, *ouibakhka.*
Servir, *khesmat mouaklelò.*
Embrasser, *ouedaverklola.*
Contenter, *rozi chouélo.*
Retirer, *zour möklá.*
Craindre, *ouédarchouò.*
Sentir, *ouotskavoualò.*
Voler, *ourzà.*
Courir, *mathaitsà.*
Attacher, *khakhkà.*

Regarder, *andarawakà*.
Punir, *sañmchà*.
Réfléchir, *oupeegà*.
Pousser, *ouimõgà*.
S'arrêter, *põtsà*.
Se coucher, *tsamlà*.
Séparer, *bélégà*.
Enterrer, *noouzà*.
Vider, *kholika*.
Mentir, *drãik maheka*.
Tourner, *gadeka*.
Voyager, *tsa*.
Verser, *ouikholavouà*.
Gémir, *nejdi róourà*.
Bougie, *rocha*.
Approcher, *djoulèká*.
S'approcher, *nóouzà*.
Fil, *pansaè*.
Coton, *pamba*.
Soie, *ourikham*.
Forger, *tsomlà*.
Aiguille, *stanè*.
Charbon, *skorè*.
Grand-père, *nikõ*.
Grand'mère, *adè*.
Tente, *tikrá*.
Pâturage, *tchamanò*.
Troupeau, *ramma*.
Berger, *chpoun*.
Boulanger, *nõganpkheï*.
Forgeron, *pirkhamõndkheï*.
Laboureur, *iyivi*.
Muletier, *païkhartzeï*.
Charbonnier, *skorrõ*.

Fusil, *tõpák*.
Poudre, *dorou*.
Balle de fusil, *gouoïaé*.
Vallée, *djavouar*.
Source, *tchichmè*.
Aiguiser, *tirékà*.
Pointu, *tirodè*.
Laine, *ouálèi*.
Gros, *ghouand*.
Petit, *otouké*.
Grand, *stalkh*.
Lourd, *dround*.
Léger, *spõk*.
Long, *ougdt*.
Large, *stalkh*.
Sourcil, *ouroudzi*.
Moustache, *britouna*.
Riz, *ouriji*.
Oignon, *piaz*.
Ceinture, *mõria*.
Chaussures, *kaokhè*.
Ongle, *nokounà*.
Graisse (de mouton), *migogoali*.
Beurre, *gouili*.
Corde, *iostà*.
Bossu, *dounga watéli*.
Aveugle, *round*.
Boiteux, *gouód*.
Partager, *üèchkà*.
Arracher, *ouikogdà*.
Planter, *ouõmõkaralo*.
Bouillir, *ouei chidálè*.
Chauffer, *tóoutchouá*.
Geler, *sólèmachou*.

Manquer de, *prechmouelò*.
Trembler, *oualarzidà*.
Éteindre, *khochál chouénà*.
Éclairer, *rotõnchoua*.
Briller, *ouotalà* (?).
Nager, *lambouèouéà*.
Plonger, *noouzà*.
Bâtir, *djouleká*.
Transpirer, *khouilichouò*.
Tousser, *outoukheirà*.
Se moucher, *señkà*.
Cracher, *touki ouatché ouolé*.
Éternuer, *ouprichidà*.
Choisir, *padjabkà*.
Trou, *khoutsà*.
Marteau, *mingák*.
Joug, *jakh*.
Terrier, *tsamoulou*.
Nid, *khoutsa*.
Poussin, *tchõlgoutar*.
Nicher, *khouts-awakà*.
Champ, *djaouarekà*.
Mouiller, *oupõrsidou*.
Sécher, *ouetchiká*.
Filer (fil), *biléká*.
Teindre, *reñg ikà*.
Tisser, *ouetikawà*.
Se souvenir, *kouchà*.
Comprendre, *oupedalo*.
Accompagner, *saratsou*.
Promettre, *kissé waka*.
Cacher, *ouei nessa*.
Danser, *moukh tcheli*.
Effrayer, *ouallarzidà*.

4. DIALECTE DJOUGI.

(RELEVÉ À ASTERÂBÂD.)

Je ne connais rien de l'origine des Djougis. Ceux qui m'ont fourni des renseignements sur leur parler vivaient, comme les Gooudaris, sous la tente, dans les terrains vagues d'Asterâbâd. Les Djougis sortent peu des bords de la mer Caspienne; ils circulent dans le Mazandérân et sont d'une extrême pauvreté.

Un, *iak, iakód*.
Deux, *douhód*.

Trois, *sõhód*.
Quatre, *tchorhód*.

Cinq, *peñdjhót*.
Six, *chich-hót*.

Sept, *hafhót.*
Huit, *hach–hód.*
Neuf, *nohód.*
Dix, *dahód.*
Onze, *yazdahód.*
Douze, *devazdahód.*
Treize, *sizdahód.*
Quatorze, *thórdahód.*
Quinze, *pouzdahód.*
Seize, *chounzahót.*
Dix-sept, *hifdahót.*
Dix-huit, *hichdahót.*
Dix-neuf, *nouzdahót.*
Vingt, *bistahót.*
Vingt et un, *bist-yak-hót.*
Trente, *sy–hót.*
Quarante, *tchehil–hót.*
Cinquante, *peñdjá–hót.*
Soixante, *chass-hót.*
Soixante-dix, *haftat–hót.*
Quatre-vingts, *hachtat–hód.*
Quatre-vingt-dix, *navad–hód.*
Cent, *sad-hót.*
Deux cents, *divishót.*
Cinq cents, *peñdj–sad–hód.*
Mille, *hézórhód.*
Premier, *yak–hód.*
Second, *dou–hód.*
Troisième, *só–hód.*
Moitié, *nim.*
Homme, *mónéss.*
Femme, *djévéd.*
Enfant, *khaldó, kólél.*
Garçon, *khaldo.*
Fille (girl), *dakhlodj.*
Père, *báheñg.*
Mère, *nanakhèz.*
Fils, *khaldó.*
Fille (daughter), *dakhlodj.*
Frère, *gagakhiz.*
Sœur, *dadakhiz.*
Grand-père, *bábon.*
Grand'mère, *bíbí.*
Oncle (paternel), *ámou.*
Oncle (maternel), *khálá.*
Neveu, *amou-zá.*
Cheval, *górá.*
Mulet, *mátèr.*

Âne, *gérà.*
Bœuf, *góúri.*
Vache, *góúri mádé.*
Buffle, *maou–mich.*
Chèvre, *vagal.*
Mouton, *vagal.*
Brebis, *moda–ana.*
Agneau, *vagal–djádó.*
Chevreuil, *áhou.*
Moullon, *gousfeñd–é–kouhi.*
Cerf, *gou–i–kouhi.*
Daim, *áhou.*
Lion, *cháflí.*
Tigre, *bábr.*
Léopard, *paleñg.*
Loup, *gourg.*
Chacal, *chokhal.*
Chien, *sounouft.*
Renard, *róbá.*
Levrier, *táchí.*
Ours, *khèrs.*
Cochon, *khouk.*
Sanglier, *khouk.*
Lièvre, *khargouch.*
Hyène, *kiaboutár.*
Chameau, *chátor.*
Chat, *gorbá.*
Rat, *mouchè bohotar.*
Souris, *mouch.*
Écureuil, *achnik.*
Aigle, *láchkhór* (mangeur de charognes).
Vautour, *láchkhór.*
Faucon, *gouch.*
Oie, *khóz.*
Héron, *mor–khorekh* (mangeur de poisson).
Canard, *lik.*
Faisan, *türeñg.*
Perdrix, *kabk.*
Pigeon, *kéboutar.*
Bécasse, *odjakál.*
Bécassine, *aoutachnou.*
Alouette, *kialtaghí.*
Rossignol, *boulboul.*
Coq, *khorous.*
Poule, *thünoï.*
Hirondelle, *tchèltchèlá.*

Hibou, *báïghouch.*
Scorpion, *agràb.*
Vipère, *àfi.*
Serpent, *már.*
Moineau, *tchakhouk.*
Lézard, *matchakoul.*
Fourmi, *moulidjè.*
Sangsue, *zalou.*
Poisson, *móhí.*
Puce, *keïk.*
Limaçon, *èlbis.*
Oiseau, *parendè.*
Grenouille, *qourbagha.*
Mâle, *nar.*
Femelle, *módè.*
Plâtre, *gadj.*
Chaux, *ahák.*
Pierre, *señg.*
Or, *télá.*
Argent, *nográ.*
Cuivre, *mess.*
Fer, *ló.*
Plomb, *sourp.*
Étain, *ghalaï.*
Fonte, *tchüdan.*
Zinc, *róän.*
Soufre, *gougirt.*
Acier, *orók.*
Eau, *pounó.*
Lait, *schefti.*
Viande, *dóhout.*
OEuf, *tunoï.*
Fromage, *panir.*
Miel, *asal.*
Sucre, *ghañ.*
Ville, *chàr.*
Village, *dèh.*
Vase, pot, *djoum.*
Muraille, *dívór.*
Maison, *dèlà.*
Château, *ghalu.*
Palais, *amórat.*
Couteau, *takhnoï.*
Peigne, *chóná.*
Bêche, *bíl.*
Pic, *koleñg.*
Scie, *arra.*
Bois, *larvó.*

Charbon de bois, *sûthaï*.
Cruche, *kouzè*.
Pot, *dizi*.
Poutre, *diràk*.
Four, *tanour*.
Fumée, *doud*.
Flamme, *val-àtèch*.
Braise, *sourkh*.
Cendre, *khokechtar*.
Panier, *sabat*.
Broche, *sikh*.
Forêt, *djeñgàl*.
Verger, *bôgh*.
Chariot, *arroda*.
Selle, *zin*.
Bride, *khantar*.
Mors, *dahana*.
Crinière, *yòl*.
Queue, *dom*.
Nuit, *nomàràt*.
Tète, *kallé*.
Cheveux, *mou*.
OEil, *nouhour*.
Nez, *bournoghî*.
Barbe, *richourà*.
Bouche, *dayhno*.
Oreille, *khass*.
Coude, *zeñgitchà*.

Manger, *hakhaliden*.
Arriver, *varsîden*.
Battre, *névahàn*.
Allumer, *bedjalonèn*.
Fuir, *djalidèn*.
Avoir, *daronan*.
Mourir, *maïtidau*.
Parler, *homouchtan*.
Faire, *hedjonddàn*.
Être, *hanan*.
Pétrir, *mépàkonan*.
Vous, *choumàkià*.
Turkoman, *hôrpàk*.
Persan, *moness*.
Djougi, *khochnichin*.
Pain, *moñd*.
Casserole, *dohalî*.
Mets, plat, *pariss*.
Pilaf, *bahour*.
Bàton, *khachpouk*.
Fusil, *khàn*.
Corde, *rissaki*.
Coiffure, *kalourî*.
Pantalon, *tchelno*.
Chaussure, *tchàlkî*.
Vètement, *pouch*.
Feu, *nàràk*.
Froid, *sèïlôk*.

Pastèque, *khalorî*.
Raisin, *merak*.
Demain, *bondoî*.
Soir, *mônàràt*.
Sel, *chourèkî*.
Épinards, *samar*.
Grand, *bohotana*.
Petit, *ghèlil*.
Facile, *pichto*.
Mauvais, *modakhî*.
Bon, *dakhana*.
Plus, pas, *nahana*.
Noir, *southa*.
Malade, *galout*.
Je, moi, *môkî*.
Tu, toi, *t'okî*.
Lui, elle, *ourî*.
Il y a, *hana*.
Mon, *môkî hana*.
Aller, voyager, *békimin*.
S'arrêter, *vôtèkhin*.
Remplir, *pour konin*.
Faire, *konin*.
Où, *kotañ*.
Ici, *hamitom*.
Là, *outom*.
Nous, *mokia*.
Eux, elles, *ourîà*.

vo tôkhin to kaldôho biarseñ, ils se tenaient debout jusqu'à ce que nous soyons arrivés.
em-rot tchi-chèï miokholî, que manges-tu ce soir?
to tchi gava dori, quelle nouvelle as-tu?
kialour dogouch meïnora, j'ai mal à la tête.
mounè galou tanom, je suis malade.
emrot baïlou tanem, aujourd'hui, j'ai faim.
hôrpàk mandal poinûz rekhob-kerdeñ, les Turkomans ont pillé le village.

Hôrpàk, Turkoman; *Moness*, Persan.

Les Djougis se nomment eux-mêmes *Khochnichin*, c'est-à-dire « bien-nés ».

5. DIALECTE GOOUDARI.

Les Gooudaris sont des nomades qui se transportent de ville en ville pour exer-
cer leurs métiers de chaudronniers, de cardeurs de laine et de coton. J'en ai rencontré

quelques tentes à Asterâbâd pendant l'hiver de 1889 à 1890; les individus auxquels j'ai eu affaire n'ont pu me donner aucun renseignement sur leur origine.

1. Un, *yékan.*
2. Deux, *dôkan.*
3. Trois, *sékan.*
4. Quatre, *tchâhàrkan.*
5. Dix, *dayakan.*
6. Vingt, *bisyékan.*
7. Trente, *siëkan.*
8. Cent, *sadiakan.*
9. Premier, *yèk-iëkan.*
10. Second, *douiakan.*
11. Moitié, *nimyakan.*
12. Quart, *roubyakan.*
13. Homme, *môness.*
14. Femme, *damini.*
15. Enfant, *baldi.*
16. Garçon, *baldi-vatchè.*
17. Fille, *damni-kôlè.*
18. Père, *moness-biti.*
19. Mère, *nanè.*
20. Frère, *dodà.*
21. Sœur, *khor-bitî.*
22. Cheval, *gorâ.*
23. Mulet, *gorâ.*
24. Âne, *golâ-valdi.*
25. Bœuf, *gérf.*
26. Vache, *gérf.*
27. Buffle, *gérf.*
28. Chèvre, *bôkôrâ.*
29. Mouton, *bôkôrâ.*
30. Brebis, *bôkôrâ.*
31. Chevreuil, *djanôvar.*

32. Lion, *paleï-gorà.*
33. Tigre, *darendè.*
34. Léopard, *darendè.*
35. Loup, *darendè.*
36. Chacal, *tchumarî.*
37. Chien, *sônâ.*
38. Renard, *darendè.*
39. Ours, *bálâ.*
40. Sanglier, *baldi.*
41. Lièvre, *khargouch.*
42. Souris, *mouch.*
43. Chat, *gorbá.*
44. Chameau, *gôrâ.*
45. Oie, *tchômâlî.*
46. Canard, *tchoumâhî.*
47. Merle, *nopôleï.*
48. Scorpion, *gégdè.*
49. Lézard, *moutchikôl.*
50. Oiseau, *tchômâlî.*
51. Puce, *bôzinâ.*
52. Grenouille, *valrhôs.*
53. Mâle, *môness.*
54. Femelle, *damîni.*
55. Raisin, *dérak.*
56. Pêche (fruit), *gèndôlá.*
57. Pomme, *gèndôlá.*
58. Framboise, *siàh-gèndôlá.*
59. Buis, *zournâ.*
60. Pierre, *señg.*
61. Or (métal), *télà.*
62. Cuivre, *kareñ.*

63. Soufre, *siékani.*
64. Sel, *chür-kani.*
65. Eau, *mîôm.*
66. Lait, *chir.*
67. Viande, *khalūr.*
68. OEuf, *spî.*
69. Sucre, *chirin.*
70. Maison, *dékè.*
71. Couteau, *tetchkani.*
72. Four, *mônâ.*
73. Panier, *djul-kani.*
74. Verger, *kharabô(?).*
75. Crinière, queue, *siékhâni.*
76. Nuage, brouillard, *bou-mi.*
77. Fleuve, rivière, *rouvôr.*
78. Nuit, *arát.*
79. Tête, *koukaï.*
80. Cheveux, poils, *siékhâni.*
81. OEil, *âkôn.*
82. Nez, *serné.*
83. Bouche, *koutchâ.*
84. Dents, *estchâ.*
85. Lampe, *soukani.*
86. Chambre, *dèké.*
87. Guitare, *tchamdourè.*
88. Vieillard, *pir-i-môness.*
89. Faim, *pékérè.*
90. Beurre, graisse, *tell.*
91. Troupeau, *bokhar-é-gallé.*

IV

DIALECTE TURKOMAN DE L'ATRÈK.

Cette langue est parlée dans toute la steppe qui s'étend en Perse entre Asterâbâd et l'Atrèk, et en Russie au delà de l'Atrèk jusqu'aux environs de la mer d'Aral. Les tribus qui occupent ces vastes plaines sont nombreuses, elles ont toutes conservé leur caractère nomade le plus pur et ne construisent jamais de villages. Leur sauvagerie les fait craindre par les Persans et les Mazandérânis; l'une de ces tribus, celle des Kadjars, qui vit sur les bords du Qara-Sou, est la souche de la famille régnante en Perse.

Le turkoman de l'Atrèk est un dialecte turk fort éloigné du turk osmanli qui s'est adouci au contact de la civilisation grecque; il se rapproche plus du turk de Tiflis et sert, pour ainsi dire, de passage entre ce dernier dialecte et le djagathaï des steppes de Sibérie.

TURKOMAN DE TOKHMAKH.
(STEPPE PERSANE DE L'ATRÈK.)

Femme, *héléï.*

Frère, *dokhan* (turk or., نوقغان « né de la même mère »).

Buffle, *giamâch* (turk or., كاوشامك « ruminer »; persan, كَاميش،گَاوميش).

Tigre, *iolvârs.*

Chien, *it* (turk or., ايت).

Âne sauvage, *ghoulan.*

Chat, *pchik* (turk or., پيشك).

Chameau, *dia.*

Faisan, *karghaoul* (persan, قرقاول).

Aigle, *khara khouch* (turk, قرةقوش «oiseau noir»; turk or., قرنال).

Femelle, *ourkhatchi* (turk or., أوردونجى «pauvre, mendiant»).

Or (métal), *kézil* (turk osm., قزل «rouge»; turk or., النون).

Argent, *kh'oumích* (turk osm., أگومش).

Plomb, *kourkouchoun* (turk or., قَرْغَشون, du mongol).

Couteau, *boutchâk* (turk or., بيجاق).

Bêche, *p'íl* (persan, بيل).

Feu, *ot* (turk or., أوت).

Selle, *iahér* (turk osm., أكر).

Bride, *yûñ* (turk osm., كم).

Mors, *aghsdrekh.*

Pluie, *iakhèch, iakhèñ* (turk or., ياغور, turk azerb., ياغش).

Tête, *k'alla* (persan, كلّه).

Sabre, *kôlidj* (turk osm., قلبج).

Matin, *ertir.*

Corde, *thanaf* (persan, طناب, vulgaire تنف).

Été (saison), *thomous* (arabe, تَموز «juillet»).

Parole, *ghèp* (turk or., گب، گف, mot iranien).

Farine, *ün* (turk osm., turk or., اون).

Chaussure, *adik* (turk or., اديك « botte ou bottine »).

Bossu, *oulonkhan*.

Pointu, *iti, tiz* (persan, تيز).

Mauvais, *pis* (turk or., پیس signifie « gale, maladie de peau »).

Bon, *khoou, korkhoun* (persan, خوب).

Beau, *avadan* (turk or., آبدان، آبادان).

Rouge, *kizil* (turk or., قزل).

Habile, *akhlé* (turk osm., عقللی).

Fort, *zouorli* (persan, زور « force »).

Propre, *tamiz, pák* (turk osm., تمیز ; persan, پاك).

Fatigué, *khasta, natcha* (persan, خسته).

Pourquoi, *nécha* (turk osm., نیچون).

Loin, *duch*.

Près, *khölèï*.

Peu, *khum* (persan, كم).

Moins, *askik* (turk osm., اكسك).

Toujours, *hamacha* (persan, هميشه).

Oui, *hfi, hova*.

Combien, *nètcha* (turk or., نیچاغ).

Aujourd'hui, *chou-gün* (turk osm., بوكون، شوكون).

Je, moi, *man* (turk, بن).

Souffrir, *aoumaqh* (turk or., اغریمق).

Laisser, *khoï vermaqh* (turk, قوی ویرمك).

Fermer, *iapmaqh* (cf. turk osm., یاپمق « forger »; turk or., یاپوشغان « colle, collant, collé »).

Courir, *q'khatchmaqh* (turk osm., قاچمق).

S'arrêter, *iapmaqh* (cf. turk osm., یاپمق ; turk or., یاپوشغان « colle, collant, collé »).

Regarder, *gözlamaqh* (turk or., کوزلامك « observer, guetter du regard »).

Réfléchir, *düchmaqh* (turk osm., دوشمك « tomber »; دوشنمك « réfléchir »).

Séparer, *khalmaqh*.

Tourner, *khaitmaqh, donmaqh* (turk osm., دونمك).

Chauffer, *kharm etmaqh* (persan, گرم ; turk osm., ایتمك).

Promettre, *ghèp vermaqh* (turk osm., ویرمك ; turk or., گب، گف).

Tisser, *tokhoumaqh* (turk osm., دوقومق).

Mouiller, *öletmaqh, islatmaqh* (turk osm., اصلاتمق).

Partager, *pailamaqh, pôlechmaqh* (turk osm., پای).

Briser, *dóouletmaqh*.

Montrer, *gözkhazmaqh* (turk or., کوسنرومك).

Parler, *ghèplémaqh* (turk or., گب، گف).

Entendre, *ghoula khazmaqh* (turk osm., قولاق آصمق « prêter l'oreille »).

Coudre, *tikhmaqh* (turk osm., دكمك).

Dire, *ghèp etmaqh* (turk or., گف، ایتمك).

Bailler, *puhallamaqh*.

Aiguiser, *tiz-etmaqh* (persan, تیز ; turk osm., ایتمك).

Aiguiser, *keskir-etmaqh* (turk osm., کسکین، ایتمك).

Causer, *ghouroun-etmaqh* (persan, گفت وشنود).

Vache, *söghör* (turk, صیغر).

Monument funéraire, *iouzk'á*.

Puant, *porz*.

Courant d'eau, *ak'en* (turk or., آقین).

Bronze, *djách* (turk or., جاس).

ÉTUDES LINGUISTIQUES.

TEXTE EN DIALECTE TURKOMAN DE L'ATRÈK.

معلوم بولسون آقه كنيه مشا...ه يزه كا

داشيدين تقودرست آق يوسنه ايردم بهالار اوسنله

يزيلمشدور سنه ايكيجي حال ايردم الار شكلدو بهالاسيه يتله

حال شتك قولار ايردم آق يوسه الار شتك بهالاسيه ايردم اى آغه[1]

آغه كنيه سياست بوز ايتلر اوجون اودجى كون تعددا اتدم

بو يوللار اوشنكلر ايتلار تنك سنه عله دالارير يزدم بيوط

حورايين داشاده ناح الففا ست اتيسنكل تمام

اى آغه كنيه سياب من فيلد يجقت سنا ع قلق بولسه

يحقى سلطانه يزدم

　ÉTUDES LINGUISTIQUES.

V

DIALECTE ISRAÉLITE DE SIHNEH.

Les colonies juives sont en Perse très nombreuses. Chaque ville possède son quartier israélite. Téhéran, Tabriz, Ispahan, Chirâz renferment les principales. C'est en effet dans les grands centres que les Juifs trouvent le plus de ressources pour leur commerce, qui porte principalement sur les matières précieuses, pierres et métaux, et sur l'argent. Mais ces colonies sont fort mélangées de juifs que le commerce amène de Turquie, du Caucase ou de Mésopotamie. Aussi leurs dialectes sont-ils moins purs que dans les petites villes telles que Hamadan, Nehâvend, Bouroudjird, etc. J'ai choisi le dialecte de Sihneh parce que cette ville se trouvant perdue dans les montagnes, au milieu du Kurdistan, j'avais plus de chances d'y rencontrer un parler mieux conservé que partout ailleurs. Les documents m'ont été fournis par les notables de la colonie, gens relativement assez lettrés.

Un, *khâ* (arabe, واحـد; pehlevi [sém.], *hadouk*).

Deux, *tré* (arabe, اثنين; pehlevi [sém.], *terîn*; chaldéen, תרין *terên*).

Trois, *talhâ* (arabe, ثلاثة; pehlevi [sém.], *telutâ*; chaldéen, תלת *tlat*).

Quatre, *arbâ* (arabe, أربعة; pehlevi [sém.], *arbâ*; chald., ארבע *arba'*; ass., *irbitti*).

Cinq, *khamchâ* (arabe, خمسة; pehlevi [sém.], *hômasyâ*).

Six, *ichtō* (arabe, ستة; pehlevi [sém.], *chatâ*; chaldéen, שת *chet, chit*).

Sept, *chowâ* (arabe, سبعة; pehlevi [sém.], *chibâ*).

Huit, *tōmaniâ* (arabe, ثمانية; pehlevi [sém.], *tōmanyâ*).

Neuf, *itch'hâ* (arabe, تسعة).

Dix, *ōsrâ* (arabe, عشرة; pehlevi [sém.], *asryâ*; chaldéen, עשר *'eser*).

Onze, *khésōr* (arabe, احـد عشر).

Douze, *trésōr* (de تملم et عشرة).

Treize, *taltâsōr* (arabe, ثلاثة عشر).

Quatorze, *arbâsōr* (arabe, أربعة عشر).

Quinze, *khamchâsōr* (arabe, خمسة عشر).

Seize, *ichtâsōr* (de سنة et عشرة).

Dix-sept, *chōwâsōr* (de سبعة et عشرة).

Dix-huit, *tōmânisōr* (arabe, ثمانية عشر).

Dix-neuf, *itchasōr* (de تسعة et عشرة).

Vingt, *ōssōrî* (chaldéen, עשרין *'echrin*).

Vingt et un, *ōssr-ou-khâ* « vingt plus un », pour *ōssōrî ou khâ*.

Trente, *t'lâi* (arabe, ثلاثين).

Quarante, *arbî* (arabe, أربعين).

Cinquante, *khamchî* (arabe, خمسين).

Soixante, *ichtî* (chaldéen, שתין *sittin*).

Soixante-dix, *chôî*.

Quatre-vingts, *t'mânî* (arabe, ثمانين).

Quatre-vingt-dix, *itch'èï*.

Cent, *ōmma* (arabe, مائة; chaldéen, מאה).

Deux cents, *tré-mé* «deux multiplié par cent».

Cinq cents, *khamchammé* «cinq multiplié par cent».

Mille, *alpá* (arabe, الألف; chaldéen, אלף *alap*).

Dix mille, *söralpé* «dix multiplié par mille» (hébreu, עשר־מאה).

Homme, *náchá* (arabe, pl., ناس *nas*; assyrien, *nisu, nis*).

Femme, *bakhtá* (sumérien, *pah* «abonder, être fécond» [?]).

Enfant, *iala* (hébreu, עול).

Garçon, *zörmóna*.

Fille, *brata* (chaldéen, בר *ber*).

Père, *tátá*.

Mère, *dáká*.

Frère, *akhoná* (hébreu, אה *ah*).

Sœur, *khálestá*.

Grand-père, *tátá tátá*.

Grand'mère, *sóti*.

Oncle, *mámá* (arabe, عم *'amm* [?]).

Oncle, *lála*.

Neveu, *börá khóná* (araméen, בר «fils», c'est-à-dire «fils du frère»).

Cousin, *bör mámá*.

Cousin, *bör lálá*.

Cousine, *brátá mámá* «fille de l'oncle».

Cousine, *brátá lálá* «fille de l'oncle».

Nièce, *brátá khóná* «fille du frère».

Nièce, *bróná bróná* (de בר, formé sur *akhoná*).

Tante, *amtá* (arabe, *'amma*).

Beau-père, *tátá bakhtí* «père de la femme».

Belle-mère, *khmálí* (hébreu, חמות [?]).

Beau-frère, *akhona bakhtí* «frère de la femme».

Belle-sœur, *khaleska bakhtí* «sœur de la femme».

Belle-sœur, *at khoní*.

Cheval, *sousí* (hébreu, סוס *sous*).

Mulet, *közntá*.

Premier, *khahoum* (chaldéen, קדמי *kadmeï*; pehlevi, فلمین *fratoum*; terminaison *oum* وم des num. ord. en persan).

Second, *tréhoum* (persan, دوّم; chaldéen, תנין *tinian*).

Troisième, *talhahoum* (persan, سیّوم; chald., תליתי *telitaï*, תלתי *telti*).

Moitié, *p'lghá* (hébr., פלג).

Quart, *khasserá*.

Âne, *khmárá* (hébreu, המור *hamôr*; arabe, حمار *himár*).

Bœuf, *tórá* (arabe, ثور *tôr*; araméen, תור).

Vache, *tórtá* (féminin araméen de ثور).

Buffle, *tórá gamich* (persan, گاومیش; arabe, جاموس *gámous*).

Bufflesse, *tórtá gamich*.

Chèvre, *özzá* (hébreu, עז).

Mouton, *örbá*.

Brebis, *göliá* (hébreu, איל ?).

Agneau, *gölié-rouá*.

Chevreuil, *zé kéfí* (kurde, *kefí* «de montagne»; persan, كوه).

Cerf, *djeïrán* (turk, جیران).

Lion, *chér* (persan, شیر).

Tigre, *báôr* (persan, ببر).

Chat-tigre, *p'leñ* (persan, پلنك).

Loup, *dévá* (arabe, دیب *dib*).

Chacal, *tchákál* (persan, شغال *chaghál*).

Chien, *k'álbá* (arabe, كلب *kelb*).

Renard, *rréví* (persan, روباه).

Lévrier, *teñji* (persan, تازی).

Ours, *hörs* (persan, خرس).

Cochon, *khözourá* (hébreu, חזיר *hazir*).

Lièvre, *kaorèchk* (persan, خرگوش).

Souris, *akoubrá* (hébreu, עכבר *'akbor*).

Rat, *akoubra démí* (*démí* vient peut-être de l'arabe آدم et de l'hébreu אדם *adam* «homme, mâle»).

Chat, *k'átou* (arabe, قط *qett*).

Chameau, *höchtör* (persan, اشتر).

Aigle, *kálâo komtá* (kurde, *kala* « tête »).
Vautour, *kchkara* (kurde).
Faucon, *báss* (persan, باز *báz*).
Oie, *k'áss* (turk, قاز).
Héron, *châhó râbtá* (רבה « grand »).
Canard, *sóné*.
Perdrix, *kakouané*.
Alouette, *mölítchi*.
Rossignol, *bölböl* (persan, بلبل).
Coq, *kálachér* (kurde).
Poule, *aklélà*.
Hirondelle, *plísirge* (kurde).
Chouette, *bééné* (arabe, *boûma*).
Perdrix grise, *perkhantá*.
Moineau, *mölítchi*.
Serpent, *khíva* (arabe, حيّة *heyat*).
Vipère, *khíva roua* (*roua* = רב « grand »).
Scorpion, *akrap* (arabe, عقرب).
Araignée, *djölu-qara* (kurde).
Lézard, *marmölik* (kurde).
Fourmi, *mörötchá* (kurde, *mourija*; persan, مورچه).
Sangsue, *zálou* (persan, زالو).
Poisson, *nounié* (hébreu, נון *noun*; assyrien, *nunu*).
Oiseau, *p'elawar* (kurde, *palaourè*; persan, پرنده).
Puce, *prtáná* (hébreu, פרעש *par'ich*; pl., *parichin*).
Limaçon, *töleltá*.
Limace, *töleltá zórtá* (hébreu, צעיר « petit »).
Grenouille, *kourbak'á* (turk, قورباغه).
Tortue, *ktrá*.
Mûle, *tchéröptá*.
Femelle, *mdéa* (kurde; persan, ماده).
Poussin, *akhlélà zórtá*.
Papillon, *papoulè* (kurde).
Moustique, *pakhcha* (persan, پشه).
Mouche, *dénövlá*.
Scarabée, *koluátchu* (kurde).
Raisin, *básîré* (arabe, بزر *bezr* « grain, graine »; cf. hébreu בזר *bazar* « jeter, semer »).
Poire, *kamèré* (arabe, كمثری *koummetra*).

Pêche, *chtaoalé* (persan, شفتالو *cheftalou*).
Pomme, *khamouchtá*.
Poire, *armótá* (turk, ارمود).
Orange, *portokhal* (persan, پورتقال).
Prune, *haloutché* (persan, الوجه).
Abricot, *chîláné* (kurde, *chéláná*).
Cerise, *giélus* (kurde; persan, كيلاس).
Figue, *téné* (arabe, تين *tin*; hébreu, תאנה *teênah*).
Olive, *zeïtoun* (arabe, زيتون; hébreu, זית *zétun*).
Gland, *barrou* (kurde, *börrou*, du persan بلوط; arabe, بلوط).
Maïs, *zourrát* (persan, زرّت; arabe, ذرة *dourah*).
Amande, *chézé*.
Noisette, *fndk'é* (arabe et persan, فندق, du grec ϖοντικὸν κρόμμυον « noix pontique »).
Melon, *kálaké* (kurde, *kálák*).
Pastèque, *chvîtiá*.
Noix, *gózé* (kurde, *güès*; arabe, جوز *gnz*).
Concombre, *khidré* (arabe et persan, خيار).
Coing, *aspaglá* (arabe, سفرجل *safargal*).
Arbre, *ilâná* (chaldéen, אילן *ilan*; hébreu, אלון; assyrien, *allánu*).
Tronc d'arbre, *rrouá* (hébreu, עב).
Branche, *lak'èf*.
Feuille, *göldief* (hébreu, עלה *aleh* [?]).
Bouton (fleur), *khontchef* (persan, غنچه « bouton de fleur »).
Fleur, *wardé* (arabe, ورد *ouard*).
Peuplier, *ilâná khodrá* (hébreu, אלון; arabe, حور « peuplier »).
Saule, *khilápá*.
Peuplier blanc, *djóhar*.
Ormeau, *narouan* (persan, نارون).
Chêne, *ilâná rourá* (hébreu, אלון).
Écorce, *sama iluna*.
Racine, *ak'bèf*.
Paille, *touna* (hébreu, תבן *teben*; arabe, تبن *tebn*).
Violette, *wenaouchá* (kurde, *wendwchá*; persan, بنفشه).
Roseau, *zèl*.

Chardon, *ktvé zeïré.*

Ortie, *nacha dók.*

Oignon, *p'sóla* (arabe, بصل *basal*).

Riz, *rrözza* (arabe, رز *rozz*).

Bourgeon, *zóré-ilâná* (arabe, زهر *zahr* « fleur »).

Cresson, *kawzé kroák.*

Chaux, *maklantá.*

Pierre, *képá* (chaldéen, כיפא *kepa;* hébreu, כף *kep*).

Marbre, *képé khondárta* (arabe, خوّارى *ho-vari* « blanc, terre blanche »).

Or (métal), *déva* (arabe, ذهب *dahab*).

Argent, *sèmá* (persan, سيم, du grec ἀσημέ-νειον).

Cuivre, *roldná* (sumérien, *urudu*).

Fer, *asn* (kurde, *âsèn;* persan, آهن).

Plomb, *sörp* (persan, سرب).

Bronze, *mafrag* (persan).

Laiton, *brindja* (persan, برنج).

Étain, *k'alaï* (persan, turc et arabe, قلعى; mot d'origine indéterminée).

Fonte, *flez* (persan, فلز).

Métal, *koulimdikh.*

Zinc, *toutia* (arabe, توتيا).

Soufre, *gougird* (persan, كوكرد).

Bitume, *ghil* (persan, قير).

Mercure, *djîwa* (persan, جيوه, arabe, زيبق).

Acier, *pólá* (kurde; persan, پولاد; arabe, فولاد).

Turquoise, *pîrouzeh* (persan, فيروزه, پيروزه).

Agathe, *aghik* (persan, عقيق يمانى; arabe, عقيق).

Cornaline, *aghik smoktá.*

Jaspe, *iachm* (persan, يشم).

Nacre, *sádáf* (arabe, صدف).

Ambre jaune, *kurábá* (persan, كهربا).

Grenat, *baoartá.*

Sel, *mlkhá* (arabe, ملح).

Eau, *máé* (arabe, ماء, مويّة).

Lait, *khálvá* (arabe, حليب [Syrie]).

Viande, *psörá* (hébreu, בשר *basur*).

OEuf, *bétá* (arabe, بيضة).

Miel, *douchá* (hébreu, דבש *debach;* passage du *b* à *ou, w,* comme dans tous les dialectes kurdes; ou persan دوشاب).

Fromage, *kouptá* (hébreu, גבינה *gebinah;* arabe, جبنة *gibneh*).

Ville, *áhrá* (hébreu, עיר [?]).

Village, *málá* (arabe, مال; passé en kurde avec le sens de « maison »).

Vase, *möndîkh.*

Muraille, *gouzá.*

Maison, *bélá.*

Palais, *amártá* (arabe, عارة).

Palais, *bélá rouá.*

Couteau, *kharpaniltá.*

Peigne, *mözerk'á* (arabe, مشق *machaqa* « peigner »).

Bêche, *bèl* (persan, بيل).

Pic, *koleñ* (persan, كلنك. كولنك).

Scie, *harrá* (persan, ارّه).

Bois, *stáé* (hébreu, עץ *és;* arabe, عصا *'asa*).

Poids, *iakouroulá.*

Cruche, *zórá* (arabe, زير *zir* « grande jarre »; hébreu, סיר *sir*).

Pot, *k'ók'á.*

Poutre, *ilâné* « arbre » (hébreu, אלן).

Four, *tanourá* (persan, تنور; hébreu, תנור; assyrien, *tinuri*).

Fumée, *t'enná* (hébreu, עשן [?]).

Flamme, *bawroulá.*

Braise, *nourasmok'á.*

Cendre, *k'tmá* (cf. grec καδμεία « résidu, scorie d'un métal fondu »).

Panier, *sabatá* (persan, سبد).

Bassin, *háoss* (arabe, حوض).

Forêt, *ilâné rábá.*

Verger, *k'armá m'vé* (persan, ميوه; arabe, كرم *karm* « vigne »).

Mors de bride, *diâná.*

Crinière, *p'rtché.*

Queue, *djoutjká.*

Ciel, *chöm'é* (hébreu, שמי *shemé;* arabe, سما *samu*).

Terre, *ará, aprá* (hébreu, ארץ *erets;* araméen, ארע; hébreu, אפר « poussière »).

Soleil, *èná, ziómá* (hébreu, עין « œil [du jour] »).

Nuage, *èvá* (hébreu, עיב).

Vent, *rrôkhá* (arabe, ريح *rih*).

Tempête, *rrôkhá rraptá* (רב « grand »).

Foudre, *girmá girm* (hébreu, רעם ?); assyrien, *ragámu* « tonner »).

Éclair, *trechká*.

Tonnerre, *k'âlá-éva* (néo-hébreu, קול עיב « voix de nuage »).

Brouillard, *tamou-mejch*.

Pluie, *nôkhlá*.

Neige, *tâlgá* (arabe, ثلج *talg*).

Grêle, *tôgrè* (persan, تگرك).

Glace, *iakh* (persan, يخ).

Torrent, *lásáma* (kurde).

Canal, *djôgá* (kurde; persan, جوى).

Puits, *bírá* (arabe, بير *bir*).

Fleuve, *tchôrîpá*.

Rivière, *tchám* (kurde).

Ruisseau, *djôgá* (persan, جوى).

Désert, *dachtá* (persan, دشت).

Plaine, *orkhá* (hébreu, ארח « chemin »).

Montagne, *tourá* (araméen, טור).

Colline, *tapolka* (persan, turk, تپه).

Ravin, *dârrá* (persan, turk, دره).

Chemin, *orkkhé* (hébreu, ארח; assyrien, *urkhu*).

Nuit, *lélé* (arabe, ليلة *leïla*).

Jour, *iômá* (arabe, يوم *iaam*).

Tête, *rèchá* (arabe, راس *ras*).

Crâne, *germá* (cf. arabe *gimgimah*).

Cerveau, *maghzèf* (persan, مغز).

Front, *bâbéná*.

Cheveux, *p'rtchef*.

OEil, *èné* (arabe, عين *'eïn*).

Oreille, *nâhâlé*.

Nez, *pôká* (arabe, فقأ *faqa* « être fendu » [?]).

Barbe, *t'kntá* (arabe, دقن *daqn*).

Bouche, *p'mmá* (arabe, فم *foumm*).

Dents, *kákié*.

Cou, *p'kârtá* (araméen, פרקא).

Bras, *k'ôlá*.

Coude, *k'tôrá*.

Main, *ílá* (hébreu, יד; arabe, *yad*).

Épaule, *kapâné* (hébreu, כתף *ketep*; duel, כתפין *ktapuïn*).

Doigt, *z'wôtá* (arabe, أصبع *asba*, suivi de la terminaison *ta* du féminin).

Poitrine, *sinna* (persan, سينه).

Genou, *b'rká* (hébreu, ברך *berek*).

Jambe, *áklá*.

Pied, *mmâitchá* (comp. arabe مشى *nacha* « marcher »).

Sang, *dômmá* (arabe, دم *dam*).

Peau, *m'chká* (assyrien, *maŝku*).

Cuisse, *sômt*.

Bas de la jambe, *psèrá áklá*.

Fémur, *gârmá* (hébreu, גרם *gerem* « os »).

Tibia, *garmá áklá*.

Talon, *koltá*.

Habit, *djèllé* (arabe, جل *gell* « couverture »).

Coiffure, *ksílá*.

Brasero, *mañal* (arabe, منقل *manqal* « chaufferette »).

Plateau du brasero, *daóri*.

Pincettes, *makuch* (de l'arabe مقص *maqas* « ciseaux »).

Cheminée, *boghari* (kurde; persan, بخارى; de l'arabe بخار *bokhar* « vapeur, fumée »).

Foyer, *p'târá*.

Plafond, *sakf* (de l'arabe سقف *saqf*).

Tapis, *farch* (arabe, فرش).

Chaîne, *z'ré* (persan, زنجير).

Casque, *tás kláb* (طاس).

Poignard, *tchákou* (kurde; persan, چاقو; turc, چاقو).

Sabre, *chemchir* (persan, شمشير).

Arc, *kámán* (persan, كمان).

Flèche, *tîr* (persan, تير).

Carquois, *tkouá tîr*.

Fourreau, *touká*.

Lame, *khârpá* (hébreu, חרב).

Lance, *rrôm* (kurde; arabe, رمح).

Hache, *t'aour* (kurde; persan, تبر).

Massue, *gôourz* (persan, كرز).

Bouclier, *kalkan* (turc, قالقان).

Cuirasse, *z'ré* (kurde; persan, زره).

Fronde, *chôltântá*.

Plume, *palt* (kurde; persan, پر).

Aile, *k'ôlá*.

Feu, *nourá* (arabe, نار *nar*).

Environs, *dawr* (arabe, دَوّر).

Dieu, *èlléha* (arabe, الله).

Âme, vie, *amōr* (arabe, عُمر).

Poussière, *tóss* (turk, توز).

Ami, *gèndwá*.

Chasse, *chékár* (persan, شكار).

Travail, *háchtá*.

Sable, *rrèss*.

Tombeau, *kórá* (arabe, قبر *qabr*; ou persan كُور; passage du *b* à l'*ó*).

Lune, *sèrá* (arabe, *chahr* « mois »).

Fruit, *mivèdját* (persan, میوهجات; pl.).

Nom, *chōmmá* (arabe, اسم *ism*).

Tâche, *bōriá* (kurde).

Matin, *bèk'ata* (hébreu, בקר).

Soir, *assōr* (kurde; de l'arabe عصر *'asr* « après-midi »).

Hiver, *estōva* (arabe, *chita*).

Printemps, *bahar* (persan, بهار).

Été, *k'ètá* (araméen, קיט).

Automne, *pãïz* (persan, پاییز).

Étoile, *khōvlá*.

Couverture, *làéfá* (arabe, لحاف *lahaf*).

Manteau, *ábá* (arabe, عبا *'aba*).

Pantalon, *chilwáli* (persan, شلوار).

Anneau, *hálghá* (arabe, حلقة *halqa*).

Bague, *skōltá*.

Bracelet, *dasvantu* (persan, دستبند).

Collier, *gáloubèñ* (persan, كلو بند).

Bouton, *dougmè* (turk, دوكمه).

Aire, *harman* (persan, خرمان).

Tribulum, *tchátchá*.

Passoire, *sáfkon* (persan vulgaire, چلو صافكن).

Épingle, *mikh* (persan, ميخ).

Échelle, *pãïndjá* (persan, یائین جای).

Lampe de terre, *chirátá* (persan, چراغ; arabe, سراج *serág*).

Cuiller de bois, *kachōk* (turk, قاشق).

Berceau, *darouchtá*.

Rouet, *djárdjárrá*.

Fuseau, *doukh* (persan, دوك).

Pelote (de fil), *top* (turk, توپ).

Natte de paille, *hassîr* (arabe, حصير).

Sol, *képé kamtárá*.

Trépied, *tèlháklé*.

Toit, *gáré*.

Grenier, *homar* (kurde; persan, انبار).

Chambre, *bélá*.

Porte, *tárá* (araméen, תער).

Fenêtre, *dōdárî*.

Terrasse, *aïván* (persan, ايوان *oiouan* « salle aérée »).

Piège, *t'alá* (kurde).

Étable, *távéélá* [?] (persan, طویله; arabe, اصطبل *establ*, du latin *strabulum*).

Cour de maison, *hawchá* (kurde, *háouch*, de l'arabe حوش *hoch*).

Fossé, *khannák* (arabe, خندق).

Mortier (terre), *trîná* (arabe, طین *tîn* « terre, boue » [?]).

Argile, *trîná záïrá*.

Escalier, *pélékáné* (persan, پلّكان).

Panier, *sabatá* (persan, سبد).

Corde, *ōzlá*.

Ficelle, *khéatá*.

Épine, *gazgazaká*.

Charge (fardeau), *ta'ná*.

Galop, *harōké* (kurde, *harrá*; de l'arabe جری *gera* « courir » [?]).

Toile, *gōrdvá*.

Tambour, *dahol* (kurde; persan, دهل).

Guitare, *tamourtá* (kurde, *tamourá*; persan, طنبور).

Marais, *tinōkh rivá*.

Noyau, *ktōrá*.

Vinaigre, *sirká* (turk, سركه).

Esprit, fantôme, *chéélé* (arabe, خیال *khayál*).

Chef, *náchá rouá*.

Poison, *zahr* (persan, زهر).

Famille, *bélaw bōniá* (arabe, *bani* [?]).

Cimetière, *tá-háïmè*.

Ruine, *tchōl*.

Plage, *karákh máé*.

Parfum, *bou-i-khoub* (persan, بوی خوب).

Carré, *arb'á tárâfé* (arabe, اربع اطراف *arba' atráf*).

Cercle, *gird* (persan, گرد).

Barque, *kachti* (persan, كشتى).

Vieillard, *tkna khwârá* (hébreu, זקן).

Parole, *khabrá* (arabe, خبر « annoncer, parler »).

Respiration, *hanasá* (arabe, نفس *nafasa*[?]).

Faim, *kpinoula*.

Soif, *sahiá* (arabe, *chahweh*).

Bec d'oiseau, *pôkèf*.

Poulailler, *touká* (arabe, قان الدجاج [*qan-ed*]-*dagag*).

Orient, *khvèr aldt*.

Occident, *khvèr nôchîn*.

Démon, *cheitán* (arabe, شيطان).

Langue, dialecte, *dil, lisán* (turk, دل; arabe, لسان *lisan*).

Bazar, *chouk'á* (arabe, سوق *souq*).

Moulin, *orkhèl* (hébreu, רחים).

Blé, *zârá* (arabe, زرع *zera'* « semence, culture »).

Farine, *kumhá* (arabe, *qumh*).

Bougie, *cham* (arabe, شمع).

Champ, *toukàtá nôchf*.

Nid, *touká*.

Terrier, *b'zá*.

Joug, *mâtó epk'árá*.

Charrue, *gávásn*.

Marteau, *tchâkouch* (persan, چاكوش, چاكوچ).

Écuelle, *dáfôr*.

Beurre, *kôrè*.

Graisse, *tèrbá*.

Huile, *mchôkhá* (hébreu, משח « oindre »).

Place (endroit), *t'kouá*.

Ongle, *t'pré* (arabe, ظفر *zafr*).

Chaussure, *sidmé*.

Bas, *gouwârè* (kurde, *güèrâwou*).

Ceinture, *châlkh*.

Moustache, *smèlié* (kurde, *sâelt, séwèl*; persan, سبيل).

Sourcil, *gvènié*.

Laine, *amrá* (araméen, עמר).

Coton, *k'tâná* (arabe, قطن *qoton* et langues européennes).

Soie, *awréchm* (kurde; persan, ابريشم).

Métier à tisser, *patchál* (kurde).

Navette, *mako* (kurde; persan, مكو; arabe, مكوك).

Enclume, *sônnán* (persan سندان).

Ciseau, *k'uétchí*.

Lime, *môrèt* (kurde, *môrát*; arabe, مبرد *mobred*).

Aiguille, *kh'mâtá*.

Tente, *tchâ'ôr* (persan, چادر).

Pâturage, *tchímen* (kurde; persan, چمن).

Troupeau, *rrán* (kurde; persan, رمه).

Berger, *chouân* (kurde; turk, چوبان; persan, شوبان).

Boulanger, *lekhmavalentá* (cf. hébreu, לחם « pain »).

Forgeron, *âsingèr* (kurde; persan, آهن گر).

Laboureur, *zarré* (arabe, زرّاع *zarrd*).

Cordonnier, *kàoch doz* (kurde, *kaóch-dôrou*; persan, كفش دوز).

Tailleur, *khèdt* (arabe, خيّاط).

Muletier, *katartchi* (turk, قاطرچ).

Maçon, *bâná* (arabe, بنّا).

Charbonnier, *zokhâl zab'nana* (persan, ل !

Fusil, *tfeñ* (kurde; turk et persan, تفنك).

Poudre, *barout* (persan et turk, باروت; arabe, بارود).

Balle de fusil, *ghoulla* (persan, كلوله; arabe, كلّه *kolla*).

Source, *èná* (arabe, عين *'eïn*).

Cruche, *tong* (persan, تونك).

Côté, *tharaf, touká* (arabe, طرف *taraf*).

Pièce, morceau, *ktá* (arabe, قطعة *qata'a*).

Mariage, *katoubá* (cf. كتابة *kitâbé* « écrit, acte »).

Manche d'outil, *tskhá*.

Boiteux, *béa'klá* (hébreu, עקל).

Aveugle, *bé'éné* (composé du persan *be* privatif et de l'arabe عين « œil »).

Bossu, *kiápá* (قبّة *qebbah* « voûte »).

Large, *patoukhá* (hébreu, פתח *patah* « ouvrir, déployer »).

Long, *ièrîkhá* (hébreu, ארך *arek*).

Léger, *kaloulá* (hébreu, קל *kal*).

Lourd, *iakourá* (hébreu, יקר *yakar* « être lourd, pesant »).

Grand, *rrouá* (chaldéen, רבח *rebah*).

Petit, *zôrá* (chaldéen, זעיר *za'ïr*).

Gros, *ōvviá* (hébreu, עבה *'abah* « être gros »; passage du *b* au *vv*).

Pointu, *kharoupá* (arabe, حرف *harf* « tranchant, pic d'une montagne »).

Vieux, *p'îlá, touká* (persan, پیر; arabe, عتیق *'atïq*).

Neuf, *taza* (persan et turk, تازه).

Facile, *zou* (kurde).

Mauvais, *khrîvá* (kurde, *khōrao*).

Bon, *'aîzá* (arabe, عزیز « précieux, rare »).

Vide, *khâli* (arabe, خالی).

Plein, *zmâtá*.

Beau, *zárîf* (kurde, *zèrîf*; arabe, ظریف *zcrif*).

Rouge, *smoká* (araméen, סמק).

Noir, *komá* (hébreu, חום *hom* « être noir »).

Blanc, *khwârá* (arabe, حواری *houari* « qui a la peau blanche »).

Jaune, *zaïrá*.

Bleu, *iérouká* (hébreu, ירק *iarak* « vert »).

Vert, *reñgâli* (persan, رنك).

Violet, *béndouch* (persan, بنفشه).

Habile, *hochiar* (kurde, *háchiâr*).

Mou, *rakîkhá* (arabe, رخو *rakhou*; hébreu, רך *rak* « faible »).

Dur, *rak* (kurde).

Fort, *morèk'ôftá* (hébreu, מרא *mara* « être fort, gras »).

Amer, *marîrá* (arabe, مرّ *morr*).

Propre, *klîvá*.

Gâté, *khèîvá* (assyrien, *khibu*).

Gai, *aïzá* (kurde, *azá*).

Triste, *khafad-bar* (kurde) (arabe, كأبة *kabat* « tristesse »).

Malade, *nakhochié* (persan, ناخوش; arabe, نخش *nakhach*).

Si, *l'immá* (arabe, لما *lemma*).

Alors, *o wakht* (persan, آن وقت, arabe, وقت).

Sur, près de, *sâlmá*.

En face de, *bôranbôr* (persan, برابر).

Pour, *tàmá*.

Après, *bàrá*.

Avant, *k'àmé*.

Pourquoi, *tàmá*.

Comment, *má* (arabe, ما *ma*).

Quoi, *má* (arabe, ما *ma*).

Dans, *lo'á*.

Loin, *lá'hal* (arabe, رحل *rahal* « partir, s'éloigner » [?]).

Près, *k'arôvá* (arabe, قریب *qarib*).

Vers (ad.), *t'ouká*.

En bas, *tèkh* (arabe, تحت *taht*).

Ainsi, *ham*.

Quand, *limmá* (arabe, لما *lemma*).

Peu, *bassôr* (composé de *be* « avec » et de *zôra* « petit »).

Personne, *nâchá* (hébreu, אנש, arabe, *nas*; assyrien, *nisu*).

Peut-être que, *châïèt* (persan, شاید).

Bien, *tôp* (arabe, طیب *taïb*).

Chaque, *hár* (persan, هر).

Partout, *hár touká*.

Tout, *kwèllé* (arabe, كل *koullou*).

Aussi, *askhá*.

Toujours, *koulé vakht*.

Moins, *bij bassôr*.

Non, *lá* (arabe, لا *la*).

Oui, *làbá*.

Droite, *rass* (kurde; persan, راست).

Gauche, *tchâp* (kurde; persan, چپ).

Lentement, *iáwâch* (turk, یواش).

Jamais, *hargiz* (persan, هرگز).

Combien, *tchk'má*.

Assez, *mâllé* (hébreu, *mâla* « remplir »).

Autant que, *hár tchk'má*.

Aujourd'hui, *ô-zïô*.

Hier, *tömmèl* (hébreu, תמול; assyrien, *timali*.)

Avant-hier, *lah'mèl*.

Demain, *pèk'âtá*.

Après-demain, *bá'rô*.

Après après-demain, *bater bá'rô*.

Cette nuit, *lélé* (arabe, لیلة *leïlat*).

Je, moi, *ánâ* (arabe, انا *ana*; hébreu, אני *âni*; assyrien, *anuku*).

Tu, toi, *át* (arabe, انت *anta;* hébreu, אתה;
assyrien, *atta*).

Lui, elle, *ó* (arabe, هو *houa* « lui », هي *hiïa*).

Nous, *ákhní* (arabe, نحن *nehnou*).

Vous, *onié*.

Ils, elles, *ŏnié* (arabe, هم *hom* « ils », هن *hon*
« elles »).

Mon, ma, *ídídi*.

Ton, ta, *ídídókh*.

Son, sa, *ídó*.

Notre, *ídídán*.

Votre, *ídonièn*.

Leur, *mndónié*.

Celui-ci, celle-ci, *éá*.

Celui-là, celle-là, *ówá*.

Qui, *mani* (arabe, من *man*).

Cultiver, *chaloé* (arabe, زرع *zara'* [?]).

Achever, *trisakh zírèï*.

Élever, *naténí*.

Abaisser, *tekh matoé* (arabe, تحت *taht*).

Acheter, *chákolé* (cf. hébreu, שקל *cheqel*
« poids, monnaie »).

Vendre, *zabóné* (aram., זבן).

Louer, *idjáré válá* (arabe, اجارة).

Accepter, *kaboul válá* (arabe, قبول *qaboul*).

Recevoir, *dóváká*.

Enfoncer, *tekh labólé* (arabe, تحت *taht* « en
bas »).

Se reposer, *ruhat khírá* (arabe, خير *khéïr* « bien,
bien-être »).

Chanter, *móráné* (hébreu, רנה, רנן).

Commencer, *matoé hachtá* (arabe, بدا *bada*).

Recommencer, *mózécha hachtá*.

Annoncer, *tálá móroué*.

Entourer, *dawran dorválá* (arabe, دور *daouara*).

Ignorer, *lakeïná*.

Demander, *abóé* (hébreu, אבה « vouloir »).

Souffrir, *maróé* (hébreu, רע).

Prier Dieu, *pidmá*.

Se lever, *slólá saloé*.

Augmenter, *k'amawálá* (arabe, جمل *gamal*).

Laisser, *mátóïé*.

Refuser, *léchammóé*.

Appeler, *sarókhé* (hébreu, צרח).

Charger, *mát anóvé*.

Chasser, *zálé tourá* (hébreu, גזל).

Pêcher, *nounté-dvak'á*.

Fermer, *assóré* (hébreu, אסר).

Être nécessaire, *abóé* (hébreu, אבה « vouloir »).

Naître, *móchtókhé*.

Enfanter, *khózàrá*.

Gratifier, *bakhchóé* (persan, بخشش *bakhchich*).

Servir, *hachtaválá*.

Embrasser, *lágèr góniá*.

Contenter, *rázi válá* (hébreu, רצה, arabe
راضى).

Retirer, *palóté* (hébreu, פלט).

Craindre, *mazdóé*.

Sentir, *maríkhoé* (arabe, ريح *rih* « parfum »).

Voler, *baz mandoé* (hébreu, ראה).

Courir, *aróké* (hébreu, ארח).

Attacher, *assóré* (hébreu, אסר; assyrien, *eséru*).

Regarder, *máïnoé* (cf. עין).

Punir, *sivé màkhoé*.

Réfléchir, *hoch válá*.

Pousser, *bara avoé*.

S'arrêter, *sam ókhé*.

Se coucher, *ïer ókhé*.

Séparer, *páróché* (hébreu, פרש).

Enterrer, *kourakha válá*.

Vider, *kháli válá* (arabe, خلى *khala*).

Rire, *gakhókié* (cf. hébreu, שחק).

Mentir, *douglé válá*.

Tourner, *gètch khálá*.

Voyager, *variozálá*.

Marcher, *zálá* (hébreu, גזל).

Verser, *bazóré*.

Gémir, *máróé*.

Attendre, *sabr válá* (arabe, صبر *sabr* « pa-
tience »).

Blesser, *zakhm válá*.

Approcher, *kharvá* (arabe, قرب *qourouba* « être
près de »).

S'approcher, *kharvá id*.

Prendre, *maskóré* (arabe, مسك *masuk*).

Consolider, *káïm válá* (arabe, قايم *qaim* « qui
se tient debout »).

Bâtir, *tarrósé*.

Plonger, *sakhóé* (hébreu, שח).

Nager, *zálá máé.*

Briller, *chólá válá.*

Éclairer, *bóourá válá* (hébreu, בער).

Éteindre, *gidná válá.*

Trembler, *riátá* (hébreu, רעש).

Manquer de, *bassór válá.*

Effrayer, *mazdóé.*

Danser, *rak'ólé* (hébreu, רקד).

Blâmer, *moutchiári válá.*

Mélanger, *pkhōlé davoé.*

Cacher, *tachóé.*

Promettre, *vagha hívèï.*

Accompagner, *pkhōlé zílé.*

Comprendre, *alóvé* (hébreu, אלף).

Se souvenir, *hoch válá.*

Se tuer, *kátólé* (arabe, قتل *qatal* « tuer »).

Tisser, *tarósé.*

Teindre, *reñg-válá.*

Monter, *lahèl-zálá.*

Descendre, *tekh-iá* (arabe, تحت *taht* « en bas »).

Filer, *patólé* (hébreu, פתיל).

Sécher, *viáchá* (hébreu, יבש).

Mouiller, *mátō-róé* (même racine que *madidus*
latin; hébreu, רוה).

Labourer, *zèrá-válá* (arabe, زرع *zera'* « cultiver »).

Nicher, *làné-válá* (hébreu, לן).

Choisir, *natoué.*

Éternuer, *tápólé.*

Cracher, *tóv-vàlá* (persan, تف *toff*).

Se moucher, *pōká-masroué.*

Tousser, *chakólé* (arabe, سعل *sa'al*).

Transpirer, *arakh válá* (arabe, عرق *araq* « sueur »).

Geler, *iakh válá.*

Chauffer, *mōchkhōnó* (arabe, سخن *sakhan*).

Bouillir, *mōrdókhé.*

Pourrir, *mōspósé.*

Fumer la terre, *k'ftá avoé.*

Planter, *matvóé.*

Arracher, *tchakóé.*

Serrer, *massóré* (hébreu, אסר).

Partager, *puróché* (arabe, فرق *faraq* « séparer »;
hébreu, פרש).

Emballer, *táná assóré.*

Manger, *khálá* (arabe, اكل *akala*).

Arriver, *motiéï* (hébreu, אתה).

Mordre, *gaz dōvákhá* (hébreu, גז; assyrien,
gaşâşu).

Trancher, *k'atóé* (arabe, قطع *qata'* « couper »).

Battre, *mákhoé.*

Plier, *djiá válá* (arabe, طوى *taoua* [?]).

Trouver, *takh'oé.*

Montrer, *nakhvoé* (hébreu, חוה).

Laver, *khálólé* (arabe, شلل *chellal*).

Chercher, *tákhoé.*

Croître, *rrouá kzírá.*

Allumer, *malkoé* (arabe, علق *'aluq*).

Fuir, *arókhé* (arabe, راح *ráh* « s'en aller »).

Brûler, *mak'ólé* (hébreu, קלה).

Semer, *chaloé.*

Avoir, *hítoé* (araméen, איתי).

Vouloir, *ábóé* (hébreu, אבה).

Mourir, *miálá* (hébreu, מות).

Parler, *khabrá hákóé* (arabe, خبر *khabar* « dire,
annoncer »).

Venir, *hiá* (arabe, جاء *gáa*).

Cuire, *bachólé* (hébreu, בשל).

Apporter, *míá.*

Faire, *válá* (hébreu, פעל).

Entendre, *chámóé* (arabe, سمع *sama'*).

Lancer, *chólátá.*

Dévorer, *haiá khálá* (arabe, اكل *akala* « manger »).

Être, *avoé* (hébreu, הוה).

Sauter, *purókhé* (arabe, فرج *farag* « se réjouir,
danser »).

Cueillir, *tchakhóé.*

Savoir, *alóvé* (hébreu, אלף).

Coudre, *khiátá* (arabe, خيط *kheït*).

Voir, *kōzara* (arabe, قشع *qucha'* ?).

Aller, *zálá* (hébreu, נזל).

Briser, *tóvárá* (hébreu, שבר).

Creuser, *tchákóé.*

Fondre, *máé válá* (arabe, ماء « eau »).

Pleurer, *bakhóé* (arabe, بكى *baka*).

Prendre, *dōvák'á* (hébreu, דבק).

Ouvrir, *houlévá.*

Dire, *márá* (hébreu, אתר).
Finir, *tamâm khazôré* (arabe, تَام *tamam* « complet, achevé »).
Remuer, *machîchoé* (arabe, مشى *macha* « marcher »).
Tomber, *lap'ôlé* (hébreu, נפל).
Fatiguer, *djé-hîá* (hébreu, יגע).
Pétrir, *chiâlá*.

Se noyer, *muskóré*.
Bailler, *khafat khâlá*.
Rêver, *chônnà khazoé* (hébreu, חזה, שנה).
Carder, *sèrok'é* (arabe, سرح *serah*; araméen, שרק).
Forger, *àsèn-diâká*.
Aiguiser, *makhró-pé* (cf. arabe, حرف *haraf* « rendre pointu, effilé »).

CONJUGAISON DES VERBES.

Verbe « être » (chaldéen, הוה *houh*, הוא *houa*).

Sing. 1. *áná hèná*, je suis.
2. *át hèt*,
3. *oich hàé*,
Plur. 1. *ákhnich hît*,
2. *ákhtouch hît*,
3. *ónièj hît*.

Sing. 1. *áná dóköiéli*, j'étais.
2. *átchi dókaiélô*,
3. *ój dókaiélé*,
Plur. 1. *ákhni dókaiélèn*,
2. *ákhtouj dókaiéláhou*,
3. *ónièj dókaielou*.

Sing. 1. *áná–gvèná–khárná*, je serai.
2. *átchi–güèt–kházrèt*,
3. *ódj–g'bé–khâhôr*,
Plur. 1. *ákhnij–g'bé–khárèkh*,
2. *ákhtouj–g'bétou–khárétou*,
3. *óniedj–g'ben–kharî*.

Sing. 1. *áná vélí*, j'avais été.
2. *átchi velô*,
3. *ódj vélé*,
Plur. 1. *ákhnij hit'vá*,
2. *ákhtouj hit'vá*,
3. *óniétj hit'vá*.

khiri, étant; *khôdîr*, ayant été.

Verbe « avoir ».

Sing. 1. *ána hittî*, j'ai.
2. *átchi hittó*,
3. *ój hitté*,
Plur. 1. *ákhnich hitten*,
2. *ákhtouch hittokh*,
3. *ónièj hittou*.

Sing. 1. *ána hitvâlî*, j'avais.
2. *átchi hitvâlô*,
3. *oj hitvâlé*,
Plur. 1. *ákhnich hitvâlen*,
2. *ákhtouch hitvâlokh*,
3. *onièj hitvalou*.

Sing. 1. *áná k'bé hávélî*, j'aurai.
2. *átchi adgüé hávélô*,
3. *ój g'bé hávélé*,
Plur. 1. *ákhnich g'bé hávélán*,
2. *ákhtouch g'bé hávéldou*,
3. *ónièj g'bé hávélou*.

Sing. 1. *ána hît válî*, j'avais eu.
2. *átchi hadît válô*,
3. *ój hît válé*,
Plur. 1. *ákhnich hît válen*,
2. *ákhtouch hît válokh*,
3. *ónièj hît válou*.

hîtou, ayant; *hît*, ayant eu.

Exemple : J'ai tué un sanglier, *áná kha khôzourá k'tollî*.

TABLE DES MATIÈRES.

Pages.

ÉTUDES LINGUISTIQUES.

PREMIÈRE PARTIE.
DIALECTES KURDES.

DEUXIÈME PARTIE.
LANGUES ET DIALECTES DU NORD DE LA PERSE.